U0216132

吉林人民出版社

简体字本二十六史

北齐书

卷一——卷五〇

[唐] 李百药 撰

陈 勇等 标点

目 录

北齐书卷一
帝纪第一

神武上

　　齐高祖神武皇帝,姓高名欢,字贺六浑,渤海蓨人也。六世祖隐,晋玄菟太守。隐生庆,庆生泰,泰生湖,三世仕慕容氏。及慕容宝败,国乱,湖率众归魏,为右将军。湖生四子,第三子谧,仕魏位至侍御史,坐法徙居怀朔镇。谧生皇考树,性通率,不事家业。住居白道南,数有赤光紫气之异,邻人以为怪,劝徙居以避之。皇考曰:"安知非吉?"居之自若。及神武生而皇妣韩氏殂,养于同产姊婿镇狱队尉景家。

　　神武既累世北边,故习其俗,遂同鲜卑。长而深沉有大度,轻财重士,为豪侠所宗。目有精光,长头高颧,齿白如玉,少有人杰表。家贫,及聘武明皇后,始有马,得给镇为队主。镇将辽西段长常奇神武貌,谓曰:"君有康济才,终不徒然。"便以子孙为托。及贵,追赠长司空,擢其子宁用之。神武自队主转为函使。当乘驿过建兴,云雾昼晦,雷声随之,半日乃绝,若有神应者。每行道路,往来无风尘之色。又尝梦履众星而行,觉而内喜。为函使六年,每至洛阳,给令史麻祥使。祥尝以肉啖神武,神武性不立食,坐而进之。祥以为慢己,笞神武四十。及自洛阳还,倾产以结客,亲故怪问之。答曰:"吾至洛阳,宿卫羽林相率焚领军张彝宅,朝廷惧其乱而不问,为政若此,事可知也。财物岂可常守邪?"自是乃有澄清天下之志。与怀朔省事云中司马子如及秀容人刘贵、中山人贾显智为奔走之友,怀朔户曹史

孙腾、外兵史侯景亦相友结。刘贵尝得一白鹰,与神武及尉景、蔡
俊、子如、贾显智等猎于沃野。见一赤兔,每搏辄逸,遂至回泽。泽
中有苑屋,将奔入,有狗自屋中出,噬之,鹰兔俱死。神武怒,以鸣镝
射之,狗毙。屋中有二人出,持神武襟甚急。其母两目盲,曳杖呵其
二子曰:"何故触大家!"出瓮中酒,烹羊以饭客。因自言善暗相,遍
扣诸人皆贵而指麾俱由神武。又曰:"子如历位显,智不善终。"饭竟
出,行数里还,更访之,则本无人居,乃向非人也。由是诸人益加敬
异。

　　孝昌元年,柔玄镇人杜洛周反于上谷,神武乃与同志从之。丑
其行事,私与尉景、段荣、蔡俊图之,不果而逃,为其骑所追。文襄及
魏永熙后皆幼,武明后于牛上抱负之。文襄屡落牛,神武弯弓将射
之以决去。后呼荣求救,赖荣遽下取之以免。遂奔葛荣,又亡归尔
朱荣于秀容。先是,刘贵事荣,盛言神武美,至是始得见,以憔悴故,
未之奇也。贵乃为神武更衣,复求见焉。因随荣之厩,厩有恶马,荣
命剪之。神武乃不加羁绊而剪,竟不蹄啮,已而起曰:"御恶人亦如
此马矣。"荣遂坐神武于床下,屏左右而访时事。神武曰:"闻公有马
十二谷,色别为群,将此竟何用也?"荣曰:"但言尔意"。神武曰:"方
今天子愚弱,太后淫乱,孽宠擅命,朝政不行,以明公雄武,乘时奋
发,讨郑俨、徐纥而清帝侧,霸业可举鞭而成。此贺六浑之意也。"荣
大悦,语自日中至夜半,乃出。自是每参军谋。后从荣徙据并州,抵
扬州邑人庞苍鹰,止团焦中。每从外归,主人遥闻行响动地。苍鹰
母数见团焦赤气赫然属天。又苍鹰尝夜欲入,有青衣人拔刀叱曰:
"何故触王!"言讫不见。始以为异,密觇之,唯见赤蛇蟠床上,乃益
惊异。因杀牛分肉,厚以相奉。苍鹰母求以神武为义子。及得志,
以其宅为第,号为南宅。虽门巷开广,堂宇崇丽,其本所住团焦,以
石垩涂之,留而不毁,至文宣时遂为宫。既而荣以神武为信都都督。

　　于时魏明帝衔郑俨、徐纥,逼灵太后,未敢制,私使荣举兵内
向。荣以神武为前锋。至上党,明帝又私诏停之。及帝暴崩,荣遂

入洛,因将篡位,神武谏,恐不听,请铸像卜之,铸不成,乃止。孝庄帝立,以定策勋封铜鞮伯。及尔朱荣击葛荣,令神武喻下贼别称王者七人。后与行台于晖破羊侃于泰山,寻与元天穆破邢杲于济南。累迁第三镇人酉长,常在荣帐内。荣尝问左右曰:"一日无我,谁可主军?"皆称尔朱兆。曰:"此正可统三千骑以还,堪代我主众者唯贺六浑耳。"因诫兆曰:"尔非其匹,终当为其子穿鼻。"乃以神武为晋州刺史。于是大聚敛,因刘贵货荣下要人,尽得其意,时州库角无故自鸣,神武异之,无几而孝庄诛荣。

及尔朱兆自晋阳将举兵赴洛,召神武。神武使长史孙腾辞以绛蜀、汾胡欲反,不可委去。兆恨焉。腾复命。神武曰:"兆举兵犯上,此大贼也,吾不能久事之。"自是始有图兆计,及兆入洛,执庄帝以北,神武闻之,大惊。又使孙腾伪贺兆,因密觇孝庄所在,将劫以举义,不果。乃以书喻之,言不宜执天子以受恶名于海内。兆不纳,杀帝,而与尔朱世隆等立长广王晔,改元建明。封神武为平阳郡公。及费也头纥豆陵步藩入秀容,逼晋阳,兆征神武。神武将往,贺拔焉过儿请缓行以弊之。神武乃往逗留,辞以河无桥不得渡。步藩军盛,兆败走。初,孝庄之诛尔朱荣,知其党必有逆谋,乃密敕步藩令袭其后。步藩既败兆等,以兵势日盛。兆又请救于神武,神武内图兆,复虑步藩后之难除,乃与兆悉力破之。藩死,深德神武,誓为兄弟。时世隆、度律、彦伯共执朝政,天光据关右,兆据并州,仲远据东郡,各拥兵为暴,天下苦之。

葛荣众流入并、肆者二十余万,为契胡陵暴,皆不聊生,大小二十六反,诛夷者半,犹草窃不止。兆患之,问计于神武。神武曰:"六镇反残,不可尽杀,宜选王素腹心者私使统焉。若有犯者,直罪其帅,则所罪者寡。"兆曰:"善,谁可行也?"贺拔允时在坐,请神武。神武拳殴之,折其一齿,曰:"生平天柱时,奴辈伏处分如鹰犬,今日天下安置在王,而阿鞠泥敢诬下罔上,请杀之。"兆以神武为诚,遂以委焉。神武以兆醉,恐醒后或致疑贰,遂出,宣言受委统州镇兵,可集汾东受令。乃建牙杨曲川,陈部分。有款军门者,绛巾袍,自称梗杨驿子，愿厕左右。访之，则以力闻，常于并州市搭杀人者，乃署为亲信，兵士素恶兆而乐神武，于是莫不皆至。至无何，又使刘贵请兆，以并、肆频岁霜旱，降户掘黄鼠而食之，皆面无谷色，徒污人国土，请令就食山东，待温饱而处分之。兆从其议。其长史慕容绍宗谏曰："不可，今四方扰扰，人怀异望，况高公雄略，又握大兵，将不可为。"兆曰："香火重誓，何所虑也"绍宗曰："亲兄弟尚可难信，何论香火。"时兆左右已受神武金，因谮绍宗与神武旧有隙，兆乃禁绍宗而催神武发。神武乃自晋阳出滏口。路逢尔朱荣妻乡郡长公主，自洛阳来，马三百匹，尽夺易之，兆闻，乃释绍宗而问焉。给宗曰："犹掌握中物也。"于是自追神武，至襄垣，会漳水暴长，桥坏。神武隔水拜曰："所以借公主马，非有他故，备山东盗耳。王受公主言，自来赐追，今渡河而死不辞，此众便叛。"兆自陈无此意，因轻马渡，与神武坐幕下，陈谢，遂授刀引头，使神武斫己，神武大哭曰："自天柱薨背，贺六浑更何所仰，愿大家千万岁，以申力用。今旁人构间至此，大家何忍复出此言。"兆投刀于地。遂刑白马而盟，誓为兄弟。留宿夜饮，尉景伏壮士欲执兆。神武啮臂止之曰："今杀之，其党必奔归聚结。兵饥马瘦，不可相支，若英雄崛起，则为害滋甚。不如且置之。兆虽劲捷，而凶狡无谋，不足图也。"旦日，兆归营，又召神武，神武将上马诣之，孙腾牵衣，乃止。隔水肆骂，驰还晋阳。兆心腹念贤领降户家累别为营，神武伪与之善，观其佩刀，因取之以杀其从者，从者尽散。于是士众咸悦，倍愿附从。初，魏真君内学者奏言上党有天子气，云在壶关大王山。武帝于是南巡以厌当之，累石为三封，斩其比凤皇山以毁兵形。后上党人居晋阳者，号上党坊，神武实居之，及是行，舍大王山六旬而进。将出滏口，倍加约束，纤毫之物，不听侵犯。将过麦地，神武辄步牵马。远近闻之，皆称高仪同将兵整肃，益归心焉。遂前行，屯邺，求粮相州刺史刘诞，诞不供。有车营租米，神武自取之。

魏普泰元年二月，神武自军次信都，高乾、封隆之开门以待，遂据冀州。是月，尔朱度律废元晔而立节闵帝，欲羁縻神武。三月，乃白节闵帝，封神武为渤海王，征使入觐。神武辞。四月癸巳，又加授东道大行台、第一镇人酉长。庞苍鹰自太原来奔，神武以为行台郎，寻以为安州刺史。神武自向山东，养士缮甲，禁侵掠，百姓归心。乃诈为书，言尔朱兆将以六镇人配契胡为部曲，众皆悉怨。又为并州符，征兵讨步落稽。发万人，将遣之，孙腾、尉景为请留五日，如此者再。神武亲送之郊，雪涕执别，人皆号恸，哭声动地。神武乃喻之曰："与尔俱失乡客，义同一家，不意在上乃尔征召。直向西已当死，后军期又当死，配国人又当死，奈何！"众曰："唯有反耳。"神武曰："反是急计，须推一人为主。"众愿奉神武。曰："尔乡里难制，不见葛荣乎，虽百万众。无刑法，终自灰灭。今以吾为主，当与前异，不得欺汉儿，不得犯军令，生死任吾则可，不尔不能为取笑天下。"众皆顿颡，死生唯命。神武曰："若不得已，明日，椎牛飨士，喻以讨尔朱之意。封隆之进曰："千载一时，普天幸甚。"神武曰："讨贼，大顺也；拯时，大业也。吾虽不武，以死继之，何敢让焉。"

六月庚子，建义于信都，尚未显背尔朱氏。及李元忠与高乾平殷州，斩尔朱羽生首来谒，神武抚膺，曰："今日反决矣。"乃以元忠为殷州刺史。是时兵威既振，乃抗表罪状尔朱氏。世隆等秘表不通。八月，尔朱兆攻陷殷州，李元忠来奔。孙腾以为朝廷隔绝，不权立天子，则众望无所系。十月壬寅，奉章武王融子渤海太守朗为皇帝，年号中兴，是为废帝。时度律、仲远军次洛阳，尔朱兆会之。神武用窦泰策，纵反间，度律、仲远不战而还。神武乃败兆于广阿。十一月，攻业，相州刺史刘诞婴城固守。神武起土山，为地道，往往建大柱，一时焚之，城陷入地。麻祥时为汤阴令。神武呼之曰："麻都！"祥惭而逃。永熙元年正月壬午，拔邺城，据之。废帝进神武大丞相、柱国大将军、太师。是时青州建义，大都督崔灵珍、大都督耿翔皆遣使归附。行汾州事刘贵弃城来降。闰三月，尔朱天光自长安，兆自并州，度律自洛阳，仲远自东郡，同会邺，众号二十万，挟洹水而军，节闵以长孙承业为大行台总督焉，神武令封隆之守邺，自出顿紫陌。时马不满二千，步兵不至三万，众寡不敌。乃于韩陵为园阵，连牛驴以塞归道，于是将士皆有死志，四面赴击之。尔朱兆责神武以背己。神武曰："本戮力者，共辅王室，今帝何在？"兆曰："永安枉害天柱，我报仇耳。"神武曰："我昔日亲闻天柱计，汝在户前立，岂得言不反邪？且以君杀臣，何报之有，今日义绝矣。"乃合战，大败之。尔朱兆对慕容绍宗叩心曰："不用公言，以至于此。"将轻走。绍宗反旗鸣角，收聚散卒，成军容而西上。高季式以七骑追奔，度野马岗，与兆遇。高昂望之不见，哭曰："丧吾弟矣！"夜久，季式还，血满袖。斛斯椿倍道先据河桥。初，普泰元年十月，岁星、荧惑、镇星、太白聚于觜，参色甚明。太史占云，当有王者兴。是时，神武起于信都，至是而破兆等。四月，斛斯椿执天光、度律送洛阳。长孙承业遣都督贾显智、张欢入洛阳，执世隆、彦伯斩之。兆奔荆州。仲远奔梁州，遂死焉。时凶蠹既除，朝廷庆悦。初未战之前月，章武人张绍夜中忽被数骑将逾城，至一大将军前，敕绍为军导向邺，云佐受命者除残贼。绍回视之，兵不测，整疾无声。将至邺，乃放焉。及战之日，尔朱氏军人见阵外士马四合，盖神助也。既而神武至洛阳，废节闵及中兴主而立孝武。孝武既即位，授神武大丞相、天柱大将军、太师、世袭定州刺史，增封并前十五万户。神武辞天柱，减户五万。壬辰，还邺，魏帝饯于乾脯山，执手而别。

七月壬寅，神武帅师北代尔朱兆。封隆之言："侍中斛斯椿、贺拔胜、贾显智等往事尔朱，普皆反噬，今在京师，宠任，必构祸隙。"神武深以为然，乃归天光、度律于京师，斩之。遂自滏口入。尔朱兆大掠晋阳，北保秀容。并州平。神武以晋阳四塞，乃建大丞相府而定居焉。尔朱兆既至秀容。分兵守险，出入寇抄。神武扬声讨之，师出止者数四，兆意怠。神武揣其岁首当宴会，遣窦泰以精骑驰之，一日一夜行三百里，神武以大军继之。二年正月，窦泰奄至尔朱兆庭。军人因宴休惰，忽见泰军，惊走，追破之于赤洪岭。兆自缢，神武亲临厚葬之。慕容绍宗以尔朱荣妻子及余众自保焉突城，降，神武以义故，待之甚厚。

神武之入洛也。尔朱仲远部下都督桥宁、张子期自滑台归命，神武以其助乱，且数反覆，皆斩之。斛斯椿由是内不自安，乃与南陵王宝炬及武卫将军元毗、魏光、王思政构神武于魏帝。舍人元士弼又奏神武受敕大不敬。故魏帝心贰于贺拔岳，初孝明之时，洛下以两拔相击，谣言曰："铜拔打铁拔，元家世将末。"好者以二拔，谓拓拔、贺拔，言俱将衰败之兆。时司空高乾密启神武，言魏帝之贰，神武封呈。魏帝杀之，又遣东徐州刺史潘绍业密敕长乐太守庞苍鹰令杀其弟昂。昂先闻其兄死，以稍刺柱，伏状士执绍业于路，得敕书于袍领，来奔。神武抱其首，哭曰："天子枉害司空！"遂使以白武幡劳其家属。时乾次弟慎在光州，为政严猛，又纵部下取纳，魏帝使代之。慎闻难，将奔梁。其属曰："公家勋重，必不兄弟相及。"乃弊衣推鹿车归渤海。逢使者，亦来奔。于是魏帝与神武隙矣。阿至罗虑正光以前常称藩，自魏朝多事，皆叛。神武遣使招纳，便附款。先是，诏以寇贼平，罢行台。至是，以殊俗归降，复授神武大行台，随机处分。神武常赍其粟帛，议者以为徒费无益，神武不从，抚慰如初。其酋帅吐陈等感恩，皆从指麾，救曹泥，取万俟受洛干，大收其用。河西费也头虏纥豆陵伊利居河池，恃险拥众，神武遣长史侯景屡招不从。

北齐书卷二

帝纪第二

神武下

天平元年正月壬辰，神武西伐费也头虏纥豆陵伊利于河西，灭之，迁其部于河东。二月，永宁寺九层浮图灾。既而人有从东莱至，云及海上人咸见之于海中，俄而雾起乃灭。说者以为天意若曰，永宁见灾，魏不宁矣，飞入东海，渤海应矣。

魏帝既有异图，时侍中封隆之与孙腾私言，隆之丧妻，魏帝欲妻以妹。腾亦未之信，心害隆之，泄其言于斛斯椿。椿以白魏帝。又孙腾带仗入省，擅杀御史。并亡来奔。称魏帝挝舍人梁续于前，光禄少卿元子干攘臂击之，谓腾曰："语尔高王，元家儿拳正如此。"领军娄昭辞疾归晋阳。魏帝于是以斛斯椿兼领军，分置督将及河南、关西诸刺史。华山王鸷在徐州，神武使邸珍夺其管籥。建州刺史韩贤、济州刺史蔡隽皆神武同义，魏帝忌之。故省建州以去贤，使御史中尉綦俊察俊罪，以开府贾显智为济州。俊拒之，魏帝逾怒。

五月下诏，云将征句吴，发河南诸州兵，增宿卫，守河桥。六月丁巳，高祖密诏神武曰："宇文黑獭自平破秦、陇，多求非分，脱有变诈，事资经略。但表启未全背戾，进讨事涉匆匆，遂召群臣，议其可否。金言假称南伐，内外戒严，一则防黑獭不虞，二则可威吴楚。"时魏帝将伐神武，神武部署将帅，虑疑，故有此诏。神武乃表曰："荆州绾接蛮左，密迩畿服，关陇恃远，将有逆图。臣今潜勒兵马三万，拟从河东而渡；又遣恒州刺史库狄干、瀛州刺史郭琼、汾州刺史斛律金、前武卫将军彭乐拟兵四万，从其来违津渡；遣领军将军娄昭、相州刺史窦泰、前瀛州刺史尧雄、并州刺史高隆之拟兵五万，以讨荆州；遣冀州刺史尉景、前冀州刺史高敖曹、济州刺史蔡俊、前侍中封隆之拟山东兵七万，突骑五万，以征江左。皆约所部，伏听处分。"魏帝知觉其变，乃出神武表，命群官议之，欲止神武诸军。神武乃集在州僚佐，令其博议，远以表闻。仍以信誓自明忠款曰："臣为嬖佞所间，陛下一旦赐疑，今猖狂之罪，尔朱时讨。臣若不尽诚竭节，敢负陛下，则使身受天殃，子孙殄绝。陛下若垂信赤心，使干戈不动，佞臣一二人愿斟量废出。"辛未，帝复录在京文武议意以答神武，使舍人温子升草敕，子升逡巡未敢作。帝据胡床拔剑作色。子升乃为敕曰：

　　前持心血，远以示王，深冀彼此共相体悉，而不良之徒坐生间贰。近孙腾仓卒向彼，致使闻者疑有异谋，故遣御史中尉綦俊具申朕怀。今得王启，言誓恳恻，反覆思之，犹所未解。以朕眇身，遇王武略，不劳尺刃，坐为天子，所谓生我者父母，贵我者高王。今若无事背王，规相攻讨，则使身及子孙，还如王誓。皇天后土，实闻此言。

　　近虑宇文为乱，贺拔胜应之，故纂严，欲与王俱为声援。宇文今日使者相望，观其所为，更无异迹。贺拔在南，开拓边境，为国立功，念无可责。君若欲分谤，何以为辞。东南不宾，为日已久，先朝已来，置之度外。今天下户口减半，未宜穷兵极武。

　　朕既暗昧，不知佞人是谁，可列其姓名，令朕知也。如闻厍狄干语王云："本欲取懦弱者为主，王无事立此长君，使其不可驾御，今但作十五日行，自可废之，更立余者。"如此议论，自是王间勋人，岂出佞臣之口。去岁封隆之背叛，今年孙腾逃走，不罪不送，谁不怪王！腾既为祸始，曾无愧惧，王若事君尽诚，何不斩送二首。王虽启图西去，而四道俱进，或欲南度洛阳，或欲东临江左，言之者犹应自怪，闻之者宁能不疑。王若守诚不贰，晏然居北，在此虽有百万之众，终无图彼之心。王脱信邪弃义，举旗南指,纵无匹马支轮,犹欲奋空拳而争死。朕本寡德,王已立之,百姓无知,或谓实可。若为他所图,则彰朕之恶,假令还为王杀,幽辱齑粉,了无遗恨。何者?王既以德见推,以义见举,一朝背德舍义,便是过有所归。本望君臣一体,若合符契,不图今日分疏到此。古语云:"越人射我,笑而道之;吾兄射我,泣而道之。"朕既亲王,情如兄弟,所以投笔拊膺,不觉歔欷。

初,神武自京师将北,以为洛阳久经丧乱,王气衰尽,虽有山河之固,土地褊狭,不如邺,请迁都。魏帝曰:"高祖定鼎河洛,为永永之基,经营制度,至世宗乃毕。王既功在社稷,宜遵太和旧事。"神武奉诏,至是复谋焉。遣三千骑镇建兴,益河东及济州兵,于白沟虏船不听向洛,诸州和籴粟运入邺城。魏帝又敕神武曰:"王若厌伏人情,杜绝物议,唯有归河东之兵,罢建兴之戍,送相州之粟,追齐州之军,令蔡俊受代,使邸珍出徐,止戈散马,各事家业,脱须粮廪,别遣转输,则谗人结舌,疑悔不生。王高枕太原,朕垂拱京洛,终不举足渡河,以干戈相指。王若马首南向,问鼎轻重,朕虽无武,欲止不能,必为社稷宗庙出万死之策,决在于王,非朕能定,为山止篑,相为惜之。"魏帝时以任祥为兼尚书左仆射,加开府,祥弃官走至河北,据郡待神武。魏帝乃敕文武官北来者任去留,下诏罪状神武,为北伐经营。神武亦勒马宣告曰:"孤遇尔朱把权,举大义于四海,奉戴主上,义贯幽明,横为斛斯椿谗构,以诚节为逆首。昔赵鞅兴晋阳之甲,诛君侧恶人,今者南迈,诛椿而已。"高昂为前锋,曰:"若用司空言,岂有今日之举。"司马子如答神武曰:"本欲立小者,正为此耳。"

魏帝征兵关右,召贺拔胜赴行在所,遣大行台长孙承业、大都督颍川王斌之、斛斯椿共镇武牢,汝阳王暹镇石济,行台长孙子彦帅前恒农太守元洪略镇陕,贾显智率豫州刺史斛斯元寿伐蔡俊。神武使窦泰与左厢大都督莫多娄贷文逆显智,韩贤逆暹。元寿军降。泰、贷文与显智遇于长寿津,显智阴约降,引军。司元玄觉之,驰还,请益师。魏帝遣大都督侯几绍赴之,战于滑台东,显智于军降,绍死之。

七月，魏帝躬率大众屯河桥。神武至河北十余里，再遣口申诚款，魏帝不报。神武乃引军渡河。魏帝问计于群臣，或云南依贺拔胜，或云西就关中，或云守洛口死战。未决。而元斌之与斛斯椿争权不睦，斌之弃椿径还，绐帝云："神武兵至。"即日，魏帝逊于长安。己酉，神武入洛阳，停于永宁寺。八月甲寅，召集百官，谓曰："为臣奉主，匡救危乱，若处不谏争，出不陪随，缓则耽宠争荣，急便逃窜，臣节安在！"遂收开府仪同三司叱列延庆、兼尚书左仆射辛雄、兼吏部尚书崔孝芬、都官尚书刘廞、兼度支尚书杨机、散骑常侍元士弼并杀之，诛其贰也。士弼籍没家口。神武以万机不可旷废，乃与百僚议以清河王亶为大司马，居尚书下舍而承制决事焉。王称警跸，神武丑之。神武寻至恒农，遂西克潼关，执毛洪宾。进军长城，龙门都督薛崇礼降。神武退舍河东，命行台尚书长史薛瑜守潼关，大都督库狄温守封陵。于蒲津西岸筑城，守华州，以薛绍宗为刺史。高昂行豫州事。神武自发晋阳，至此凡四十启，魏帝皆不答。九月庚寅，神武还于洛阳，乃遣僧道荣奉表关中，又不答。乃集百僚四门耆老，议所推立。以为自孝昌丧乱，国统中绝，木主靡依，昭穆失序，永安以孝文为伯考，永熙迁孝明于夹室，业丧祚短，职此之由。遂议立清河王世子善见。议定，白清河王。王曰："天子无父，苟使儿立，不惜余生。"乃立之，是为孝静帝。魏于是始分为二。神武以孝武既西，恐逼崤、陕，洛阳复在河外，接近梁境，如向晋阳，形势不能相接，乃议迁邺，护军祖荣赞焉。诏下三日，车驾便发，户四十万狼狈就道。神武留洛阳部分，事毕还晋阳。自是军国政务，皆归相府。先是童谣曰："可怜青雀子，飞来邺城里，羽翮垂欲成，化作鹦鹉子。"好事者窃言，雀子谓魏帝清河王子，鹦鹉谓神武也。

初孝昌中，山胡刘蠡升自称天子，年号神嘉，居云阳谷，西土岁被其寇，谓之胡荒。

二年正月，西魏渭州刺史可朱浑道元拥众内属，神武迎纳之。

壬戌，神武袭击刘蠡升，大破之。已巳，魏帝褒诏，以神武为相国，假黄钺，剑履上殿，入朝不趋。神武固辞。三月，神武欲以女妻蠡升太子，候其不设备，辛酉，潜师袭之。其北部王斩蠡升首以送。其众复立其子南海王，神武进击之，又获南海王及其弟西海王、北海王、皇后公卿已下四百余人，胡、魏五万户。壬申，神武朝于邺。四月，神武请给迁人廪各有差。九月甲寅，神武以州郡县官多乖法，请出使问人疾苦。

三年正月甲子，神武帅库狄干等万骑袭西魏夏州，身不火食，四日而至。缚稍为梯，夜入其城，禽其刺史费也头斛拔俄弥突，因而用之。留都督张琼以镇守，迁其部落五千户以归。西魏灵州刺史曹泥与其婿凉州刺史刘丰遣使请内属。周文围泥，水灌其城，不没者四尺。神武命阿至罗发骑三万径度灵州，绕出西军后，获马五十匹，西师乃退。神武率骑迎泥、丰生，拔其遗户五千以归，复泥官爵。魏帝诏加神武九锡，固让乃止。二月，神武令阿至罗逼西魏秦州刺史建忠王万俟普拨，神武以众应之。三月甲午，普拨与其子太宰受洛干、豳州刺史叱干宝乐、右卫将军破六韩常及督将三百余人拥部来降。八月丁亥，神武请均斗尺，班于天下。九月辛亥，汾州胡王迢触、曹贰龙聚众反，署立百官，年号平都。神武讨平之。十二月丁丑，神武自晋阳西讨，遣兼仆射行台汝阳王暹、司徒高昂等趣上洛，大都督窦泰入自潼关。四年正月，癸丑，窦泰军败自杀。神武次蒲津，以冰薄不得赴救，乃班师。高昂攻克上洛。

四月乙酉，神武以并、肆、汾、建、晋、东雍、南汾、秦、陕九州霜旱，人饥流散，请所在开仓赈给。六月壬申，神武如天池，获瑞石，隐起成文曰：“六王三川”。十一月壬辰，神武西讨，自蒲津济，众二十万。周文军于沙苑。神武以地厄少却，西人鼓噪而进，军大乱，弃器甲十有八万，神武跨橐驼，候舡以归。

元象元年三月辛酉，神武固请解承相，魏帝许之。

四月庚寅，神武朝于邺。壬辰，还晋阳。请开酒禁，并赈恤宿卫武官。七月壬午，行台侯景、司徒高昂围西魏将独孤信于金墉，西魏帝及周文并来赴救。大都督库狄干帅诸将前驱，神武总众继进。八月辛卯，战于河阴，大破西魏军，俘获数万。司徒高昂、大都督李猛、宗显死之。西师之败，独孤信先入关，周文留其都督长孙子彦守金墉，遂烧营以遁。神武遣兵追奔，至崤，不及而还。初神武知西师来侵，自晋阳帅众驰赴，至孟津，未济，而军有胜负。既而神武渡河，子彦亦弃城走，神武遂毁金墉而还。十一月庚午，神武朝于京师。十二月壬辰，还晋阳。兴和元年七月丁丑，魏帝进神武为相国、录尚书事，固让乃止。十一月乙丑，神武以新宫成，朝于邺。魏帝与神武宴射，神武降阶称贺，又辞渤海王及都督中外诸军事，诏不许。十二月戊戌，神武还晋阳。

二年十二月，阿至罗别部遣使请降。神武帅众迎之，出武州塞，不见，大猎而还。

三年五月，神武巡北境，使使与蠕蠕通和。

四年五月辛巳，神武朝邺，请令百官每月面敷政事，明扬侧陋，纳谏屏邪，亲理狱讼，褒黜勤怠；牧守有衍，节级相坐；椒掖之内，进御以序；后园鹰犬，悉皆弃之。六月甲辰，神武还晋阳。九月，神武西征。十月己亥，围西魏仪同三司王思政于玉壁城，欲以致敌，西师不敢出。十一月癸未，神武以大雪，士卒多死，乃班师。

武定元年二月壬申，北豫州刺史高慎据武牢西叛。三月壬辰，周文率众援高慎，围河桥南城。戊申，神武大败之于芒山，擒西魏督将已下四百余人，俘斩六万计。是时军士有盗杀驴者，军令应死，神武弗杀，将至并州决之。明日复战，奔西军，告神武所在。西师尽锐来攻，众溃，神武失马，赫连阳顺下马以授神武，与苍头冯文洛扶上俱走，从者步骑六七人。追骑至，亲信都督尉兴庆曰："王去矣，兴庆腰边百箭，足杀百人。"神武勉之曰："事济，以尔为怀州，若死则用尔子。"兴庆曰："儿小，愿用兄。"许之。兴庆斗，矢尽而死。西魏太师贺拔胜以十三骑逐神武，河州刺史刘洪徽射中其二。胜稍将中神武，段孝先横射胜马殪，遂免。豫、洛二州平。神武使刘丰追奔，拓地至弘农而还。七月，神武贻周文书，责以杀孝武之罪。八月辛未，魏帝诏神武为相国、录尚书事、大行台，余如故，固辞乃止。是月，神武命于肆州北山筑城，西自马陵戍，东至上登，四十日罢。十二月己卯，神武朝京师。庚辰，还晋阳。

二年三月癸巳，神武巡行冀、定二州，因朝京师。以冬春亢旱，请蠲悬责，赈穷乏，宥死罪以下。又请授老人板职各有差。四月丙辰，神武还晋阳。十一月，神武讨山胡，破平之，俘获一万余户口，分配诸州。三年正月甲午，开府仪同三司尔朱文畅、开府司马任胄、都督郑仲礼、中府主簿李世林、前开府参军房子远等谋贼神武，因十五日夜打簇，怀刃而入，其党薛季孝以告，并伏诛。丁未，神武请于并州置晋阳宫以处配口。三月乙未，神武朝邺，丙午，还晋阳。十月丁卯，神武上言，幽、安、定三州北接奚、蠕蠕，请于险要修立城戍以防之，躬自临履，莫不严固。乙未，神武请释芒山俘桎梏，配以人间寡妇。

四年八月癸巳，神武将西伐，自邺会兵于晋阳，殿中将军曹魏祖曰："不可，今八月西方王，以死气逆生气，为客不利，主人则可。兵果行，伤大将军。"神武不从。自东、西魏构兵，邺下每先有黄黑蚁阵斗，占者以为黄者东魏戎衣色，黑者西魏戎衣色，人间以此候胜负。是时，黄蚁尽死。九月，神武围玉壁以挑西师，不敢应。西魏晋州刺史韦孝宽守玉壁，城中出铁面，神武使元盗射之，每中其目。用李业兴孤虚术，萃其北。北，天险也。乃起土山，凿十道，又于东面凿二十一道以攻之。城中无水，汲于汾，神武使移汾，一夜而毕。孝宽夺据土山。顿军五旬，城不拔，死者七万人，聚为一冢。有星坠于神武营，众驴并鸣，士皆耆惧。神武有疾。十一月庚子，舆疾班师。庚戌，遣太原公洋镇邺。辛亥，征世子澄至晋阳。有恶鸟集亭树，世子使斛律光射杀之。己卯，神武以无功，表解都督中外诸军事，魏帝优诏许焉。是时西魏言神武中弩，神武闻之，乃勉坐见诸贵，使斛律金敕勒歌，神武自和之，哀感流涕。

侯景素轻世子，尝谓司马子如曰："王在，吾不敢有异，王无，吾不能与鲜卑小儿共事。"子如掩其口。至是，世子为神武书召景。景先与神武约，得书，书微点，乃来。书至，无点，景不至，又闻神武疾，遂拥兵自固。神武谓世子曰："我虽疾，尔面更有余忧色，何也？"世子未对。又问曰："岂非忧侯景叛耶？"曰："然"。神武曰："景专制河南十四年矣，常有飞扬跋扈志，顾我能养，岂为汝驾御也！今四方未定，勿遽发哀。库狄干鲜卑老公，斛律金敕勒老公，并性遒直，终不负汝。可朱浑道元、刘丰生远来投我，必无异心。贺拔焉过儿朴实无罪过。潘相乐本作道人，心和厚，汝兄弟当得其力。韩轨少戆，宜宽借之。彭相乐心腹难得，宜防护之。少堪敌侯景者唯有慕容绍宗，我故不贵之，留以与汝，宜深加殊礼，委以经略。"

五年正月朔，日蚀，神武曰："日蚀其为我耶，死亦何恨。"丙午，陈启于魏帝。是日，崩于晋阳，时年五十二，秘不发丧。六月壬午，魏帝于东堂举哀，三日，制缌衰。诏凶礼依汉大将军霍光、东平王苍故事；赠假黄钺、使持节、相国、都督中外诸军事、齐王玺绂，辒辌车、黄屋、左纛、前后羽葆、鼓吹、轻车、介士，兼备九锡殊礼，谥献武王。八月甲申，葬于邺西北漳水之西，魏帝临送于紫陌。天保初，追崇为献武帝，庙号太祖，陵曰义平。天统元年，改谥神武皇帝，庙号高祖。

神武性深密高岸，终日俨然，人不能测，机权之际，变化若神，至于军国大略，独运怀抱，文武将吏罕有预之。统驭军众，法令严肃，临敌制胜，策出无方。听断昭察，不可欺犯。知人好士，全护勋旧。性周给，每有文教，常殷勤款悉，指事论心，不尚绮靡。擢人授任，在于得才，苟其所堪，乃至拔于厮养；有虚声无实者，稀见任用。诸将出讨，奉行方略，罔不克捷；违失指画，多致奔亡。雅尚俭素，刀剑鞍勒无金玉之饰。少能剧饮，自当大任，不过三爵。居家如官。仁恕爱士。始范阳卢景裕以明经称，鲁郡韩毅以工书显，咸以谋逆见擒，并蒙恩置之第馆，教授诸子。其文武之士尽节所事，见执获而不罪者甚多。故退迩归心，皆思效力。至南威梁国，北怀蠕蠕，吐谷浑、阿至罗咸所招纳，获其力用，规略远矣。

北齐书卷三
帝纪第三

文　襄

　　世宗文襄皇帝讳澄,字子惠,神武长子也,母曰娄太后。生而岐嶷,神武异之。魏中兴元年,立为渤海王世子。就杜询讲学,敏悟过人,询甚叹服。二年,加侍中,开府仪同三司,尚孝静帝妹冯翊长公主,时年十二,神情俊爽,便若成人。神武试问以时事得失,辨析无不中理,自是军国筹策皆预之。天平元年,加使持节、尚书令、大行台、并州刺史。三年,入辅朝政,加领军左右、京畿大都督。时人虽闻器识,犹以少年期之,而机略严明,事无凝滞,于是朝野振肃。大象元年,摄吏部尚书。魏自崔亮以后,选人常以年劳为制,文襄乃厘改前式,铨擢唯在得人。又沙汰尚书郎,妙选人地以充之。至于才名之士,咸被荐擢,假有未居显位者,皆致之门下,以为宾客,每山园游燕,必见招携,执射赋诗,各尽其所长,以为娱适。兴和二年,加大将军,领中书监,仍摄吏部尚书。自正光已后,天下多事,在任群官廉洁者寡。文襄乃奏吏部郎崔暹为御史中尉,纠劾权豪,无所纵舍,于是风俗更始,私枉路绝。乃榜于街衢,具论经国政术,仍开直言之路,有论事上书苦言切至者,皆优容之。

　　武定四年十一月,神武西讨,不豫班师,文襄驰赴军所,侍卫还晋阳。五年正月丙午,神武崩,秘不发丧。辛亥,司徒侯景据河南反,颍州刺史司马世云以城应之。景诱执豫州刺史高元成、襄州刺史李密,广州刺史暴显等。遣司空韩轨率众讨之。夏四月壬申,文襄朝于邺。六月己巳,韩轨等自颍州班师。丁丑,文襄还晋阳,乃发丧,告喻文武,陈神武遗志。七月戊戌,魏帝诏以文襄为使持节、大丞相、都督中外诸军、录尚书事,大行台、渤海王。文襄启辞位,愿停王爵。壬寅,魏帝诏太原公洋摄理军国,遣中使敦喻。八月戊辰,文襄启申神武遗令,请减国邑分封将督,各有差。辛未,朝邺,固辞丞相。魏帝诏曰:"既朝野攸凭,安危所系,不得令遂本怀,须有权夺,可复前大将军,余如故。"

议者咸云侯景犹有北望之心,但信命不至耳。又景将蔡遵道北归,称景有悔过之心。王以为信然,谓可诱而致,乃遗景书曰:

先王与司徒契阔夷险,孤子相依,偏所眷属,义贯终始,情存岁寒。待为国士者乃立漆身之节,馈以一飧者便致扶轮之效,况其重于此乎?常以故旧之义,欲将子孙相托,方为秦、晋之匹,共成刘范之亲。况闻负杖行歌,便以狼顾反噬,不蹈忠臣之路,便陷叛人之地。力足以自强,势不足以自保,率乌合之众,为累卵之危。西取救于宇文,南请援于萧氏,以狐疑之心,为首鼠之事。入秦则秦人不容,归吴则吴人不信。当是不逞之人,曲为无端之说,遂怀市虎之疑,乃致投杼之惑。比来举止,事已可见,人相疑误,想自觉知。阖门大小,悉在司寇,意谓李氏未灭,犹言少卿可反。孤子无状招祸,丁天酷罚,但礼由权夺,志在忘私,聊遣偏裨,前驱致讨,南充、扬州应时克复。即欲乘机席卷县瓠,属以炎暑,欲为后图,且令还师,待时更举。

今寒胶向折,白露将团,方凭国灵龚行天罚。器械精新,士马强盛,内外感恩,上下戮力,三令五申,可赴汤火。使旗鼓相望,埃尘相接,势如沃雪,事等注荧。夫明者去危就安,智者转祸为福,宁人负我,不我负人,当开从善之途,使有改迷之路。若能卷甲来朝,垂橐还阙者,即当授豫州,必使终君身世。所部文武更不追摄,进得保其禄位,退则不丧功名。今王思政等皆孤军偏将,远来深入,然其性命在君掌握,脱能刺之,想有余力。即相加授，永保疆场。君门眷属可以无患，宠妻爱子亦送相还，仍为通家，共成亲好。

君今不能东封函谷，南面称孤，受制于人，威名顿尽。得地不欲自守，聚众不以为强，空使身有背叛之名，家有恶逆之祸，覆宗绝嗣，自贻伊戚。戴天履地，能无愧乎！孤子今日不应遣此，但见蔡遵道云："司徒本无西归之心，深有悔过之意"，未知此语为虚为实，吉凶之理，想自图之。

景报书曰：

仆乡一布衣，本乖艺用，出身为国，绵历一纪，犯危履难，岂避风霜，遂得富贵当年，荣华身世。一旦举旗旆，援鼓枹，北面相抗者何哉？实以畏惧危亡，恐招祸害故耳。往年之暮，尊王遘疾，神不佑善，祈祷莫瘳。遂使嬖幸弄权，心腹离贰，妻子在宅，无事见围。及回归长社，希自陈状，简书未遣，斧钺已临。既旌旗相对，咫尺不远，飞书每奏，冀申鄙情。而群帅恃雄，眇然弗顾，运载推锋，专欲屠灭，掘围堰水，仅存三版。举目相看，命县漏刻，不忍死亡，出战城下，拘秦送地，岂乐为之？伯禽兽恶死，人伦好生，仆实不幸，桓、庄何罪？且尊王平昔见与比肩，戮力同心，共奖帝室，虽复权势参差，寒暑小异，丞相司徒，雁行而已。福禄官荣，自是天爵，劳而后授，理不相干，欲求吞炭，何其谬也！然窃人之财，犹谓之盗，禄去公室，抑谓不取。今魏德虽衰，天命未改，拜恩私第，何足关言。

赐噍不能东封函谷，受制于人，当似教仆贤祭仲而哀季氏。无主之国，在礼未闻，动而不法，将何以训。窃以分财养幼，事归令终，舍宅存孤，谁云隙末。复言仆众不足以自强，身危如累卵。然亿兆夷人，卒降十乱，纣之百克，终自无后，颍川之战，即是殷监。轻重由人，非鼎在德，苟能忠信，虽弱必强，殷忧启圣，处危何苦。况今梁道邕熙，招携以礼，被我虎文，縻之好爵，方欲苑五岳而池四海，扫氛秽以拯黎元。东翦瓯越，西道汧陇，吴越悍劲，带甲千群，秦兵冀马，控弦十万，大风一振，枯干必

摧,凝霜暂落,秋蒂自殒,此而为弱,谁足称雄?又见诬两端,受
疑二国,斟酌物情,一何太甚。昔陈平背楚,归汉则强,百里出
虞,入秦斯霸。盖昏明由主,用舍在人,奉礼而行,神其吐邪!

　　书称士马精新,克日齐举,夸张形势,必欲相灭。切以寒胶
白露,节候乃同,秋风扬尘,马首何异。徒知北方之力争,未识
西南之合从,苟欲徇意于前途,不觉坑阱在其侧。去危就安,今
归正朔;转祸为福,已脱网罗。彼当嗤仆之过迷,此亦笑君之晦
昧。今引二邦,扬旌北讨,熊虎齐奋,克复中原,荆、襄、广、颍已
属关右,项城、县瓠亦奉江南,幸自取之,何劳见援。然权变非
一,理有万途,为君计者,莫若割地两和,三分鼎峙,燕、卫、赵、
晋足相俸禄,齐、曹、宋、鲁悉归大梁。使仆得输力南朝,北敦姻
好,束帛自行,戎车不驾,仆立当世之功,君卒父祢之业,各保
疆垒,听享岁时,百姓乂宁,四人安堵。孰若驱农夫于垄亩,抗
劲敌于三方,避干戈于首尾,当锋镝于心腹,纵太公为将,不能
获存,归之高明,何以克济。

　　来书曰,妻子老幼悉在司寇,以此见要,庶其可反。当是见
疑褊心,未识大趣。昔王陵附汉,母在不归;太上囚楚,乞羹自
若。矧伊妻子,而可介意。脱谓诛之有益,欲止不能,救之无损,
复加坑戮,家累在君,何关仆也。遵道所说,颇亦非虚,故重陈
辞,更论款曲。昔与盟主,事等琴瑟,谗人间之,翻为仇敌,抚弦
搦矢,不觉伤怀,裂帛还书,其何能述。

王寻览书,问谁为作。或曰:"其行台郎王伟。"王曰:"伟才如此,何
因不使我知。"王欲间景于梁,又与景书而谬其辞,云本使景阳叛,
欲与图西,西人知之,故景更与图南为事。漏其书于梁,梁人亦不之
信。

　　壬申,东魏主与王猎于邺东,驰逐如飞。监卫督都督乌那罗受
工伐从后呼曰:"天子莫走马,大将军怒。"王尝侍饮,举大觞曰:"臣
澄劝陛下酒。"东魏主不悦曰:"自古无不亡之国,朕亦何用如此
生!"王怒曰:"朕! 朕! 狗脚朕!"使崔季舒殴之三拳,奋衣而出。寻

遣季舒入谢。东魏主赐季舒彩，季舒未敢即受，启之于王，王使取一段。东魏主以四百疋与之，曰："亦一段耳。"东魏主不堪忧辱，咏谢灵运诗曰："韩亡子房奋，秦帝鲁连耻，本自江海人，忠义感君子，"因流涕。

三月辛亥，王南临黎阳，济于虎牢，自洛阳从太行而反晋阳。于路遗书百僚，以相戒励，朝野承风，莫不震肃。又令朝臣牧宰各举贤良及骁武胆略堪守边城，务得其才，不拘职业。四月，王巡北边城戍，赈赐有差。七月，王还晋阳。辛卯，王遇盗而殂，时年二十九。葬于峻成陵。齐受禅，追谥为文襄皇帝，庙号世宗。时有童谣曰："百尺高竿摧折，水底燃灯灯灭。"识者以为王将殂之兆也。数日前，崔季舒无故于北宫门外诸贵之前诵鲍明远诗曰："将军既下世，部曲亦罕存。"声甚凄断，泪不能已，见者莫不怪之。初，梁将兰钦子京为东魏所虏，王命以配厨，钦请赎之，王不许。京再诉，王使监厨苍头薛丰洛杖之，曰："更诉当杀尔。"京与其党六人谋作乱。时王居北城东百堂莅政，以宠琅邪公主，欲其来往无所避忌，所有侍卫，皆出于外。太史启言宰辅星甚微，变不出一月。王曰："小人新杖之，故吓我耳。"将欲受禅，与陈元康、崔季舒等屏斥左右，署拟百官。京将进食，王却，谓诸人曰："昨夜梦此奴斫我，宜杀却。"京闻之，置刀于盘，冒言进食。王怒曰："我未索食，尔何遽来！"京挥刀曰："来将杀汝！"王自投伤足，入于床下，贼党去床，因而见杀。先是讹言曰："软脱帽，床底喘"，其言应矣。时太原公洋在城东双堂，入而讨贼，脔割京等，皆漆其头。秘不发丧，徐出言曰："奴反，大将军被伤，无大苦也。"

臣等详《文襄纪》，其首与《北史》同，而末多出于《东魏孝静纪》，其间与侯景往复见书见《梁书景传》。其所序列，尤无伦次，盖杂取之以成此书，非正史也。

北齐书卷四
帝纪第四

文 宣

　　显祖文宣皇帝讳洋,字子进,高祖第二子,世宗之母弟。后初孕,每夜有赤光照室,后私尝怪之。初,高祖之归尔朱荣,时经危乱,家徒壁立,后与亲姻相对,共忧寒馁。帝时尚未能言,倏然应曰:"得活",太后及左右大惊而不敢言。鳞身,重踝,不好戏弄,深沉有大度。晋阳曾有沙门,乍愚乍智,时人不测,呼为阿秃师。帝曾与诸童共见之,历问禄位,至帝,举手再三指天而已,口无所言。见者异之。高祖尝试观诸子意识,各使治乱丝,帝独抽刀斩之,曰:"乱者须斩。"高祖是之。又各配兵四出,而使甲骑伪攻之,世宗等怖挠,帝乃勒众与彭乐敌,乐免胄言情,犹擒之以献。后从世宗行过辽阳山,独见天门开,余人无见者。内虽明敏,貌若不足,世宗每嗤之,云:"此人亦得富贵,相法亦何由可解。"唯高祖异之,谓薛琡曰:"此儿意识过吾。"幼时师事范阳卢景裕,默识过人,景裕不能测也。天平二年,授散骑常侍、骠骑大将军、仪同三司、左光禄大夫、太原郡开国公。武定元年,加侍中。二年,转尚书左仆射,领军将军。五年,授尚书令、中书监、京畿大都督。

　　武定七年八月,世宗遇害,事出仓卒,内外震骇。帝神色不变,指麾部分,自脔斩群贼而漆其头,徐宣言曰:"奴反,大将军被伤,无大苦也"当时内外莫不惊异焉。乃赴晋阳,亲总庶政,务从宽厚,事有不便者咸蠲省焉。

冬十月癸未朔，以咸阳王坦为太傅，潘相乐为司空。十一月戊午，吐谷浑国遣使朝贡。梁齐州刺史茅灵斌、德州刺史刘领队、南豫州刺史皇甫育等并以州内属。十二月己酉，以并州刺史彭乐为司徒，太保贺拔仁为并州刺史。

八年春正月庚申，梁楚州刺史宋安顾以州内属。辛酉，魏帝为世宗举哀于东堂。梁定州刺史田聪能、洪州刺史张显等以州内属。戊辰，魏诏进帝位使持节、丞相、都督中外诸军事、录尚书事、大行台、齐郡王，食邑一万户。甲戌，地豆于国遣使朝贡。三月辛酉，又进封齐王，食冀州之渤海长乐安德武邑、瀛州之河间五郡，邑十万户。自居晋阳，寝室夜有光如昼。既为王，梦人以笔点己额。且以告馆客王昙哲曰："吾其退乎？"昙哲再拜贺曰："王上加点，便成主字，乃当进也。"夏五月辛亥，帝如邺。甲寅，进相国，总百揆，封冀州之渤海长乐安德武邑、瀛州之河间高阳章武、定州之中山常山博陵十郡，邑二十万户，加九锡，殊礼，齐王如故。魏帝遣兼太尉彭城王韶、司空潘相乐册命曰：

於戏，敬听朕命！夫惟天为大，列晷宿而垂象；谓地盖厚，疏川岳以阜物。所以四时代序，万类骈罗，庶品得性，群形不夭。然则皇王统历，深视高居，拱默垂衣，寄成师相，此则夏伯、殷尹竭其股肱，周成、汉昭无为而治。顷者天下多难，国命如旒，则我建国之业将坠于地。齐献武王奋迅风云，大济艰危，爰翼朕躬，国为再造，经营庶士，以至勤忧。及文襄承构，愈广前业，康邦夷难，道格穹苍。王纵德应期，千龄一出，惟几惟深，乃神乃圣，大崇霸德，实广相猷。虽冥功妙实，貌绝言象，标声示迹，典礼宜宣。今申后命，其敬虚受。

王抟风初举，建旃上地，庇民立政，时雨滂流，下识廉耻，仁加水陆，移风易俗，自齐变鲁，此王之功也。仍摄天台，总参戎律，策出若神，威行朔土，引弓窜迹，松塞无烟，此又王之功也。逮光统前绪，持衡匡合，华戎混一，风海调夷，日月光华，天地清晏，声接响随，无思不偃，此又王之功也。逖矣炎方，遘违正朔，怀文曜武，授略申规，淮楚连城，潍然桑落，此又王之功也。关、岘衿带，跨蹑萧条，肠胃之地，岳立鸥峙，偏师才指，涣同冰散，此又王之功也。晋熙之所，险薄江雷，迥隔声教，迷方未改，命将鞠旅，覆其巢穴，威略风腾，倾慑南海，此又王之功也。群蛮跋扈，世绝南疆，摇荡边垂，亟为尘梗，怀德畏威，向风请顺，倾陬尽落，其至如云，此又王之功也。胡人别种，延蔓山谷，酉渠万族，广袤千里，凭险不恭，恣其桀黠，有乐淳风，相携叩款，粟帛之调，王府充积，此又王之功也。茫茫涉海，世敌诸华，风行鸟逝，倏来忽往，既饮醇醪，附同胶漆，毡裘委仞，奇兽衔尾，此又王之功也。秦川尚阻，作我仇雠，爰挹椒兰，飞书请好，天动其衷，辞卑礼厚，区宇乂宁，遐迩毕至，此又王之功也。江阴告祸，民无适归，萧宗子弟，尚相投庇，如鸟还山，犹川赴海，荆、江十部，俄而献割，乘此会也，将混来方，此又王之功也。天平地成，率土咸茂，祯符显见，史不停笔，既连百木，兼呈九尾，素过秦雀，苍比周乌，此又王之功也。搜扬管库，衣冠获序，礼云乐云，销沉俱振，轻徭彻赋，矜狱宽刑，大信外彰，深仁远洽，此又王之功也。王有安日下之大勋，加以表光明之盛德，宣赞洪猷，以左右朕言。昔旦、奭外分，毛、毕入佐，出内之任，王宜总之。

人谋鬼谋，两仪协契，锡命之行，义申公道。以王践律蹈礼，轨物苍生，园首安志，率心归道，是以锡王大路、戎路各一，玄牡二驷。王深重民天，唯本是务，衣食之用，荣辱所由，早用锡王乌冕之服，赤舄副焉。王深广惠和，易调风化，神祇且格，功德可象，是用锡王轩悬之乐，六佾之舞。王风声振赫，九域咸绥，远人率俾，奔走委尽，是用锡王朱户以居。王求贤选众，草莱以尽，陈力就列，罔非其人，是用锡王纳陛以登。王英图猛概，抑扬千品，毅然之节，肃是非违，是用锡王武贲之士三百人。王兴亡所系,制极幽显,纠行天讨,罪人咸得,是用锡王鈇钺各一,王鹰扬豹变,实扶下土,狼顾鸱张,罔不弹射,是用锡王彤弓一、彤矢百、卢弓十、卢矢千。王孝悌之至,通于神明,率民兴行,感达区宇,是用锡王秬鬯一卣,珪瓒副焉。往钦哉。其祗顺往册,保弼皇家,用终尔休德,对扬我太祖之显命。

魏帝以天人之望有归,景辰,下诏曰:

> 三才剖判,百王代兴,治天静地,和神敬鬼,庇民造物,咸自灵符,非一人之大宝,实有道之神器。昔我宗祖应运,奄一区宇,历圣重光,既于九叶。德之不嗣,仍离屯圯,盗名字者遍于九服,擅制命者非止三公,主杀朝危,人神靡系,天下之大,将非魏有。赖齐献武王奋扬灵武,克剪多难,重悬日月,更缀参辰,庙以扫除,国由再造,鸿勋巨业,无得而称。逮文襄承构,世业逾广,迩安远服,海内晏如,国命已康,生生得性。迄相国齐王,纬文经武,统兹大业,尽睿穷几,研深测化,思随冥运,智与神行,恩比春天,威同夏日,坦至心于万物,被大道于八方,故百僚师师,朝无秕政,网疏泽洽,率土归心,外尽江淮,风靡屈膝,辟地怀人,百城奔走,关陇慕义而请好,瀚漠仰德而致诚。伊所谓命世应期,实抚千载。祯符杂遝,异物同途,讴颂填委,殊方一致,代终之迹斯表,人灵之契已合,天道不远,我不独知。

> 朕入纂鸿休,将承世祀,籍援立之厚,延宗社之算。静言大运,欣于避贤,远惟唐、虞禅代之典,近想魏、晋揖让之风,其可昧兴替之礼,稽神祇之望?今便逊于别宫,归帝位于齐国,推圣与能,眇符前轨。主者宣布天下,以时施行。

又使兼太尉彭城王韶、兼司空敬显俊奉册曰:

> 咨尔相国齐王:夫气分形化,物系君长,皇王递兴,人非一姓。昔放勋驭世,沉璧属子;重华握历,持衡拥璇。所以英贤茂实,昭晢千古,岂盛衰有运,兴废在时,知命不得不授,畏天不可不受。是故汉刘告否,当涂顺民,曹历不永,金行纳禅,此皆

重规袭矩,率由旧章者也。

我祖宗光宅,混一万宇。迄于正光之末,奸孽乘权,厥政多僻,九域离荡。永安运穷,人灵殄瘁,群逆滔天,割裂四海,国土臣民,行非魏有。齐献武王应期授手,凤举龙骧,举废极以立天,扶倾柱而镇地,剪灭黎毒,匡我坠历,有大德于魏室,被博利于苍生。及文襄继轨,诞光前业,内剿凶权。外摧侵叛,遐迩肃晏,功格上玄。王神祇协德,舟梁一世,体文昭武,追变穷微。自举踪藩旃,颂歌总集,入统机衡,风猷弘远。及大承世业,扶国昌家,相德日跻,霸风愈邈,威灵斯畅则荒远奔驰,声略所播而邻敌顺款。以富有之资,运英特之气,顾盼之间,无思不服。图谍潜蕴,千祀彰明,嘉祯幽秘,一朝纷委,以表代德之期,用启兴邦之迹,苍苍在上,照临不远,朕以虚昧,犹未遑巡,静言愧之,坐而待旦。且时来运往,妫舜不暇以当阳,世革命改,伯禹不容于北面,况于寡薄,而可踟蹰。是以仰协穹昊,俯从百姓,敬以帝位式授于王。天禄永终,大命格矣。於戏!其祇承历数,允执其中,对扬天休,斯年千万,岂不盛欤!

又致玺书于帝,遣兼太保彭城王韶、兼司空敬显俊奉皇帝玺绶,禅代之礼一依唐虞、汉魏故事。又尚书令高隆之率百僚劝进。戊午,乃即皇帝位于南郊,升坛柴燎告天曰:

皇帝臣洋敢用玄牡,昭告于皇皇后帝:否泰相沿,废兴迭用,至道无亲,应运斯辅。上览唐、虞,下稽魏、晋,莫不先天揖让,考历归终。魏氏多难,年将三十,孝昌已后,内外去之。世道横流,苍生涂炭。赖我献武,承其将溺,三建元首,再立宗桃,扫绝群凶,芟夷奸宄,德被黔黎,勋光宇宙。文襄嗣武,克构鸿基,功浃寰宇,威稜海外,穷发怀音,西寇纳款,青丘保候,丹穴来庭,扶翼危机,重匡颓运,是则有大造于魏室也。

魏帝以卜世告终,上灵厌德,钦若昊天,允归大命,以禅于臣洋。夫四海至公,天下为一,总民宰世,树之以君。既川岳启符,人神效祉,群公卿士,八方兆庶,金曰皇极乃顾于上,魏朝推进于下,天位不可以暂虚。遂逼群议,恭膺大典。猥以寡薄,托于兆民之上,虽天威在颜,咫尺无远,循躬自省,实怀祗惕。敬简元辰。升坛受禅,肆类上帝,以答万国之心,永隆嘉祚,保佑有齐,以被于无穷之祚。

是日,京师获赤雀,献于南郊。事毕,还宫,御太极前殿。诏曰:"无德而称,代刑以礼,不言而信,先春后秋。故知恻隐之化,天人一揆,弘宥之道,今古同风。朕以虚薄,功业无纪。昔先献武王值魏世不造,九鼎行出,乃驱御侯伯,大号燕、赵,拯厥颠坠,俾亡则存。文襄王外挺武功,内资明德,纂戎先业,辟土服远。年逾二纪,世历两都,狱讼有适,讴歌斯在。故魏帝俯遵历数,爰念褰裳,远取唐、虞,终同脱屣。实幽忧未已,志在阳城,而群公卿士,诚守愈切,遂属代终,居于民上,如涉深水,有眷终朝。始发晋阳,九尾呈瑞,外坛告天,赤雀效祉。惟尔文武不贰心之臣,股肱爪牙之将,左右先王,克隆大业,永言诚节,共斯休祉。思与亿兆同始兹日,大赦天下。改武定八年为天保元年。其百官进阶,男子赐爵,鳏寡六疾义夫节妇旌赏各有差。"

己未,诏封魏帝为中山王,食邑万户;上书不称臣,答不称诏,载天子旌旗,行魏正朔,乘五时副车;封王诸子为县公,邑一千户;奉绢万匹,钱千万,粟二万石,奴婢二百人,水碾一具,田百顷,园一所。诏追尊皇祖文穆王为文穆皇帝,妣为文穆皇后,皇考献武王为献武皇帝,皇兄文襄王为文襄皇帝,祖宗之称,付外速议以闻。辛酉,尊王太后为皇太后。乙丑,诏降魏朝封爵各有差。信都从义及宣力霸朝者,及西来人并武定六年以来南来投化者,不在降限。辛未,遣大使于四方,观察风俗,问民疾苦,严勒长吏,厉以廉平,兴利除害,务存安静。若法有不便于时,政有未尽于事者,具条得失,还以闻奏。甲戌,迁神主于太庙。

六月己卯,高丽遣使朝贡。辛巳,诏曰:"顷者风俗流宕,浮竞日兹,家有吉凶,务求胜异。婚姻丧葬之费,车服饮食之华,动竭岁资以营日富。又奴仆带金玉,婢妾衣罗绮,始以创出为奇,后以过前为丽,上下贵贱,无复等差。今运属惟新,思蠲往弊,反朴还淳,纳民轨物。可量事具立条式,使俭而获中。"又诏封崇圣侯邑一百户,以奉孔子之祀,并下鲁郡以时修治庙宇,务尽褒崇之至。诏分遣使人致祭于五岳四渎,其尧祠舜庙,下及孔父、老君等载于祀典者,咸秩罔遗。诏曰:"冀州之渤海、长乐二郡,先帝始封之国,义旗初起之地,并州之太原、青州之齐郡,霸业所在,王命是基。君子有作,贵不忘本,思申恩洽,蠲复田租。齐郡、渤海可并复一年,长乐二年,太原复三年。"

诏故太傅孙腾、故太保尉景、故大司马娄昭、故司徒高昂、故尚书左仆射慕容绍宗、故领军万俟干、故定州刺史段荣、故御史中尉刘贵、故御史中尉窦太、故殷州刺史刘丰、故济州刺史蔡俊等并左右先帝,经赞皇基,或不幸早徂,或殒身王事,可遣使者就墓致祭,并抚问妻子,慰逮存亡。又诏封宗室高岳为清河王,高隆之为平原王,高归彦为平秦王,高思宗为上洛王,高长弼为广武王,高普为武兴王,高子瑗为平昌王,高显国为襄乐王,高睿为赵郡王,高孝绪为循城王。又诏封功臣库狄干为章武王,斛律金为咸阳王,贺拔仁为安定王,韩轨为安德王,可朱浑道元为扶风王,彭乐为陈留王,潘相乐为河东王。癸未,诏封诸弟青州刺史浚为永安王,尚书左仆射淹为平阳王,定州刺史浟为彭城王,仪同三司演为常山王,冀州刺史涣为上党王,仪同三司淯为襄城王,仪同三司湛为长广王,潜为任城王,湜为高阳王,济为博陵王,凝为新平王,润为冯翊王,洽为汉阳王。

丁亥,诏立王子殷为皇太子,王后李氏为皇后。庚寅,诏以太师库狄干为太宰,司徒彭乐为太尉,司空潘相乐为司徒,开府仪同三司司马子如为司空。辛卯,以前太尉、清河王岳为使持节、骠骑大将军、司州牧。壬辰,诏曰:"自令已后,诸有文启论事并陈要密,有司悉为奏闻。"己亥,以皇太子初入东宫,赦畿内及并州死罪已下,余州死降,徒流已下一皆原免。

秋七月辛亥,诏尊文襄妃元氏为文襄皇后,宫曰静德。又诏封

文襄皇帝子孝琬为河间王,孝瑜为河南王。乙卯,以尚书令、平原王
隆之录尚书事,尚书左仆射、平阳王淹为尚书令。又诏曰:"古人鹿
皮为衣,书囊成帐,有怀盛德,风流可想。其魏御府所有珍奇杂彩常
所不给人者,徒为蓄积,命宜悉出,送内后园,以供七日宴赐。"

八月,诏郡国修立黉序,广延髦俊,敦述儒风。其国子学生亦仰
依旧铨补,服膺师说,研习《礼经》。往者文襄皇帝所建蔡邕石经五
十二枚,即宜移置学馆,依次修立。又诏曰:"有能直言正谏,不避罪
辜,謇謇若朱云,谔谔若周舍,开朕意,沃朕心,弼于一人,利兼百姓
者,必当宠以荣禄,待以不次。"又曰:"诸牧民之官,仰专意农桑,勤
劝课,广收天比之利,以备水旱之灾。"庚寅,诏曰:"朕以虚寡,嗣弘
王业,思所以赞扬盛绩,播之万古。虽史官执笔,有闻无坠,犹恐绪
言遗美,时或未书。在位王公文武大小,及民庶,爰至僧徒,或亲奉
音旨,或承传傍说,凡可载之文籍,悉宜条录封上。"甲午,诏曰:"魏
世议定《麟趾格》,遂为通制,官司施用,犹未尽善。可令群官更加论
究。适治之方,先尽要切,引纲理目,必使无遗。"

九月癸丑,以散骑常侍、车骑将军、领东夷校尉、辽东郡开国
公、高丽王成为使持节、侍中、骠骑大将军、领护东夷校尉,王、公如
故。诏梁待中、使持节、假黄钺、都督中外诸军事、大将军、承制、邵
陵王萧纶为梁王。庚午,帝如晋阳,拜辞山陵。是日皇太子入居凉
风堂,监总国事。冬十月己卯,备法驾,御金辂,入晋阳宫,朝皇太后
于内殿。辛巳,曲赦并州太原郡晋阳县及相国府四狱囚。癸未,茹
茹国遣使朝贡。乙酉,以特进元韶为尚书左仆射,并州刺史段韶为
尚书右仆射。丙戌,吐谷浑国遣使朝贡。壬辰,罢相国府,留骑兵、
外兵曹,各立一省,别掌机密。十一月,周文帝率众至陕城,分骑北
渡,至建州。甲寅,梁湘东王萧绎遣使朝贡。丙寅,帝亲戎出次城东。
周文帝闻帝军容严盛,叹曰:"高欢不死矣。"遂退师。庚午,还宫。十
二月丁丑,茹茹、库莫奚国并遣使朝贡。辛丑,帝至自晋阳。二年春
正月丁未,梁湘东王萧绎遣使朝贡。辛亥,有事于圆丘,以神武皇帝
配。癸亥,亲耕籍田于东郊。乙酉,前黄门侍郎元世宝、通直散骑侍

郎彭贵平谋逆,免死配边。有事于太庙。甲戌,帝泛舟于城东。二
月壬辰,太尉彭乐谋反,伏诛。壬寅,茹茹国遣使朝贡。三月丙午,
襄城王淯薨。己未,诏梁承制湘东王绎为梁使持节、假黄钺、相国,
建梁台,总百揆,承制。梁交州刺史李景盛、梁州刺史马嵩仁、义州
刺史夏侯珍洽、新州刺史李汉等并率州内附。庚申,司空司马子如
坐事免。夏四月壬辰,梁王萧绎遣使朝贡。闰月乙丑,室韦国遣使
朝贡。五月丙戌,合州刺史斛斯显攻克梁历阳镇。丁亥,高丽国遣
使朝贡。是月,侯景废梁简文,立萧栋为主。六月庚午,以前司空司
马子如为太尉。七月壬申,茹茹遣使朝贡。癸酉,行台郎邢景远破
梁龙安城,获镇城李洛文。己卯,改显阳殿为昭阳殿。九月壬申,诏
免诸伎作、屯、牧、杂色役隶之徒为白户。癸巳,帝如赵、定二州,因
如晋阳。冬十月戊申,起宣光、建始、嘉福、仁寿诸殿。庚申,萧绎遣
使朝贡。丁卯,文襄皇帝神主入于庙。十一月,侯景废梁主,僭即伪
位于建邺,自称曰汉。十二月,中山王沮。

　　三年春正月丙申,帝亲讨库莫奚于代郡,大破之,获杂畜十余
万,分赉将士各有差。以奚口付山东为民。
　　二月,茹茹主阿那瓌为突厥房所破,瓌自杀;其太子庵罗辰及
瓌从弟登注俟利发、注子库提并拥众来奔。茹茹余众立注次子铁伐
为主。辛丑,契丹遣使朝贡。三月戊子,以司州牧清河王岳为使持
节、南道大都督,司徒潘相乐为使持节、东南道大都督,及行台辛术
率众南伐。癸巳,诏进梁王萧绎为梁主。夏四月壬申,东南道行台
辛术于广陵送传国玺。甲申,以吏部尚书杨愔为尚书右仆射,丙申,
室韦国遣使朝贡。六月乙亥,清河王岳等班师。丁未,帝至自晋阳。
乙卯,帝如晋阳。九月辛卯,帝自并州幸离石。冬十月乙未,至黄栌
岭,仍起长城,北至社干戌四百余里,立三十六戌。十一月辛巳,梁
王萧绎即帝位于江陵,是为元帝,遣使朝贡。十二月壬子,帝还宫。
戊午,帝如晋阳。

四年春正月丙子,山胡围离石。戊寅,帝讨之,未至,胡已逃窜,因巡三堆戍,大狩而归。戊寅,库莫奚遣使朝贡。己丑,改铸新钱,文曰"常平五铢"。二月,送茹茹主铁伐登注及子库提还北。铁伐寻为契丹所杀,国人复立登注为主,仍为其大人阿富提等所杀,国人复立库提为主。夏四月戊戌,帝还宫。戊午,西南有大声如雷。五月庚午,帝校猎于林虑山。戊子,还宫。

九月,契丹犯塞。壬午,帝北巡冀、定、幽、安,仍北讨契丹。

冬十月丁酉,帝至平州,遂从西道趣长堑。诏司徒潘相乐率精骑五千自东道趣青山。辛丑,至白狼城。壬寅,经昌黎城。复诏安德王韩轨率精骑四千东趣,断契丹走路。癸卯,至阳师水,倍道兼行,掩袭契丹。甲辰,帝亲逾山岭,为士卒先,指麾奋击,大破之,虏获十万余口、杂畜数十万头。乐又于青山大破契丹别部。所虏生口皆分置诸州。是行也,帝露头袒膊,昼夜不息,行千余里,唯食肉饮水,壮气弥厉。丁未,至营州。丁巳,登碣石山,临沧海。十一月己未,帝自平州,遂如晋阳。闰月壬寅,梁帝遣使来聘。十二月己未,突厥复攻茹茹,茹茹举国南奔。癸亥,帝自晋阳北讨突厥,迎纳茹茹。乃废其主库提,立阿那瓌子庵罗辰为主,置之马邑州,给其禀饩缯帛。亲追突厥于朔州,突厥请降,许之而还。于是贡献相继。

五年春正月癸巳,帝讨山胡,从离石道。遣太师、咸阳王斛律金从显州道,常山王演从晋州道,掎角夹攻,大破之,斩首数万,获杂畜十余万,道平石楼。石楼绝险,自魏世所不能至,于是远近山胡莫不慑服。是月,周文帝废西魏,立齐王廓,是为恭帝。三月,茹茹庵罗辰叛,帝亲讨,大破之,辰父子北遁,太保贺拔仁坐违节度除名。

夏四月,茹茹寇肆州。丁巳,帝自晋阳讨之,至恒州黄瓜堆,虏骑走。时大军已还,帝率麾下千余骑,遇茹茹别部数万,四面围逼。帝神色自若,指画形势,虏众披靡,遂纵兵溃围而出。虏不退走,追击之,伏尸二十里,获庵罗辰妻子及生口三万余人。五月丁亥,地豆干、契丹等国并遣使朝贡。丁未,北讨茹茹,大破之。六月,茹茹率部众东徙,将南侵。帝率轻骑于金山下邀击之,茹茹闻而远遁。秋七月戊子,肃慎遣使朝贡。壬辰,降罪人。庚戌,帝至自北伐。八月丁巳,突厥遣使朝贡。庚子,以司州牧、清河王岳为太保,司空尉粲为司徒,太子太师侯莫陈相为司空,尚书令、平阳王淹录尚书事,常山王演为尚书令,中书令、上党王涣为尚书左仆射。乙亥,仪同三司元旭以罪赐死。丁丑,帝幸晋阳。己卯,开府仪同三司、录尚书事、平原王高隆之薨。是月,诏常山王演、上党王涣、清河王岳、平原王段韶率众于洛阳西南筑伐恶城、新城、严城、河南城。九月,帝亲自临幸,欲以致周师。周师不出,乃如晋阳。冬十月,西魏伐梁元帝于江陵。诏清河王岳、河东王潘相乐、平原王段韶等率众救之,未至而江陵陷,梁元帝为西魏将于谨所杀。梁将王僧辩在建康,共推晋安王萧方智为太宰、都督中外诸军,承制置百官。十二庚申,帝北巡至达速岭,览山川险要,将起长城。

六年春正月壬寅,清河王岳以众军渡江,克夏首。送梁郢州刺史陆法和。诏以梁散骑常侍、贞阳侯萧明为梁主,遣尚书左仆射、上党王涣率众送之。二月甲子,以陆法和为使持节、都督荆雍江巴梁益湘万交广十州诸军事、太尉公、大都督、西南道大行台,梁镇北将军、侍中、荆州刺史宋茝为使持节、骠骑大将军、郢州刺史。甲戌,上党王涣克谯郡。三月丙戌,上党王涣克东关,斩梁将裴之横,俘斩数千。丙申,帝至自晋阳。封世宗二子珩为广宁王,延宗为安德王。戊戌,帝临昭阳殿听狱决讼。夏四月庚申,帝如晋阳。丁卯,仪同萧轨克梁晋熙城,以为江州。戊寅,突厥遣使朝贡。梁反人李山花自号天子,逼鲁山城。五月乙酉,镇城李仲侃击斩之。庚寅,帝至自晋阳。萧明入于建邺。丁未,茹茹遣使朝贡。

六月壬子,诏曰:"梁国遭祸,主丧臣离,逖彼炎方,尽生荆棘。兴亡继绝,义在于我。纳以长君,拯其危弊,比送梁主,已入金陵。藩礼既修,分义方笃。越鸟之思,岂忘南枝,凡是梁民,宜听反国,以礼发遣。"丁卯,帝如晋阳。壬申,亲讨茹茹。甲戌,诸军大会于祁连池。

乙亥，出塞，至狄谷，百余里内无水泉，六军渴乏，俄而大雨。戊寅，梁主萧明遣其子章、兼侍中袁泌、兼散骑常侍杨裕奉表朝贡。

秋七月己卯，帝顿白道，留辎重，亲率轻骑五千追茹茹。壬午，及于怀朔镇。帝躬当矢石，频大破之，遂至沃野，获其俟利蔿焉力娄阿帝、吐头发郁久闾状延等。并口二万余，牛羊数十万头。茹茹俟利郁久闾李家提率部人数百降。壬辰，帝还晋阳。九月乙卯，帝至自晋阳。冬十月，梁将陈霸先袭王僧辩，杀之，废萧明，复立萧方智为主。辛亥，帝如晋阳。十一月丙戌，高丽遣使朝贡。梁秦州刺史徐嗣辉、南豫州刺史任约等袭据石头城，并以州内附。壬辰，大都督萧轨率众至江，遣都督柳达摩等渡江镇石头。东南道行台赵彦深获秦郡等五城，户二万余，所在安辑之。己亥，太保、司州牧、清河王岳薨。是月，柳达摩为霸先攻逼，以石头降。十二月戊申，库莫奚遣使朝贡。是年，发夫一百八十万人筑长城，自幽州北夏口至恒州九百余里。

七年春正月甲辰，帝至自晋阳。于邺城西马射，大集众庶而观之。二月辛未，诏常山王演等于凉风堂读尚书奏按，论定得失，帝亲决之。三月丁酉，大都督萧轨等率众济江。夏四月乙丑，仪同娄睿率众讨鲁阳蛮，大破之。丁亥，诏造金华殿。五月丙申，汉阳王洽薨。是月，帝以肉为断慈，遂不复食。六月乙卯，萧轨等与梁师战于钟山之西，遇霖雨，失利，轨及都督李希光、王敬宝、东方老、军司裴英起并没，士卒散还者十二三。乙丑，梁湘州刺史王琳献驯象。

是年，修广三台宫殿。秋七月己亥，大赦天下。八月庚申，帝如晋阳。九月甲辰，库莫奚遣使朝贡。冬十月丙戌，契丹遣使朝贡。是月，发山东寡妇二千六百人以配军士，有夫而滥夺者五分之一。是月，周文帝殂。十一月壬子，诏曰：

昆山作镇，厥号神州；瀛海为池，是称赤县。蒸民乃粒，司牧存焉。王者之制，沿革迭起，方割成灾，肇分十二，水土既平，还复九州。道或繁简，义在通时，殷因于夏，无所改作。然则日月缠于天次,王公国于地野,皆所以上叶玄仪,下符川岳。逮于秦政,鞭挞区宇,罢侯置守,天下为家。洎两汉承基,曹、马属统,其间损益,难以胜言。魏自孝昌之季,数钟浇否,禄去公室,政出多门,衣冠道尽,黔首涂炭。铜马、铁胫之徒,黑山、青犊之侣,枭张晋、赵,豕突燕、秦,纲纪从兹而颓,彝章因此而紊。是使豪家大族,鸠率乡部,托迹勤王,规自署置。或外家公主,女谒内成,昧利纳财,启立州郡。离大合小,本逐时宜,剖竹分符,盖不获已。牧守令长,虚增其数,求功录实,谅足为烦,损害公私,为弊殊久,既乖为政之礼,徒有驱羊之费。自尔因循,未遑删改。

朕寅膺宅历,恭临八荒,建国经野,务存简易。将欲镇躁归静,反薄还淳,苟失其中,正从刊正。傍观旧史,逖听前言,周曰成、康,汉称文、景,编户之多,古今为最。而丁口减于畴日,守令倍于昔辰,非所以驭俗调风,示民轨物。且五岭内宾,三江回化,拓土开疆,利穷南海。但要荒之所,旧多浮伪,百室之邑,便立州名,三户之民,空张郡目。譬诸木犬,犹彼泥龙,循名督实,事归乌有。今所并省,一依别制。

于是并省三州,一百五十三郡、五百八十九县、二镇二十六戍。人制刺史令尽行兼,不给干物。十二月,西魏相宇文觉受魏禅。先是,自西河总秦戍筑长城东至于海,前后所筑东西凡三千余里,率十里一戍,其要害置州镇,凡二十五所。

八年春三月,大热,人或暍死。

夏四月庚午,诏诸取虾蟹蚬蛤之类,悉令停断,唯听捕鱼。乙酉,诏公私鹰鹞俱亦禁绝。以太师、咸阳王斛律金为右丞相,前大将军、扶风王可朱浑道元为太傅,开府仪同三司贺拔仁为太保,尚书令、常山王演为司空、录尚书事,长广王为尚书令,尚书右仆射杨愔为尚书左仆射,以并省尚书右仆射崔暹为尚书右仆射,上党王涣录尚书事。是月,帝在城东马射,敕京师妇女悉赴观,不赴者罪以军法,七日乃止。五月辛酉,冀州民刘向于京师谋逆,党与皆伏诛。秋八月己巳,库莫奚遣使朝贡。庚辰,诏丘、郊、禘、祫、时祀,皆仰市取,少牢不得剖割,有司监视,必令丰备;农社先蚕,酒肉而已;雩、禖、风、雨、司民、司禄、灵星、杂祀,果饼酒脯。唯当务尽诚敬,义同如在。自夏至九月,河北六州、河南十二州、畿内八郡大蝗。是月飞至京师,蔽日,声如风雨。甲辰,诏今年遭蝗之处免租。是月,周冢宰宇文护杀其主闵帝而立帝弟毓,是为明帝。冬十月乙亥,陈霸先弑其主方智自立,是为陈武帝,遣使称藩朝贡。是年,于长城内筑重城,自库洛拔而东至于坞纥戍,凡四百余里。

九年春二月丁亥,降罪人。己丑,诏限仲冬一月燎野,不得他时行火,损昆虫草木。

三月丁酉,帝至自晋阳。夏四月辛巳,大赦。是夏,大旱。帝以祈雨不应,毁西门豹祠,掘其冢。山东大蝗,差夫役捕而坑之。是月,北豫州刺史司马消难以城叛,入于周。

五月辛丑,尚书令、长广王湛录尚书事,骠骑大将军、平秦王归彦为尚书左仆射。甲辰,以前尚书左仆射杨愔为尚书令。六月乙丑,帝自晋阳北巡。己巳,至祁连池。戊寅,还晋阳。秋七月辛丑,给京畿老人刘奴等九百四十三人版职及杖帽各有差。戊申,诏赵、燕、瀛、定、南营五州及司州广平、清河二郡去年蚃涝损田,兼春夏少雨,苗稼薄者,免今年租赋。八月乙丑,至自晋阳。甲戌,帝如晋阳。是月,陈江州刺史沈泰以三千人内附。先是,发丁匠三十余万营三台于邺下,因其旧基而高博之,大起宫室及游豫园。至是,三台成,改铜爵曰金凤,金兽曰圣应,冰井曰崇光。十一月甲午,帝至自晋阳,登三台,御乾象殿,朝宴群臣,并命赋诗。以宫成,丁酉大赦,内外文武普泛一大阶。丁巳,梁湘州刺史王琳遣使请立萧庄为梁主,仍以江州内属,令庄居之。十二月癸酉,诏梁王萧庄为梁主,进居九派。戊寅,以太傅可朱浑道元为太师,司徒尉粲为太尉,冀州刺史段韶为司空,录尚书事、常山王演为大司马,录尚书事、长广王湛为司徒。是月，起大庄严寺。是年，杀永安王浚、上党王涣。

十年春正月戊戌，以司空侯莫陈相为大将军。甲寅，帝如辽阳甘露寺。乙卯，诏于麻城置卫州。二月丙戌，帝于甘露寺禅居深观，唯军国大政奏闻。三月戊戌，以侍中高德政为尚书右仆射。丙辰，帝至自辽阳。是月梁主萧庄至郢州，遣使朝贡。

闰四月丁酉，以司州牧、彭城王浟为司空，侍中、高阳王湜为尚书右仆射。乙巳，以司空、彭城王浟兼太尉，封皇子绍廉为长乐郡王。五月癸未，诛始平公元世、东平公元景式等二十五家，特进元韶等十九家并令禁止。六月，陈武帝殂，兄子蒨立，是为文帝。秋八月戊戌，封皇太子绍义为广阳郡王，以尚书右仆射、河间王孝琬为尚书左仆射。癸卯，诏诸军民或有父祖改姓冒入元氏，或假托携认，妄称姓元者，不问世数远近，悉听改复本姓。九月己巳，帝如晋阳。是月，使郦怀则、陆仁惠使于萧庄。

冬十月甲午，帝暴崩于晋阳宫德阳堂，时年三十一。遗诏："凡诸凶事一依俭约。三年之丧，虽曰达礼，汉文革创，通行自昔，义有存焉，同之可也，丧月之断限以三十六日。嗣主、百僚、内外遐迩奉制割情，悉从公除。"癸卯，发丧，敛于宣德殿。十一月辛未，梓宫还京师。十二月乙酉，殡于太极前殿。乾明元年二月丙申，葬于武宁陵，谥曰文宣皇帝，庙号威宗。武平初，又改为文宣，庙号显祖。

帝少有大度，志识沉敏，外柔内刚，果敢能断。雅好吏事，测始知终，理剧处繁，终日不倦。初践大位，留心政术，以法驭下，公道为先。或有违犯宪章，虽密戚旧勋，必无容舍，内外清靖，莫不祗肃。至于军国几策，独决怀抱，规模宏远，有人君大略。又以三方鼎峙，诸夷未宾，修缮甲兵，简练士卒，左右宿卫置百保军士。每临行陈，亲当矢石，锋刃交接，唯恐前敌之不多，屡犯艰危，常致克捷。常于东山游宴，以关陇未平，投怀震怒，召魏收于御前，立为诏书，宣示远近，将事西伐。是岁，周文帝殂，西人震恐，常为度陇之计。既征伐四克，威振戎夏，六七年后，以功业自矜，遂留连耽湎，肆行淫暴。或躬自鼓舞，歌讴不息，从旦通宵，以夜继昼。或袒露形体，涂傅粉黛，散发胡服，杂衣锦彩。拔刃张弓，游于市肆，勋戚之第，朝夕临幸。时乘牦驰牛驴，不施鞍勒，盛暑炎赫，隆冬酷寒，或日中暴身，去衣驰骋，从者不堪，帝居之自若。亲戚贵臣，左右近习，侍从错杂，无复差等。征集淫姬，分付从官，朝夕临视，以为娱乐。凡诸杀害，多令支解，或焚之于火，或投之于河。沉酗既久，弥以狂惑，至于末年，每言见诸鬼物，亦云闻异音声。情有蒂芥，必在诛戮，诸元宗室咸加屠剿，永安、上党并致冤酷，高隆之、高德政、杜弼、王元景、李𫇭之等皆以非罪加害。尝在晋阳以稍戏刺都督尉子耀，应手即殒。又在三台大光殿上，以锯锯都督穆嵩，遂至于死。又尝幸开府暴显家，有都督韩悊无罪，忽于众中唤出斩之。自余酷滥，不可胜纪。朝野惨憎，各怀怨毒。而素以严断临下，加之默识强记，百僚战栗，不敢为非，文武近臣朝不谋夕。又多所营缮，百役繁兴，举国骚扰，公私劳弊。凡诸赏赍，无复节限，府藏之积，遂至空虚。自皇太后诸王及内外勋旧，愁惧危悚，计无所出。暨于末年，不能进食，唯数饮酒，麴蘗成灾，因而致毙。

论曰：高祖平定四胡，威权延世。迁邺之后，虽主器有人，号令所加，政皆自出。显祖因循鸿业，内外协从，自朝及野，群心属望。东魏之地，举世乐推，曾未期月，玄运集已。始则存心政事，风化肃然，数年之间，翕期斯治。其后纵酒肆欲，事极猖狂，昏邪残暴，近世未有。飨国弗永，实由斯疾，胤嗣殄绝，固亦余殃者也。

赞曰：天保定位，受终攸属。奄宅区夏，奚膺帝箓。势叶讴歌，情毁龟玉，始存政术，闻斯德音。罔遵克念，乃肆其心。穷理残虐，尽性荒淫。

北齐书卷五
帝纪第五

废　帝

　　废帝殷,字正道,文宣帝之长子也,母曰李皇后。天保元年,立为皇太子,时年六岁。性敏慧。初学反语,于"迹"字下注云自反。时侍者未达其故,太子曰:"迹字,足傍亦为"迹",岂非自反耶?"常宴北宫,独令河间王勿入。左右问其故,太子曰:"世宗遇贼处,河间王复何宜在此。"文宣每言太子得汉家性质,不似我,欲废之,立太原王。初诏国子博士李宝鼎傅之,宝鼎卒,复诏国子邢峙侍讲。太子虽富于春秋,而温裕开朗,有人君之度,贯综经业,省览时政,甚有美名。七年冬,文宣召朝臣文学者及礼官于宫宴会,令以经义相质,亲自临听。太子手笔措问,在坐莫不叹美。九年,文宣在晋阳,太子监国,集诸儒讲《孝经》。令杨愔传旨,谓国子助教许散愁曰:"先生在世何以自资?"对曰:"散愁自少以来,不登娈童之床,不入季女之室,服膺简策,不知老之将至。平生素怀,若斯而已。"太子曰:"颜子缩屋称贞,柳下妪而不乱,未若此翁白首不娶者也。"乃赉绢百匹。后文宣登凤台,召太子使手刃囚。太子恻然有难色,再三不断其首。文宣怒,亲以马鞭撞太子三下,由是气悸语吃,精神时复昏扰。

　　十年十一月,文宣崩。癸卯,太子即帝位于晋阳宣德殿,大赦,内外百官普加泛级,亡官失爵,听复资品。庚戌,尊皇太后为太皇太后,皇后为皇太后。诏九州军人七十已上授以板职,武官年六十已上及癃病不堪驱使者,并皆放免。土木营造金铜铁诸杂作工,一切停罢。十一月乙卯,以右丞相、咸阳王斛律金为左丞相,以录尚书事、常山演为太傅,以司徒、长广王湛为太尉,以司空段韶为司徒,以平阳王淹为司空,高阳王湜为尚书左仆射,河间王孝琬为司州牧,侍中燕子献为右仆射。戊午,分命使者巡省四方,求政得失,省察风俗,问人疾苦。

十二月戊戌,改封上党王绍仁为渔阳王,绍义为范阳王,长乐王绍广为陇西王。是岁,周武成元年。

乾明元年庚辰,春正月癸丑朔,改元己未,诏宽徭赋。癸亥,高阳王湜薨。是月,车驾至自晋阳。癸亥,以太傅、常山王演为太师、录尚书事,以太尉、长广王湛为大司马、并省录尚书事,以尚书左仆射、平秦王归彦为司空,赵郡王睿为尚书左仆射。诏诸元良口配没宫内及赐人者,并放免。甲辰,帝幸芳林园,亲录囚徒,死罪已下降免各有差。乙巳,太师、常山王演矫诏诛尚书令杨愔、尚书左仆射燕子献、领军大将军可朱浑天和、侍中宋钦道、散骑常侍郑子默。戊申,以常山王演为大丞相、都督中外诸军、录尚书事,以大司马、长广王湛为太傅、京畿大都督,以司徒段韶为大将军,以前司空、平阳王淹为太尉,以司空、平秦王归彦为司徒,彭城王浟为尚书令。又以高丽王世子汤为使持节、领东夷校尉、辽东郡公、高丽王。是月,王琳为陈所败,萧庄自拔至和州。

三月甲寅,诏军国事皆申晋阳,禀大丞相常山王规算。壬申,封文襄第二子孝珩为广宁王,第三子长恭为兰陵王。夏四月癸亥,诏河南、定、冀、赵、瀛、沧、南胶、光、青九州,往因蠡水,颇伤时稼,遣使分途赡恤。是月,周明帝崩。五月壬子,以开府仪同三司刘洪徽为尚书右仆射。秋八月壬午,太皇太后令废帝为济南王,令食一郡,以大丞相、常山王演入纂大统。是日,王居别宫。皇建二年九月,殂于晋阳,年十七。

帝聪慧夙成,宽厚仁智,天保间雅有令名。及承大位,杨愔、燕子献、宋钦道等同辅。以常山王地亲望重，内外畏服，加以文宣初崩之日，太后本欲立之，故愔等并怀猜忌。常山王忧怅，乃白太后诛其党，时平秦王归彦亦预谋焉。皇建二年秋，天文告变，归彦虑有启害，仍白孝昭，以王当咎。乃遣归彦秦驰驷至晋阳宫杀之。王薨后，孝昭不豫，见文宣为祟。孝昭深恶之，厌胜术备设而无益也。薨三旬而孝昭崩。大宁二年，葬于武宁之西北，谥闵悼王。初文宣命邢邵制帝名殷字正道，帝从而尤之曰："殷家弟及，'正'字一止，吾身后儿不得也。"邵惧，请改焉。文宣不许曰："天也。"因谓孝昭帝曰："夺但夺，慎勿杀也。"

　　此卷与《北史》同。

北齐书卷六
帝纪第六

孝　昭

　　孝昭皇帝演，字延安，神武皇帝第六子，文宣皇帝之母弟也。幼而英特，早有大成之量，武明皇太后早所爱重。魏元象元年，封常山郡公。及文襄执政，遣中书侍郎李同轨就霸府为诸弟师。帝所览文籍，源其指归而不好辞彩。每叹云：“虽盟津之师，左骖震而不衄。”以为能。遂笃志读《汉书》，至李陵传，恒状其所为焉。聪敏过人，所与游处，一知其家讳，终身未当误犯。同轨病卒，又命开府长流参军刁柔代之，性严褊，不适诱训之宜，中被遣出。帝送出阁，惨然敛容，泪数行下，左右莫不歔欷。其敬业重旧也如此。

　　天保初，进爵为王。五年，除并省尚书令。帝善断割，长于文理，省内畏服。七年，从文宣还邺。文宣以尚书奏事，多有异同，令帝与朝臣先论定得失，然后敷奏，帝长于政术，剖断咸尽其理，文宣叹重之。八年，转司空，录尚书事。九年，除大司马，仍录尚书。

　　时文宣溺于游宴，帝忧愤表于神色。文宣觉之，谓帝曰：“但令汝在，我何为不纵乐？”帝唯啼泣拜伏，竟无所言，文宣亦大悲，抵杯于地曰：“汝以此嫌我，自今敢进酒者，斩之！”因取所御杯尽皆坏弃，后益沉湎，或入诸贵戚家角力批拉，不限贵贱。唯常山王至，内外肃然。帝又密撰事条，将谏，其友王晞以为不可。帝不从，因间极言，遂逢大怒。顺成后本魏朝宗室，文宣欲帝离之，阴为帝广求淑媛，望移其宠，帝虽承旨有纳，而情义弥重。帝性颇严，尚书郎中剖断有失，辄加捶楚，令史奸匿，便即考竟。文宣乃立帝于前，以刀环拟胁。召被帝罚者，临以白刃，求帝之短，咸无所陈，方见解释。自是不许答笺郎中，后赐帝魏时宫人，醒而忘之，谓帝擅取，遂以刀环乱筑，因此致困。皇太后日夜啼泣，文宣不知所为。先是禁友王晞，乃舍之，令侍帝。帝月余渐瘳，不敢复谏。

及文宣崩，帝居禁中护丧事，幼主即位，乃即朝班。除太傅、录尚书，朝政皆决于帝，月余，乃居藩邸，自是诏敕多不关帝。客或言于帝曰："鸷鸟舍巢，必有探卵之患，今日之地，何宜屡出。"乾明元年，从废帝赴邺，居于领军府。时杨愔、燕子献、可朱浑天和、宋钦道、郑子默等以帝威望既重，内惧权逼，请以帝为太师、司州牧、录尚书事；长广王湛为大司马、录并省尚书事，解京畿大都督。帝时以尊亲而见猜斥，乃与长广王期猎，谋之于野。三月甲戌，帝初上省，旦发领军府，大风暴起，坏所御车幔，帝甚恶之。及至省，朝士咸集。坐定，酒数行，于坐执尚书令杨愔、右仆射燕子献、领军可朱浑天和、侍中宋钦道等于坐。帝戎服与平原王段韶、平秦王高归彦、领军刘洪徽入自云龙门，于中书省前遇散骑常郑子默，又执之，同斩于御府之内。帝至东阁门，都督成休宁抽刃呵帝。帝令高归彦喻之，休宁厉声大呼不从。归彦既为领军，素为兵士所服，悉皆弛仗，休宁叹息而罢。帝入至昭阳殿，幼主、太皇太后、皇太后并出临御坐。帝奏愔等罪，求伏专擅之辜。时庭中及两廊下卫士二千余人皆被甲待诏，武卫娥永乐武力绝伦，又被文宣重遇，抚刃思效。废帝性吃讷，仓卒不知所言。太皇太后又为皇太后誓，言帝无异志，唯云逼而已。高归彦敕劳卫士解严，永乐乃内刀而泣。帝乃令归彦引侍卫之士向华林园，以京畿军入守门阁，斩娥永乐于园。诏以帝为大丞相、都督中外诸军、录尚书事，相府佐史进位一等。帝寻如晋阳，有诏军国大政咸谘决焉。帝既当大位，知无不为，择其令典，考综名实，废帝恭己以听政。太皇太后寻下令废少主，命帝统大业。

皇建元年八月壬午，皇帝即位于晋阳宣德殿，大赦，改乾明元年为皇建。诏奉太皇太后还称皇太后，皇太后称文宣皇后，宫曰昭信。乙酉，诏："自太祖创业已来，诸有佐命功臣子孙绝灭、国统不传者，有司搜访近亲，以名闻，当量为立后；诸郡国老人各授版职，赐黄帽鸠杖。又诏：謇正之士并听进见陈事；军人战亡死王事者，以时申闻，当加荣赠；督将、朝士名望素高，位历通显，天保以来未蒙追赠者，亦皆录奏；又以廷尉、中丞，执法所在，绳违按罪，不得舞文弄法；其官奴婢年六十已上免为庶人。戊子，以太傅、长广王湛为右丞相，以太尉、平阳王淹为太傅，以尚书令、彭城王浟为大司马。壬辰，诏分遣大使巡省四方，观察风俗，问人疾苦，考求得失，搜访贤良。甲午，诏曰："昔武王克殷，先封两代，汉、魏二晋，无废兹典。及元氏统历，不率旧章，朕纂承大业，思弘古典，但二王三恪，旧说不同，可议定是非，列各条奏，其礼仪体式亦仰议之。"又诏国子寺可备立官属，依旧置生，讲习经典，岁时考试，其文襄帝所运石经，宜即施列于学馆。外州大学亦仰典司勤加督课。丙申，诏九州勋人有重封者，听分授子弟，以广骨肉之恩。九月壬申，诏议定三祖乐。冬十一月辛亥，立妃元氏为皇后，世子百年为皇太子。赐天下为父后者爵一级。癸丑，有司奏太祖献武皇帝庙宜奏《武德》之乐，舞《昭烈》之舞；世宗文襄皇帝庙宜奏《文德》之乐，舞《宣政》之舞；显祖文宣皇帝庙宜奏《文正》之乐，舞《光大》之舞。诏曰可。庚申，诏以故太师尉景、故太师窦泰、故太师太原王窦昭、故太宰章武王库狄干、故太尉段荣、故太师万俟普、故司徒蔡俊、故太师高乾、故司徒莫多娄贷文、故太保刘贵、故太保封祖裔、故广州刺史王怀十三人配飨太祖庙庭，故太师清河王岳、故太宰安德王韩轨、故太宰扶风王可朱浑道元、故太师高昂、故大司马刘丰、故太师万俟受洛干、故太师尉慕容绍宗七人配飨世宗庙庭，故太尉河东王潘相乐、故司空薛修义、故太傅破六韩常三人配飨显祖庙庭。是月，帝亲戎北讨库莫奚，出长城，虏奔遁，分兵致讨，大获牛马，括总入晋阳宫。十二月丙午，车驾至晋阳。

　　二年春正月辛亥，祀圆丘。壬子，禘于太庙。癸丑，诏降罪人各有差。二月丁丑，诏内外执事之官从五品已上及三府主簿录事参军、诸王文学、侍御史、廷尉三官、尚书郎中、中书舍人，每二年之内各举一人。冬十月丙子，以尚书令、彭城王浟为太保，长乐王尉粲为太尉。己酉，野雉栖于前殿之庭。十一月甲辰，诏曰："朕婴此暴疾，奄忽无逮。今嗣子冲眇，未闲政术，社稷业重，理归上德。右丞相、长广王湛研机测化，体道居宗，人雄之望，海内瞻仰，同胞共气，家国所凭，可遣尚书左仆射、赵郡王睿喻旨，征王统兹大宝，其丧纪之礼一同汉文，三十六日悉从公除，山陵施用，务从俭约。"先是帝不豫而无阙听览，是月，崩于晋阳宫，时年二十七。大宁元年闰十二月癸卯，梓宫还邺，上谥曰孝昭皇帝。庚午，葬于文靖陵。

帝聪敏有识度，深沉能断，不可窥测。身长八尺，腰带十围，仪望风表，迥然独秀。自居台省，留心政术，闲明簿领，吏所不逮。及正位宸居，弥所克励。轻徭薄赋，勤恤人隐。内无私宠，外收人物，虽后父位亦特进无别。日昃临朝，务知人之善恶，每访问左右，冀获直言。曾问舍人斐泽在外议论得失。泽率尔对曰："陛下聪明至公，自可远俟古昔，而有识之士，咸言伤细，帝王之度颇为未弘。"帝笑曰："诚如卿言，朕初临万机，虑不周悉，故致尔耳。此事安可久行，恐后又嫌疏漏。"泽因被宠遇。其乐闻过也如此。赵郡王睿与库狄显安侍坐。帝曰："须拔我同堂弟、显安我亲姑子，今序家人礼，除君臣之敬，可言我之不逮。"显安曰："陛下多妄言。"曰："若何？"对曰："陛下昔见文宣以马鞭挞人，常以为非，而今行之，非妄言耶？"帝握其手谢之。又使直言。对曰："陛下太细，天子乃更似吏。"帝曰："朕甚知之，然无法来久，将整之以至无为耳。"又问王晞。晞答如显安，皆从容受纳。性至孝，太后不豫，出居南宫，帝行不正履，容色贬悴，衣不解带，殆将四旬。殿去南宫五百余步，鸡鸣而去，辰时方还，来去徒行，不乘舆辇。太后所苦小增，便即寝伏阁外，食饮药物尽皆躬亲。太后常心痛不自堪忍，帝立侍帷前，以爪掐手心，血流出袖。友爱诸弟，无君臣之隔。雄断有谋，于时国富兵强，将雪神武遗恨，意在顿驾平阳，为进取之策。远图不遂，惜哉！

初帝与济南约不相害。及舆驾在晋阳,武成镇邺,望气者云邺城有天子气。帝常恐济南复兴,乃密行鸩毒,济南不从,乃扼而杀之。后颇愧悔。初苦内热频进汤散。时有尚书令史姓赵,于邺见文宣从杨愔、燕子献等西行,言相与复仇。帝在晋阳宫,与毛夫人亦见焉。遂渐危笃。备禳厌之事。或煮油四洒,或持炬烧逐。诸厉方出殿梁,骑栋上,歌呼自若,了无惧容。时有天狗下,乃于其所讲武以厌之。有兔惊马,帝坠而绝肋。太后视疾,问济南所在者三,帝不对。太后怒曰:"杀去耶,不用吾言,死其宜矣!"临终之际,唯扶服床枕,叩头求哀。遣使诏追长广王入纂大统,手书云:"宜将吾妻子置一好处,勿学前人也。"

论曰:神武平定四方,威权在己,迁邺之后,虽主器有人,号令所加,政皆自出。文宣因循鸿业,内外叶从,自朝及野,群心属望,东魏之地,举国乐推,曾未期月,遂登宸极。始则存心政事,风化肃然,数年之间,朝野安义。其后纵酒肆欲,事极猖狂,昏邪残暴,近代未有,飧国不永,实由斯疾。济南继业,大革其弊,风教粲然,搢绅称幸。股肱辅弼,虽怀厥诚,既不能赞弘道德,和睦亲懿,又不能远虑防身,深谋卫主,应断不断,自取其咎。臣既诛夷,君寻废辱,皆任非其器之所致尔。孝昭早居台阁,故事通明,人吏之间,无所不委。文宣崩后,大革前弊。及临尊极,留心更深,时人服其明而讥其细也。情好稽古,率由礼度,将封先代之胤,且敦学校之风,征召英贤,文武毕集。于时周氏朝政移于宰臣,主将相猜,不无危殆。乃眷关右,实怀兼并之志,经谋宏远,实当代之明主,而降年不永,其故何哉?岂幽显之间,实有报复,将齐之基宇止存于斯,欲帝大之,天不许也?

北齐书卷七
帝纪第七

武　成

　　世祖武成皇帝讳湛，神武皇帝第九子，孝昭皇帝之母弟也。仪表瑰杰，神武尤所钟爱。神武方招怀荒远，乃为帝聘蠕蠕太子庵罗辰女，号"邻和公主"。帝时年八岁，冠服端严，神情闲远，华戎叹异。元象中，封长广郡公。天保初，进爵为王，拜尚书令，寻兼司徒，迁太尉。乾明初，杨愔等密相疏忌，以帝为大司马，领并州刺史。帝既与孝昭谋诛诸执政，迁太傅、录尚书事、领京畿大都督。皇建初，进位右丞相。孝昭幸晋阳，帝以懿亲居守邺，政事咸见委托。二年，孝昭崩，遗诏征帝入统大位。及晋阳宫，发丧于崇德殿。皇太后令所司宣遗诏。左丞相斛律金率百僚敦劝，三奏，乃许之。

　　大宁元年冬十一月癸丑，皇帝即位于南宫，大赦，改皇建二年为大宁。乙卯，以司徒、平秦王归彦为太傅，以尚书右仆射、赵郡王睿为尚书令，以太尉尉粲为太保，以尚书令段韶为大司马，以丰州刺史娄睿为司空。以太傅、平阳王淹为太宰，以太保、彭城王浟为太师、录尚书事，以冀州刺史、博陵王济为太尉，以中书监、任城王湝为尚书左仆射，以并州刺史斛律光为右仆射，封孝昭皇帝太子百年为乐陵郡王。庚申，诏大使巡行天下，求政善恶，问人疾苦，擢进贤良。是岁，周武帝保定元年。

河清元年春正月乙亥,车驾至自晋阳。辛巳,祀南郊。壬午,享太庙。丙戌,立妃胡氏为皇后,子纬为皇太子。大赦,内外百官普加泛级,诸为父后者赐爵一级。己亥,以前定州刺史、冯翊王润为尚书左仆射。诏断屠杀以顺春令。二月丁未,以太宰、平阳王淹为青州刺史,太傅、领司徒,以领军大将军、宗师、平秦王归彦为太宰、冀州刺史。乙卯,以兼尚书令、任城王湝为司徒。诏散骑常侍崔瞻聘于陈。

夏四月辛丑,皇太后娄氏崩。乙巳,青州刺史上言,今月庚寅河、济清。以河、济清,改大宁二年为河清,降罪人各有差。五月甲申,祔葬武明皇后于义平陵。己丑,以尚书右仆射斛律光为尚书令。秋七月,太宰、冀州刺史、平章王归彦据土反,诏大司马段韶、司空娄睿讨擒之。乙未,斩归彦并其三子及党与二十人于都市。丁酉,以大司马段韶为太傅,以司空娄睿为司徒,以太傅、平阳王淹为太宰,以尚书令斛律光为司空,以太子太傅、赵郡王睿为尚书令,中书监、河间王孝琬为尚书左仆射。癸亥,行幸晋阳。陈人来聘。冬十一月丁丑,诏兼散骑侍封孝琰使于陈。

十二月丙辰,车驾至自晋阳。是岁,杀太原王绍德。

二年春正月乙亥,帝诏临朝堂策试秀才。以太子少傅魏收为兼尚书右仆射。己卯,兼右仆射魏收以阿从除名。丁丑,以武明皇后配祭北郊。辛卯,帝临都亭录见囚,降在京罪人各有差。三月乙丑,诏司空斛律光督五营军士筑戍于轵关。壬申,室韦国遣使朝贡。丙戌,以兼尚书右仆射赵彦深为左仆射。夏四月,并、汾、京、东雍、南汾五州虫旱伤稼,遣使赈恤。戊午,陈人来聘。五月壬午,诏以城南双堂闰位之苑,回造大总持寺。六月乙巳,齐州言济、河水口见八龙升天。乙卯,诏兼散骑常侍崔子武使于陈。庚申,司州牧、河南王孝瑜薨。秋八月辛丑,诏以三台宫为大兴圣寺。冬十二月癸巳,陈人来聘。己酉,周将杨忠师突厥阿史那木可汗等二十余万人自恒州分为三道,杀掠吏人。是时,大雨雪连月,南北千余里平地数尺,霜昼下,雨血于太原。戊午,帝至晋阳。己未,周军逼并州,又遣大将军达奚武帅众数万至东雍及晋州,与突厥相应。是岁,室韦、库莫奚、靺羯、契丹并遣使朝贡。

三年春正月庚申朔,周军至城下而陈,战于城西。周军及突厥大败,人畜死者相枕,数百里不绝。诏平原王段韶追出塞而还。

三月辛酉,以律令班下,大赦。己巳,盗杀太师、彭城王浟。庚辰,以司空斛律光为司徒,以侍中、武兴王普为尚书左仆射。甲申,以尚书令、冯翊王润为司空。夏四月辛卯,诏兼散骑常侍皇甫亮使于陈。五月甲子,帝至自晋阳。壬午,以尚书令、赵郡王睿为录尚书事,以前司徒娄睿为太尉。甲申,以太傅段韶为太师。丁亥,以太尉、任城王湝为大将军。壬辰,行幸晋阳。六月庚子,大雨昼夜不息,至甲辰乃止。是月,晋阳讹言有鬼兵,百姓竞击铜铁以捍之,杀乐陵王百年。归宇文媪于周。

秋九月乙丑,封皇子绰为南阳王,俨为东平王。是月,归阎媪于周。陈人来聘。突厥寇幽州,入长城,虏掠而还。闰月乙未,诏遣十二使巡行水潦州,免其租调。乙巳,突厥寇幽州。周军三道并出,使其将尉迟迥寇洛阳,杨标入轵关,权景宣趣县瓠。冬十一月甲午,迥等围洛阳。戊戌,诏散骑常侍刘逖使于陈。甲辰,太尉娄睿大破周军于轵关,擒杨标。十二月乙卯,豫州刺史王士良以城降周将权景宣。丁巳,帝自晋阳南讨。己未,太宰、平阳王淹薨。壬戌,太师段韶大破尉迟迥等,解洛阳围。丁卯,帝至洛阳,免洛州经周军处一年租赋,赦州城内死罪已下囚。己巳,以太师段韶为太宰,以司徒斛律光为太尉,并州刺史兰陵王长恭为尚书令。壬申,帝至武牢,经滑台,次于黎阳,所经减降罪人。丙子,车驾至自洛阳。是岁,高丽、靺羯、新罗并遣使朝贡。山东大水,饥死者不可胜计,诏发赈给,事竟不行。

四年春正月癸卯,以大将军、任城王湝为大司马。辛未,幸晋

阳。二月甲寅，诏以新罗国王金真兴为使持节、东夷校尉、乐浪郡
公、新罗王。壬申，以年谷不登，禁酤酒。己卯，诏减百官食禀各有
差。三月戊子，诏给西兖、梁、沧、赵州，司州之东郡、阳平、清河、武
都，冀州之长乐、渤海遭水潦之处贫下户粟，各有差。家别斗升而
已，又多不付。是月，慧星见；有物陨于殿庭，如赤漆鼓带小铃；殿上
石自起，两两相对。又有神见于后园万寿堂前山穴中，其体状大，不
辨其面，两齿绝白，长出于唇，帝直宿嫔御已下七百人咸见焉。帝又
梦之。夏四月戊午，大将军、东安王娄睿坐事免。乙亥，陈人来聘。
太史奏天文有变，其占当有易王。丙子，乃使太宰段韶兼太尉，持节
奉皇帝玺绶传位于皇太子，大赦，改元为天统元年，百官进级降罪
各有差。又诏皇太子妃斛律氏为皇后。于是群公上尊号为太上皇
帝，军国大事咸以奏闻。始将传政，使内参乘子尚乘驿送诏书于邺。
子尚出晋阳城，见人骑随后，忽失之，尚未至邺而其言已布矣。

　　天统四年十二月辛未，太上皇帝崩于邺宫乾寿堂，时年三十
二，尊曰武成皇帝，庙号世祖。五年二月甲申，葬于永平陵。

北齐书卷八
帝纪第八

后主　幼主

后主讳纬，字仁纲，武成皇帝之长子也。母曰胡皇后，梦于海上坐玉盆，日入裙下，遂有娠，天保七年五月五日，生帝于并州邸。帝少美容仪，武成特所爱宠，拜王世子。及武成入纂大业，大宁二年正月丙戌，立为皇太子。河清四年，武成禅位于帝。

天统元年夏四月丙子，皇帝即位于晋阳宫，大赦，改河清四年为天统。丁丑，以太保贺拔仁为太师，太尉侯莫陈相为太保，司空、冯翊王润为司徒，录尚书事、赵郡王睿为司空，尚书左仆射、河间王孝琬为尚书令。庚寅，以瀛州刺史尉粲为太尉。斛律光为大将军，东安王娄睿为太尉，尚书右仆射赵彦深为左仆射。六月壬戌，慧星出文昌东北，其大如手，后稍长，乃至丈余，百日乃灭。己巳，太上皇帝诏兼散骑常侍王季高使于陈。秋七月乙未，太上皇帝诏增置都水使者一人。冬十一月癸未，太上皇帝至自晋阳。己丑，太上皇帝诏改“太祖献武皇帝”为“神武皇帝”，庙号“高祖”，“献明皇后”为“武明后”；其‘文宣’谥号委有司议定。十二月庚戌，太上皇帝狩于北郊。壬子，狩于南郊。乙卯，狩于西郊。壬戌，太上皇帝幸晋阳。丁卯，帝至自晋阳。庚午，有司奏改，“高祖文宣皇帝”为“威宗景烈皇帝”。是岁，高丽、契丹、靺鞨并遣使朝贡。河南大疫。

二年丙戌春正月辛卯，祀圆丘。癸巳，祫祭于太庙，诏降罪人各有差。丙申，以吏部尚书尉瑾为尚书右仆射。庚子，行幸晋阳。二月庚戌，太上皇帝自至晋阳。壬子，陈人来聘。三月乙巳，太上皇帝诏以三台施兴圣寺。以旱故，降禁囚。夏四月，陈文帝殂。五月乙酉，以兼尚书左仆射、武兴王普为尚书令。己亥，封太上皇帝子俨为东平王，仁弘为齐安王，仁固为北平王，仁英为高平王，仁光为淮南王。六月，太上皇帝诏兼散骑常侍韦道儒聘于陈。秋八月，太上皇帝幸晋阳。冬十月乙卯，以太保侯莫陈相为太傅，大司马、任城王湝为太保，太尉娄睿为大司马，徙冯翊王润为太尉，开府仪同三司韩祖念为司徒。十一月，大雨雪。盗窃太庙御服。十二月乙丑，陈人来聘。

是岁，杀河间王孝琬。突厥、靺鞨国并遣使朝贡。于周为天和元年。

三年春正月壬辰，太上皇帝至自晋阳。乙未，大雪，平地二尺。戊戌，太上皇帝诏京官执事散官三品已上各举三人，五品已上各举二人；称事七品已上及殿中侍御史、尚书都、检校御史、主书及门下录事各举一人。邺宫九龙殿灾，延烧西廊。二月壬寅朔，帝加元服，大赦，九州职人各进四级，内外百官普进二级。夏四月癸丑，太上皇帝诏兼散骑常侍司马幼之使于陈。五月甲午，太上皇帝诏以领军大将军、东平王俨为尚书令。乙未，大风昼晦，发屋拔树。六月己未，太上皇帝诏封皇子仁机为西河王，仁约为乐浪王，仁俭为颍川王，仁雅为安乐王，仁统为丹阳王，仁廉为东海王。闰六月辛巳，左丞相斛律金薨。壬午，太上皇帝诏尚书令、东平王俨录尚书事，以尚书左仆射赵彦深为尚书令，并省尚书左仆射娄定远为尚书左仆射，中书监徐之才为右仆射。

秋八月辛未，太上皇帝诏以太保、任城王湝为太师，太尉、冯翊王润为大司马，太宰段韶为左丞相，太师贺拔仁为右丞相，太傅侯莫陈相为太宰，大司马安睿为太傅，大将军斛律光为太保，司徒韩祖念为大将军，司空、赵郡王睿为太尉，尚书令、东平王俨为司徒。

九月己酉,太上皇帝诏:"诸寺署所缩杂保户姓高者,天保之初虽有优敕,权假力用未免者,今可悉蠲杂户,任属郡县,一准平人。"丁巳,太上皇帝幸晋阳。是秋,山东大水,人饥,僵尸满道。冬十月,突厥、大莫娄、室韦、百济、靺鞨等国各遣使朝贡。十一月甲午,以晋阳大明殿成故,大赦,文武百官进二级,免并州居城、太原一郡来年租赋。癸未,太上皇帝至自晋阳。十二月己巳,太上皇帝诏以故左丞相、赵郡王琛配飨神武庙庭。

四年正月,诏以故清河王岳、河东王潘相乐十人并配飨神武庙庭。癸亥,太上皇帝诏兼散骑常侍郑大护随于陈。三月乙巳,太上皇帝诏以司徒、东平王俨为大将军,南阳王绰为司徒,开府仪同三司徐显秀为司空,开府仪同三司、广宁王孝珩为尚书令。夏四月辛未,邺宫昭阳殿灾,及宣光、瑶华等殿。辛巳,太上皇帝幸晋阳。五月癸卯,以尚书右仆射胡长仁为左仆射,中书监和士开为右仆射。壬戌,太上皇帝至自晋阳。自正月不雨至于是月。六月甲子朔,大雨。甲申,大风,拔木折树。是月,慧星见于东井。秋九月丙申,周人来通和,太上皇帝诏侍中斛斯文略报聘于周。冬十月辛巳,以尚书令、广宁王孝珩为录尚书,左仆射胡长仁为尚书令,右仆射和士开为左仆射,中书监唐邕为右仆射。

十一月壬辰,太上皇帝诏兼散骑常侍李蒨使于陈。是月,陈安成王顼废其主伯宗而自立。十二月辛未,太上皇帝崩。丙子,大赦,九州职人普加一级,内外百官并加两级。戊寅,太上皇后尊号为皇太后。甲申,诏细作之务及所在百工悉罢之。又诏掖庭、晋阳、中山宫人等及邺下、并州太官官口二处,其年六十已上及有癃患者,仰所司简放。庚寅,诏天保七年已来诸家缘坐配流者,所在令还。是岁契丹、靺鞨国并遣使朝贡。

五年春正月辛亥,诏以金凤等三台未入寺者施大兴圣寺。是月,杀定州刺史、博陵王济。二月乙丑,诏应宫刑者普免刑为官口。

又诏禁网捕鹰鹞及畜养笼放之物。癸酉，大莫娄国遣使朝贡。己丑，改东平王俨为琅邪王。诏侍中叱列长文使于周。是月，杀太尉、赵郡王睿。三月丁酉，以司空徐显秀为太尉，并省尚书令娄定远为司空。是月，行幸晋阳。夏四月甲子，诏以并州尚书省为大基圣寺，晋祠为大崇皇寺。乙丑，车驾至自晋阳。秋七月己丑，诏降罪人各有差。戊申，诏使巡省河北诸州无雨处，境内偏旱者优免租调。冬十月壬戌，诏禁造酒。十一月辛丑，诏以太保斛律光为太傅，大司马、冯翊王润为太保，大将军、琅邪王俨为大司马。十二月庚午，以开府仪同三司、兰陵王长恭为尚书令。庚辰，以中书监魏收为尚书右仆射。

武平元年春正月乙酉朔，改元。太师、并州刺史、东安王娄睿薨。戊申，诏兼散骑常侍裴献之聘于陈。二月癸亥，以百济王余昌为使持节、侍中、骠骑大将军、带方郡公，王如故。己巳，以太傅、咸阳王斛律光为右丞相，并州刺史、右丞相、安定王贺拔仁为录尚书事，冀州刺史、任城王湝为太师。丙子，降死罪已下囚。闰月戊戌，录尚书事、安定王贺拔仁薨。三月辛酉，以开府仪同三司徐之才为尚书左仆射。夏六月乙酉，以广宁王孝珩为司空。甲辰，以皇子恒生故，大赦，内外百官普进二级，九州职人普进四级。己酉，诏以开府仪同三司唐邕为尚书右仆射。秋七月癸丑，封孝昭皇帝子彦基为城阳王，彦康为定陵王，彦忠为梁郡王。甲寅，以尚书令、兰陵王长恭为录尚书事，中领军和士开为尚书令。癸亥，靺鞨国遣使朝贡。癸酉，以华山王凝为太傅。八月辛卯，行幸晋阳。九月乙巳，立皇子恒为皇太子。冬十月辛巳，以司空、广宁王孝珩为司徒，以上洛王思宗为司空，封萧庄为梁王。戊子，曲降并州死罪已下囚。己丑，复改威宗景烈皇帝谥号为“显祖文宣皇帝”。

十二月丁亥，车驾至自晋阳。诏左丞相斛律光出晋州道，修城戍。

二年春正月丁巳，诏兼散骑常侍刘环俊使于陈。戊寅，以百济王余昌为使持节、都督、东青州刺史。二月壬寅，以录尚书事、兰陵王长恭为太尉，并省录尚书事赵彦深为司空，尚书令和士开录尚书事，左仆射徐之才为尚书令，右仆射唐邕为左仆射，吏部尚书冯子琮为右仆射。夏四月壬午，以大司马、琅邪王俨为太保。甲午，陈遣使连和，谋伐周，朝议弗许。六月，段韶攻周汾州，克之，获刺史杨敷。秋七月庚午，太尉、琅邪王俨矫诏杀录尚书事和士开于南台。即日诛领军大将军库狄伏连、侍书御史王子宣等，尚书右仆射冯子琮赐死殿中。八月己亥，行幸晋阳。九月辛亥，以太师、任城王湝为太宰，冯翊王润为太师。己未，左丞相、平原王段韶薨。戊午，曲降并州界内死罪已下各有差。庚午，杀太保、琅邪王俨。壬申，陈人来聘。冬十月，罢京畿府入领军府。己亥，车驾至自晋阳。十一月庚戌，诏侍中赫连子悦使于周。丙寅，以徐州行台、广宁王孝珩录尚书事。庚午，以录尚书事、广宁王孝珩为司徒。癸酉，以右丞相斛律光为左丞相。

三年春正月己巳，祀南郊。辛亥，追赠故琅邪王俨为楚王。二月己卯，以卫菩萨为太尉。辛巳，以并省吏部尚书高元海为尚书右仆射。庚寅，以左仆射唐邕为尚书令，侍中祖珽为左仆射。是月，敕撰《玄洲苑御览》，后改名《圣寿堂御览》。三月辛酉，诏文武官五品已上各举一人。是月，周诛冢宰宇文护。夏四月，周人来聘。秋七月戊辰，诛左丞相、咸阳王斛律光及其弟幽州行台、荆山公丰乐。八月庚寅，废皇后斛律氏为庶人。以太宰、任城王湝为右丞相，太师、冯翊王润为太尉，兰陵王长恭为大司马，广宁王孝珩为大将军，安德王延宗为司徒。使领军封辅相聘于周。戊子，拜右昭仪胡氏为皇后。己丑，以司州牧、北平王仁坚为尚书令，特进许季良为左仆射，彭城王宝德为右仆射。癸巳，行幸晋阳。是月，《圣寿堂御览》成，敕付史阁，后改为《修文殿御览》。九月，陈人来聘。冬十月，降死罪已下囚。甲午，拜弘德夫人穆氏为左皇后，大赦。十二月辛丑，废皇后胡氏为庶人。是岁，新罗，百济、勿吉、突厥并遣使朝贡。于周为建德元年。

四年春正月戊寅，以并省尚书令高阿那肱为录尚书事。庚辰，诏兼散骑常侍崔象使于陈。是月，邺都、并州立有狐媚，多截人发。二月乙巳，拜左皇后穆氏为皇后。丙午，置文林馆。乙卯，以尚书令、北平王仁坚为录尚书事。丁巳，行幸晋阳。是月，周人来聘。三月辛未，盗入信州杀刺史和士休，南充州刺史鲜于世荣讨平之。庚辰，车驾至晋阳。夏四月戊午，以大司马、兰陵王长恭为太保，大将军、定州刺史、南阳王绰为大司马，太尉卫菩萨为大将军，司徒、安德王延宗为太尉，司空、武兴王普为司徒，开府仪同三司、宜阳王赵彦深为司空。癸丑，祈皇祠坛墠蕙之内忽有车轨之辙，按验傍无人迹，不知车所从来。乙卯，诏以为大庆，班告天下。己未，周人来聘。五月丙子，诏史官更撰《魏书》。癸巳，以领军穆提婆为尚书左业射，以侍中、中书监段孝言为右仆射。是月，开府仪同三司尉破胡、长孙洪略等与陈将吴明彻战于吕梁南，大败，破胡走以免，洪略战没，遂陷秦、泾二州。明彻进陷和、合二州。是月，杀太保、兰陵王长恭。

六月，明彻进军围寿阳。壬子，幸南苑，从官暍死者六十人。以录尚书事高阿那肱为司徒。丙辰，诏开府王师罗使于周。九月，校猎于邺东。冬十月，陈将吴明彻陷寿阳。辛丑，杀侍中崔季舒、张雕唐，散骑常侍刘逖、封孝琰，黄门侍郎裴泽、郭遵。癸卯，行幸晋阳。十二月戊寅，以司徒高阿那肱为右丞相。是岁，高丽、靺鞨并遣使朝贡，突厥使求婚。

五年春正月乙丑，置左右娥英各一人。二月乙未，车驾至自晋阳。朔州行台、南安王思好反。辛丑，行幸晋阳。尚书令唐邕等大破思好，投火死，焚其尸，并其妻李氏。丁未，车驾至自晋阳。甲寅，以尚书令唐邕为录尚书事。夏五月，大旱，晋阳得死魅，长二尺，面顶各二目。帝闻之，使刻木为其形以献。庚午，大赦。丁亥，陈人寇淮北。秋八月癸卯，行幸晋阳。甲辰，以高励为尚书右仆射。是岁，杀南阳王绰。

六年春三月乙亥，车驾至自晋阳。丁丑，烹妖贼郑子饶于都市。是月，周人来聘。夏四月庚子，以中书监杨休之为尚书右仆射。癸卯，靺鞨遣使朝贡。秋七月甲戌，行幸晋阳。八月丁酉，冀、定、赵、幽、沧、瀛六州大水。是月，周师入洛川，屯芒山，攻逼洛城，纵火船焚浮桥，河桥绝。闰月己丑，遣右丞相高阿那肱自晋阳御之，师次河阳，周师夜遁。庚辰，以司空赵彦深为司徒，斛律阿列罗为司空。辛巳，以军国资用不足，税关市、舟车、山泽、盐铁、店肆，轻重各有差，开酒禁。

七年春正月壬辰，诏去秋已来，水潦人饥不自立者，所在付大寺及诸富户济其性命。甲寅，大赦。乙卯，车驾至自晋阳。

二月辛酉，括杂户女年二十已下十四已上未嫁悉集省，隐匿者家长处死刑。二月丙寅，风从西北起，发屋拔树，五日乃止。夏六月戊申朔，日有蚀之。庚申，司徒赵彦深薨。秋七月丁丑，大雨霖。是月，以水涝遣使巡抚流亡人户。

八月丁卯，行幸晋阳。雉集于御坐，获之，有司不敢以闻。诏营邯郸宫。冬十月丙辰，帝大狩于祁连池。周师攻晋州。癸亥，帝还晋阳。甲子，出兵，大集晋祠。庚午，帝发晋阳。癸酉，帝列阵而行，上鸡栖原，与周齐王宪相对，至夜不战，周师敛阵而退。十一月，周武帝退还长安，留偏师守晋州。高阿那肱等围晋州城。戊寅，帝至围所。

十二月戊申，武帝来救晋州。庚申，战于城南，我军大败。帝弃军先还。癸丑，入晋阳，忧惧不知所之。甲寅，大赦。帝谓朝臣曰："周师甚盛，若何？"群臣咸曰："天命未改，一得一失，自古皆然。宜停百赋，安慰朝野，收拾遗兵，背城死战，以存社稷。"帝意犹豫，欲向北朔州。乃留安德王延宗、广宁王孝珩等守晋阳。若晋阳不守，即欲奔突厥。群臣皆曰不可，帝不从其言。开府仪同三司贺拔伏恩、封辅相、慕容钟葵等宿卫近臣三十余人西奔周师。乙卯，诏募兵，遣安德王延宗为左，广宁王孝珩为右。延宗入见，帝告欲向北朔州。延宗泣谏，不从。帝密遣王康德与中人齐绍等送皇太后、皇太子于北朔州。丙辰，帝幸城南军，劳将士，其夜欲遁，诸将不从。丁巳，大赦，改武平七年为隆化元年。其日，穆提婆降周。诏除安德王延宗为相国，委以备御，延宗流涕受命。帝乃夜斩五龙门而出，欲走突厥，从官多散，领军梅胜郎叩马谏，乃回之邺。时唯高阿那肱等十余骑。广宁王孝珩、襄城王彦道续至，得数十人同行。戊午，延宗从众议即皇帝位于晋阳，改隆化为德昌元年。庚申，帝入邺。辛酉，延宗与周师战于晋阳，大败，为周师所虏。帝遣募人，重加官赏，虽有此言，而竟不出物。广宁王孝珩奏请出宫人及珍宝班赐将士，帝不悦。斛律孝卿居中受委，带甲以处分，请帝亲劳，为帝撰辞，且曰宜慷慨流涕，感激人心。帝既出临众，将之，不复记所受言，遂大笑，左右亦群咳，将士莫不解体。于是自大丞相已下太宰、三师、大司马、大将军、三公等官并增员而授，或三或四，不可胜数。甲子，皇太后从北道至。引文武一品已上入朱华门，赐酒食，给纸笔，问以御周之方。群臣各异议，帝莫知所从。又引高元海、宋士素、卢思道、李德林等，欲议禅位皇太子。先是望气者言，当有革易，于是依天统故事，授位幼主。

幼主名恒，帝之长子也。母曰穆皇后，武平元年六月生于邺。其年十月，立为皇太子。

隆化二年春正月乙亥，即皇帝位，时八岁，改元为承光元年，大赦，尊皇太后为太皇太后。帝为太上皇帝，后为太上皇后。于是黄门侍郎颜之推、中书侍郎薛道衡、侍中陈德信等劝太上皇帝往河外募兵，更为经略，若不济，南投陈国，从之。丁丑，太皇太后、太上皇自邺先趣济州。周师渐逼，癸未，幼主又自邺东走。己丑，周师至紫陌桥。癸巳，烧城西门。太上皇将百余骑东走。乙亥，渡河入济州。

其日，幼主禅位于大丞相、任城王湝，令侍中斛律孝卿送禅文及玺绂于瀛州，孝卿乃以之归周。又为任城王诏，尊太上皇为无上皇，幼主为守国天王。留太皇太后济州，遣高阿那肱留守。太上皇并皇后携幼走青州，韩长鸾、邓颙等数十人从。太上皇既至青州，即为入陈之计。而高阿那肱召周军，约生致齐主，而屡使人告言，贼军在远，已令人烧断桥路。太上所以停缓。周军奄至青州，太上窘急，将逊于陈，置金囊于鞍后，与长鸾、淑妃等十数骑至青州南邓村，为周将尉迟纲所获。送邺，周武帝与抗宾主礼，并太后、幼主诸王俱送长安，封帝温国公。至建德七年，诬与宜州刺史穆提婆谋反，及延宗等数十人无少长咸赐死，神武子孙所存者一二而已。至大象末，阳休之、陈德信等启大丞相隋公，请收葬，听之，葬长安北原洪渎川。

帝幼而念善，及长，颇学缀文，置文林馆，引诸文士焉。而言语涩呐，无志度，不喜见朝士。自非宠私昵狎，未尝交语。性懦不堪，人视者，即有忿责。其奏事者，虽三公令录莫得仰视，皆略陈大旨，惊走而出。每灾异寇盗水旱，亦不贬损，唯诸处设斋，以此为修德，雅信巫觋，解祷无方。

初琅邪王举兵，人告者误云库狄伏连反，帝曰："此必仁威也。"又斛律光死后，诸武官举高思好堪大将军，帝曰："思好喜反，"皆如所言。遂自以策无遗算，乃益骄纵。盛为无愁之曲，帝自弹胡琵琶而唱之，侍和之者以百数。人间谓之无愁天子。尝出见群厉，尽杀之，或剥人面皮而视之。

任陆令萱、和士开、高阿那肱、穆提婆、韩长鸾等宰制天下，陈德信、邓长颙、何洪珍参预机权。各引亲党，超居非次，官由财进，狱以贿成，其所以乱政害人，难以备载。诸宫奴婢、阉人、商人、胡户、杂户、歌舞人、见鬼人滥得富贵者将万数。庶姓封王者百数，不复可纪。开府千余，仪同无数。领军一时二十，连判文书，各作依字，不具姓名，莫知谁也。诸贵宠祖祢追赠官，岁一进，位极乃止。

宫掖婢皆封郡君，宫女宝衣玉食者五百余人，一裙直万疋，镜台直千金,竞为变巧,朝衣夕弊。承武成之奢丽,以为帝王当然。乃更增益宫苑,造偃武修文台,其嫔嫱诸宫中起镜殿、宝殿、玳瑁殿,丹青雕刻,妙极当时。又于晋阳起十二院,壮丽逾于邺下。所爱不恒,数毁而又复。夜则以火照作,寒则以汤为泥,百工困穷,无时休息。凿晋阳西山为大佛像,一夜然油万盆,光照宫内。又为胡昭仪起大慈寺,未成,改为穆皇后大宝林寺,穷极工巧,运石填泉,劳费亿计,人牛死者不可胜纪。御马则藉以毡罽,食物有十余种,将合牝牡,则设青庐,具牢馔而亲观之。狗则饲以粱肉。马及鹰犬乃有仪同、郡君之号,故有赤彪仪同、逍遥郡君、凌霄郡君,高思好书所谓"蛟龙、逍遥"者也。犬于马上设褥以抱之,斗鸡亦号开府,犬马鸡鹰多食县邑,鹰之入养者,稍割犬肉以饲之,至数日乃死。又于华林园立贫穷村舍,帝自弊衣为乞食儿。又为穷儿之市,躬自交易。写筑西鄙诸城,黑衣为羌兵,鼓噪凌之,亲率内参临拒,或实弯弓射人。自晋阳东巡,单马驰骛,衣解发散而归。

又好不急之务,曾一夜索蝎,及旦得三升。特爱非时之物,取求火急,皆须朝征夕办,当势者因之,贷一而责十焉。赋敛日重,徭役日繁,人力既殚,帑藏空竭。乃赐诸佞幸卖官,或得郡两三,或得县六七,各分州郡,下逮乡官亦多降中者,固有敕用州主簿,敕用郡功曹。于是州县职司多出富商大贾,竞为贪纵,人不聊生。爰自邺都及诸州郡,所在征税,百端俱起。凡此诸役,皆渐于武成,至帝而增广焉。然未尝有帷薄淫秽,唯此事颇优于武成云。

初河清末,武成梦大猬攻破邺城,故索境内猬膏以绝之。识者以后主名声与猬相协,亡齐征也。又妇人皆剪剔以着假髻,而危邪之状如飞鸟,至于南面,则髻心正西。始自宫内为之,被于四远,天意若曰元首剪落,危侧当走西也。又为刀子者刃皆狭细,名曰尽势。游童戏者好以两手持绳,拂地而却上,跳且唱曰"高末",高末之言,盖高氏运祚之末也。然则乱亡之数盖有兆云。

论曰:武成风度高爽,经算弘长,文武之官,俱尽其力,有帝王之量矣。但爱狎庸竖，委以朝权，帷薄之间，淫佚过度，灭亡之兆，其在斯乎？玄象告变，传位元子，名号虽殊，政犹己出，迹有虚饰，事非宪典，聪明临下，何易可诬。又河南、河间、乐陵等诸王，或以时嫌，或以猜忌，皆无罪而殒，非所谓知命任天道之义也。

后主以中庸之姿，怀易染之性，永言先训，教匪义方。始自襁褓，至于传位，隔以正人，闭其善道。养德所履，异乎春诵夏弦；过庭所闻，莫非不轨不物。辅之以中宫妒媪，属之以丽色淫声，纵购继之娱，恣朋淫之好。语曰"从恶若崩"，盖言其易。武平在御，弥见沦胥，罕接朝士，不亲政事，一日万机，委诸凶族。内侍帷幄，外吐丝纶，威厉风霜，志回天日，虐人害物，抟齿无厌，卖狱鬻官，溪壑难满。重以名将贻祸，忠臣显戮，始见浸弱之萌，俄观土崩之势，周武因机，遂混区夏，悲夫！盖桀、纣罪人，其亡也忽焉，自然之理矣。

郑文贞公魏徵总而论之曰：神武以雄杰之姿，始基霸业；文襄以英明之略，伐叛柔远。于时丧君有君，师出以律。河阴之役，摧宇文如反掌；滑阳之战，扫侯景如拉枯。故能气摄西邻，威加南服，王室是赖，东夏宅心。文宣因累世之资，膺乐推之会，地居当璧，遂迁魏鼎。怀谲诡非常之才，运屈奇不测之智，网罗俊乂，明察临下，文武名臣，尽其力用。亲戎出塞，命将临江，定单于于龙城，纳长君于梁国，外内充实，疆场无警，胡骑息其南侵，秦人不敢东顾。既而荒淫败德，罔念作狂，为善未能亡身，余殃足以传后。得以寿终，幸也；胤嗣不永，宜哉。孝昭地逼身危，逆取顺守，外敷文教，内蕴雄图，将以牢笼区域，奄一函夏，享龄不永，勋用无成。若或天假之年，足使秦、吴旰食。武成即位，雅道陵迟，昭、襄之风，滩焉已坠。洎乎后主，外内崩离，众溃于平阳，身禽于青土。天道深远，或未易谈，吉凶由人，抑可扬搉。

观夫有齐全盛，控带遐阻，西苞汾、晋，南极江、淮，东尽海隅，北渐沙漠，六国之地，我获其五，九州之境，彼分其四。料甲兵之众寡，校帑藏之虚实，折冲千里之将，帷幄六奇之士，比二方之优劣，无等级以寄言。然其太行、长城之固自若也，江淮、汾晋之险不移也,帑藏输税之赋未亏也,士庶甲兵之众不缺也;然而前王用之而有余,后主守之而不足,其故何哉?前王之御时也。沐雨栉风,拯其溺而救其焚,信赏必罚,安而利之,既与共其存亡,故得同其生死。后主则不然,以人从欲,损物益己。雕墙峻宇,酣酒嗜音,麀聚遍于宫园,禽色荒于外内,俾昼作夜,罔水行舟,所欲必成,所求必得。既不轨物,又暗于听受,忠信不闻,姜斐必入,视人如草芥,从恶如顺流。佞阉处当轴之权,婢媪擅回天之力,卖官鬻狱,乱政淫刑,刳剔被于忠良,禄位加于犬马,谗邪并进,法令多闻,持瓢者非止百人,摇树者不唯一手。于是土崩瓦解,众叛亲离,顾瞻周道,咸有西归之志。方更盛其宫观,穷极荒淫,谓黔首之可诬,指白日以自保。驰倒戈之旅,抗前歌之师,五世崇基,一举而灭,岂非镂金石者难为功,摧枯朽者易为力欤?

　　抑又闻之:皇天无亲,唯德是辅;天时不如地利,地利不如人和。齐自河清之后,逮于武平之末,土木之功不息,嫔嫱之选无已,征税尽,人力殚,物产无以给其求,江海不能赡其欲。所谓火既炽矣,更负薪以足之;数既穷矣,又为恶以促之。欲求大厦不燔,延期过历,不亦难乎!由此言之,齐氏之败亡,盖亦由人,匪唯天道也。

北齐书卷九
列传第一

神武娄后　文襄元后
文宣李后　孝昭元后
武成胡后　后主斛律后
胡后　穆后

　　神武明皇后娄氏,讳昭君,赠司徒内干之女也。少明悟,强族多聘之,并不肯行。及见神武于城上执役,惊曰:"此真吾夫也。"乃使婢通意,又数致私财,使以聘己,父母不得已而许焉。神武既有澄清之志,倾产以结英豪,密谋秘策,后恒参预。及拜渤海王妃,阃阃之事悉决焉。

　　后高明严断,雅遵俭约,往来外舍,侍从不过十人。性宽厚,不妒忌,神武姬侍,咸加恩待。神武常将西讨出师,后夜挛生一男一女,左右以危急,请追告神武。后弗听曰:"王出统大兵,何得以我故轻离军幕。死生命也,来复何为!"神武闻之,嗟叹良久。沙苑败后,侯景屡言请精骑二万,必能取之。神武悦,以告于后,后曰:"若如其言,岂有还理,得獭失景,亦有何利。"乃止。神武逼于茹茹,欲娶其女而未决。后曰:"国家大计,愿不疑也。"及茹茹公主至,后避正室处之。神武愧而拜谢焉,曰:"彼将有觉,愿绝勿顾,"慈爱诸子,不异己出,躬自纺绩,人赐一袍一绔。手缝戎服,以帅左右。弟昭,以功名自达，其余亲属，未尝为请爵位，每言有材当用，义不以私乱公。文襄嗣位，进为太妃。文宣将受魏禅，后固执不许，帝所以中止。天保初，尊为皇太后，宫曰宣训。济南即位，尊为太皇太后。尚书令杨愔等受遗诏辅政，愔忌诸王。太皇太后密与孝昭及诸大将定策诛之，下令废立。孝昭即位，复为皇太后，孝昭帝崩，太后又下诏立武成帝。大宁二年春，太后寝疾，衣忽自举，用巫媪言改姓氏。四月辛丑，崩于北宫，时年六十二。五月甲申，合葬义平陵。太后凡孕六男二女，皆感梦：孕文襄则梦一断龙；孕文宣则梦大龙，首尾属天地，张口动目，势状惊人；孕孝昭则梦蠕龙于地；孕武成则梦龙浴于海；孕魏二后并梦月入怀；孕襄城、博陵二王梦鼠入衣下。后未崩，有童谣曰："九龙母死不作孝"。及后崩，武成不改服，绯袍如故。未几，登三台，置酒作乐。帝女进白袍，帝怒，投诸台下。和士开请止乐，帝大怒，挞之，帝于昆季次实九，盖其征验也。

文襄敬皇后元氏，魏孝静帝之姊也。孝武帝时，封冯翊公主而归于文襄。容德兼美，曲尽和敬。初生河间王孝琬，时文襄为世子，三日而孝静帝幸世子第，赠锦彩及布帛万匹。世子辞，求通受诸贵礼遗，于是十屋皆满。次生两公主。文宣受禅，尊为文襄皇后，居静德宫。及天保六年，文宣渐致昏狂，乃移居于高阳之宅，而取其府库，曰："吾兄昔奸我妇，我今须报。"乃淫于后。其高氏女妇无亲疏，皆使左右乱交之于前。以葛为绲，令魏安德王骑上，使人推引之，又命胡人苦辱之。帝又自呈露，以示群下。武平中，后崩，祔葬仪平陵。

文宣皇后李氏，讳祖娥，赵郡李希宗女也。容德甚美。初为太原公夫人。及帝将建中宫，高隆之、高德正言汉妇人不可为天下母，宜更择美配。杨愔固请依汉、魏故事，不改元妃。而德正犹固请废后而立段昭仪，欲以结勋贵之援，帝竟不从而立后焉。帝好捶挞嫔御，乃至有杀戮者，唯后独蒙礼敬。天保十年，改为贺敦皇后。孝昭即位，降居昭信宫，号昭信皇后，武成践祚，逼后淫乱，云："若不许，我当杀尔儿。"后惧,从之。后有娠,太原王绍德至阁,不得见,愠曰:"儿岂不知耶,姊姊腹大,故不见儿。"后闻之,大惭,由是生女不举。帝横刀诟曰:"尔杀我女,我何不杀尔儿!"对后前筑杀绍德。后大哭,帝愈怒,裸后乱挝挞之,号天不已。盛以绢囊,流血淋漓,投诸渠水,良久乃苏,犊车载送妙胜尼寺。后性爱佛法,因此为尼。齐亡入关。隋时得还赵郡。

孝昭皇后元氏,开府元蛮女也。初为常山王妃。天保末,赐姓步六孤。孝昭即位,立为皇后。帝崩,梓宫之邺。始渡汾桥,武成闻后有奇药,追索之不得,使阉人就车顿辱。降居顺成宫。武成既杀乐陵王,元被闷隔,不得与家相知。宫闱内忽有飞语,帝令检推,得后父兄书信,元蛮由是坐免官。后以齐亡入周氏宫中。隋文帝作相,放还山东。

武成皇后胡氏,安定胡延之女。其母范阳卢道约女,初怀孕,有胡僧诣门曰"此宅瓠芦中有月",既而生后。天保初,选为长广王妃。产后主日,鸮鸣于产帐上。武成崩,尊为皇太后,陆媪及和士开密谋杀赵郡王睿,出娄定远、高文遥为刺史。和、陆诣事太后,无所不至。初武成时,后与诸阉人亵狎。武成宠幸和士开,每与后握槊,因此与后奸通。自武成崩后,数出诣佛寺,又与沙门昙献通。布金钱于献席下,又挂宝装胡床于献屋壁,武成平生之所御也。乃置百僧于内殿,托以听讲,日夜与昙献寝处。以献为昭玄统。僧徒遥指太后以弄昙献,乃至谓之为太上者。帝闻太后不谨而未之信,后朝太后,见二少尼,悦而召之,乃男子也。于是昙献事亦发,皆伏法,并杀元、山、王三郡君,皆太后之所昵也。帝自晋阳奉太后还邺,至紫陌,卒遇大风。舍人魏僧伽明风角,奏言即时当有暴逆事。帝诈云邺中有急,弯弓缠矟,驰入南城,令邓长颙幽太后北宫,仍有敕内外诸亲一不得与太后相见。久之,帝复迎太后。太后初闻使者至,大惊,虑有不测。每太后设食,帝亦不敢尝。周使元伟来聘,作《述行赋》,叙郑庄公克段而迁姜氏，文虽不工，当时深以为愧。齐亡入周，恣行奸秽。隋开皇中殂。

后主皇后斛律氏，左丞相光之女也。初为皇太子妃。后主受禅，立为皇后。武平三年正月生女，帝欲悦光，诈称生男，为之大赦。光诛，后废在别宫，后令为尼。齐灭，嫁为开府元仁妻。

后主皇后胡氏，陇东王长仁女也。胡太后失母仪之道，深以为愧，欲求悦后主，故饰后于宫中，令帝见之。帝果悦，立为弘德夫人，进左昭仪，大被宠爱。斛律后废，陆媪欲以穆夫人代之，太后不许。祖孝徵请立胡昭仪，遂登为皇后。陆媪既非劝立，又意在穆夫人，其后于太后前作色而言曰："何物亲侄女作如此语言！"太后问有何言，曰："不可道。"固问之，乃曰："语大家云，太后行多非法，不可训。"太后大怒，唤后出，立剃其发，送令还家。帝思之，每致物以通意。后与斛律废后俱召入内，数日而邺不守。后亦改嫁。

后主皇后穆氏，名邪利，本斛律后从婢也。母名轻霄，本穆子伦婢也，转入侍中宋钦道家，奸私而生后，莫知氏族，或云后即钦道女子也。小字黄花，后字舍利。钦道妇妒，黥轻霄面为"宋"字。钦道伏诛，黄花因此入宫，有幸于后主，宫内称为舍利太监。女侍中陆大姬知其宠，养以为女，荐为弘德夫人。武平元年六月，生皇子恒。于时后主未有储嗣，陆阴结待，以监抚之任不可无主，时皇后斛律氏，丞相光之女也，虑其怀恨，先令母养之，立为皇太子。陆以国姓之重，穆、陆相对，人奏赐姓穆氏。胡庶人之废也，陆有助焉，故遂立为皇后，大赦。初，有折冲将军元正烈于邺城东水中得玺以献，文曰"天王后玺"，盖石氏所作。诏书颁告，以为穆后之瑞焉。武成时，为胡后造真珠裙绔，所费不可称计，被火所烧。后主既立穆皇后，复为营之。属周武遭太后丧，诏侍中薛孤、康贾等为吊使，又遣商胡赍锦彩三万匹与吊使同往，欲市真珠为皇后造七宝车，周人不与交易，

然而竟造焉。先是童谣曰："黄花势欲落，清觞满杯酌。"言黄花不久
也。后主自立穆后以后，昏饮无度，故云清觞满杯酌。陆息骆提婆
诏改姓为穆，陆。太姬，皆以皇后故也。后既以陆为母，提婆为家，
更不采轻霄。轻霄自疗面，欲求见，太后、陆媪使禁掌之，竟不得见。

北齐书卷一〇
列传第二

高祖十一王

永安简平王浚　　平阳靖翼王淹
彭城景思王浟　　上党刚肃王涣
襄城景王淯　　任城王湝
高阳康穆王湜　　博陵文简王济
华山王凝　　冯翊王润
汉阳敬怀王洽

神武皇帝十五男：武明娄皇后生文襄皇帝、文宣皇帝、孝昭皇帝、襄城景王淯、武成皇帝、博陵文简王济，王氏生永安简平王浚，穆氏生平阳靖翼王淹，大尔朱氏生彭城景思王浟、华山王凝，韩氏生上党刚肃王涣，小尔朱氏生任城王湝，游氏生高阳康穆王湜，郑氏生冯翊王润，马氏生汉阳敬怀王洽。

永安简平王浚，字定乐，神武第三子也。初神武纳浚母，当月而有孕，及产浚，疑非己类，不甚爱之。而浚早慧，后更被宠。年八岁时，问于博士卢景裕曰："祭神如神在。为有神邪，无神邪？"对曰："有。"浚曰："有神当云祭神神在，何烦'如'字？"景裕不能答。及长，嬉戏不节，曾以属请受纳，大见杖罚，拘禁府狱，既而见原。后稍折节，颇以读书为务。

元象中，封永安郡公，豪爽有气力，善骑射，为文襄所爱。文宣性雌懦，每参文襄，有时涕出。浚常责帝左右，何因不为二兄拭鼻，由是见衔。累迁中书监、兼侍中，出为青州刺史，颇好畋猎，聪明矜恕，上下畏悦之。天保初，进爵为王。文宣末年多酒，浚谓亲近曰："二兄旧来不甚了了，自登祚已后，识解顿进。今因酒败德，朝臣无敢谏者，大敌未灭，吾甚以为忧，欲乘驿至邺面谏，不知用吾不。"人有知，密以白帝，又见衔。八年来朝，从幸东山，帝裸裎为乐，杂以妇女，又作狐尾戏。浚进言，此非人主所宜。帝甚不悦，浚又于屏处召杨遵彦，讥其不谏，帝时不欲大臣与诸王交通，遵彦惧以奏。帝大怒曰："小人由来难忍！"遂罢酒还宫。浚寻还州，又上书切谏，诏令征浚，浚惧祸，谢疾不至，上怒驰驿收浚，老幼泣送者数千人。至，盛以铁笼，与上党王涣俱置北城地牢下，饮食溲秽共在一所。明年，帝亲将左右临穴歌讴，令浚和之。浚等惶怖且悲，不觉声战。帝为怆然，因泣，将赦之。长广王湛先与浚不睦，进曰："猛兽安可出穴。"帝默然。浚等闻之，呼长广小字曰："步落稽，皇天见汝！"左右闻者，莫不悲伤，浚与涣皆有雄略，为诸王所倾服，帝恐为害，乃自刺涣，又使壮士刘桃枝就笼乱刺。槊每下，浚涣辄以手拉折之，号哭呼天。于是薪火乱投，烧杀之，填以石土，后出，皮发皆尽，尸色如炭，天下为之痛心。后帝以其妃陆氏配仪同刘郁捷，旧帝苍头也，以军功见用，时令郁捷害浚，故以配焉。后数日，帝以陆氏先无宠于浚，敕与离绝。乾明元年，赠太尉。无子，诏以彭城王浟第二子准嗣。

平阳靖翼王淹，字子邃，神武第四子也。元象中，封平阳郡公，累迁尚书左仆射。天保初，进爵为王，历位尚书令、开府仪同三司、司空、太尉。皇建初，为太傅，与彭城、河间王并给仗、卫羽林百人。太宁元年，迁太宰。性沉谨，以宽厚称。河清三年，薨于晋阳，或云酖终。还葬邺，赠假黄钺、太宰、录尚书事。子德素嗣。

彭城景思王浟,字子深,神武第五子也。元象二年,拜通直散骑常侍,封长乐郡公。博士韩毅教浟书,见浟笔迹未工,戏浟曰:"五郎书画如此。忽为常侍开国,今日后宜更用心。"浟正色答曰:"昔甘罗幼为秦相,未闻能书。凡人唯论才具何如,岂必动夸笔迹。博士当今能者,何为不作三公?"时年盖八岁矣。毅甚惭。

武定六年,出为沧州刺史,为政严察,部内肃然。守令参佐,下及胥吏,行游往来,皆自赍粮食。浟纤介知人间事。有湿沃县主簿张达尝诣州,夜投人舍,食鸡羹,浟察知之。守令毕集,浟对众曰:"食鸡羹何不还价直也。"达即伏罪。合境号为神明。又有一人从幽州来,驴驮鹿脯,至沧州界,脚痛行迟,偶会一人为伴,遂盗驴及脯去。明旦,告州。浟乃令左右及府僚吏分市鹿脯,不限其价。其主见脯识之,推获盗者。转都督、定州刺史。时有人被盗黑牛,背上有白毛。长史韦道建谓中从事魏道胜曰:"使君在沧州日,擒奸如神,若捉得此贼,定神矣。"浟乃诈为上府市牛皮,倍酬价直,使牛主认之,因获其盗。建等叹服。又有老母姓王,孤独,种菜三亩,数被偷。浟乃令人密往书菜叶为字,明日市中看菜叶有字,获贼。尔后境内无盗,政化为当时第一。天保初,封彭城王。四年,征为侍中,人吏送别悲号。有老公数百人相率具馔曰:"自殿下至来五载,人不识吏,吏不欺人,百姓有识已来,始逢今化。殿下唯饮此乡水,未食此乡食,聊献疏薄。"浟重其意,为食一口。七年,转司州牧,选从事皆取文才士明剖断者。当时称为美选。州旧案五百余。浟未期悉断尽。别驾羊修等恐犯权戚,乃诣阁谘陈。浟使告曰:"吾直道而行,何惮权戚,卿等当成人之美,反以权戚为言,"修等惭悚而退。后加特进,兼司空、太尉,州牧如故。太妃薨,解任,寻诏复本官。俄拜司空,兼尚书令。济南嗣位,除开府仪同三司、尚书令、领大宗正卿。皇建初,拜大司马,兼尚书令。转太保。武成入承大业,迁太师、录尚书事。浟明练世务,果于断决,事无大小,咸悉以情。赵郡李公统预高归彦之逆,其母崔氏即御史中丞崔昂从父子,兼右业射魏收之内妹也。依令，年出六十，例免入官。崔增年陈诉，所司以昂、收故，崔遂获免。澈摘发其事，昂等以罪除名。

自车驾巡幸，澈常留邺。河清三年二月，群盗田子礼等数十人谋劫澈为主，诈称使者，径向澈第，至内室，称敕牵澈上马，临以白刃，欲引向南殿。澈大呼不从，遂遇害，时年三十二，朝野痛惜焉。初澈未被劫前，其妃郑氏梦人斩澈头持去，恶之数日而澈见杀。赠假黄钺、太师、太尉、录尚书事，给辒车。子宝德嗣，位开府，兼尚书左仆射。

上党刚肃王涣，字敬寿，神武第七子也。天姿雄杰，倜傥不群，虽在童幼，恒以将略自许。神武壮而爱之，曰："此儿似我。"及长，力能扛鼎，材武绝伦。每谓左右曰："人不可无学，但要不为博士耳。"故读书颇知梗概。而不甚耽习。

元象中，封平原郡公。文襄之遇贼，涣年尚幼，在西学，闻宫中谲，惊曰："大兄必遭难矣！"弯弓而出。武定末，除冀州刺史，在州有美政。政天保初，封上党王，历中书令、尚书左仆射。与常山王演等筑伐恶诸城。遂聚邺下轻薄，凌犯郡县，为法司所纠。文宣戮其左右数人。涣亦被谴。六年，率众送梁王萧明还江南，仍破东关，斩梁特进裴之横等，威名甚盛。八年，录尚书事。

初士言亡高者黑衣，由是自神武后，每出行，不欲见沙门，为黑衣故也。是时文宣幸晋阳，以所忌问左右曰："何物最黑？""莫过漆。"帝以涣第七子为当之，乃使库真都督破六韩伯升之邺征涣。涣至紫陌桥，杀伯升以逃，凭河而度，土人执以送帝。铁笼盛之，与永安王浚同置地牢下。岁余，与浚同见杀，时年二十六。以其妃李氏配冯文洛，是帝家旧奴，积劳位至刺史，帝令文洛等杀涣，故以其妻妻焉。

至乾明元年，收二王余骨葬之，赠司空，谥曰刚肃。有敕李氏还第。而文洛尚以故意，修饰诣李。李盛列左右，引文洛立于阶下，数之曰："遭难流离,以至大辱,志操寡薄,不能自尽,幸蒙恩诏,得反藩闱。汝是谁家奴奴,犹欲见侮!"于是杖之一百,流血洒地。涣无嫡子,庶长子宝严以河清二年袭爵,位金紫光禄大夫、开府仪同三司。

襄城景王淯,神武第八子也。容貌甚美,弱年有器望。元象中,封章武郡公。天保初,封襄城郡王。二年春薨。齐氏诸王选国臣府佐,多取富商群小、鹰犬少年,唯襄城、广宁、兰陵王等颇引文艺清识之士,当时以此称之。乾明元年二月,赠假黄钺、太师、太尉、录尚书事。无子,诏以常山王演第二子亮嗣。

亮字彦道,性恭孝,美风仪,好文学。为徐州刺史,坐夺商人财物免官。后主败奔邺,亮从焉,迁兼太尉、太傅。周师入邺,亮于启夏门拒守。诸军皆不战而败,周军于诸城门皆入,亮军方退走。亮入太庙行马内,恸哭拜辞,然后为周军所执。入关,依例受仪同,分配还边,卒于龙州。

任城王湝,神武第十子也。少明慧。天保初封。自孝昭、武成时,车驾还邺,常令镇晋阳,总并省事,历司徒、太尉、并省录尚书事。天统三年,拜太保、并州刺史,别封平正郡公。时有妇人临汾水浣衣,有乘马人换其新靴驰而去者,妇人持故靴,诣州言之。湝召城外诸妪,以靴示之,绐曰:"有乘马人在路被贼劫害,遗此靴焉,得无亲属乎?"一妪抚膺哭曰:"儿昨著此靴向妻家。"如其语,捕获之。时称时察。武平初,迁太师、司州牧,出为冀州刺史,加太宰,迁右丞相、都督、青州刺史。湝频牧大藩,虽不洁己,然宽恕为吏人所怀。五年,青州崔蔚波等夜袭州城,湝部分仓卒之际,咸得齐整,击贼,大破之。拜左丞相,转瀛州刺史。及后主奔邺,加湝大丞相。

及安德王称尊号于晋阳,使刘子昂修启于湝:"至尊出奔,宗庙既重,群公劝迫,权主号令,事宁终归叔父。"湝曰:"我人臣,何容受此启。"执子昂送邺。帝至济州,禅位于湝,启竟不达。湝与广宁王珩于冀州召募得四万余人，拒周军。周齐王宪来伐，先遣送书并赦诏，湝并沉诸井。战败，湝、孝珩俱被擒。宪曰："任城王何苦至此？"湝曰："下官神武帝子，兄弟十五人，幸而独存，逢宗社颠覆，今日得死，无愧坟陵。"宪壮之，归其妻子。将至邺城，湝上马哭，自投于地，流血满面。至长安，寻与后主同死。

妃卢氏赐斛斯徵，蓬首垢面，长斋不言笑。徵放之，乃为尼。隋开皇三年，表请文帝葬湝及五子于长安北原。

高阳康穆王湜，神武第十一子也。天保元年封。十年，稍迁尚书令。以滑稽便辟，有宠于文宣帝左右，行杖以捶诸王。太后深衔之。其妃父护军长史张晏之当要道拜湜，湜不礼焉。帝问其故，对曰："无官职汉，何须礼。"帝于是擢拜晏之为徐州刺史。文宣崩，兼司徒，导引梓宫，吹笛，云："至尊颇知臣不"，又击胡鼓为乐。太后杖湜百余，未几薨。太后哭之哀，曰："我恐其不成就，与杖，何期带创死也。"乾明初，赠假黄钺、太师、司徒、录尚书事。子士义袭爵。

博陵文简王济，神武第十二子也。天保元年封。济当从文宣巡幸，在路忽忆太后，遂逃归。帝怒临以白刃，因此惊恍。历位太尉。河清初，出为定州刺史。天统五年，在州语人云："计次第亦应到我。"后主闻之，阴使人杀之。赠假黄钺、太尉、录尚书事。子智袭爵。

华山王凝，神武十三子也。天保元年，封新平郡王；九年，改封安定；十五年，封华山。历位中书令、齐州刺史，就加太傅。薨于州，赠左丞相、太师、录尚书。凝诸王中最为孱弱，妃王氏，太子洗马王洽女也，与仓头奸，凝知而不能限禁。后事发，王氏赐死，诏杖凝一百。其愚如此。

冯翊王润，字子泽，神武第十四子也。幼时，神武称曰："此吾家千里驹也。"天保初封。历位东北道大行台、右仆射、都督、定州刺史。润美姿仪，年十四五，母郑妃与之同寝，有秽杂之声。及长，廉慎方雅，习于吏职，至擿发隐伪，奸吏无所匿其情。开府王回洛与六州大都督独孤枝侵窃官田，受纳贿赂，润按举其事。二人表言，王出送台使，登魏文旧坛，南望叹息，不测其意。武成使元文遥就州宣敕曰："冯翊王少小谨慎，在州不为非法，朕信之熟矣。登高远望，人之常情，鼠辈欲相轻间构，曲生眉目。"于是回洛决鞭二百，独孤枝决杖一百。寻为尚书令，领太子少师，历司徒、太尉、大司马、司州牧、太保、河南道行台、领录尚书，别封文成郡公，太师、太宰，复为定州刺史。薨，赠假黄钺、左丞相。子茂德嗣。

汉阳敬怀王洽，字敬延，神武第十五子也。天保元年封。五年，薨，年十三。乾明元年，赠太保、司空。无子，以任城王第二子建德为后。

此卷与《北史》同。

北齐书卷一一
列传第三

文襄六王

河南康舒王孝瑜　广宁王孝珩
河间王孝琬　兰陵武王孝瓘
安德王延宗　渔阳王绍信

　　文襄六男：文敬元皇后生河间王孝琬，宋氏生河南王孝瑜，王氏生广宁王孝珩，兰陵王长恭不得母氏姓，陈氏生安德王延宗，燕氏生渔阳王绍信。

　　河南康舒王孝瑜，字正德，文襄长子也。初封河南郡公，齐受禅，进爵为王。历位中书令、司州牧。初，孝瑜养于神武宫中，与武成同年相爱。将诛杨愔等，孝瑜预其谋。及武成即位，礼遇特隆。帝在晋阳，手敕之曰："吾饮汾清二杯，劝汝于邺酌两杯。"其亲爱如此。孝瑜容貌魁伟，精彩雄毅，谦慎宽厚，兼爱文学，读书敏速，十行俱下，覆棋不失一道。初，文襄于邺东起山池游观，时俗眩之。孝瑜遂于第作水堂、龙舟，植幡稍于舟上，数集诸弟宴射为乐。武成幸其第，见而悦之，故盛兴后园之玩，于是贵贱慕学，处处营造。
　　武成常使和士开与胡后对坐握槊，孝瑜谏曰："皇后天下之母，不可与臣下接手。"帝深纳之。后又言赵郡王父死非命，不可亲。由是睿及士开皆侧目。士开密告其奢僭，睿又言山东唯闻河南王，不闻有陛下。帝由是忌之。尔朱御女名摩女，本事太后，孝瑜先与之通，后因太子婚夜，孝瑜窃与之言。武成大怒，顿饮其酒三十七杯。体至肥大，腰带十围。使妻子彦载以出，槛之于车。至西华门，烦热躁闷，投水而绝。赠太尉、录尚书事。子弘节嗣。

孝瑜母，魏吏部尚书宋弁孙也，本魏颍川王斌之妃，为文襄所纳，生孝瑜，孝瑜还第，为太妃。孝瑜妃，卢正山女，武成胡后之内姊也。孝瑜薨后，宋太妃为卢妃所谮诉，武成杀之。

广宁王孝珩，文襄第二子也。历位司州牧、尚书令、司空、司徒、录尚书、大将军、大司马。孝珩爱赏人物，学涉经史，好缀文，有伎艺。尝于厅事壁自画一苍鹰，见者皆以为真，又作朝士图，亦当时之妙绝。

后主自晋州败奔邺，诏王公议于含光殿。孝珩以大敌既深，事藉机变。宜使任城王领幽州道兵入土门，扬声趣并州；独孤永业领洛州兵趣潼关，扬声趣长安；臣请领京畿兵出滏口，鼓行逆战。敌闻南北有兵，自然溃散。又请出宫人珍宝赐将士，帝不能用。承光即位，以孝珩为太宰。与呼延族、莫多娄敬显、尉相愿同谋，期正旦五日，孝珩于千秋门斩高阿那肱，相愿在内以禁兵应之，族与敬显自游豫园勒兵出。既而阿那肱从别宅便路入宫，事不果。乃求出拒西军，谓阿那肱、韩长鸾、陈德信等云："朝廷不赐遣击贼，岂不畏孝珩反耶？孝瑜破宇文邕，遂至长安，反何干与国家事。以今日之急，犹作如此猜疑。"高、韩恐其变，出孝珩为沧州刺史。至州，以五千人会任城王于信都，共为匡复计。周齐王宪来伐，兵弱不能敌。怒曰："由高阿那肱小人，吾道穷矣！"齐叛臣乞扶令和以稍刺孝珩坠马，奴白泽以身捍之，孝珩犹伤数处，遂见房。齐王宪问孝珩齐亡所由，孝珩自陈国难，辞泪俱下，俯仰有节。宪为之改容，亲为洗疮傅药，礼遇甚厚。孝珩独叹曰："李穆叔言齐氏二十八年，今果然矣。自神武皇帝以外，吾诸父兄弟无一人得至四十者，命也。嗣君无独见之明,宰相非柱石之寄,恨不得握兵符,受庙算,展我心力耳。"至长安,依例授开府、县侯。后周武帝在云阳,宴齐君臣,自弹胡琵琶,命孝珩吹笛。辞曰:"亡国之音,不足听也。"固命之,举笛裁至口,泪下呜咽,武帝乃止。其年十月,疾甚,启归葬山东,从之。寻卒,令还葬邺。

河间王孝琬,文襄第三子也。天保元年封。天统中,累迁尚书令。初,突厥与周师入太原,武成将避之而东。孝琬叩马谏,请委赵郡王部分之,必整齐,帝从其言。孝琬免冑将出,帝使追还。周军退,拜并州刺史。

孝琬以文宣世,骄矜自负。河南王之死,诸王在宫内莫敢举声,唯孝琬大哭而出。又怨执政,为草人而射之。和士开与祖珽谮之,云:"草人拟圣躬也。又前突厥至州,孝琬脱兜鍪抵地,云:'岂是老妪,须着此。'此言属大家也。"初,魏世谣言:"河南种谷河北生,白杨树头金鸡鸣。"珽以说曰:"河南、河北,河间也。金鸡鸣,孝琬将建金鸡而大赦。"帝颇惑之。时孝琬得佛牙,置于第内,夜有神光。照室玄都法顺请以奏闻,不从。帝闻,使搜之,得镇库稍幡数百。帝闻之,以为反。讯其诸姬,有陈氏者无宠,诬对曰"孝琬画作陛下形哭之。"然实是文襄像,孝琬时时对之泣。帝怒,使武卫赫连辅玄倒鞭挝之。孝琬呼阿叔,帝怒曰:"谁是尔叔?敢唤我作叔!"孝琬曰:"神武皇帝嫡孙,文襄皇帝嫡子,魏孝静皇帝外甥,何为不得唤作叔也?"帝愈怒,折其两胫而死。瘗诸西山,帝崩后,乃改葬。子正礼嗣,幼聪颖,能诵《左氏春秋》。齐亡,迁绵州卒。

兰陵武王长瓒,一名孝瓘,文襄长四子也。累迁并州刺史。突厥入晋阳,长恭尽力击之。芒山之败,长恭为中军,率五百骑再入周军,遂至金墉之下,被围甚急,城上人弗识,长恭免冑示之面,乃下弩手救之,于是大捷。武士共歌谣之,为《兰陵王入阵曲》是也。历司州牧、青瀛二州,颇受货。后为太尉,与段韶讨柏谷,又攻定阳。诏病,长恭总其众。前后以战功别封钜鹿、长乐、乐平、高阳等郡公。

芒山之捷,后主谓长恭曰:"入阵太深,失利悔无所及。"对曰:"家事亲切,不觉遂然。"帝嫌其称家事,遂忌之。及在定阳,其属尉相愿谓曰:"王既受朝寄,何得如此贪残?"长恭未答。相愿曰:"岂不曰芒山大捷,恐以威武见忌,欲自秽乎?"长恭曰:"然。"相愿曰:"朝廷若忌王,于此犯便当行罚,求福反以速祸。"长恭泣下,前膝请以安身术。相愿曰:"王前既有勋,今复告捷,威声太重,宜属疾在家,勿预事。"长恭然其言,未能退。及江淮寇扰,恐复为将,叹曰:"我去年面肿,今何不发。"自是有疾不疗。武平四年五月,帝使徐之范饮以毒药。长恭谓妃郑氏曰:"我忠以事上,何辜于天,而遭鸩也。"妃曰:"何不求见天颜。"长恭曰:"天颜何由得见。"遂饮药薨。赠太尉。

长恭貌柔心壮,音容兼美。为将躬勤细事,每得甘美,虽一瓜数果,必与将士共之。初在瀛州,行参军阳士深表列其赃,免官。及讨定州,阳士深在军,恐祸及。长恭闻之曰:"吾本无此意。"乃求小失,杖士深二十以安。尝入朝而仆从尽散,唯有一人,长恭独还,无所谴罚。武成赏其功,命买护为买妾二十人,唯受其一。有千金责券,临死日,尽燔之。

安德王延宗,文襄第五子也。母陈氏,广阳王妓也。延宗幼为文宣所养,年十二,犹骑置腹上,令溺己脐中,抱之曰:"可怜止有此一个。"问欲作何王。对曰:"欲作冲天王。"文宣问杨愔,愔曰:"天下无此郡名,愿使安于德。"于是封安德焉。为定州刺史,于楼上大便,使人在下张口承之。以蒸猪糁和人粪以饲左右,有难色者鞭之。孝昭帝闻之,使赵道德就州杖之一百。道德以延宗受杖不谨,又加三十。又以囚试刀,验其利钝。骄纵多不法。武成使挞之,杀其昵近九人,从是深自改悔。兰陵王芒山凯捷,自陈兵势,诸兄弟咸壮之。延宗独曰:"四兄非大丈夫,何不乘胜径入?使延宗当此势,关西岂得复存。"及兰陵死,妃郑氏以颈珠施佛。广宁王使赎之。延宗手书以谏,而泪满纸。河间死,延宗哭之泪亦甚。又为草人以像武成,鞭而讯之曰："何故杀我兄！"奴告之，武成覆卧延宗于地，马鞭挝之二百，几死。后历司徒、太尉。

及平阳之役，后主自御之，命延宗率右军先战，城下擒周开府宗琏，及大战，延宗以麾下再入周军，莫不披靡。诸军败，延宗独全军。后主将奔晋阳，延宗言："大家但在营莫动，以兵马付臣，臣能破之。"帝不纳。及至并州，又闻周军已入貂鼠谷，乃以延宗为相国、并州刺史，总山西兵事。谓曰："并州，阿兄自取，儿今去也。"延宗曰："陛下为社稷莫动，臣为陛下出死力战。"骆提婆曰："至尊计已成，王不得辄沮。"后主竟奔邺。在并将率咸请曰："王若不作天子，诸人实在不能出死力。"延宗不得已，即皇帝位，下诏曰："武平孱弱，政由宦竖，衅结萧墙，盗起疆场。斩关夜遁，莫知所之，则我高祖之业将坠于地。王公卿士，猥见推逼，今便祗承宝位。可大赦天下，改武平七年为德昌元年。"以晋昌王唐邕为宰辅，齐昌王莫多娄敬显、沐阳王和阿于子、右卫大将军段畅、武卫将军相里僧伽、开府韩骨胡、侯莫陈洛州为爪牙。众闻之，不召而至者，前后相属。延宗容貌充壮，坐则仰，偃则伏，人笑之，乃赫然奋发。气力绝异，驰骋行阵，劲捷若飞。倾覆府藏及后宫美女，以赐将士，籍没内参千余家。后主谓近臣曰："我宁使周得并州，不欲安德得之。"左右曰："理然。"延宗见士卒，皆亲执手，陈辞自称名，流涕呜咽。众皆争为死，童儿女子亦乘屋攘袂，投砖石以御周军。特进、开府那卢安生守太谷，以万兵叛。周军围晋阳，望之如黑云四合。延宗命莫多娄敬显、韩骨胡拒城南，和阿于子、段畅拒城东。延宗亲当周齐王于城北，奋大稍，往来督战，所向无前。尚书令史沮山亦肥大多力，捉长刀步从，杀伤甚多。武卫兰芙蓉、綦连延长皆死于阵。

阿于子、段畅以千骑投周。周军攻东门，际昏，遂入。进兵焚佛寺门屋，飞焰照天地。延宗与敬显自门入，夹击之，周军大乱，争门相填压，齐人从后斫刺，死者二千余人。周武帝左右略尽，自拔无路，承御上士张寿辄牵马头，贺拔佛恩以鞭拂其后，崎岖仅得出。齐人奋击，几中焉。城东厄曲，佛恩及降者皮子信为之导，仅免，时四更也。延宗谓周武帝崩于乱兵,使于积尸中求长鬣者,不得。时齐人既胜,入坊饮酒,尽醉卧,延宗不复能整。周武帝出城,饥甚,欲为遁逸计。齐王宪及柱国王谊谏,以为去必不免。延宗叛将段畅亦盛言城内空虚。周武帝乃驻马,鸣角收兵,俄顷复振。诘旦,还攻东门,克之又入南门。延宗战,力屈走至城北,于人家见禽。周武自投下马,执其手。延宗辞曰:"死人手何敢拉至尊。"帝曰:"两国天子,有何怨恶,直为百姓来耳。勿怖,终不相害。"使复衣帽,礼之。先是,高都郡有山焉。绝壁临水,忽有黑书见,云:"齐亡延宗",洗视逾明。帝使人就写,使者改亡为上。至是应焉。延宗败前,在邺听事,见两日相连置,以十二月十三日晡时受敕守并州,明日建尊号,不间日而被围,经宿,至食时而败。年号德昌,好事者言其得二日云。既而周武帝问取邺计。辞曰:"亡国大夫不可以图存,此非臣所及。"强问之,乃曰:"若任城王援邺,臣不能知,若今主自守,陛下兵不血刃。"

及至长安,周武与齐君臣饮酒,令后主起舞,延宗悲不自持。屡欲仰药自裁,傅婢苦执谏而止。未几,周武诬后主及延宗等,云遥应穆提婆反,使并赐死。皆自陈无之,延宗攮袂,泣而不言。皆以椒塞口而死。明年,李起收殡之。

后主之传位于太子也,孙正言窃谓人曰:"我武定中为广州士曹,闻襄城人曹普演有言,高王诸儿,阿保当为天子,至高德之承之,当灭。"阿保谓天保,德之谓德昌也,承之谓后主年号承光,其言竟信云。

渔阳王绍信,文襄第六子也。历特进、开府、中领军、护军、青州刺史。行过渔阳,与大富人钟长命同床坐。太守郑道盖谒,长命欲起,绍信不听,曰:"此何物小人,而主人公为起。"乃与长命结为久兄弟,妃与长命妻为姊妹,责其阖家幼长皆有赠贿,钟氏因此遂贫。齐灭,死于长安。

北齐书卷一二
列传第四

文宣四王

太原王绍德　　范阳王绍义
西河王绍仁　　陇西王绍廉

孝昭六王

乐陵王百年　　始平王彦德
城阳王彦基　　定阳王彦康
汝南王彦忠　　汝南王彦理

武成十二王

南阳王绰　　琅邪王俨
齐安王廓　　北平王贞
高平王仁英　　淮南王仁光

西河王仁几　乐平王仁邕
颍川王仁俭　安阳王仁雅
丹阳王仁直　东海王仁谦

文宣五男:李后生废帝及太原王绍德,冯世妇生范阳王绍义,裴嫔生西河王绍仁,颜嫔生陇西王绍廉。

太原王绍德,文宣第二子也。天保末,为开府仪同三司。武成因怒李后,骂绍德曰:"你父打我时,竟不来救!"以刀环筑杀之,亲以土埋之游豫园。武平元年,绍以范阳王子辨才为后,袭太原王。

范阳王绍义,文宣第三子也。初封广阳,后封范阳。历位侍中、清都尹。好与群小同饮,擅置内参,打杀博士任方荣。武成尝杖之二百,送付昭信后,后又杖一百。及后主奔邺,以绍义为尚书令、定州刺史。周武帝克并州,以封辅相为北朔州总管。此地齐之重镇,诸勇士多聚焉。前卒长赵穆、司马王当万等谋执辅相,迎任城王于瀛州。事不果,便迎绍义。绍义至马邑。辅相及其属韩阿各奴等数十人皆齐叛臣。自肆州以北城戍二百八十余尽从辅相。及绍义至,皆反焉。绍义与灵州刺史袁洪猛引兵南出。欲取并州,至新兴而肆州已为周守。前队二仪同以所部降周。周兵击显州,执刺史陆琼,又攻陷诸城。绍义还保北朔。周将宇文神举军逼马邑,绍义遣杜明达拒之,兵大败。绍义曰:"有死而已,不能降人。"遂奔突厥。众三千家,令之曰:"欲还者任意。"于是哭拜别者太半。突厥他钵可汗谓文宣为英雄天子,以绍义重踝似之,甚见爱重,凡齐人在北者,悉隶绍义。高宝宁在营州,表上尊号,绍义遂即皇帝位,称武平元年。以赵穆为天水王。他钵闻宝宁得平州,亦招诸部,各举兵南向,云共立范阳王作齐帝,为其报仇。周武帝大集兵于云阳,将亲北伐,遇疾暴崩。绍义闻之，以为天赞己。卢昌期据范阳，亦表迎绍义。俄而周将宇文神举攻灭昌期。其日，绍义适至幽州，闻周总管出兵于外，欲乘虚取蓟城，列天子旌旗，登燕昭王冢，乘高望远，部分兵众。神举遣大将军宇文恩将四千人驰救幽州，半为齐军所杀。绍义闻范阳城陷，素服举哀，回军入突厥。周人购之于他钵，又使贺若谊往说之。他钵犹不忍，遂伪与绍义猎于南境，使谊执之。流于蜀。绍义妃渤海封孝琬女，自突厥逃归。绍义在蜀，遗妃书云："夷狄无信，送吾于此。"竟死蜀中。

西河王绍仁，文宣第四子也。天保末，为开府仪同三司。寻薨。

陇西王绍廉，文宣第五子也。初封长乐，后改焉。性粗暴，尝拔刀逐绍义，绍义走入厕，闭门拒之。绍义初为清都尹，未及理事，绍廉先往，唤囚悉出，率意决遣之。能饮酒，一举数升，终以此薨。

孝昭七男：元后生乐陵王百年，桑氏生襄城王亮，出后襄城景王，诸姬生汝南王彦理、始生王彦德、城阳王彦基、定阳王彦康、汝阳王彦忠。

乐陵王百年，孝昭第二子也。孝昭初即位，在晋阳，群臣请建中宫及太子，帝谦未许，都下百僚又请，乃称太后令立为皇太子。帝临崩，遗诏传位于武成，并有手书，其末曰："百年无罪，汝可以乐处置之，勿学前人。"大宁中，封乐陵王。河清三年五月，白虹围日再重，又横贯而不达。赤星见，帝以盆水承星影而盖之，一夜盆自破。欲以百年厌之。会博陵人贾德胄教百年书，百年尝作数"敕"字，德胄封以奏。帝乃发怒，使召百年。百年被召，自知不免，割带玦留与妃斛律氏。见帝于玄都苑凉风堂，使百年书"敕"字，验与德胄所奏相似。遣左右乱捶击之，又令人曳百年绕堂且走且打，所过处血皆遍地。气息将尽，曰："乞命，愿与阿叔作奴。"遂斩之，弃诸池，池水尽赤,于后园亲看埋之。妃把玦哀号,不肯食,月余亦死,玦犹在手,拳不可开,时年十四,其父光自擘之,乃开。后主时,改九院为二十七院,掘行一小尸,绯袍金带,一髻一解,一足有靴。诸内参窃言,百年太子也,或言太原王绍德。诏以襄成王子白泽袭爵乐陵王。齐亡,入关,徙蜀死。

汝南王彦理,武平初封王,位开府、清都尹。齐亡,入关,随例授仪同大将军,封县子。女入太子宫,故得不死。隋开皇中,卒并州刺史。

始平王彦德、城阳王彦基、定阳王彦康、汝南王彦忠与汝南同受封,并加仪同三司,后事阙。

武成十三男:胡皇后生后主及琅邪王俨,李夫人生南阳王绰,后宫生齐安王廓、北平王贞、高平王仁英、淮南王仁光、西河王仁几、乐平王仁邕、颍川王仁俭、安乐王仁雅、丹阳王仁直、东海王仁谦。

南阳王绰,字仁通,武成长子也。以五月五日丙时生,至午时,后主乃生。武成以绰母李夫人非正嫡,故意贬为第二,名融,字君明,出后汉阳王。河清三年,改封南阳,别为汉阳置后。绰始十余岁,留守晋阳。爱波斯狗,尉破胡谏之,倏然斫杀数狗,狼藉在地。破胡惊走,不敢复言。后为司徒、冀州刺史,好裸人,使踞为兽状,纵犬噬而食之。左转定州,汲井水为后池,在楼上弹人。好微行,游猎无度,姿情强暴,云学文宣伯为人。有妇人抱儿在路,走避入草,绰夺其儿饲波斯狗。妇人号哭,绰怒,又纵狗使食,狗不食,涂以儿血,乃食焉。后主闻之,诏锁绰赴行在所。至而宥之。问在州何者最乐,对曰:“多取蝎将蛆混,看极乐。”后主即夜索蝎一斗,比晓得三二升,置诸浴斛,使人裸卧斛中,号叫宛转。帝与绰临观,喜噱不已,谓绰曰："如此乐事,何不早驰驿奏闻。"绰由是大为后主宠,拜大将军,朝夕同戏,韩长鸾闻之,除齐州刺史。将发,长鸾令绰亲信诬告其反,奏云："此犯国法,不可赦。"后主不忍显戮,使宠胡何猥萨后园与绰相扑,扼杀之。瘗于兴圣佛寺。经四百余日乃大敛,颜色毛发皆如生,俗云五月五日生者脑不坏。绰兄弟皆呼父为兄兄,嫡母为家家,乳母为姊姊,妇为妹妹。齐亡,妃郑氏为周武帝所幸,请葬绰。敕所司葬于永平陵北。

琅邪王俨,字仁威,武成第三子也。初封东平王,拜开府、侍中、中书监、京畿大都督、领军大将军、领御史中丞,迁司徒、尚书令、大将军、录尚书事、大司马。魏氏旧制,中丞出,清道,与皇太子分路行,王公皆遥住车,去牛,顿轭于地,以待中丞过,其或迟违,则赤棒棒之。自都邺后,此仪浸绝,武成欲雄宠俨,乃使一依旧制。初从北宫出,将上中丞,凡京畿步骑,领军之官属,中丞之威仪,司徒之卤簿,莫不毕备。帝与胡后在华林园东门外张幕,隔青纱步障观之。遣中贵骤马趣仗,不得入,自言奉敕,赤棒应声碎其鞍,马惊人坠。帝大笑,以为善。更敕令驻车,传语良久,观者倾京邑。俨恒在宫中,坐含光殿以视事,诸父皆拜焉。帝幸并州,俨常居守,每送驾,或半路,或至晋阳,乃还。王师罗常从驾,后至,武成欲罪之,辞曰："臣与第三子别,留连不觉晚,"武成忆俨,为之下泣,舍师罗不问。俨器服玩饰,皆与后主同,所须悉官给。于南宫尝见新冰早李,还,怒曰:"尊兄已有,我何意无!"从是,后主先得新奇,属官及工匠必获罪。太上、胡后犹以为不足。俨常患喉,使医下针,张目不瞬。又言于帝曰:"阿兄懦,保能率左右?"帝每称曰:"此黠儿也,当有所成。"以后主为劣,有废立意。武成崩,改封琅邪。俨以和士开、骆提婆等奢姿,盛修第宅,意甚为不平,尝谓曰:"君等所营宅早晚当就?何太迟也。"二人相谓曰:"琅邪王眼光弈弈,数步射人,向者暂对,不觉汗出,天子前奏事尚不然。"由是忌之。

武平二年,出俨居北宫,五日一朝,不复得每日见太后。四月,诏除太保，余官悉解，犹带中丞，督京畿。以北城有武库，欲移俨于外，然后夺其兵权。治书侍御史王子宜与俨左右开府高舍洛、中常侍刘辟强说俨曰："殿下被疏，正由士开间构，何可出北宫入百姓丛中也。"俨谓侍中冯子琮曰："士开罪重，儿欲杀之。"子琮心欲废帝而立俨，因赞成其事。俨乃令子宜表弹士开罪，请付禁推。子琮杂以他文书奏之，后主不审省而可之。俨诳领军库狄伏连曰："奉敕令领军收士开。"伏连以谘子琮，且请复奏，子琮曰："琅邪王受敕，何须重奏。"伏连信之，伏五十人于神兽门外，诘旦，执士开送御史。俨使冯永洛就台斩之。

　　俨徒本意唯杀士开，及是，因逼俨曰："事既然，不可中止。"俨遂率京畿军士三千余人屯千秋门，帝使刘桃枝将禁兵八十人召俨。桃枝遥拜，俨命反缚将斩之，禁兵散走。帝又使冯子琮召俨，俨辞曰："士开昔来实合万死。谋废至尊，剃家家头使作阿尼，故拥兵马欲坐着孙凤珍宅上，臣为是矫诏诛之。尊兄若欲杀臣，不敢逃罪，若放臣，愿遣姊姊来迎臣，臣即入见。"姊姊即陆令萱也，俨欲诱出杀之。令萱执刀帝后，闻之战栗。又使韩长鸾召俨，俨将入，刘辟强牵衣谏曰："若不斩提婆母子，殿下无由得入。"广宁、安德二王适从西来，欲助成其事，曰："何不入？"辟强曰："人少。"安德王顾众而言曰："孝昭帝杀杨遵彦，止八十人，今乃数千，何言人少？"后主泣启太后曰："有缘更见家家，无缘永别。"乃急召斛律光，俨亦召之。光闻杀士开，抚掌大笑曰："龙子作事，固自不似凡人。"入见后主于永巷。帝率宿卫者步骑四百，授甲将出战。光曰："小儿辈弄兵，与交手即乱。鄙谚云'奴见大家心死'，至尊宜自至千秋门，琅邪必不敢动。"皮景和亦以为然，后主从之。光步道，使人出曰："大家来。"俨徒骇散。帝驻马桥上，遥呼之，俨犹立不进，光就谓曰："天子弟杀一汉，何所苦。"执其手，强引以前。请帝曰："琅邪王年少，肠肥脑满，轻为举措，长大自不复然，愿宽其罪。"帝拔俨带刀环乱筑辩头，良久乃释之。收伏连及高舍洛、王子宜、刘辟强、都督翟显贵于后园，帝亲射之而后斩，皆支解，暴之都街下。文武职吏尽欲杀之。光以皆勋贵子弟，恐人心不安，赵彦深亦云《春秋》责帅，于是罪之各有差。俨之未获罪也，邺北城有白马佛塔，是石季龙为澄公所作，俨将修之。巫曰："若动此浮图，北城失主。"不从，破至第二级，得白蛇长数丈，回旋失之，数旬而败。

自是太后处俨于宫内，食必自尝之。陆令萱说帝曰："人称琅邪王聪明雄勇，当今无敌，观其相表，殆非人臣。自专杀以来，常怀恐惧，宜早为计。"何洪珍与和士开素，亦请杀之。未决，以食舆密迎祖珽问之，珽称周公诛管叔，季友酖庆父，帝纳其言。以俨之晋阳，使右卫大将军赵元侃诱执俨。元侃曰："臣昔事先帝，日见先帝爱王，今宁就死，不能行。"帝出元侃为豫州刺史。九月下旬，帝启太后曰："明旦欲与仁威出猎，须早出早还。"是夜四更，帝召俨，俨疑之。陆令萱曰："兄兄唤，儿何不去。"俨出至永巷，刘桃枝反接其手。俨呼曰："乞见家家、尊兄！"桃枝以袂塞其口，反袍蒙头负出，至大明宫，鼻血满面，立杀之，时年二十四。不脱靴，裹以席，埋于室内。帝使启太后，临哭十余声，便拥入殿。明年三月，葬于邺西，赠谥曰楚恭哀帝，以慰太后。有遗腹四男，生数月皆幽死。以平阳王淹孙世俊嗣。

俨妃，李祖钦女也，进为楚帝后，居宣则宫。齐亡，乃嫁焉。

齐安王廓，字仁弘，武成第四子也。性长者，无过行。位特进、开府、仪同三司、定州刺史。

北平王贞，字仁坚，武成第五子也。沉审宽恕。帝常曰："此儿得我凤毛。"位司州牧、京畿大都督，兼尚书令、录尚书事。帝行幸，总留台事。积年，后主以贞长大，渐忌之。阿那肱承旨，令冯士干劾系贞于狱，夺其留后权。

高平王仁英，武成第六子也。举止轩昂，精神无检格。位定州刺史。

淮南王仁光,武成第七子也。性躁且暴,位清都尹。

次西河王仁几,生而无骨,不自支持;次乐平王仁邕;次颍川王仁俭;次安乐王仁雅,从小有瘤疾;次丹阳王仁直;次东海王仁谦。皆养于北宫。琅邪王死后,诸王守禁弥切。武平末年,仁邕已下始得出外,供给俭薄,取充而已。寻后主穷蹙,以廓为光州,贞为青州,仁英为冀州,仁俭为胶州,仁直为济州刺史。自廓已下,多与后主死于长安。仁英以清狂,仁雅以暗疾,获免,俱徙蜀。隋开皇中,追仁英,诏与萧琮、陈叔宝修其本宗祭祀。未几而卒。

后主五男:穆皇后生幼主,诸姬生东平王恪,次善德,次买德,次质钱。胡太后以恪嗣琅邪王,寻夭折。齐灭,周武帝以任城已下大小三十王归长安,皆有封爵。其后不从戮者散配西土,皆死边。

论曰:文襄诸子,咸有风骨,虽文雅之道,有谢间、平,然武艺英姿,多堪御侮。纵咸阳赐剑,覆败有征,若使兰陵获全,未可量也,而终见诛剪,以至土崩,可为太息者矣。安德以时艰主暗,匿迹韬光,及平阳之阵,奋其忠勇,盖以临难见危,义深家国。德昌大举,事迫群情,理至沦亡,无所归命。广宁请出后宫,竟不获遂,非孝珩辞致,有谢李同,自是后主心识去矣。平原已远,存亡异事,安可同年而说。武成残忍奸秽,事极人伦。太原迹异猜嫌,情非衅逆,祸起昭信,遂及淫刑。嗟乎!欲求长世,未之有也。以孝昭德音,庶可庆流后嗣,百年之酷,盖济南之滥觞。其云"莫效前人"之言,可为伤叹,各爱其子,岂其然乎?琅邪虽无师傅之资,而早闻气尚。士开淫乱,多历岁年,一朝剿绝,庆集朝野,以之受毙,深可痛焉。然专戮之衅,未之或免,赠帝谥恭,矫枉过直,观过知仁,不亦异于是乎?

此卷与《北史》同。

北齐书卷一三
列传第五

赵郡王琛 子叡　清河王岳
子励

　　赵郡王琛,字永宝,高祖之弟也。少时便弓马,有志气。高祖既
匡天下,中兴初,授散骑常侍、镇西将军、金紫光禄大夫。既居禁卫,
恭勤慎密,率先左右。太昌初,除车骑大将军、左光禄大夫,封南赵
郡公,食邑五千户。寻拜骠骑大将军、特进、开府仪同三司、散骑常
侍。永熙二年,除使持节、都督定州刺史、六州大都督。琛推诚抚纳,
拔用人士,甚有声誉。及斛斯椿等衅结。高祖将谋内讨,以晋阳根
本,召琛留掌后事,以为并、肆、汾大行台仆射,领六州九酋长大都
督,其相府政事琛悉决之。天平中,除御史中尉,正色纠弹,无所回
避,远近肃然。寻乱高祖后庭,高祖责罚之,因杖而毙,时年二十三。
赠使持节、侍中、都督冀定沧瀛幽殷并肆云朔十州诸军事、骠骑大
将军、冀州刺史、太尉、尚书令,谥曰贞平。天统三年,又赠假黄钺、
左丞相、太师、录尚书事、冀州刺史,进爵为王,配飨高祖庙庭。子叡
嗣。
　　叡小名须拔,生三旬而孤,聪慧夙成,特为高祖所爱,养于宫
中,令游娘母之,恩同诸子。魏兴和中,袭爵南赵郡公。至四岁,未
尝识母,其母则魏华阳公主也。有郑氏者,叡母之从母姊妹之女,戏
语叡曰:"汝是我姨儿,何因倒亲游氏。"叡因问访,遂精神不怡。高
祖甚以为怪,疑其感疾,欲命医看之。叡对曰:"儿无患苦,但闻有所

生,欲得暂见。"高祖惊曰:"谁向汝道耶?"叡具陈本末。高祖命元夫
人令就宫与叡相见,叡前跪拜,因抱头大哭。高祖甚以悲伤。语平
秦王曰:"此儿天生至孝,我儿子无有及者。"虽为休务一日。叡初读
《孝经》,至"资于事父",辄流涕歔欷。十岁丧母,高祖亲送叡至领军
府,为叡发丧,举声殒绝,哀感左右,三日水浆不入口。高祖与武明
娄皇后殷勤敦譬,方渐共顺旨。居丧尽礼,持佛像长斋,至于骨立,
杖而后起。高祖令常山王共卧起,日夜说喻之。并敕左右不听进水,
虽绝清漱,午后辄不肯食。由是高祖食必唤叡同桉。其见慜惜如此。
高祖崩,哭泣呕血。及壮,将为婚娶,而貌有戚容。世宗谓之曰:"我
为尔娶郑述祖之女,门阀甚高,汝何所嫌而精神不乐?"对曰:"自痛
孤遗,常深膝下之慕,方从婚冠,弥用感切。"言未卒,呜咽不自胜。
世宗为之恼默。励己勤学,常夜久方罢。武定末,除太子庶子。显
祖受禅,进封爵为南赵郡王,邑一千二百户,迁散骑常侍。叡身长七
尺,容仪甚伟,闲习吏职,有知人之鉴。二年,出为定州刺史,加抚军
将军、六州大都督,时年十七。叡留心庶事,纠擿奸非,劝课农桑,接
礼民俊,所部大治,称为良牧。三年,加仪同三司。六年,诏叡领山
东兵数万监筑长城。于时盛夏六月,叡在途中,屏除盖扇,亲与军人
同其劳苦。而定州先有冰室,每岁藏冰,长史宋钦道以叡冒犯暑热,
遂遣舆冰,倍道追送。正值日中停军,炎赫尤甚,人皆不堪,而送冰
者至,咸谓得冰一时之要。叡用对之叹息云:"三军之人,皆饮温水,
吾以何义,独进寒冰,非追名古将,实情所不忍。"遂乃消液,竟不一
尝。兵人感悦,迩遐称叹。先是,役徒罢作,任其自返。丁壮之辈,
各自先归;羸弱之徒,弃在山北,加以饥病,多致僵殒。叡于是亲帅
所部,与之俱还,配合州乡,部分营伍,督帅监领,强弱相持,遇善水
草,即为停顿,分有余,赡不足,赖以全者十三四焉。

　　七年,诏以本官都督沧瀛幽安平东燕六州诸军事、沧州刺史。
八年,征叡赴邺,仍除北朔州刺史,都督北燕、北蔚、北恒三州,及库
推以西,黄河以东,长城诸镇诸军事。叡慰抚新迁,量置烽戍,内防
外御,备有条法,大为兵民所安。有无水之处,祷而掘井,锹锸裁下,

泉源涌出,至今号曰赵郡王泉。九年,车驾幸楼烦,叡朝于行宫,仍从还晋阳。时济南以太子监国,因立大都督府,与尚书省分理众事,仍开府置佐。显祖特崇其选,乃除叡侍中、摄大都督府长史。叡后因侍宴,显祖从容顾谓常山王演等曰:"由来亦有如此长史不?吾用此长史何如?"演对曰:"陛下垂心庶政,优贤礼物,须拔进居蝉珥之荣,退当委要之职,自昔以来,实未闻如此铨授。"帝曰:"吾于此亦自谓得宜。"十年,转仪同三司,侍中、将军、长史、王如故。寻加开府仪同三司、骠骑大将军、太子太保。

皇建初,行并州事。孝昭临崩,预受顾托,奉迎世祖于邺,以功拜尚书令,别封浮阳郡公,监太史,太子太傅,议律令。又以讨北狄之功,封颍川郡公。复拜尚书令,摄大宗正卿。天统中,追赠叡父琛假黄钺,母元氏赠赵郡王妃,谥曰贞昭,华阳长公主如故,有司备礼仪就墓拜授。时隆冬盛寒,叡跣步号哭,面皆破裂,呕血数升。及还,不堪参谢,帝亲就第看问。拜司空,摄录尚书事。突厥尝侵轶至并州,帝亲御戎,六军进止皆令取叡节度。以功复封宣城郡公。摄宗正卿,进拜太尉,监议五礼。叡久典朝政,清真自守,誉望日隆,渐被疏忌,乃撰古之忠臣义士,号曰《要言》,以致其意。

世祖崩,葬后数日,叡与冯翊王润、安德王延宗及元文遥奏后主云:"和士开不宜仍居内任。"并入奏太后,因出士开为兖州刺史。太后曰:"士开旧经驱使,欲留过百日。"叡正色不许。数日之内,太后数以为言。有中官要人知太后密旨,谓叡曰:"太后意既如此,殿下何宜苦违。"叡曰:"吾国家事重,死且不避,若贪生苟全,令国家扰攘,非吾志也。况受先皇遗旨,委寄不轻。今嗣主幼冲,岂可使邪臣在侧。不守之以正,何面戴天,"遂重进言,词理恳切。太后令酌酒赐叡。叡正色曰:"今论国家大事,非为卮酒!"言讫便出。其夜,叡方寝,见一人可长丈五,臂长丈余,当门向床,以臂压叡,良久,遂失所在。叡意甚恶之,便起坐独叹曰:"大丈夫命运一朝至此!"恐为太后所杀,且欲入朝,妻子咸谏止之。叡曰:"自古忠臣,皆不顾身命,社稷事重,吾当以死效之,岂容令一妇人倾危宗庙。且和士开何物竖子,如此纵横,吾宁死事先皇,不忍见朝廷颠沛。"至殿门,又有人曰:"愿殿下勿入,虑有危变。"叡曰:"吾上不负天,死亦无恨。"入见太后,太后复以为言,叡执之弥固。出至永巷,遇兵被执,送华林园,于雀离佛院令刘桃枝拉而杀之,时年三十六。大雾三日,朝野冤惜之。期年后,诏听以王礼葬,竟无赠谥焉。

子整信嗣。历散骑常侍、仪同三司。好学有行检,少年时因猎坠马,伤腰脚,卒不能行起,终于长安。琛同母弟惠宝早亡,元象初,赠侍中、尚书令、都督四州诸军事、青州刺史。天统三年,重赠十州都督,封陈留王,谥曰文恭,以清河王岳第十子敬文嗣。

清河王岳,字洪略,高祖从父弟也。父翻,字飞雀,魏朝赠太尉,谥孝宣公。岳幼时孤贫,人未之知也,长而敦直,姿貌岸然,沈深有器量。初岳家于洛邑,高祖每奉使入洛,必止于岳舍。岳母山氏,尝夜起,见高祖室中有光,密往觇之,乃无灯,即移高祖于别室,如前所见。怪其神异,诣卜者筮之,遇《乾》之《大有》,占之曰:"吉,《易》称'飞龙在天,大人造也'。飞龙九五大人之卦,贵不可言。"山氏归报高祖。后高祖起兵于信都,山氏闻之,大喜,谓岳曰:"赤光之瑞,今当验矣,汝可间行从之,共图大计。"岳遂往信都。高祖见之,大悦。

中兴初,除散骑常侍、镇东将军、金紫光禄大夫,领武卫将军。高祖与四胡战于韩陵,高祖将中军,高昂将左军,岳将右军。中军败绩,贼乘之,岳举麾大呼,横冲贼阵,高祖方得回师,表里奋击。因大破贼。以功除卫将军、右光禄大夫,仍领武卫。太昌初,除车骑将军、左光禄大夫,领左右卫,封清河郡公,食邑二千户。

母山氏,封为郡君,授女侍中,入侍皇后。时尔朱兆犹据并州,高祖将讨之,令岳留镇京师,迁骠骑大将军、仪同三司。天平二年,除侍中、六州军事都督,寻加开府。岳辟引时贤,以为僚属,论者以为美。寻都监典书,复为侍学,除使侍节、六州大都督、冀州大中正。俄拜京畿大都督,其六州事悉诣京畿。时高祖统务晋阳,岳与侍中孙腾等在京师辅政。元象二年，遭母忧去职。岳性至孝，尽力色养，母若有疾，衣不解带，及遭丧，哀毁骨立。高祖深以忧之，每日遣人劳勉。寻起复本任。二年，除兼领军将军。兴和初，世宗入总朝政，岳出为使持节、都督、冀州刺史，侍中、骠骑、开府仪同如故。三年，转青州刺史。岳任权日久，素为朝野畏服，及为二藩，百姓望风詟惮。武定元年，除晋州刺史、西南道大都督，得绥边之称。时岳遇患，高祖令还并治疗，疾瘳，复令赴职。

及高祖崩，侯景叛，世宗征岳还并，共图取景之计。而梁武帝乘间遣其贞阳侯明率众于寒山，拥泗水灌彭城，与景为犄角声援。岳总帅诸军南讨，与行台慕容绍宗等击明，大破之，临阵擒明及其大将胡贵孙，自余俘馘数万。景乃拥众于涡阳，与左卫将军刘丰等相持。岳回军追讨，又破之，景单骑逃窜。六年，以功除侍中、太尉，余如故，别封新昌县子。又拜使持节、河南总管、大都督，统慕容绍宗、刘丰等讨王思政于长社。思政婴城自守，岳等引洧水灌城。绍宗、刘丰为思政所获，关西出兵援思政，岳内外防御，甚有谋算。城不没者三板。会世宗亲临，数日城下，获思政等。以功别封真定县男，世宗以为己功，故赏典弗弘也。

世宗崩，显祖出抚晋阳，令岳以本官兼尚书左仆射，留镇京师。天保初，进封清河郡王，寻除使持节、骠骑大将军、开府仪同三司、宗师、司州牧。五年，加太保。梁萧绎为周军所逼，遣使告急，且请援。冬，诏岳为西南道大行台，都统司徒潘相乐等救江陵。六年正月，师次义阳，遇荆州陷，因略地南至郢州，获梁州刺史司徒陆法和，仍克郢州。岳先送法和于京师，遣仪同慕容俨据郢城。朝廷知江陵陷，诏岳旋师。

岳自讨寒山、长社及出随、陆，并有功绩，威名弥重。而性华侈，尤悦酒色，歌姬舞女，陈鼎击钟，诸王皆不及也。初，高归彦少孤，高祖令岳抚养，轻其年幼，情礼甚薄。归彦内衔之而未尝出口。及归彦为领军，大被宠遇，岳谓其德己，更倚赖之。归彦密构其短。岳于城南起宅，听事后开巷。归彦奏帝曰："清河造宅，僭拟帝宫，制为永巷,但唯无阙耳。"显祖闻而恶之,渐以疏岳。仍属显祖召邺下妇人薛氏入宫,而岳先尝唤之至宅,由其姊也。帝悬薛氏姊而锯杀之,让岳以为奸民女。岳曰:"臣本欲取之,嫌其轻薄不用,非奸也。"帝益怒。六年十一月,使高归彦就宅切责之。岳忧悸不知所为,数日而薨,故时论纷然,以为赐鸩也。朝野叹惜之。时年四十四。诏大鸿胪监护丧事,赠使持节、都督冀定沧瀛赵幽济七州诸军、太宰、太傅、定州刺史,假黄钺,给辒辌车,赐物二千段,谥曰昭武。

初,岳与高祖经纶天下,家有私兵,并畜戎器,储甲千余领。世宗之末,岳以四海无事,表求纳之。世宗敦至亲之重,推心相任,云:"叔属居肺腑,职在维城,所有之甲,本资国用,叔何疑而纳之。"文宣之世,亦频请纳,又固不许。及将薨,遣表谢恩,并请上甲于武库,至此葬毕,方许纳焉。皇建中,配享世宗庙庭。后归彦反,世祖知其前谮,曰:"清河忠烈,尽力皇家,而归彦毁之,间吾骨肉。"籍没归彦,以良贱百口赐岳家。后又思岳之功,重赠太师、太保、余如故。子劢嗣。

劢字敬德,夙智早成,为显祖所爱。年七岁,遣侍皇太子。后除青州刺史,拜日,显祖戒之曰:"叔父前牧青州,甚有遗惠,故遣汝慰彼黎庶,宜好用心,无坠声绩。"劢流涕对曰:"臣以蒙幼,滥叨拔擢,虽竭庸短,惧忝先政。"帝曰:"汝既能有此言,吾不虑也。"寻追授武卫将军、领军、祠部尚书、开府仪同三司。以清河地在畿内,改封乐安王。转侍中、尚书右仆射,出为朔州行台仆射。

后主晋州败,太后从玉门道还京师,敕劢统领兵马,侍卫太后。时佞幸阉寺,犹行暴虐,民间鸡猪,悉放鹰犬搏噬取之。劢收仪同三司苟子溢徇军,欲行大戮。太后有令。然后释之。刘文殊窃谓劢曰:"子溢之徒,言成祸福,何容如此,岂不虑后生毁谤耶?"劢攘袂语文殊曰:"自献武皇帝以来,抚养士卒,委政亲贤,用武行师,未有折衄。今西寇已次并州,达官多悉委叛,正坐此辈专政弄权,所以内外离心,衣冠解体。若得今日斩此卒,明日及诛,亦无所恨。王国家姻娅,须同疾恶,返为此言,岂所望乎!"

太后还至邺,周军续至,人皆畏惧,无有斗心,朝士出降,昼夜相属。励因奏后主曰:"今所翻叛,多是贵人,至于卒伍,犹未离贰。请追五品已上家属,置之三台,因胁之曰:'若战不捷,即退焚台。'此曹顾惜妻子,必当死战。且王师频北,贼徒轻我,今背城一决,理必破之,此亦计之上者。"后主卒不能用。齐亡入周,依例授开府。隋朝历杨、楚、光、洮四州刺史。开皇中卒。

史臣曰:《易》称"天地盈虚,与时消息,况于人乎。"盖以通塞有期,污隆适道。举世思治,则显仁以应之;小人道长,则俭德以避之。至若负博陆之图,处藩屏之地,而欲迷邦违难,其可得乎。赵郡以跗萼之亲,当顾命之重,高揖则宗社易危,去恶则人神俱泰。是用安夫一德,同此贞心,践畏途而不疑,履危机而莫惧。以斯忠义,取毙凶匿。岂道光四海,不遇周成之明;将朝去三仁,终见殷墟之祸。不然则邦国殄瘁,何影响之速乎?清河属经纶之会,自致青云,出将入相,翊成鸿业,虽汉朝刘贾,魏室曹洪,俱未足论其高下。天保在辰,易生悔咎,固不可掩其风烈,适以彰显祖之失德云。

赞曰:赵郡英伟,风范凝正。天道无亲,斯人斯命。赫赫清河,于以经国。末路小疵,非为败德。

北齐书卷一四
列传第六

广平公盛　阳州公永乐
弟长弼 　**襄乐王显国**
上洛王思宗　**子元海　弟思好**
平秦王归彦　武兴王普
长乐太守灵山　**嗣子伏护**

　　广平公盛，神武从叔祖也。宽厚有长者风。神武起兵于信都，以盛为中军大都督，封广平郡公。历位司徒、太尉。天平三年，薨于位。赠假黄钺，太尉、太师、录尚书事。无子，以兄子子瑗嗣。天保初，改封平昌王，卒魏尹。

　　阳州公永乐，神武从祖兄子也。太昌初，封阳州县伯，进爵为公。累迁北豫州刺史。河阴之战，司徒高昂失利退。永乐守河阳南城，昂走趣城，西军追者将至，永乐不开门，昂遂为西军所擒。神武大怒，杖之二百。后罢豫州，家产不立。神武问其故，对曰：“裴监为长史，辛公正为别驾，受王委寄，斗酒只鸡不入。”神武乃以永乐为济州，仍以监、公正为长史、别驾。谓永乐曰：“尔勿大贪，小小义取莫复畏。”永乐至州，监、公正谏不见听，以状启神武。神武封启以示永乐。然后知二人清直，并擢用之。永乐卒于州。赠太师、太尉、录尚书事。谥曰武昭。无子，从兄恩以第二人孝绪为后，袭爵。天保初，改封修城郡王。

永乐弟长弼，小名阿伽。性粗武，出入城市，好殴击行路，时人皆呼为阿伽郎君。以宗室封广武王。时有天恩道人，至凶暴，横行闾肆，后入长弼党，专以斗为事。文宣并收掩付狱，天恩党十余人皆弃市，长弼鞭一百。寻为南营州刺史，在州无故自惊走，叛亡入突厥，竟不知死所。

襄乐王显国，神武从祖弟也。无才伎，直以宗室谨厚，天保元年，封襄乐王，位右卫将军。卒。

上洛王思宗，神武从子也。性宽和，颇有武干。天保初，封上洛郡王。历位司空、太傅。薨于官。子元海，累迁散骑常侍。愿处山林，修行释典。文宣许之。乃入林虑山，经二年，绝弃人事，志不能固，启求归。征复本任，便纵酒肆情，广纳姬侍。又除领军，器小志大，颇以智谋自许。

皇建末，孝昭幸晋阳，武成居守，元海以散骑常侍留典机密。初孝昭之诛杨愔等，谓武成云“事成以尔为皇太弟”。及践祚，乃使武成在邺主兵，立子百年为皇太子，武成甚不平。先是，恒留济南于邺，除领军库狄伏连为幽州刺史，以斛律丰乐为领军，以分武成之权。武成留伏连而不听丰乐视事。乃与河阳王孝琦伪猎，谋于野，暗乃归。先是童谣云：“中兴寺内白凫翁，四方侧听声雍雍，道人闻之夜打钟。”时丞相府在北城中，即旧中兴寺也。凫翁，谓雄鸡，盖指武成小字步落稽也。道人，济南王小名。打钟，言将被击也。既而太史奏言北城有天子气。昭帝以为济南应之，乃使平秦王归彦之邺，迎济南赴并州。武成先咨元海，并问自安之计。元海曰：“皇太后万福，至尊孝性非常，殿下不须别虑。”武成曰：“岂我推诚之意耶？”元海乞还省一夜思之。武成即留元海后堂。元海达旦不眠，唯绕床徐步。夜漏未曙，武成遽出，曰：“神下如何？”答云：“夜中得三策,恐不堪用耳。"因说梁孝王惧诛入关事,请乘数骑入晋阳,先见太后求哀,后见主上,请去兵权,以死为限,求不干朝政,必保太山之安。此上策也。若不然,当具表,云:'威权大盛,恐取谤众口',请青、齐二州刺史。沈静自居,必不招物议。此中策也。"更问下策。曰:"发言即恐族诛。"因逼之,答曰:"济南世嫡,主上假太后令而夺之。今集文武,示以此敕,执丰乐,斩归彦,尊济南,号令天下,以顺讨逆。此万世一时也。"武成大悦,狐疑,竟未能用。乃使郑道谦卜之,皆曰:"不利举事,静则吉。"又召曹魏祖,问之国事。对曰:"当有大凶。"又时有林虑令姓潘,知占候,密谓武成曰:"宫车当晏驾,殿下为天下主。"武成拘之于内以候之。又令巫觋卜之,多云不须举兵,自有大庆。武成乃奉诏,令数百骑送济南于晋阳。及孝昭崩,武成即位,除元海侍中、开府仪同三司、太子詹事。

河清二年,元海为和士开所谮,被捶马鞭六十。责云:"尔在邺城,说我以弟反兄,几许不义!邺城兵马抗并州,几许无智!不义无智,不为可使?"出为兖州刺史。元海后妻,陆太姬甥也,故寻被追任使。武平中,与祖珽共执朝政。元海多以太姬密语告珽。珽求领军,元海不可,珽乃以其所告报太姬。姬怒,出元海为郑州刺史。邺城将败,征为尚书令。周建德七年,于邺城谋逆,伏诛。

元海好乱乐祸,然诈仁慈,不饮酒啖肉。文宣天保末年敬信内法,乃至宗庙不血食,皆元海所谋。及为右仆射,又说后主禁屠宰,断酤酒。然本心非靖,故终致覆败。思宗弟思好。

思好本浩氏子也,思宗养以为弟,遇之甚薄。少以骑射事文襄。及文宣受命,为左卫大将军。本名思孝,天保五年,讨蠕蠕,文宣悦其骁勇,谓曰:"尔击贼如鹘入鸦群,宜思好事。"故改名焉。累迁尚书令、朔州道行台、朔州刺史、开府、南安王,甚得边朔人心。

后主时,斫骨光弁奉使至州,思好迎之甚谨,光弁倨傲,思好因心衔恨。武平五年,遂举兵反,与并州诸贵书曰:"主上少长深宫,未辨人之情伪,昵近凶狡,疏远忠良。遂使刀锯刑余,贵溢轩阶,商胡丑类,擅权帷幄,剥削生灵,劫掠朝市。暗于听受,专行忍害。幽母深宫，无复人子之礼；二弟残戮，顿绝孔怀之义。仍纵子立夺马于东门，光弁擎鹰于西市，骏龙得仪同之号，逍遥受郡君之名，犬马班位，荣冠轩冕。人不堪役，思长乱阶。赵郡王睿实曰宗英，社稷惟寄，左丞相斛律明月，世为元辅，威著邻国。无罪无辜，奄见诛殄。孤既忝预皇枝，实蒙殊奖，今便拥率义兵，指除君侧之害。幸悉此怀，无致疑惑，"行台郎王行思之辞也。

思好至阳曲，自号大丞相，置百官，以行台左丞王尚之为长史。武卫赵海在晋阳掌兵，时，仓卒不暇奏，矫诏发兵拒之。军士皆曰："南安王来，我辈唯须唱万岁奉迎耳。"帝闻变，使唐邕、莫多娄敬显、刘桃枝、中领军库狄士文驰之晋阳，帝勒兵续进。思好军败，与行思投水而死。其麾下二千人，桃枝围之，且杀且招，终不降以至尽。时帝在道，叱奴世安自晋阳送露布于平都，遇斛斯孝卿。孝卿诱使食，因驰诣行宫，前已了。帝大欢，左右呼万岁。良久，世安乃以状自陈。帝曰："告示何物，乃得坐食。"于是赏孝卿而免世安罪。暴思好尸七日，然后屠剥焚之，烹尚之于邺市，令内参射其妃于宫内，仍火焚杀之。思好反前五旬，有人告其谋反。韩长鸾女适思好，故奏有人诬告诸贵，事相扰动，不杀无以息后，乃斩之。思好既诛，弟伏阙下诉求赠兄，鸾不为通也。

平秦王归彦，字仁英，神武族弟也。父徽，魏末坐事当徙凉州，行至河、渭间，遇贼，以军功得免流。因于河州积年。以解胡言，为西域大使，得胡师子来献，以功得河东守。寻遂死焉。徽于神武旧恩甚笃。及神武平京洛，迎丧以穆同营葬。赠司徒，谥曰文宣。

初，徽常过长安市，与妇人王氏私通而生归彦，至是年已九岁。神武追见之，抚对悲喜。稍迁徐州刺史。归彦少质朴，后更改节，放纵好声色，朝夕酣歌。妻魏上党王元天穆女也，貌不美而甚娇妒，数忿事，密启文宣求离，事寝不报。天保元年，封平秦王。嫡妃康及所生母王氏并为太妃。善事二母，以孝闻。征为兼侍郎，稍被亲宠。以讨侯景功，别封长乐郡公，除领军大将军，领军加大，自归彦始也。

文宣诛高德正。金宝财货悉以赐之。乾明初,拜司徒,仍总知禁卫。初济南自晋阳之邺,杨愔宣敕,留从驾五千兵于西中,阴备非常。至邺数日,归彦乃知之,由是阴怨杨、燕。杨、燕等欲去二王,问计于归彦。归彦诈喜,请共元海量之。元海亦口许心违,驰告长广。长广于是诛杨、燕等。孝昭将入云龙门,都督成休宁列拒而不内,归彦谕之,然后得入,进向柏阁、永巷亦如之。孝昭践祚,以此弥见优重,每入常在平原王段韶上。以为司空,兼尚书令。齐制,宫内唯天子纱帽,臣下皆绒帽,特赐归彦纱帽以宠之。

孝昭崩,归彦从晋阳迎武成于邺。及武成即位,进位太傅,领司徒,常听将私部曲三人带刀入仗。从武成还都,诸贵戚等竞要之,其所往处,一坐尽倾。归彦既地居将相,志意盈满,发言陵侮,旁若无人。议者以威权震主,必为祸乱。上亦寻其前翻覆之迹,渐忌之。高元海、毕义云、高乾和等咸数言其短。上幸归彦家,召魏收对御作诏草,欲加右丞相。收谓元海曰:“至尊以右丞相登位,今为归彦威名太盛,故出之,岂可复加此号。”乃拜太宰、冀州刺史,即乾和缮写。昼日,仍敕门司不听辄入内。时归彦在家纵酒,经宿不知,至明欲参,至门知之,大惊而退。及通名谢,敕令早发,别赐钱帛、鼓吹、医药,事事周备。又敕武职督将悉送至青阳宫,拜而退,莫敢共语。唯与赵郡王睿久语,时无闻者。

至州,不自安,谋逆,欲待受调讫,班赐军事,望车驾如晋阳,乘虚入邺。为其郎中令吕思礼所告,诏平原王段韶袭之。归彦旧于南境置私驿,闻军将逼,报之,便婴城拒守。先是,冀州长史宇文仲鸾、司马李祖挹、别驾陈季璩、中从事房子弼、长乐郡守尉普兴等疑归彦有异,使连名密启。归彦追而获之,遂收禁仲鸾等五人,仍并不从,皆杀之。军已逼城,归彦登城大叫云:“孝昭皇帝初崩,六军百万众悉由臣手,投身向邺迎陛下,当时不反,今日岂有异心。正恨高元海、毕义云、高乾和诳惑圣上,疾忌忠良。但为杀此三人,即临城自刭。”其后城破,军骑北走,至交津见获,锁送邺。帝令赵郡王睿私问其故。归彦曰:“使黄颔小儿牵挽我,何可不反。”曰:“谁耶?”归彦曰："元海、乾和岂是朝廷老宿。如赵家老公时，又讵怀怨。于是帝又使让焉，对曰："高元海受毕义云宅，用作本州刺史，给后部鼓吹。臣为藩王、太宰，仍不得鼓吹。正杀元海、义云而已。"上令都督刘桃枝牵入，归彦犹作前语望活。帝命议其罪，皆云不可赦。乃载以露车，衔枚面缚，刘桃枝临之以刃，击鼓随之，并子孙十五人皆弃市。赠仁州刺史。魏时山崩，得石角二，藏在武库。文宣入库，赐从臣器，特以二石角与归彦。谓曰："尔事常山不得反，事长广得反，反时，将此角吓汉。"归彦额骨三道，着帻不安。文宣尝见之，怒，使以马鞭击其额，血被面，曰："尔反时当以此骨吓汉。"其言反竟验云。

武兴王普，字德广，归彦兄归义之子也。性宽和有度量。九岁，归彦自河州俱入洛，神武使与诸子同游处。天保初，封武兴郡王。武平二年，累迁司空。六年，为豫州道行台、尚书令。后主奔邺，就加太宰。周师逼，乃降。卒于长安。赠上开府、豫州刺史。

长乐太守灵山，字景嵩，神武族弟也。从神武起兵信都，终于长乐太守。赠大将军、司空、谥曰文宣。子懿，卒于武平镇将，无子，文宣帝以灵山从父兄齐州刺史建国子伏护为灵山后。

伏护，字臣援，粗有刀笔。天统初，累迁黄门侍郎。伏护历事数朝，恒参机要，而性嗜酒，每多醉失，末路逾剧，乃至连日不食，专事酗酒，神识恍惚，遂以卒。赠兖州刺史。建国侯孙乂袭，乂少谨。武平末，给事黄门侍郎。隋开皇中，为太府少卿，坐事卒。

此卷与《北史》同。

北齐书卷一五
列传第七

窦泰　尉景 子粲　娄昭 子定远
兄子叡　厍狄干 子士文　韩轨
潘乐

　　窦泰，字世宁，大安捍殊人也。本出清河观津胄，祖罗，魏统万镇将，因居北边。父乐，魏末破六韩拔陵为乱。与镇将杨钧固守，遇害。泰贵，追赠司徒。初，泰母梦风雷暴起，若有雨状，出庭观之，见电光夺目，驶雨沾洒，寤而惊汗，遂有娠。期而不产，大惧。有巫曰：“渡河湔裙，产子必易。”便向水所，忽见一人，曰：“当生贵子，可徙而南。”泰母从之。俄而生泰。及长。善骑射，有勇略。泰父兄战殁于镇，泰身负骸骨归尔朱荣。以从讨邢杲功，赐爵广阿子。神武之为晋州，请泰为镇城都督，参谋军事。累迁侍中、京畿大都督，寻领御史中尉。泰以勋戚居台，虽无多纠举，而百僚畏惧。天平三年，神武西讨，令泰自潼关入。四年，泰至小关，为周文帝所袭，众尽没，泰自杀。初泰将发邺，邺有惠化尼谣云：“窦行台，去不回。”未行之前，夜三更，忽有朱衣冠帻数千人入台，云“收窦中尉”，宿直兵吏皆惊，其人入数屋，俄顷而去。且视关键不异，方知非人。皆知其必败。赠大司马、太尉、录尚书事，谥曰武贞。泰妻，武明娄后妹也。泰虽以亲见待，而功名自建。齐受禅，祭告其墓。皇建初，配享神武庙庭。子孝敬嗣。位仪同三司。

尉景，字士真，无善人也。秦、汉置尉候官，其先有居此职者，因以氏焉。景性温厚，颇有侠气。魏孝昌中，北镇反，景与神武入杜洛周中，仍共归尔朱荣。以军功封博野县伯。后从神武起兵信都。韩陵之战，唯景所统失利。神武入洛，留景镇邺。寻进封为公。

景妻常山君，神武之姊也。以勋戚，每有军事，与厍狄干常被委重，而不能忘怀射利，神武每嫌责之。转冀州刺史，又大纳贿，发夫猎，死者三百人。厍狄干与景在神武坐，请作御史中尉。神武曰："何意下求卑官。"干曰："欲捉尉景。"神武大笑，令优者石董桶戏之。董桶剥景衣，曰："公剥百姓，董桶何为不剥公？"神武诫景曰："可以无贪也。"景曰："与尔计生活孰多，我止人上取，尔割天子调。"神武笑不答。改长乐郡公。历位太保、太傅，坐匿亡人见禁止。使崔暹谓文襄曰："语阿惠儿，富贵欲杀我耶！"神武闻之泣，诣阙曰："臣非尉景，无以至今日。"三请，帝乃许之。于是黜为骠骑大将军、开府仪同三司。神武造之，景恚卧不动，叫曰："杀我时趣耶！"常山君谓神武曰："老人去死近，何忍煎迫至此。"又曰："我为尔汲水脉生。"因出其掌。神武抚景，为之屈膝。

先是，景有果下马，文襄求之，景不与，曰："土相扶为墙，人相扶为王，一马亦不得畜而索也。"神武对景及常山君责文襄而杖之。常山君泣救之。景曰："小儿惯去，放使作心腹，何须干啼湿哭不听打耶！"寻授青州刺史，操行颇改，百姓安之。征授大司马。遇疾，薨于州。赠太师、尚书令。齐受禅，以景元勋，诏祭告其墓。皇建初，配享神武庙庭，追封长乐王。

子粲，少历显职，性粗武。天保初，封厍狄干等为王，粲以父不预王爵，大恚恨，十余日闭门不朝。帝怪，遣就宅问之。隔门谓使者曰："天子不封粲父为王，粲不如死。"使云："须开门受敕。"粲遂弯弓隔门射使者。使者以状闻之，文宣使段韶谕旨。粲见韶，唯抚膺大哭，不答一言。文宣亲诣其宅慰之，方复朝请。寻追封景长乐王。粲袭爵。位司徒、太傅，薨。子世辩嗣。周师将入邺，令辩出千余骑舰候，出滏口，登高阜西望，遥见群乌飞起，谓是西军旗帜，即驰还，北至紫陌桥，不敢顾。隋开皇中，卒于浙州刺史。

娄昭，字菩萨，代郡平城人也，武明皇后之母弟也。祖父提，雄杰有识度，家僮千数，牛马以谷量。性好周给，士多归附之。魏太武时，以功封真定侯。父内干，有武力，未仕而卒。昭贵，魏朝赠司徒。齐受禅，追封太原王。昭方雅正直，有大度深谋，腰带八尺，弓马冠世。神武少亲重之。昭亦早识人，恒曲尽礼敬。数随神武猎，每致请不宜乘危历险。神武将出信都，昭赞成大策，即以为中军大都督。从破尔朱兆于广阿，封安喜县伯，改济北公，又徙濮阳公，受领军将军。魏孝武将贰于神武，昭以疾辞还晋阳。从神武入洛，兖州刺史樊子鹄反，以昭为东道大都督讨之。子鹄既死，诸将劝昭尽捕诛其党。昭曰："此州无状，横被残贼，其君是怨，其人何罪。"遂皆舍焉。后转大司马，仍领军。迁司徒，出为定州刺史。

昭好酒，晚得偏风，虽愈，犹不能处剧务，在州事委僚属，昭举其大纲而已。薨于州。赠假黄钺、太师、太尉，谥曰武。齐受禅，诏祭告其墓。封太原王。皇建初，配享神武庙庭。长子仲达嗣。改封濮阳王。

次子定远，少历显职，外戚中偏为武成爱狎。别封临淮郡王。武成大渐，与赵郡王等受顾命，位司空。赵郡王之奏黜和士开，定远与其谋，遂纳士开贿赂，赵郡之祸，其贪鄙如此。寻除瀛州刺史。初定远弟季略，提婆求其伎妾，定远不许，因高思好作乱，提婆令临淮国郎中令告定远阴与思好通。后主令开府段畅率三千骑掩之，令侍御史赵秀通至州，以赃货事劾定远。定远疑有变，遂缢而死。

昭兄子叡。叡字佛仁，父拔，魏南部尚书。叡幼孤，被叔父昭所养。为神武帐内部督，封掖县子，累迁光州刺史，在任贪纵，深为文襄所责。后改封九门县公。齐受禅，得除领军将军，别封安定侯。叡无他器干，以外戚贵幸，纵情财色。为瀛州刺史，聚敛无厌。皇建初，

封东安王。太宁元年,进位司空。平高归彦于冀州,还拜司徒。河
清三年,滥杀人,为尚书左丞宋仲羡弹奏,经赦乃免。寻为太尉,以
军功进大司马。武成至河阳,仍遣总偏师赴县瓠。叙在豫境留停百
余日,专行非法,诏免官,以王还第。寻除太尉,薨。赠大司马。子
子彦嗣。位开府仪同三司。

厍狄干,无善人也。曾祖越豆眷,魏道武时以功割无善之西腊
污山地方百里以处之,后率部落北边,因家朔方。干梗直少言,有武
艺。魏正光初,除扫逆党,授将军,宿卫于内。以家在寒乡,不宜毒
暑,冬得入京师,夏归乡里。孝昌元年,北边扰乱,奔云中,为刺史费
穆送于尔朱荣。以军主随荣入洛。

后从神武起兵,破四胡于韩陵,封广平县公,寻进郡公。河阴之
役,诸将大捷,唯干兵退。神武以其旧功,竟不责黜。寻转太保、太
傅。及高仲密以武牢叛,神武讨之,以干为大都督前驱。干上道不
过家,见侯景不遑食,景使骑追馈之。时文帝自将兵至洛阳,军容甚
盛。诸将未欲南度,干决计济河,神武大兵继至,遂大破之。还为定
州刺史,不闲吏事,事多扰烦,然清约自居,不为吏人所患。迁太师。
天保初,以天平元勋佐命,封章武郡公王,转太宰。

干尚神武妹乐陵长公主,以亲地见待。自预勤王,常总大众,威
望之重,与诸侯最。而为性严猛,曾诣京师,魏谯王元孝友于公门言
戏过度,诸公无能面折者,干正色责之,孝友大惭,时人称善。薨,赠
假黄钺,太宰,给辒辌车。谥曰景烈。干不知书,署名为"干"字,逆
上画之,时人谓之穿锥。又有武将王周者,署名先为"吉"而后成其
外,二人至子孙始并知书。干,皇建初配享神武庙庭。子敬伏,位仪
同三司,卒。子士文嗣。

士文性孤直,虽邻里至亲,莫与通狎。在齐,袭封章武郡王,位
领军将军。周武帝平齐,山东衣冠多来迎,唯士文闭门自守。帝奇
之,授开府仪同三司,随州刺史。隋文受禅,加上开府,封湖陂县子。

　　寻拜贝州刺史。性清苦，不受公料，家无余财。其子尝啖官厨饼，士文枷之于狱累日，杖之二百，步送还京。僮隶无敢出门。所买盐菜，必于外境。凡有出入，皆封署其门，亲故绝迹，庆吊不通。法令严肃，吏人贴服，道不拾遗。凡有细过，士文必陷害之。尝入朝，遇上赐公卿入左藏，任取多少。人皆极重，士文独口衔绢一匹，两手各持一匹。上问其故，士文曰："臣口手俱足，余无所须。"上异之，别赉遗之。士文至州，发擿奸吏，尺布斗粟之赃，无宽贷，得千人奏之，悉配防岭南。亲戚相送，哭声遍于州境。至岭南，遇瘴疠死者十八九，于是父母妻子唯哭士文。士文闻之，令人捕搦，捶楚盈前，而哭者弥甚。司马京兆韦焜、清河赵达二人并苛刻，唯长史有惠政。时人语曰："刺史罗刹政，司马蝮蛇瞋，长史含笑判，清河生吃人。"上闻，叹曰："士文暴过猛兽。"竟坐免。未几为雍州长史，谓人曰："我向法深，不能窥侯要贵，无乃必死此官。"及下车，执法严正，不避贵戚，宾客莫敢至门。人多怨望。士文从妹为齐氏嫔，有色，齐灭后，赐薛公长孙览，览妻郑氏妒，谮之文献后，后令览离绝。士文耻之，不与相见。后应州刺史唐君明居母忧，娉以为妻，由是君明、士文并为御史所劾。士文性刚，在狱数日，愤恚而死。家无余财，有三子，朝夕不继，亲宾无赡之者。

　　韩轨，字百年，太安狄那人也。少有志操，性深沉，喜怒不形于色。神武镇晋州，引为镇城都督。及起兵于信都，轨赞成大策。从破尔朱兆于广阿，又从韩陵阵，封平昌县侯。仍督中军，从破尔朱兆于赤谼岭。再迁秦州刺史，甚行边和。神武巡秦州，欲以轨还，仍赐城人户别绢布两匹。州人田昭等七千户皆辞不受，唯乞留轨。神武喜叹，乃留焉。频以军功，进封安德郡公。迁瀛州刺史，在州聚敛，为御史纠劾，削除官爵。未几，复其安德郡公。历位中书令、司徒。齐受禅，封安德郡王。轨妹为神武所纳，生上党王涣，复以勋庸，历登台铉。常以谦恭自处，不以富贵骄人。后拜大司马，从文宣征蠕蠕，在军暴疾薨。赠假黄钺，太宰、太师，谥曰肃武。皇建初，配飨文襄庙庭。

子晋明嗣。天统中，改封东莱王。晋明有侠气，诸勋贵子孙中最留心学问。好酒诞纵，招引宾客，一席之费，动至万钱，犹恨俭率。朝庭处之贵要之地，必以疾辞。告人云："废人饮美酒、对名胜，安能作刀笔吏返披故纸乎？"武平末，除尚书左仆射。百余日便谢病解官。

潘乐，字相贵，广宁石门人也。本广宗大族，魏世分镇北边，因家焉。父永，有技艺，袭爵广宗男。乐初生，有一雀止其母左肩，占者咸言富贵之征，因名相贵，后始为字。及长，宽厚有胆略。初归葛荣，授京兆王，时年十九。荣败，随尔朱荣，为别将讨元显，以功封敷城县男。

齐神武出牧晋州，引乐为镇城都将。从破尔朱兆于广阿，进爵广宗县伯。累以军功拜东雍州刺史。神武尝议欲废州，乐以东雍地带山河，境连胡、蜀，形胜之会，不可弃也。遂如故。后破周师于河阴，议欲追之，令追者在西，不愿者东，唯乐与刘丰居西。神武善之，以众之不行而止。改封金门郡公。文宣嗣事，镇河阳，破西将杨檦等。时帝以怀州刺史平监等所筑城深入敌境，欲弃之。乐以轵关要害，必须防固，乃更修理，增置兵将，而还镇河阳。拜司空。齐受禅，乐进玺绶。进封河东郡王，迁司徒。周文东至崤、陕，遣其行台侯莫陈崇齐子岭趣轵关，仪同杨檦从鼓钟道出建州，陷孤公戍。诏乐总大众御之。乐昼夜兼行，至长子，遣仪同韩永兴从建州西趣崤，崇遂遁。又为南道大都督，讨侯景。乐发石鳖，南度百余里，至梁泾州。泾州旧在石梁，侯景改为怀州，乐获其地，仍立泾州。又克安州。除瀛州刺史，仍略淮、汉。天保六年，薨于悬瓠。赠假黄钺，太师、大司马、尚书令。

子子晃嗣。诸将子弟，率多骄纵，子晃沉密谨悫，以清净自居。尚公主，拜驸马都尉。武平末，为幽州行台右仆射、幽州刺史。周师将入邺，子晃率突骑数万赴援。至博陵，知邺城不守，诣冀州降。周授上开府。隋大业初卒。

此卷与《北史》同。

北齐书卷一六
列传第八

段荣　子韶　孝言

段荣，字子茂，姑臧武威人也。祖信，仕沮渠氏，后入魏，以豪族徙北边，仍家于五原郡。父连，安北府司马。荣少好历术，专意星象。正光初，语人曰："《易》云'观于天文以察时变'，又曰'天垂象，见吉凶'，今观玄象，察人事，不及十年，当有乱矣。"或问曰："起于何处，当可避乎？"荣曰："构乱之源，此地为始，恐天下因此横流，无所避也。"未几，果如言。荣遇乱，与乡旧携妻子，南趣平城。属杜洛周为乱，荣与高祖谋诛之，事不捷，共奔尔朱荣。后高祖建义山东，荣赞成大策。为行台右丞，西北道慰喻大使，巡方晓喻，所在下之。高祖南讨邺，留荣镇信都，仍授镇北将军，定州刺史。时攻邺未克，所须军资，荣转输无阙。高祖入洛，论功封姑臧县侯，邑八百户。转授瀛州刺史。

荣妻，皇后姊也，荣恐高祖招私亲之议，固推诸将，竟不之州。寻行相州事，后为济州刺史。天平三年，转行恭州事。荣性温和，所历皆推仁恕，民吏爱之。初高祖将图关右，与荣密谋，荣盛称未可。及渭曲失利，高祖悔之，曰："吾不用段荣之言，以至于此。"四年，除山东大行台、大都督，甚得物情。大象元年，授仪同三司。二年五月卒，年六十二。赠使持节、定冀沧瀛四州诸军事、定州刺史、太尉、尚书左仆射，谥曰昭景。皇建初，配飨高祖庙庭。二年，重赠大司马、尚书令，武威王。长子韶嗣。

韶,字孝先,小名铁伐。少工骑射,有将领才略。高祖以武明皇后姊子,益器爱之,常置左右,以为心腹。

建义初,领亲信都督。中兴元年,从高祖拒尔朱兆,战于广阿。高祖谓韶曰:"彼众我寡,其若之何。"韶曰:"所谓众者,得众人之死;强者,得天下之心。尔朱狂狡,行路所见,裂冠毁冕,拔本塞源,邙山之会,搢绅何罪,兼杀主立君,不脱旬朔,天下思乱,十室而九。王躬昭德义,除君侧之恶,何往而不克哉!"高祖曰:"吾虽以顺讨逆,奉辞伐罪,但弱小在强大之间,恐无天命,卿不闻之也?"答曰:"韶闻小能敌大,小道大淫,皇天无亲,唯德是辅,尔朱外贼天下,内失善人,知者不为谋,勇者不为斗,不肖失职,贤者取之,复何疑也。"遂与兆战,兆军溃。攻刘诞于邺。及韩陵之战,韶督率所部,先锋陷阵。寻从高祖出晋阳,追尔朱兆于赤洪岭,平之。以军功封下洛县男。又从袭取夏州,擒斛律弥娥突,加龙骧将军、谏议大夫,累迁武卫将军。后恩赐父荣姑臧县侯,其下洛县男启让继母弟宁安。

兴和四年,从高祖御周文帝于邙山。高祖身在行间,为西魏将贺拔胜所识,率锐来逼。韶从傍驰马引弓反射,一箭毙其前驱,追骑慑惮,莫敢前者。西军退,赐马并金,进爵为公。武定四年,从征玉壁。时高祖不豫,攻城未下,召集诸将,共论进止之宜。谓大司马斛律金、司徒韩轨、左卫将军刘丰等曰:"吾每与段孝先论兵,殊有英略,若使比来用其谋,亦可无今日之劳矣。吾患势危笃,恐或不虞,欲委孝先以邺下之事,何如?"金等曰:"知臣莫若君,实无出孝先。"谓韶曰:"吾昔与卿父冒涉险艰,同奖王室,建此大功。今病疾如此,殆将不济,宜善相翼佐,克兹负荷。"即令韶从显祖镇邺,召世宗赴军。高祖疾甚,顾命世宗曰:"段孝先忠亮仁厚,智勇兼备,亲戚之中,唯有此子,军旅大事,宜共筹之。"五年春,高祖崩于晋阳,秘不发丧。俄而侯景构乱,世宗还邺,韶留守晋阳。世宗还,赐女乐十数人,金十斤,缯帛称是,封长乐郡公。世宗征颍川,韶留镇晋阳。别封真定县男,行并州刺史。显宗受禅,别封朝陵县,又封霸城县,加位特进。启求归朝陵公,乞封继母梁氏为郡君。显祖嘉之,别以梁氏为安定郡君。又以霸城县侯让其继母弟孝言。论者美之。

天保三年。为冀州刺史,六州大都督。有惠政,得吏民之心。四年十二月,梁将东方白额潜至宿预,招诱边民,杀害长吏,淮、泗扰动。五年二月,诏征韶讨之。既至。会梁将严超达等军逼泾州;又陈武帝率众将攻广陵,刺史王敬宝遣使告急;复有尹思令,众万余人,谋袭盱眙。三军咸惧。韶谓诸将曰:"自梁氏丧乱,国无定主,人怀去就,强者从之。霸先等智小谋大,政令未一,外托同德,内有离心,诸君不足忧,吾揣之熟矣。"乃留仪同敬显俊、尧难示等置守宿预,自将步骑数千人倍道赴泾州。途出盱眙,思令不虞大军卒至,望旗奔北。进与超达合战,大破之,尽获其舟舰器械。谓诸将士曰:"吴人轻躁,本无大谋,今破超达,霸先必走。"即回赴广陵。陈武帝果遁去。追至杨子栅,望扬州城乃还,大获其军资器物,旋师宿预。六月,诏遣辩士喻白额祸福,白额于是开门请盟。韶与行台辛术等议,且为受盟。盟讫,度白额终不为用,因执而斩之,并其诸弟等并传首京师。江淮帖然,民皆安辑。显祖嘉其功,诏赏吴口七十人,封平原郡王。清河王岳之克郢州,执司徒陆法和,韶亦豫行,筑层城,于新蔡立郭默戍而还。皇建元年,领太子太师。

大宁二年,除并州刺史,高归彦作乱冀州,诏与东安王娄睿率众讨平之。迁太傅,赐女乐十人,并归彦果园一千亩。仍莅并州,为政举大纲,不存小察,甚得民和。十二月,周武帝遣将率羌夷与突厥合众逼晋阳,世祖自邺倍道兼行赴救。突厥从北结阵而前,东距汾河,西被风谷。时事既仓卒,兵马未整,世祖见如此,亦欲避之而东。寻纳河间王孝琬之请,令赵郡王尽护诸将。时大雪之后,周人以步卒为前锋,从西山而下,去城二里。诸将咸欲逆击之。韶曰:"步人气势自有限,今积雪既厚,逆战非便,不如阵以待之。彼劳我逸,破之必矣。"既而交战,大破之,敌前锋尽殪,无复孑遗,自余通宵奔遁。仍令韶率骑追之,出塞不及而还。世祖嘉其功,别封怀州武德郡公,进位太师。

周冢宰宇文护母阎氏先配中山宫,护闻阎尚存,乃因边境移书,请还其母,并通邻好,时突厥屡犯边,诏军于塞下。世祖遣黄门徐世荣乘传赍周书问韶。韶以周人反覆,本无信义,比晋阳之役,其事可知。护外托为相,其实王也。既为母请和,不遣一介之使申其情理,仍据移书,即送其母,恐示之弱。如臣管见,且外许之,待后放之未晚。不听。遂遣使以礼将送。护既得母,仍遣将尉迟迥等袭洛阳。诏遣兰陵王长恭、大将军斛律光率众击之,军于邙山之下,逗留未进。世祖召谓曰:“今欲遣王赴洛阳之围,但突厥在此,复须镇御,王谓如何?”韶曰:“北虏侵边,事等疥癣,今西羌窥逼,便是膏盲之病,请奉诏南行。”世祖曰:“朕意亦尔。”乃令韶督精骑一千,发自晋阳。五日便济河,与大将共量进止。韶且将帐下二百骑与诸军共登邙阪,聊观周军形势。至大和谷,便值周军,即遣驰告诸营,追集兵马。仍与诸将结阵以待。左军,兰陵王为中军,斛律光为右军,与周人相对。韶遥谓周人曰:“汝宇文护幸得其母,不能怀恩报德,今日之来,竟何意也?”周人曰:“天遣我来,有何可问。”韶曰:“天道赏善罚恶,当遣汝送死来耳。”周军仍以步人在前,上山逆战。韶以彼徒我骑,且却且引,待其力弊,乃遣下马击之。短兵始交,周人大溃。其中军所当者,亦一时瓦解,投坠溪谷而死者甚众。洛城之围,亦即奔遁,尽弃营幕,从邙山至谷水三十里中,军资器物弥满川泽。车驾幸洛阳,亲劳将士,于河阴置酒高会,策勋命赏,除太宰,封灵武县公。天统三年,除左丞相,永昌郡公,食沧州干。

武平二年正月,出晋州道,到定陇,筑威敌、平寇二城而还。二月,周师来寇,遣韶与右丞相斛律光、太尉兰陵王长恭同往捍御。以三月暮行达西境。有柏谷城者,乃敌之绝险,石城千仞,诸将莫肯攻围。韶曰:“汾北河东,势为国家之有,若不去柏谷,事同痼疾。计彼援兵,会在南道,今断其要路,救不能来。且城势虽高,其中甚狭,火弩射之,一旦可尽。”诸将称善,遂鸣鼓而攻之,城溃,获仪同薛敬礼,大斩获首虏,仍城华谷,置戍而还。封广平郡公。是月,周又遣将寇边。右丞相斛律光先率师出讨,韶亦请行。五月,攻服秦城。周人于姚襄城南更起城镇,接定阳,又作深堑,断绝行道。韶乃密抽壮士，从北袭之。又遣人潜渡河，告姚襄城中，令内外相应，渡者千有余人，周人始觉。于是合战，大破之，获其仪同若干显宝等。诸将咸欲攻其新城。韶曰："此城一面阻河，三面地险，不可攻，就令得之，城地耳。不如更作一城壅其路，破服秦，并力以图定阳，计之长者。"将士咸以为然。六月，从围定阳，其城主开府仪同杨范固守不下。韶登山望城势，乃纵兵急攻之。七月，屠其外城，大斩获首级。时韶病在中军，以子城未克，谓兰陵王长恭曰："此城三面重涧险阻，并无走路，唯恐东南一处耳。贼若突围，必从此出，但简精兵专守，自是成擒。"长恭乃令壮士千余人设伏于东南涧口。其夜果如所策。贼遂出城，伏兵击之，大溃，范等面缚，尽获其众。

韶疾甚，先军还。以功别封乐陵郡公。竟以疾薨。上举哀东堂，赠物千段、温明秘器、辒辌车，军校之士阵卫送至平恩墓所，发卒起冢。赠假黄钺、使持节、都督朔并定赵冀沧齐兖梁洛晋建十二州诸军事，相国、太尉、录尚书事、朔州刺史，谥曰忠武。

韶出总军旅，入参帷幄，功既居高，重以婚媾，望倾朝野。长于计略，善于御众，得将士之心，临敌之日，人人争奋。又雅性温慎，有宰相之风。教训子弟，闺门雍肃，事后母以孝闻，齐世勋贵之家罕有及者。然僻于好色，虽居要重，微服间行。有皇甫氏，魏黄门郎元瑀之妻，弟谨谋逆，皇甫氏因没官。韶美其容质，上启固请，世宗重违其意，因以赐之。尤啬于财，虽亲戚故旧略无施与。其子深尚公主，并省承郎在家佐事十余日，事毕辞还，人唯赐一杯酒。

长子懿嗣。懿字德猷，有姿仪，颇解音乐，又善骑射。天保初，尚颍川长公主。累迁行台右仆射，兼殿中尚书，出除兖州刺史。卒。子宝鼎嗣。尚中山长公主，武平末，仪同三司。隋开皇中，开府仪同三司、骠骑大将军，大业初，卒于饶州刺史。韶第二子深，字德深。美容貌，宽谨有父风。天保中，受父封姑臧县公。大宁初，拜通直散骑侍郎。二年诏尚永昌公主，未婚，主卒。河清三年，又诏尚东安公主。以父频著大勋，累迁侍中、将军、源州大中正。食赵郡干。韶病笃，诏封深济北王，以慰其意。武平末，徐州行台左仆射、徐州刺史。入周,拜大将军、郡公,坐事死。

韶第三子德举,武平末,仪同三司。周建德七年,在邺城与高元海等谋逆,诛。韶第四子德衡,武平末,开府仪同三司,隆化时,济州刺史。入周,授仪同大将军。韶第七子德堪,武平中,仪同三司。隋大业初,汴州刺史,卒于汝南郡守。

荣第二子孝言,少警发有风仪。魏武定末,起家司徒参军事。齐受禅,其兄韶以别封霸城县侯授之。累迁仪同三司、度支尚书、清都尹。

孝言本以勋戚绪余,致位通显,至此便骄奢放逸,无所畏惮。曾夜行,过其宾客宗孝王家宿,唤坊民防援,不时应赴,遂拷杀之。又与诸淫妇密游,为其夫觉,复恃官势,考掠而殒。时苑内须果木,科民间及僧寺备输,悉分向其私宅种植。又殿内及园须石,差车牛从漳河运载,复分车回取,事悉闻彻,出为海州刺史。寻以其兄故,征拜都官尚书,食阳城郡干,仍加开府。迁太常卿,除齐州刺史,以赃贿为御史所劾。属世祖崩,遇赦免。拜太常卿,转食河南郡干,迁吏部尚书。

祖珽执政,将废赵彦深,引孝言为助。除兼侍中,入内省,典机密,寻即正,仍吏部尚书。孝言既无深鉴,又待物不平,抽擢之徒,非贿则旧。有将作丞崔成,忽于众中抗言曰:"尚书天下尚书,岂独段家尚书也。"孝言无辞以答,惟厉色遣下而已。寻除中书监,加特进,又托韩长鸾,共构祖珽之短。及祖出后,孝言除尚书右仆射,仍掌选举,恣情用舍,请谒大行,敕浚京城北隍,孝言监作,仪同三司崔士顺、将作大将元士将、太府少府郦孝裕、尚书左民郎中薛叔昭、司州治中崔子、清都尹丞李道隆、邺县令尉长卿、临漳令崔象、成安食高子彻等并在孝言部下。典作日,别置酒高会,诸人膝行跪伏,称觥上寿,或自陈屈滞,更请转官,孝言意色扬扬,以为己任,皆随事报答,许有加授。富商大贾多被铨擢,纵令进用人士,咸是粗险放纵之流。寻迁尚书左仆射,特进、侍中如故。

孝言富贵豪侈,尤好女色。后娶娄定远妾董氏,大耽爱之,为此内外不和，更相纠列，坐争免官徙光州。隆化败后，有敕追还。孝言虽黩货无厌，恣情酒色，然举止风流，招致名士，美景良辰，未尝虚弃，赋诗奏伎，毕尽欢洽。虽草莱之士，粗闲文艺，多引入宾馆，与同兴赏，其贫踬者亦时有乞遗。世论复以此多之。齐亡入周，授开府仪同大将军，后加上开府。

史臣曰：段荣以姻戚之重，遇时来之会，功伐之地，亦足称焉。韶光辅七君，克隆门业，每出当阃外，或任以留台，以猜忌之朝，终其眉寿。属亭候多警，为有齐上将，岂其然乎？当以志谢矜功，名不逾实，不以威权御物，不以智数要时，欲求覆㧈，其可得也？语曰："率性之谓道"，此其效欤？

赞曰：荣发其原，韶大其门。位因功显，望以德尊。

北齐书卷一七
列传第九

斛律金　子光　羡　兄平

　　斛律金，字阿六敦，朔州敕勒部人也。高祖倍侯利，以壮勇有名塞表，道武时率户内附，赐爵孟都公。祖幡地斤，殿中尚书。父大那瓌，光禄大夫、第一领民酋长。天平中，金贵，赠司空公。

　　金性敦直，善骑射，行兵用匈奴法，望尘识马步多少，嗅地知军度远近。初为军主，与怀朔镇将杨钧送茹茹主阿那瓌还北。瓌见金射猎，深叹其工。后瓌入寇高陆，金拒击破之。正光末，破六韩拔陵构逆，金拥众属焉，陵假金王号。金度陵终败灭，乃统所部万户诣云州请降，即授第二领民酋长。稍引南出黄瓜堆，为杜洛周所破，部众分散，金与兄平二人脱身归尔朱荣。荣表金为别将，累迁都督。孝庄立，赐爵阜城县男，加宁朔将军、屯骑校尉。从破葛荣、元颢，频有战功，加镇南大将军。

　　及尔朱兆等逆乱，高祖密怀匡复之计，金与娄昭，厍狄干等赞成大谋，仍从举义。高祖南攻邺，留金守信都，领恒、云、燕、朔、显六州大都督，委以后事。别讨李修，破之，加右光禄大夫。会高祖于邺，仍从平晋阳，追灭尔朱兆。太昌初，以金为汾州刺史、当州大都督，进爵为侯。从高祖破纥豆陵于河西。天平初，迁邺，使金领步骑三万镇风陵以备西寇，军罢，还晋阳。从高祖战于沙苑，不利，班师，因此东雍城复为西军所据。遣金与尉景、厍狄干等讨复之。大象中，周文帝复大举向河阳。高祖率众讨之，使金径往太州，为掎角之势。

金到晋，以军退不行，仍与行台薛循义共围乔山之寇。俄而高祖至，仍共讨平之，因从高祖攻下南绛、邵郡等数城。武定初，北豫州刺史高仲密据城西叛，周文帝入寇洛阳。高祖使金统刘丰、大汗步薛等步骑数万守河阳城以拒之。高祖到，仍从破定。军还，除大司马，改封石城郡公，邑一千户，转第一领民酋长，三年，高祖出军袭山胡，分为二道。以金为南道军司，由黄栌岭出。高祖自出北道，度赤绒岭，会金于乌突戍，合击破之。军还，出为冀州刺史。四年诏金率众从乌苏道会高祖于晋州，仍从攻玉壁。军还，高祖使金总督大众，从归晋阳。

世宗嗣事，侯景据颍川降于西魏，诏遣金帅潘乐、薛孤延等固守河阳以备。西魏使其大都督李景和、若干宝领马步数万，欲从新城赴援侯景。金率众停广武以要之，景和等闻而退走。还为肆州刺史，仍率所部于宜阳筑杨志、百家、呼延三戍，置守备而还。侯景之走南豫，西魏仪同三司王思政入据颍川。世宗遣高岳、慕容绍宗、刘丰等率众围之。复诏金督彭乐、可朱浑道元等出屯河阳，断其奔救之路。又诏金率众会攻颍川。事平，复使金率众从崿坂送米宜阳。西魏九曲戍将马绍隆据险要斗，金破之。以功别封安平县男。

显祖受禅，封咸阳郡王，刺史如故。其年冬，朝晋阳宫。金病，帝幸其宅临视，赐以医药，中使不绝。病愈还州。三年，就除太师。帝征奚贼。金从帝行。军还，帝幸肆州，与金宴射而去。四年，解州，以太师还晋阳。车驾复幸其第，六宫及诸王尽从，置酒作乐，极夜方罢。帝忻甚，诏金第二子丰乐为武卫大将军，因谓金曰："公元勋佐命，父子忠诚，朕当结以婚姻，永为蕃卫。"仍诏金孙武都尚义宁公主。成礼之日，帝从皇太后幸金宅，皇后、太子及诸王等皆从，其见亲待如此。

后以茹茹为突厥所破，种落分散，虑其犯塞，惊挠边民，乃诏金率骑二万屯白道以备之。而房帅豆婆久备将三千余户密欲西过，候骑还告，金勒所部追击，尽俘其众。茹茹但钵将举国西徙，金获其候骑送之，并表陈房可击取之势。显祖于是率众与金共讨之于吐赖，获二万余户而还。进位右丞相，食齐州干，迁右丞相。

肃宗践阼，纳其孙女为皇太子妃。又诏金相见，听步挽车至阶，世祖登极，礼遇弥重，又纳其孙女为太子妃。金长子光大将军，次子羡及孙武都并开府仪同三司，出镇方岳，其余子孙皆封侯贵达。一门一皇后，二太子妃，三公主，尊宠之盛，当时莫比。金尝谓光曰："我虽不读书，闻古来外戚梁冀等无不倾灭。女若有宠，诸贵妒人；女若无宠，天子嫌人。我家直以立勋抱忠致富贵，岂可藉女也？"辞不获免，常以为忧。天统二年薨。年八十。世祖举哀西堂，后主又举哀于晋阳宫。赐假黄钺，都督朔定冀并瀛青齐沧幽肆汾十二州诸军事、相国、太尉公、录尚书、朔州刺史，酋长、王如故，赠钱百万，谥曰武，子光嗣。

光，字明月，少工骑射，以武艺知名，魏末，从金西征，周文帝长史莫孝晖时在行间，光驰马射中之，因擒于阵，光时年十七。高祖嘉之，即擢为都督。世宗为世子，引为亲信都督，稍迁征虏将军，累加卫将军。武定五年，封永乐县子。尝从世宗于洹桥校猎，见一大鸟，云表飞飏，光引弓射之，正中其颈。此鸟形如车轮，旋转而下，至地乃大雕也。世宗取而观之，深壮异焉。丞相属邢子高见而叹曰："此射雕手也。"当时传号落雕都督。寻兼左卫将军，进爵为伯。

齐受禅，加开府仪同三司，别封西安县子。天保三年，从征出塞，光先驱破敌，多斩首虏，并获杂畜。还，除晋州刺史。东有周天柱、新安、牛头三戍，招引亡叛，屡为寇窃。七年，光率步骑五千袭破之，又大破周仪同王敬俊等，获口五百余人，杂畜千余而还。九年，又率众取周绛川、白马、浍文、翼城等四戍。除朔州刺史。十年，除特进、开府仪同三司。二月，率骑一万讨周开府曹回公，斩之。柏谷城主仪同薛禹生弃城奔遁，遂取文侯镇，立戍置栅而还。乾明元年，除并州刺史。皇建元年，进爵巨鹿郡公。乐陵王百年为皇太子，肃宗以光世载醇谨，兼勋王室，纳其长女为太子妃。大宁元年，除尚书右仆射，食中山郡干。二年，除太子太保。

河清二年四月,光率步骑二万筑勋掌城于轵关西,仍筑长城二百里。置十三戍。三年正月,周遣将达奚成兴等来寇平阳,诏光率步骑三万御之,兴等闻而退走。光逐北,遂入其境,获二千余口而还。其年三月,迁司徒。四月,率骑北讨突厥,获马千余匹。是年冬,周文遣其柱国大司马尉迟迥、齐国公宇文宪、柱国庸国公可叱雄等,众称十万,寇洛阳。光率骑五万驰往赴击,战于邙山,迥等大败。光亲射雄,杀之,斩捕首虏三千余级,迥、宪仅而获免,尽收其甲兵辎重,仍以死者积为京观。世祖幸洛阳,策勋班赏,迁太尉,又封冠军县公。先是世祖命纳光第二女为太子妃。天统元年,拜为皇后。其年,光转大将军。三年六月,父丧去官,其月,诏起光及其弟羡并复前任。秋,除太保,袭爵咸阳王,并袭第一领民酋长,别封武德郡公,徙食赵州转,迁太保。

十二月,周遣将围洛阳,壅绝粮道。武平元年正月,诏光率步骑三万讨之。军次定陇,周将张掖公宇文桀、中州刺史梁士彦、开府司水大夫梁景兴等又屯鹿卢交道,光握甲执锐,身先士卒,锋刃才交,桀众大溃,斩首二千余级。直到宜阳,与周齐国公宇文宪、申国公擒跋显敬相对十旬。光置筑统关、丰化二城,以通宜阳之路。军还,行次安邺,宪等众号五万,仍蹑军后。光纵骑击之,宪众大溃,虏其开府宇文英,都督越勤世良、韩延等,又斩首三百余级。宪仍令桀及其大将军中部公梁洛都与景兴、士彦等步骑三万于鹿卢交塞断要路。光与韩贵孙、呼延族、王显等合击,大破之,斩景兴,获马千匹。诏加右丞相,并州刺史。其冬,光又率步骑五万于玉璧筑华谷、龙门二城,与宪、显敬等相持,宪等不敢动。光乃进围定阳,仍筑南汾城,置州以逼之,夷夏万余户并来内附。

二年,率众筑平陇、卫壁,统戎等镇戎十有三所。周柱国枹罕公普屯威、柱国韦孝宽等,步骑万余,来逼平陇,与光战于汾水之北,光大破之,俘斩千计。又封中山郡公,增邑一千户。军还,诏复令率步骑五万出平阳道,攻姚襄、白亭城戍,皆克之,获其城主仪同、大都督等九人,捕虏数千人。又别封长乐郡公。是月,周遣其柱国纥干广略围宜阳。光率步骑五万赴之,大战于城下,乃取周建安等四戍,捕虏千余人而还。军未至邺,敕令便放兵散。光以为军人多有勋功,未得慰劳,若即便散,恩泽不施,乃密通表请使宣旨,军仍且进。朝廷发使迟留,军还,将至紫陌,光仍驻营待使。帝闻光军营已逼,心甚恶之,急令舍人追光入见,然后宣劳散兵,拜光左丞相,又别封清河郡公。光入,常在朝堂垂帘而坐。祖珽不知,乘马过其前。光怒,谓人曰:"此人乃敢尔!"后珽在内省,言声高慢,光适过,闻之,又怒。珽知光忿,而赂光从奴而问之曰:"相王瞋孝征耶?"曰:"自公用事,相王每夜抱膝叹曰:盲人入,国必破矣!"穆提婆求娶光庶女,不许。帝赐提婆晋阳之田,光言于朝曰:"此田,神武帝以来常种禾,饲马数千匹,以拟寇难,今赐提婆,无乃阙军务也?"由是祖、穆积怨。

周将军韦孝宽忌光英勇,乃作谣言,令间谍漏其文于邺。曰:"百升飞上天,明月照长安",又曰:"高山不推自崩,槲树不扶自竖。"祖珽因续之曰:"盲眼老公背上下大斧,饶舌老母不得语。"令小儿歌之于路,提婆闻之,以告其母令萱,萱以饶舌,斥己也,盲老公,谓珽也,遂相与协谋,以谣言启帝曰:"斛律累世大将,明月声震关西,丰乐威行突厥。女为皇后,男尚公主,谣言甚可畏也。"帝以问韩长鸾。鸾以为不可,事寝。祖珽又见帝请间,唯何洪珍在侧。帝曰:"前得公启,即欲施行,长鸾以为无此理。"珽未对,洪珍进曰:"若本无意则可,即有此意而不决行,万一泄露如何?"帝曰:"洪珍言是也。犹豫未决。会丞相府佐封士让密启云:"光前西讨还,敕令放兵散,光令军逼帝京,将行不轨,事不果而止。家藏弩甲,奴僮千数,每遣使丰乐、武都处,阴谋往来。若不早图,恐事不可测。"启云:"军逼帝京",会帝前所疑意,谓何洪珍云:"人心亦大圣,我前疑其欲反,果然。"帝性至怯懦,恐即变发,令洪珍驰召祖珽告之。又恐追光不从命。珽因云:"正尔召之,恐疑不肯入。宜遣使赐其一骏马,语云:'明日将往东山游观,王可乘此马同行',光必来奉谢,因引入执。"帝如其言。顷之,光至,引入凉风堂,刘桃枝自后拉而杀之,时年五十八。于是下诏称光谋反，今已伏法，其余家口不须问。寻而发诏，尽灭其族。

光性少言刚急，严于御下，治兵督众，唯杖威刑。版筑之役，鞭挞人士，颇称其暴。自结发从戎，未尝失律，为邻敌所慑惮。罪既不彰。一旦屠灭，朝野痛惜之。周武帝闻光死，大喜，赦其境内。后入邺，追赠上柱国、公。指诏书曰："此人若在，朕岂能至邺。"

光有四子。长子武都，历位特进，太子太保、开府仪同三司、梁兖二州刺史。所在并无政绩，唯事聚敛，侵渔百姓。光死，遣使于州斩之。次须达，中护军、开府仪同三司，先光卒。次世雄，开府仪同三司。次恒伽，假仪同三司。并赐死。光小子钟，年数岁，获免。周朝袭封崇国公。隋开皇中，卒于骠骑将军。

羡，字丰乐，少有机警，尤善射艺，高祖见而称之。世宗擢为开府参军事。迁征虏将军、中散大夫，加安西将军，进封大夏县子，除通州刺史。显祖受禅，进号征西，别封显亲县伯。

清河三年，转使持节，都督幽、安、平、南、北营、东燕六州诸军事，幽州刺史。其年秋，突厥众十余万来寇州境，羡总率诸将御之。突厥望见军威甚整。遂不敢战，即遣使求款。虑其有诈，且喻之曰："尔辈此行，本非朝贡，见机始变，未是宿心。若有实诚，宜速归巢穴，别遣使来。"于是退走。天统元年夏五月，突厥木汗遣使请朝献，羡始以闻，自是朝贡岁时不绝，羡有力焉。诏加行台仆射。羡以北虏犯边，须备不虞，自库堆戍东拒于海，随山屈曲二千余里，其间二百里中凡有险要，或斩山筑城，或断谷起障，并置立戍逻五十余所。又导高梁水北合易京，东会于潞，因以灌田，边储岁积，转漕用省，公私获利焉。其年六月，丁父忧去官，与兄光并被起复任，还镇燕蓟。三年，加位特进。四年，迁行台尚书令，别封高城县侯。武平元年，加骠骑大将军。时光子武都为兖州刺史。羡历事数帝，以谨直见推，虽极荣宠，不自矜尚，至是以合门贵盛，深以为忧。乃上书推让，乞解所职，优诏不许。其年秋，进爵荆山郡王。

三年七月，光诛，敕使中领军贺拔伏恩等十余人驿捕之。遣领军大将军鲜于桃枝、洛州行台仆射独孤永业便发定州骑卒续进，仍以永业代羡。伏恩等既至，门者白使人衷甲马汗，宜闭城门。羡曰："敕使岂可疑拒？"出见之，伏恩把手，遂执之，死于长史厅事。临终叹曰："富贵如此，女为皇后，公主满家，常使三百兵，何得不败！"及其五子世达、世迁、世辨、世酉、伏护，余年十五已下者宥之。羡未诛前，忽令其在州诸子自伏护以下五六人，锁颈乘驴出城，合家泣送之至门，日晚而归。吏民莫不惊异。行燕郡守马嗣明医术之士，为羡所钦爱，乃窃问之，答曰："须有禳厌。"数日而有此变。

羡及光并少工骑射，其父母日令其出畋，还即较所获禽兽。光所获或少，必丽龟达腋。羡虽获多，非要害之所。光常蒙赏，羡或被捶挞。人问其故，金答云："明月必背上着箭，丰乐随处即下手，其数虽多，去兄远矣。"闻者咸服其言。

金兄平，便弓马，有干用。魏景明中，释褐殿中将军，迁襄威将军。正光末，六镇扰乱，隶大将军尉宾北讨。军败，为贼所虏，后走奔其弟金于云州，进号龙骧将军。与金拥众南出，至黄瓜堆，为杜洛周所破，部落离散。及归尔朱荣，待之甚厚，以平袭父爵第一领民酉长。

高祖起义，以都督从。稍迁平北将军、显州刺史，加镇南将军，封固安县伯。寻进为侯，行律州刺史，周文帝遣其右将军李小光据梁州，平以偏师讨擒之。出为燕州刺史。入兼左卫将军，领众一万讨北徐贼，破之，除济州刺史。侯景度江，诏平为大都督，率青州刺史敬显俊、左卫将军厍狄伏连等略定寿阳、宿预三十余城。事罢还州，加开府，进位骠骑大将军，进爵为公。显祖受禅，别封羡阳侯。行兖州刺史，以渎货除名，后除开府仪同三司。废帝即位，拜特进，食沧州乐陵郡干。皇建初，封定阳郡公，拜护军。后为青州刺史，卒，赠太尉。

　　史臣曰：斛律金以高祖拨乱之始，翼成王业，忠款之至，成此大功，故能终享遐年，位高百辟。观其盈满之戒，动之微也。才及后嗣，遂至诛夷，虽为威权之重，盖符道家所忌。光以上将之子，有沈毅之姿，战术兵权，暗同韬略，临敌制胜，变化无方。自关、河分隔，年将四纪。以高祖霸王之期，属宇文草创之日，出军薄伐，屡挫兵锋。而大宁以还，东邻侵弱，关西前收巴蜀，又珍江陵，叶建瓴之用武，成并吞之壮气。斛律治军誓众，式遏边鄙，战则前无完阵，攻则罕有全城，齐氏必致拘原之师，秦人无复启关之策。而世乱谗胜，诈以震主之威；主暗时艰，自毁藩篱之固。昔李牧之为赵将也，北剪胡寇，西却秦军，郭开潜之，牧死赵灭，其议诛光者，岂秦之反间欤，何同术而同亡也！内令诸将解体，外为强邻报仇，呜呼！后之君子可深戒。

　　赞曰：起赳咸阳，邦家之光。明月忠壮，仍世将相。声振关左，势高时望。迨此威名，易兴谗谤。始自工言，终斯交丧。

北齐书卷一八
列传第一○

孙腾　高隆之　司马子如

　　孙腾，字龙雀，咸阳石安人也。祖通，仕沮渠氏为中书舍人，沮渠灭，入魏，因居北边。及腾贵，魏朝赠通使持节、侍中、都督雍华岐幽四州诸军事、骠骑大将军、司徒公、尚书左仆射、雍州刺史，赠腾父机使持节、侍中、都督冀定沧瀛殷五州诸军事、太尉公、尚书令、冀州刺史。

　　腾少而质直，明解吏事。魏正光中，北方扰乱，腾间关危险，得达秀容。属尔朱荣建义，腾随荣入洛，例除冗从仆射。寻为高祖都督府长史，从高祖东征邢杲。师次齐城，有抚宜镇军人谋逆，将害督帅。腾知之，密启高祖。俄顷事发，高祖以有备，擒破之。高祖之为晋州，腾为长史，加后将军，封石安县伯。高祖自晋阳出滏口，行至襄垣，尔朱兆率众追。高祖与兆宴饮于水湄，誓为兄弟，各还本营。明旦，兆复招高祖，高祖欲安其意，将赴之，临上马，腾牵衣止之。兆乃隔水肆骂，驰还晋阳。高祖遂东。

　　及起义信都，腾以诚款，常预谋策。腾以朝廷隔绝，号令无所归，不权有所立，则众将沮散，苦请于高祖，高祖从之，遂立中兴主。除侍中，寻加使持节、六州流民大都督、北道大行台。高祖进军于邺，初留段荣守信都，寻遣荣镇中山，仍令腾居守。及平邺，授相州刺史，改封咸阳郡公，增邑通前一千三百户。入为侍中，时魏京兆王愉女平原公主寡居，腾尚之，公主不许。侍中封隆之无妇，公主欲之，腾妒隆之，遂相间构。高祖启免腾官，请除外任，俄而复之。

腾以高祖腹心，入居门下，与斛斯椿同掌机密。椿既生异端，解途乘谬。腾深见猜忌，虑祸及己，遂潜将十余骑赴晋阳。高祖入讨斛斯椿，留腾行并州事，又使腾为冀相殷定沧幽安八州行台仆射、行冀州事，复行相州事。

天平初，入为尚书左仆射，内外之事，腾咸知之，兼司空、尚书令。时西魏遣将寇南兖，诏腾为南道行台，率诸将讨之。腾性尪怯，无威略，失利而还。又除司徒。初北境乱离，亡一女，及贵，远加推访，终不得，疑其为人婢贱。及为司徒，奴婢诉良者，不研虚实，率皆免之，愿免千人，冀得其女。时高祖入朝，左右有言之者，高祖大怒，解其司徒。武定中，使于青州，括浮逃户口，迁太保，初博陵崔孝芬养贫家子贾氏以为养女，孝芬死，共妻元更适郑伯猷，携贾于郑氏。贾有姿色，腾纳之，始以为妾，其妻袁氏死，腾以贾有子，正以为妻，诏封丹阳郡君，复请以袁氏爵回授其女，违礼肆情，多此类也。

腾早依附高祖，契阔艰危，勤力恭谨，深见信待。及高祖置之魏朝，寄以心腹，遂志气骄盈，与夺由己，求纳财贿，不知纪极，生官死赠，非货不行，肴藏银器，盗为家物，亲狎小人，专为聚敛。在邺，与高隆之、司马子如号为四贵，非法专恣，腾为甚焉。高祖屡加谴让，终不悛改，朝野深非笑之。武定六年四月薨，时年六十八。赠使持节、都督冀定等五州诸军事、冀州刺史、太师、开府、录尚书事，谥曰文。天保初，以腾佐命，诏祭告其墓。皇建中，配享高祖庙庭。子凤珍嗣。凤珍庸暗。开平中，卒于开府仪同三司。

高隆之，字延兴，本姓徐氏，云出自高平金乡。父干，魏白水郡守，为婿高氏所养，因从其姓。隆之贵，魏朝赠司徒公、雍州刺史。隆之后有参议之功，高祖命为从弟，仍云渤海蓚人。

隆之身长八尺，美须髯，深沉有志气。魏汝南王悦为司州牧，以为户曹从事。建义初，释褐员外散骑常侍，与行台子晖出讨羊侃于太山，晖引隆之为行台郎中，又除给事中。与高祖深自结托。高祖之临晋州，引为治中，行平阳郡事。

从高祖起义山东，以为大行台右丞。魏中兴初，除御史中尉，领尚食典御。从高祖平邺，行相州事。从破四胡于韩陵。太昌初，除骠骑大将军、仪同三司。西魏文帝与隆之因酒忿竞，文帝坐以黜免。高祖责隆之不能协和，乃启出为北道行台，转并州刺史，封平原郡公，邑一千七百户。隆之请减户七百，并求降己四阶让兄腾，并加优诏许之，仍以腾为沧州刺史。高祖之讨斛斯椿，以隆之为大行台尚书。及大司马、清河王亶承制，拜隆侍中、尚书右仆射，领御史中尉。广费人工，大营寺塔，为高祖所责。

天平初，丁母艰解任，寻如起为并州刺史，入为尚书右仆射。时初给民田，贵势皆占良美，贫弱咸受瘠薄。隆之启高祖，悉更反易，乃得均平。又领营构大将军，京邑制造，莫不由之，增筑南城，周回二十五里。以漳水近于帝城，起长堤以防汛溢之患。又凿渠引漳水周流城郭，造治碾硙，并有利于时。

魏自孝昌已后，天下多难，刺史太守皆为当部都督，虽无兵事，皆立佐僚，所在颇为烦扰。隆之表请自非实在边要，见有兵马者，悉皆断之。又朝贵多假常侍以取貂蝉之饰，隆之自表解侍中，并陈诸假侍中服用者，请亦罢之。诏皆如表。自军国多事，冒名窃官者不可胜数，隆之奏请检括，向五万余人，而群小喧嚣，隆之惧而止。诏监起居事，进位司徒公。

武定中，为河北括户大使，追还，授领军将军、录尚书事，寻兼侍中。续出行青州事。追还，拜太子太师、兼尚书左仆射、吏部尚书，迁太保。时世宗作宰，风俗肃清，隆之时有受纳，世宗于尚书省大加责辱。齐受禅，进爵为王。寻以本官录尚书事，领大宗正卿，监国史。隆之性小巧，至于公家羽仪、百戏、服制时有改易，不循典故，时论非之。于射棚上立三像人为壮勇之势。显祖曾至东山，因射谓隆之曰："射棚上可作猛兽，以存古义，何为置人？终日射人，朕所不取。"隆之无以对。

初世宗委任兼右仆射崔暹、黄门郎崔季舒等，及世宗崩，隆之启显祖并欲害之，不许。显祖以隆之旧齿，委以政事，季舒等仍以前隙，乃谮云："隆之每见诉讼者，辄加哀矜之意，以示非己能裁。"显祖以其受任既重，知有冤状，便宜申涤，何得委过要名，非大臣义。天保五年，禁止尚书省。隆之曾与元昶宴饮，酒酣，语昶曰："与王交游，当生死不相背。"人有密言之者。又帝未登庸之日，隆之意常侮帝。帝将受魏禅，大臣咸言未可，隆之又在其中。深衔之。因此，遂大发怒，令壮士筑百余下。放出，渴将饮水，人止之，隆之曰："今日何在！"遂饮之。因从驾，死于路中，年六十一。赠冀定瀛沧幽五州诸军事、大将军、太尉、太保、冀州刺史，阳夏王。竟不得谥。

隆之虽不涉学，而钦尚文雅，缙绅名流，必存礼接。寡姊为尼，事之如母，训督诸子，必先文义。世甚以此称之。显祖末年，既多猜害，追忿隆之，诛其子德枢等十余人，并投漳水。又发隆之冢，出其尸，葬已积年，其貌不改，斩截骸骨，亦弃于漳流，遂绝嗣。乾明中，诏其兄子子远为隆之后，袭爵阳夏王，还其财产。初，隆之见信高祖，性多阴毒，睚眦之忿，无不报焉。仪同三司崔孝芬经以结婚姻不果，太府卿任集同知营构，颇相乖异，瀛州刺史元晏请托不遂，前后构成其罪，并诛害之。终至家门殄灭。论者谓有报应焉。

司马子如，字尊业，河内温人也。八世祖模，晋司空、南阳王。模世子保，晋乱出奔梁州，因家焉。魏平姑臧，徙居于云中，其自序云尔，父兴龙，魏鲁阳太守。

子如少机警，有口辩，好交游豪杰，与高祖相结托，分义甚深。孝昌中，北州沦陷，子如携家口南奔肆州，为尔朱荣所礼遇，假以中军。荣之向洛也，以子如为司马，持节、假平南将军，监前军。次高都，荣以建兴险阻，往来冲要，有后顾之忧，以子如行建兴太守、当郡都督。永安初，封平遥县子，邑三百户，仍为大行台郎中。荣以子如明辩，能说时事，数遣奉使诣阙，多称旨，孝庄亦接待焉。葛荣之乱，相州孤危，荣遣子如间行入邺，助加防守。葛荣平，进爵为侯。元颢入洛，人情离阻，以子如曾守邺城，颇有恩信，乃令行相州事。颢平，征为金紫光禄大夫。

　　尔朱荣之诛，子如知有变，自宫内突出，至荣宅，弃家随荣妻子与尔朱世隆等走出京城。世隆便欲还北。子如曰："事贵应机，兵不厌诈，天下汹汹，唯强是视，于此际会，不可以弱示人。若必走北，即恐变故随起，不如分兵守河桥，回军向京，出其不意，或可离溃。假不如心，犹足示有余力，使天下观听，惧我威强。"于是世隆还逼京城。魏长广王立，兼尚书右仆射。前废帝以为侍中、骠骑大将军、仪同三司，进爵阳平郡公，邑一千七百户。固让仪同不受。高祖起义信都，世隆等知子如与高祖有旧，疑虑，出为南岐州刺史。子如愤恨，泣涕自陈，而不获免。

　　高祖入洛，子如遣使启贺，仍叙平生旧恩。寻追赴京，以为大行台尚书，朝夕左右，参知军国。天平初，除左仆射，与侍中高岳、侍中孙腾、右仆射高隆之等共知朝政，甚见信重。高祖镇晋阳，子如时往谒见，待之甚厚，并坐同食，从旦达暮，及其当还，高祖及武明后俱有赉遗，率以为常。

　　子如性既豪爽，兼恃旧恩，簿领之务，与夺任情，公然受纳，无所顾惮。兴和中，以为北道行台，巡检诸州，守令已下，委其黜陟。子如至定州，斩深泽县令；至冀州，斩东光县令。皆稽留时漏，致之极刑。若言有进退，少不合意，便令武士顿曳，白刃临项。士庶惶惧，不知所为。转尚书令。子如义旗之始，身不参预，直以高祖故旧，遂当委重，意气甚高，聚敛不息。时世宗入辅朝政，内稍嫌之，寻以赃贿为御史中尉崔暹所劾，禁止于尚书省。诏免其大罪。削官爵。未几，起行冀州事。子如能自厉改，甚有声誉，发摘奸伪，僚吏畏伏之。转行并州事。诏复官爵，别封野王县男，邑二百户。

　　齐受禅，以有翼赞之功，别封须昌县公，寻除司空。子如性滑稽，不治检裁，言戏秽亵，识者非之。而事姊有礼，抚诸兄子慈笃，当时名士并加钦爱，世以此称之。然素无鲠正，不能平心处物。世宗时，中尉崔暹、黄门郎崔季舒俱被任用。世宗崩，暹等赴晋阳。子如乃启显祖，言其罪恶，仍劝诛之。其后子如以马度关，为有司所奏。

显祖引子如数让之曰："崔㥄、季舒事朕先世，有何大罪，卿令我杀之？"因此免官。久之，犹先帝之旧，拜太尉。寻以疾薨，时年六十四。赠使持节、都督冀定瀛沧怀五州诸军事、太师、太尉、怀州刺史，赠物一千段，谥曰文明。

子消难嗣。尚高祖女，以主婿、贵公子，频历中书、黄门郎，光禄少卿。出为北豫州刺史，镇武牢。消难博涉史传，有风神，然不能廉洁，在州为御史所劾。又与公主情好不睦，公主潜诉之，惧罪，遂招延邻敌，走关西。

子如兄纂，先卒，子如贵，赠岳州刺史。纂长子世云，轻险无行，累迁卫将军、颍州刺史。世云本无勋业，直以子如故，频历州郡。恃叔之势，所在聚敛，仍肆奸秽。将见推治，内怀惊惧，侯景反，遂举州从之。时世云母弟在邺，便倾心附景，无复顾望。诸将围景于颍川，世云临城遥对诸将，言甚不逊。世宗犹以子如恩旧，免其诸弟死罪，徙北边。侯景于涡阳败后，世云复有异志，为景所杀。

世云弟膺之，字仲庆。少好学，美风仪。天平中，子如贵盛，膺之自尚书郎历中书、黄门郎。子如别封须昌县公，回授膺之。膺之家富于财，厚自封殖。王元景、邢子才之流以凤素重之。以其疏简傲物，竟天保世，沦滞不齿。乾明中，王晞白肃宗，除卫尉少卿。河清末，光禄大夫。患泄利，积年不起，至武平中，犹不堪朝谒，就家拜仪同三司。好读《太玄经》，注扬雄《蜀都赋》。每云："我欲与扬子云周旋。"齐亡岁，以利疾终，时年七十一。

膺之弟子瑞，天保中为定州长史，迁吏部郎中。举清勤平约。迁司徒左长史，兼廷尉卿，以平直称。乾明初，领御史中丞，正色举察，为朝廷所许。以疾去职，就拜祠部尚书。卒，赠瀛州刺史，谥曰文节。

子瑞弟幼之，清贞有素行，少历显位。隋开皇中，卒于眉州刺史。子瑞妻，令萱之妹，及令萱得宠于后主，重赠子瑞怀州刺史，诸子亦并居显职。同游，武平末给事黄门侍郎。同回，太府卿。同宪，通直常侍。然同游终为嘉吏，隋开皇中尚书民部侍郎。卒于遂州刺史。

史臣曰：高祖以晋阳戎马之地，霸图攸属，治兵训旅，遥制朝权，京台机务，情寄深远。孙腾等俱不能清贞守道，以治乱为怀，厚敛货财，填彼溪壑。昔萧何之镇关中，荀彧之居许下，不亦异于是乎！赖世宗入辅，责以骄纵，厚遇崔暹，奋其霜简，不然则君子属厌，岂易间焉。孙腾牵裾之诚，有足称美。隆之劳其志力，经始邺京，又并是潜德僚宷，早申任遇，崇其名器，未失朝序。子如徒以少相亲重，情深昵狎，义非草昧，恩结宠私，勋德莫闻，坐致台辅。犹子之爱，训以义方，膺之风素可重，幼之清简自立，有足称也。

赞曰：闳、散胥附，萧、曹扶翼。齐运勃兴，孙、高陈力。黩货无厌，多惭衮职。司马滑稽，巧言令色。

北齐书卷一九
列传第一一

贺拔允　　蔡俊　　韩贤

尉长命　子兴敬　　王怀　　刘贵

任延敬　子胄　　莫多娄贷文

子敬显　高市贵　　厍狄回洛

厍狄盛　　薛孤延　　张保洛

麴珍　段琛　牒舍乐　尉摽　乞伏贵和　乞伏令和

王康德　侯莫陈相

　　贺拔允，字可泥，神武尖山人也。祖尔头，父度拔，俱见魏史。允便弓马，颇有胆略，与弟岳杀贼帅卫可肱，仍奔魏。广阳王元深上允为积射将军，持节防滏口。深败，归尔朱荣。允父子兄弟并以武艺知名，荣素闻之。见允，待之甚厚。建义初，除东将军、光禄大夫，封寿阳县，邑七百户。永安中，除征北将军、蔚州刺史，进爵为公。魏长广王立，改封燕郡公。兼侍中。使茹茹，还至晋阳，值高祖将出山东，允素知高祖非常人，早自结托。高祖以其北士之望。尤亲礼之。遂与允出信都，参定大策。魏中兴初，转司徒，领尚书令。高祖入洛，进爵为王，转太尉，加侍中。魏武帝之猜忌高祖也，以允弟岳深相委托，潜使来往。当时咸虑允为变。及岳死，武帝又委岳弟胜心腹之寄。高祖重其旧，久全护之。天平元年乃赐死，时年四十八，高祖亲临哭。赠定州刺史、五州军事。

允有三子，长子世文，次世乐，次难陀。兴和末，高祖并召与诸子同学。武定中，敕居定州，赐其田宅。

蔡俊，字景彦，广宁石门人也。父普，北方扰乱，奔走五原，守战有功。拜宁朔将军，封安上县男，邑二百户。寻卒，赠辅国将军、燕州刺史。俊豪爽有胆气，高祖微时，深相亲附。与辽西段长、太原庞苍鹰俱有先知之鉴。长为魏怀朔镇将，尝见高祖，甚异之，谓高祖云："君有康世之才，终不徒然也，请以子孙为托。"兴和中，启赠司空公。子宁，相府从事中郎，天保初，兼南中郎将。苍鹰交游豪侠，厚待宾旅，居于州城。高祖客其舍，初居处于蜗牛庐中，苍鹰母数见庐上赤气属天。苍鹰亦知高祖有霸王之量，每私加敬，割其宅半以奉高祖，由此遂蒙亲识。高祖之牧晋州，引为兼治中从事史，行义宁郡事。及义旗建，苍鹰乃弃家间行归高祖，高祖以为兼行台仓部郎中。卒于安州刺史。

俊初为杜洛周所虏，时高祖亦在洛周军中，高祖谋诛洛周，俊预其计。事泄，走奔葛荣，仍背葛荣归尔朱荣。荣入洛，为平远将军、帐内别将。从破葛荣，除谏议大夫。又从平元显，封乌洛县男。随高祖举义，为都督。高祖平邺，及破四胡于韩陵，俊并有战功。太昌中，出为济州刺史，为治严暴，又多受纳，然亦明解有部分，吏民畏服之。性好宾客，颇称施与。后胡迁等据兖州作逆，俊与齐州刺史尉景讨平之。

魏武帝贰于高祖，以济州要重，欲令腹心据之。阴诏御史构俊罪状，欲以汝阳王代俊，由是转行兖州事。高祖以俊非罪，启复其任。武帝不许，除贾显智为刺史，率众赴州。俊防守严备，显智惮之，至东郡，不敢前。

天平中，为都督，随领军娄昭攻樊子鹄于兖州，又与行台元子思讨元庆和，俱平之。侯深反，复以俊为大都督，率众讨之，深败走。

又转扬州刺史。天平三年秋,卒于州,时年四十二。赠持节、侍中、都督、冀州刺史、尚书令、司空公、谥曰威武。齐受禅,诏祭告其墓。皇建初,配享高祖庙庭。

韩贤,字普贤,广宁石门人也。壮健有武用。初随葛荣作逆,荣破,随例至并州,尔朱荣擢充左右。荣妻子北走,世隆等立魏长广王晔为主,除贤镇远将军、屯骑校尉。先是,世隆等攻建州及石城,贤并有战功。尔朱度律用为帐内都督,封汾阳县伯,邑四百户。

普泰初,除前将军、广州刺史。属高祖起义,度律以贤素为高祖所知,恐其有变,遣使征之。贤不愿应召,乃密遣群蛮,多举烽火,有如寇难将至。使者遂为启,得停。贤仍潜遣使人通诚于高祖。高祖入洛。尔朱官爵例皆削除,以贤远送诚款,令其复旧。太昌初,累迁中军将军、光禄大夫,出为建州刺史。武帝西入,转行荆州事。天平初,为洛州刺史。民韩木兰等率土民作逆,贤击破之,亲自按检,欲收甲仗。有一贼窘迫,藏于死尸之间,见贤将至,忽起斫之,断其胫而卒。贤虽武将,性和直,不甚贪暴,所历虽无善政,不为吏民所苦。昔汉明帝时,西域以白马负佛经送洛,因立白马寺,其经函传在此寺,形制淳朴,世以为古物,历代藏宝。贤无故斫破之,未几而死,论者或谓贤因此致祸。赠侍中、持节、定营安平四州军事、大将军、尚书令、司空公、定州刺史。子裔嗣。

尉长命,太安狄那人也。父显,魏镇远将军、代郡太守。长命性和厚,有器识。扶阳之乱,寄居太原。及高祖将建大义,长命参计策,后高祖破四胡于韩陵,拜安南将军。樊子鹄据兖州反,除东南道大都督,与诸军讨平之。转镇范阳城,就拜幽州刺史,督安、平二州事。州居北垂,土荒民散,长命虽多聚敛,然以恩抚民,少得安集。寻以疾去职。未几,复征拜车骑大将军、都督西燕幽沧瀛四州诸军事、幽州刺史。卒于州。赠以本官,加司空,谥曰武壮。

子兴敬,便弓马,有武艺,高祖引为帐内都督。出为常山公府参军事,赐爵集中县伯。晋州民李小兴群聚为贼,兴敬随司空韩轨讨平之,进爵为侯。高祖攻周文帝于邙山,兴敬因战为流矢所中,卒。赠泾、岐、幽三州军事,爵为公,谥曰闵庄。高祖哀惜之,亲临吊,赐其妻子禄如兴敬存焉。子士林嗣。

王怀,字怀周,不知何许人也。少好弓马,颇有气尚,值北边丧乱,早从戎旅。韩楼反于幽州,怀知其无成,阴结所亲,以中兴初叛楼归魏,拜征虏将军、第一领民酉长、武周县侯。

高祖东出,怀率其部人三千余家,随高祖于冀州,义旗建,高祖以为大都督,从讨尔朱兆于广阿,破之,除安北将军,蔚州刺史。又随高祖攻邺,克之,从破四胡于韩陵,进爵为侯。仍从入洛。拜车骑将军,改封卢乡县侯。

天平中,除使持节、广州军事。梁遣将湛僧珍、杨㑒来寇,怀与行台元景击须城,拔之,擒㑒。又从高祖袭克西夏州。还,为大都督,镇下馆,除仪同三司。元象初,为大都督,与诸将西讨,遇疾卒于建州。赠定幽恒肆四州诸军事、刺史、司徒公,尚书仆射。怀以武艺勋诚为高祖所知,志力未申,论者惜其不遂。皇建初,配飨高祖庙庭。

刘贵,秀容阳曲人也。父乾,魏世赠前将军、肆州刺史。贵刚格有气断,历尔朱荣府骑兵参军。建义初,以预定策勋,封敷城县伯,邑五百户。除左将军、太中大夫,寻进为公。荣性猛急,贵尤严峻,每见任使,多惬荣心,遂被信遇,位望日重,加抚军将军。永安三年,除凉州刺史。建明初,尔朱世隆专擅,以贵为征南将军、金紫光禄、兼左仆射、西行道台,使抗孝庄行台元显恭于正平。贵破显恭,擒之,并大都督裴俊等,复除晋州刺史。普泰初,转行汾州事。高祖起义,贵弃城归高祖于邺。太昌初,以本官除肆州刺史,转行建州事。天平初,除陕州刺史。四年,除御史中尉、肆州大中正。其年,加行台仆射,与侯景、高昂等讨独孤如愿于洛阳。

贵凡所经历,莫不肆其威酷。修营城郭,督责切峻,非理杀害,视下如草芥。然以严断济务，有益机速。性峭直，攻讦无所回避，故见赏于时。虽非佐命元功，然与高祖布衣之旧，特见亲重。兴和元年十一月卒。赠冀定并殷瀛五州军事、太保、太尉公、录尚书事、冀州刺史，谥曰忠武。齐受禅，诏祭告其墓。皇建中，配享高祖庙。长子元孙，员外郎、肆州中正，早卒。赠肆州刺史。次子洪徽嗣。武平末，假仪同三司，奏门下事。

任延敬，广宁人也。伯父桃，太和初为云中军将，延敬随之，因家焉。延敬少和厚，有器度。初从葛荣为贼，荣署为王，甚见委任。荣败，延敬拥所部先降，拜镇远将军、广宁太守，赐爵西河县公。后随高祖建义，中兴初，累迁光禄大夫。太昌初，累转尚书左仆射，进位开府仪同三司。延敬位望既重，能以宽和接物，人士称之。及斛斯椿衅发，延敬弃家北走，至河北郡，因率土民据之，以待高祖。

魏武帝入关，荆蛮不顺，以延敬为持节南道大都督，讨平之。天平初，得拜侍中。时范阳人卢仲延率河北流人反于杨夏，西兖州民田龙聚众应之，以延敬为大都督、东道军司，率都州元整、叱列陀等讨之。寻为行台仆射，除徐州刺史。时梁遣元庆和及其诸将寇边，延敬破梁仁州刺史黄道始于北济阴，又破梁俊于单父，俘斩万人。又拜侍中。在州大有受纳，然为政不残，礼敬人士，不为民所疾苦。

颍州长史贺若徽执刺史田迅据城降西魏，复令延敬率豫州刺史尧雄等讨之。西魏遣其将怡锋率众来援，延敬等与战失利，收还北豫，仍与行台侯景、司徒高昂等相会。共攻颍川，拔之。元象元年秋，卒于邺，时年四十五。赠使持节、太保、太尉公、录尚书事、都督冀定瀛幽安五州诸军事、冀州刺史。子胄嗣。

胄轻侠，颇敏惠。少在高祖左右，天平中，擢为东郡太守。家本丰财，又多聚敛，动极豪华，宾客往来，将迎至厚。寻以赃污为有司所劾，高祖舍之。及解郡，高祖以为都督。兴和末，高祖攻玉壁还，以晋州西南重要，留清河公岳为行台镇守，以胄隶之。胄饮酒游纵，不勤防守，高祖责之。胄惧，遂潜遣使送款于周。为人纠列，穷治未得其实,高祖特免之,谓冑曰:"我推诚于物,谓卿必无此理。且黑獭降人,首尾相继,卿之虚实,于后何患不知。"冑内不自安。是时,仪同尔朱文畅及参军房子远、郑仲礼等并险薄无赖,冑厚与交结,乃阴图杀逆。武平三年正月十五日,因高祖夜戏,谋将窃发。有人告之,令捕穷治,事皆得实。冑及子弟并诛。

莫多娄贷文,太安狄那人也。骁果有胆气。从高祖举义。中兴初,除伏波将军、武贲中郎将、虞候大都督。从击尔朱兆于广阿,有功,加前将军,封石城县子,邑三百户。又从破四胡于韩陵,进爵为侯。从平尔朱兆于赤洪岭。兆穷迫自经,贷文获其尸。迁左厢大都督。斛期椿等衅起,魏武帝遣贾显智据守石济。高祖令贷文率精锐三万,与窦泰等于定州相会,同趣石济,击走显智。天平中,除晋州刺史。汾州胡贼为寇窃,高祖亲讨之,以贷文为先锋,每有战功。还,赉奴婢三十人、牛马各五十匹、布一千疋,仍为汾、陕、东雍、晋、泰五州大都督。后与太保尉景攻东雍、南汾二州,克之。元象初,除车骑大将军、仪同、南道大都督,与行台侯景攻独孤如愿于金墉城。周文军出函谷,与高昂议整旅厉卒,以待其至。贷文请率所部,击其前锋,景等固不许。贷文性勇而专,不肯受命,以轻骑一千军前斥候,西过源涧,遇周军,战没。赠并肆恒云朔五州军事、并州刺史、尚书右仆射、司徒公。

子敬显,强直勤干,少以武力见知,恒从斛律光征讨,数有战功。光每命敬显前驱,安置营垒,夜中巡察,或达旦不睡,临敌置阵,亦令敬显部分将士,造次之间,行伍整肃。深为光所重。位至领军将军,恒检校虞候事。武平中,车驾幸晋阳,每令敬显督留台兵马,纠察盗贼,京师肃然。七年,从后主平阳,败归并州,与唐邕等推立安德王称尊号。安德败,文帝群官皆投周军,唯敬显走还邺。授司徒。周武帝平邺城之明日,执敬显斩于阊阖门外,责其不留平阳也。

高市贵,善无人也。少有武用。孝昌初,恒州内部敕勒刘仑等聚众反，市贵为都督，率众讨仑，一战破之。累迁抚军将军、谏议大夫。及尔朱荣立魏庄帝，市贵预翼戴之勋，迁卫将军，光禄大夫、秀容大都督、第一领民酋长，赐爵上洛县伯。尔朱荣击葛荣于滏口，以市贵为前锋都督。荣平，除使持节、汾州刺史，寻为晋州刺史。纥豆陵步藩之侵乱并州也，高祖破之，市贵亦从行有功，除骠骑大将军、仪同三司，封常山郡公，邑一千五百户。

高祖起义，市贵预其谋。及樊子鹄据州反，随大都督娄昭讨之，子鹄平，除西兖州刺史，不之州。天平初，复除晋州刺史。高祖寻以洪峒要险，遣市贵镇之。高祖沙苑失利，晋州行事封祖业弃城而还，州民柴览聚众作逆。高祖命市贵讨览，览奔柴壁，市贵破斩之。是时，东雍，南汾二州境多群贼，聚为盗，因市贵平览，皆散归复业。后秀容人五千户叛应山胡，复以市贵为行台，统诸军讨平之。元象中，从高祖破周文帝于邙山。重除晋州刺史、西道军司，率众击怀州逆贼潘集。未至，遇疾道卒。赠并汾怀建东雍五州军事、太尉公、并州刺史。子阿那肱贵宠，封成皋王。敕令其第二子孔雀承袭。

厍狄回洛，代人也。少有武力，仪貌魁伟。初事尔朱荣为统军，预立庄帝，转为别将，赐爵毋极伯。从破葛荣，转都督。荣死。隶尔朱兆。高祖举兵信都，回洛拥众归义。从破四胡于韩陵，以军功补都督，加后将军、太中大夫，封顺阳县子，邑四百户。迁右厢都督。从征山胡，先锋斩级，除朔州刺史。破周文于河阳。转授夏州刺史。邙山之役，力战有功，增邑通前七百户。世宗嗣事，从平颍川。天保初，除建州刺史。肃宗即位，封顺阳郡王。大宁初，转朔州刺史，食博陵郡干。转太子太师，遇疾卒。赠使持节、都督定瀛恒朔云五州军事、大将军、太尉公，定州刺史，赠物一千段。

厍狄盛，怀朔人也。性和柔，少有武用。初为高祖亲信都督，除伏波将军，每从征讨。以功封行唐县伯。复累加安北将军，幽州刺史，加中军将军，为豫州镇城都督。以勋旧进爵为公，世宗减封二百户,以增其邑。除征西大将军、开府仪同三司、朔州刺史。齐受禅,改封华阳县公。又除北朔州刺史,以华阳封邑在远,随例割并州之石艾县、肆州之平寇县、原平之马邑县各数十户,合二百户为其食邑。未几,例罢,拜特进,卒。赠使持节、都督朔瀛赵幽安五州诸军事、太尉公、朔州刺史。

薛孤延,代人也。少骁果,有武力,韩楼之反,延随众属焉。后与王怀等密计讨楼,为楼尉帅乙弗丑所觉,力战破丑,遂相率归。行台刘贵之表为都督,加征虏将军,赐永固县侯。后隶高祖为都督,仍从起义。破尔朱兆于广阿,因从平邺,以功进爵为公,转大都督。从破四胡于韩陵,加金紫光禄大夫。从追尔朱兆于赤洪岭,除第一领民酋长。孝静立,拜显州刺史,累加车骑将军。天平四年,从高祖西伐,至蒲津,窦泰于河南失利,高祖班师,延殿后,且战且行,一日斫折刀十五口。还,转梁州刺史。从征玉壁,又转恒州刺史。从破周文帝于邙山,进爵为县公,邑一千户。

高祖尝阅马于北牧,道逢暴雨,大雷震地。前有浮图一所,高祖令延视之。延乃驰马按矟直前,未至三十步,雷火烧面,延喝杀,绕浮图走,火遂灭。延还,眉鬓及马鬃尾俱焦。高祖叹曰:“薛孤延乃能与霹雳斗。”其勇决如此。又频从高祖讨破山胡,西攻玉壁。入为左卫将军,改封平泰郡公。为左厢大都督,与诸军将讨颍州。延专监造土山,以酒醉为敌所袭据。颍州平,诸将还京师,宴于华林园,世宗启魏帝,坐延于阶下而辱之。后兼领军将军,出为沧州刺史,别封温县男,邑三百户。齐受禅,别赐爵都昌县公。性好酒,率多昏醉。而以勇决善战,每大军征讨,常为前锋,故与彭、刘、韩、潘同列。天保二年,为太子太保,转太子太傅。八年,除肆州刺史,加开府仪同三司,食洛阳郡干,寻改河间郡干。

张保洛,代人也,自云本出南阳西鄂。家世好宾客,尚气侠,颇为北土所知。保洛少率健,善弓马。魏孝昌中,北镇扰乱,保洛亦随众南下。葛荣僭逆,以保洛为领左右。荣败,仍为尔朱荣统军,累迁扬烈将军、奉车都尉。后隶高祖为都督,从讨步蕃。

及高祖起义,保洛为帐内,从破尔朱兆于广阿。寻迁右将军、中散大夫,仍以帐内从高祖围邺城,既拔,除平南将军,光禄大夫。从破尔朱兆等于韩陵,因随高祖入洛,加安东将军。后高祖启减国邑,分授将士。保洛随例封昌平县薄家城乡男一百户。

魏出帝不协于高祖,令仪同贾显智率豫州刺史斛斯寿东趣济州。高祖遣大都督窦泰自滑台拒显智,保洛隶泰前驱。事定,转都督。

从高祖袭夏州,克之。万俟受洛干之降也,高祖遣保洛与诸将于路接援。元象初,除西夏州刺史、当州大都督,又以前后功,封安武县伯,邑四百户。转行蔚州刺史。从高祖攻周文帝于邙山,围玉壁,攻龙门。还,留镇晋州。

世宗即位,以保洛为左厢大都督。后出晋州,加征西将军。王思政之援颍州,攻围未克。世宗仍令保洛镇杨志坞,使与扬州为犄角之势。颍川平,寻除梁州刺史。显祖受禅,仍为刺史,所在聚敛为务,民吏怨之。济南初,出为沧州刺史,封敷城郡王,为在州聚敛,免官,削夺王爵。及卒,赠以前官,追复本封。子默言嗣。武平末,卫将军。以帐内从高祖出山东,有麴珍、段琛、牒舍乐、尉标、乞伏贵和及弟令和、王康德,并以军功至大官。

麴珍字舍乐洛、西平酒泉人也。壮勇善骑射。以帐内从高祖晋州,仍起义,所在征讨。武定末,封富平县。天保初,食黎阳郡王,除晋州刺史。武平初,迁豫州道行台、尚书令、豫州刺史,卒,赠太尉。

段琛字怀宝,代人也。少有武用。从高祖起义信都。天保中,光州刺史。

牒舍乐,武成开府仪同三司、营州刺史,封汉中郡公。战殁关中。

尉标,代人也。太宁初,封海昌王。子相贵嗣,武平末,晋州道行台尚书仆射、晋州刺史。为行台左丞侯子钦等密起周武请师,钦等为内应。周武自率众至城下,钦等夜开城门引军入,锁相贵送长安。寻卒。弟相愿,强干有胆略。武平末,领军大将军。自平阳至并州,及到邺,每立计将杀高阿那肱,废后主,立广宁王,事竟不果。及广宁被出,相愿拔佩刀斫柱而叹曰:"大事去矣,知复何言!"

贵和及令和兄弟,武平末,并开府仪同三司。令和,领军将军。并州未败前,与领军大将军韩建业、武卫大将军封辅相相继投周军。令和授柱国,封西河郡公。隋大业初,卒于秦州总管。

建业、辅相,俱不知所从来。建业授上柱国,封郇国公,隋开皇中卒。辅相,封上柱国,封郡公。周武平并州,即以为朔州总管。康德,代人也。历数州刺史、并省尚书,封新蔡郡王。

侯莫陈相,代人也。祖伏颓,魏第一领民酋长。父斛右提,朔州刺史、白水郡公。寻除蔚州刺史,仍为大行台,节度西道诸军事。又迁车骑将军,显州刺史。入除太仆卿。顷之,出为汾州刺史。别封安次县男,又别封始平县公。天保初,除太师,转司空公,进爵为白水王,邑一千一百户。累授太傅,进食建州干,别封义宁郡公。武平二年四月,薨于州,年八十三。赠假黄钺、使持节、督冀定瀛沧济赵幽并朔恒十州军事、右丞相、太宰、太尉公、朔州刺史。有二子。长子贵乐,尚公主,驸马都尉。武卫将军、梁州刺史。隆化时,并州失守,晋贵遣使降周,授上大将军,封信安县公。

史臣曰:高祖世居云代,以英雄见知。后遇尔朱,武功渐振,乡邑故人,弥相推重。贺拔允以昆委乖离,处猜嫌之地,初以旧望矜护,而竟不获令终,比于吴、蜀之安瑾、亮,方知器识之浅深也。刘贵、蔡俊有先见之明,霸业始基,义深匡赞,配飨清庙,岂徒然哉。韩贤等及闻义,竞趣戎行,凭附末光,申其志力,化为公侯,固其宜矣。

赞曰:帝乡之亲,世有其人,降灵云朔,载挺良臣。功名之地,望古为邻。

北齐书卷二〇
列传第一二

张琼　斛律羌举 子孝卿　刘世清

尧雄　宋显　王则

慕容绍宗　薛脩义　叱列平

步大汗萨　慕容俨 蔃舍乐

范舍乐　厍狄伏连

张琼字连德,代人也。少壮健,有武用。魏世自荡寇将军,为朔州征虏府外兵参军。随葛荣为乱,荣败,尔朱荣以为都督。讨元颢有功,除汲郡太守。建明初,为东道慰劳大使,封行唐县子,邑三百户。转太尉长史,出为河内太守,除济州刺史。尔朱兆败,归高祖,迁汾州刺史。天平中,高祖袭克夏州,以为慰劳大使,仍留镇之。寻为周文帝所陷,卒。赠使持节、燕恒云朔四州诸军事、大将军、司徒公、恒州刺史,有二子。长忻,次尊业。

忻,普泰中为都督,随尔朱世隆。以功尚魏平阳公主,除驸马都尉、大将军、开府仪同三司、建州刺史、南郑县伯。琼常忧其大盛,每语亲识曰:“凡人官爵,莫若处中,忻位秩太高,深为忧虑。”而忻豪险放纵,遂与公主情好不协,寻为武帝所害,时称琼之先见。

遵业,讨元颢有功,封固安县开国子,除宁远将军、云州大中正。天平中,除清河太守,寻加安西将军、建州刺史。武定中,随仪同刘丰讨侯景，为景所擒。景败，杀遵业于涡阳。丧还，世宗亲自临吊，赠并肆幽安四州军事、开府仪同三司、并州刺史。

斛律羌举，太安人也。世为部落酋长。父谨，魏龙骧将军、武川镇将。羌举少骁果，有胆力。永安中，从尔朱兆入洛，有战功，深为兆所爱遇，恒从征伐。高祖破兆，方始归诚。高祖以其忠于所事，亦加嗟赏。

天平中，除大都督，令率步骑三千导众军西袭夏州，克之。后从高祖西讨，大军济河，集诸将议进趣之计。羌举曰："黑獭聚凶党，强弱可知，若欲固守，无粮援可恃。今揣其情，已同困兽，若不与其战，而迳趣咸阳，咸阳空虚，可不战而克。拔其根本，彼无所归，则黑獭之首悬于军门矣。"诸将议有异同，遂战于渭曲，大军败绩。天平末，颍川人张俭聚众反叛，西通关右，羌举随都督侯景、高昂等讨破之。元象中，除清州刺史，封密县侯。兴和初，高祖以为中军大都督，寻转东夏州刺史。时高祖欲招怀远夷，令羌举使于阿至罗，宣扬威德，前后称旨，甚被知赏。卒于州，时年三十六。高祖深悼惜之。赠并恒二州军事、恒州刺史。

子孝卿，少聪敏几悟，有风检，频历显职。武平末，侍中、开府仪同三司，封义宁王，知内省事，典外兵、骑兵机密。是时，朝纲日乱，政由群竖。自赵彦深死，朝贵典机密者，唯孝卿一人差居雅道，不至贪秽。后主至济州，以孝卿为尚书令。又以中书侍郎薛道衡为侍中，封北海王。二人劝后主作承先主诏，禅位任城王，令孝卿赍诏策及传国玺往瀛州。孝卿便诣邺城，归于周武帝，仍从入长安，授纳言上士。隋开皇中，位太府卿，卒于民部尚书。

代人刘世清，祖拔，魏燕州刺史，父巍，金紫光禄大夫。世清，武平末，侍中、开府仪同三司，任遇与孝卿相亚。情性甚整，周慎谨密，在孝卿之右，能通四夷语，为当时第一。后主命世清作突厥语翻《涅盘经》，以遗突厥可汗，敕中书侍郎李德林为其序。世清，隋开皇中，卒于开府、亲卫骠骑将军。

尧雄,字休武,上党长子人也。祖暄,魏司农卿,父荣,员外侍郎。雄少骁果,善骑射,轻财重气,为时辈所重。永安中,拜宣威将军、给事中、持节慰劳恒燕朔三州大使。仍为都督,从叱列延讨刘灵助,平之,拜镇东将军、燕州刺史,封城平县伯,邑五百户。

义旗初建,雄随尔朱兆败于广阿,遂率所部据定州以归高祖。时雄从兄杰,尔朱兆用为沧州刺史,至瀛州,知兆败,亦遣使归降。高祖以其兄弟俱有诚款,便留杰行瀛州事。寻以为车骑大将军、瀛州刺史以代杰,进爵为公。增邑五百户。于时禁网疏阔,官司相与聚敛,唯雄义然后取,复能接下以宽恩,甚为吏民所怀附。魏武帝入关,雄为大都督,随高昂破贺拔胜于穰城。周旋征讨三荆,仍除二豫、扬、郢四州都督,豫州刺史。元洪威据颍州叛,民赵继宗杀颍川太守邵招,据乐口,自称豫州刺史,北应洪威。雄率众讨之,继宗败走。民因雄之出,遂推城人王长为刺史,据州引西魏。雄复与行台侯景讨平之。梁将李洪芝、王当伯袭破平乡城,侵扰州境。雄设伏要击,生擒洪芝、当伯等,俘获甚众。梁司州刺史陈庆之率众逼州城,雄出与战,所向披靡,身被二创,壮气益厉,庆之败,弃辎重走,后庆之复围南荆州,雄曰:“白苟堆,梁之北面重镇,因其空虚,攻之必克,彼若闻难,荆围自解,此所谓机不可失也。”遂率众攻之,庆之果弃荆州来。未至,雄陷其城,擒梁镇将苟元广,兵二千人。梁以元庆和为魏王,侵扰南境。雄率众讨之,大破庆和于南顿。寻与行台侯景破梁楚。二州民上书,更乞雄为刺史,复行豫州事。

颍州长史贺若徽执刺或田迅据州降西魏,诏雄与广州刺史赵育、扬州刺史是育宝等各总当州士马,随行台任延敬并势攻之。西魏遣其将怡锋率众援之,延敬等与战失利。育、宝各还本州,据城降敌。雄收集散卒,保大梁州。周文帝因延敬之败,遣其右丞韦孝宽等攻豫州。雄都督郭丞伯、程多宝等举豫州降敌,执刺名冯邕并家属及部下妻子数千口,欲送之长安。至乐口,雄外兵参军王恒伽、都督赫连俊等数十骑从大梁邀之,斩多宝,拔雄等家口还大梁。西魏以丞伯为颍川太守，雄仍与行台侯景讨之。雄别攻破乐口，擒丞伯。进讨悬瓠，逐西魏刺史赵继宗、韦孝宽等。复以雄行豫州事。西魏以是育宝为扬州刺史，据项城；义州刺史韩显据南顿。雄复率众攻之，一日拔其二城，擒显及长史丘岳，宝遁走，获其妻妾将吏二千人，皆传送京师。加骠骑大将军，仍随侯景平鲁阳，除豫州刺史。

雄虽武将，而性质宽厚，治民颇有诚信，为政去烦碎，举大纲而已。抚养兵民，得其力用，在边十年，屡有功绩，豫人于今怀之。又爱人物，多所施与，宾客往来，礼遗甚厚，亦以此见称。兴和三年，征还京师，寻领司、冀、瀛、定、齐、青、胶、兖、殷、沧十州士卒十万人，巡行西南，分守险要。四年，卒于邺，时年四十四。赠使持节、都督青徐胶三州军事、大将军、司徒公、徐州刺史，谥武恭。子师嗣。

雄弟奋，字彦举。解褐宣威将军、给事中，转中坚将军、金紫光禄大夫，赐爵安夷县子。从高祖平邺，破尔朱兆等，进爵为伯。出为南汾州刺史，胡夷畏惮之。西魏行台薛崇礼举众攻奋，与战，大破之，崇礼兄弟乞降，送于相府。转奋骠骑将军、左光禄大夫、颍州刺史，卒。赠兖豫梁三州诸军事、司空、兖州刺史。

雄从父兄杰，字寿。性轻率，嗜酒，颇有武用。历给事中、羽林监。从高祖破纥豆陵步藩有功，除镇东将军，封乐城县伯，邑百户。出为沧州刺史。属义兵起，归高祖。从平邺及破尔朱兆，进爵为侯。后为都督，率众随樊子鹄讨元树于谯城，平之。仍除南兖州，多所取受，然性果决，吏民畏之。寻加行兖州事。元象初，拜车骑大将军、仪同三司，进爵为公。出为磨城镇大都督，转安州刺史，卒于州。赠使持节、沧瀛二州诸军事、尚书右仆射，沧州刺史，谥曰□。

宋显，字仲华，敦煌效谷人也。性果敢，有干用。初事尔朱荣为军主，擢为长流参军。永安中，除前军、襄垣太守，转荣府记室参军。从平元颢，加平东将军。荣死，世隆等向洛，复以显为襄垣太守，普泰初，迁使持节、征北将军、晋州刺史。后归高祖，以为行台右丞。樊子鹄据兖州反，前西兖州刺史乙瑗、谯郡太守辛景威屯据五梁，以

应子鹄。高祖以显行西兖州事,率众讨破之,斩瑗,景威遁走。拜西
兖州刺史。时梁州刺史鹿永吉据州外叛,西魏遣博陵王元约、赵郡
王元景率众迎接。显勒当州士马邀破之,斩约等,仍与左卫将军
斛律平共会大梁。拜仪同三司。在州多所受纳,然勇决有气干,检
御左右,咸能得其心力。及河阴之战,深入赴敌,遂没于行阵。赠司
空公。

　　显从祖弟绘,少勤学,多所博览,好撰述。魏时,张缅晋书未入
国,绘依准裴松之注《国志》体,注王隐及《中兴书》。又撰《中朝多士
传》十卷,《姓系谱录》五十篇。以诸家年历不同,多有纰缪,乃刊正
异同,撰《年谱录》,未成。河清五年并遭水漂失。绘虽博闻强记,而
天性恍惚,晚又遇风疾,言论迟缓,及失所撰之书,乃抚膺恸哭曰:
"可谓天丧予也!"天统中卒。

　　王则,字元轨,自云太原人也。少骁果,有武艺。初随叔父魏广
平王内史老生征讨,每有战功。老生为朝廷所知,则颇有力。初以
军功除给事中,赐爵白水子。后从元天穆讨邢杲,轻骑深入,为杲所
擒。元颢入洛,则与老生俱降颢,颢疑老生,遂杀之。则奔广州刺史
郑先护,与同拒颢。颢败,迁征虏将军,出为东徐州防城都督。
　　尔朱荣之死也,东徐州刺史斛斯椿其枝党,内怀忧怖。时梁立
魏汝南王悦为魏主,资其士马,送境上,椿遂翻城降悦。则与兰陵太
守李义击其偏师,破之。魏因以则行北徐州事。后隶尔朱仲远,仲
远败,始归高祖。仍加征南将军,金紫光禄大夫。初随荆州刺史贺
拔胜,后从行台侯景,周旋征讨,属有功绩。天平初,行荆州事,都督
三荆、二襄、南雍六州军事,荆州刺史。则有威武,边人畏服之。渭
曲之役,则为西师围逼,遂弃城奔梁,梁寻放还,高祖恕而不责。元
象初,除洛州刺史。则性贪吝,在州取受非法,旧京取像,毁以铸钱,
于时世号河阳钱,皆出其家。武定中,复随侯景西讨。景于颍川作
逆,时则镇柏崖戍,世宗以则有武用,征为徐州刺史。景既南附,梁
遣贞阳侯明率大众向徐州,以为影响,堰清水灌州城。则固守历时,

而取受狼藉，锁送晋阳，世宗恕其罪。武定七年春，卒，时年四十八。赠青齐二州军事、司空、青州刺史，谥曰烈懿。

则弟敬宝，少历显位。后为东广州刺史，与萧轨等攻建业，不见克，没焉。

慕容绍宗，慕容晃第四子太原王恪后也。曾祖腾，归魏，遂居于代。祖都，岐州刺史。父远，恒州刺史。绍宗容貌恢毅，少言语，深沉有胆略。尔朱荣即其从舅子也。值北边挠乱，绍宗携家属诣晋阳以归荣，荣深待之。及荣称兵入洛，私告绍宗曰："洛中人士繁盛，骄侈成俗，若不加除剪，恐难制驭，吾欲因百官出迎。仍悉诛之，谓可尔不？"绍宗对曰："太后临朝，淫虐无道，天下愤惋，共所弃之，公既身控神兵，心执忠义，忽欲歼夷多士，谓非长策，深愿三思。"荣不从。后以军功封索卢县子，寻进爵为侯，从高祖破羊侃，又与元天穆平邢杲，累迁并州刺史。

纥豆陵步藩逼晋阳，尔朱兆击之，累为步藩所破，欲以晋州征高祖，共图步藩。绍宗谏曰："今天下扰扰，人怀觊觎，正是智士用策之秋。高晋州才雄气猛，英略盖世，譬诸蛟龙，安可借以云雨。"兆怒曰："我与晋州推诚相待，何忽辄相猜阻，横生此言！"便禁止绍宗，数日方释。遂割鲜卑隶高祖。高祖共讨步藩，灭之。及高祖举义信都，兆以绍宗为长史，又命为行台，率军壶关，以抗高祖。及广阿、韩陵之败，兆乃抚膺自咎，谓绍宗曰："比用卿言，今岂至此。"兆之败于韩陵也，士卒多奔，兆惧，将欲潜遁。绍宗建旗鸣角，招集义徒，军容既振，与兆徐而上马。后高祖从邺讨兆于晋阳，兆窘急，走赤谼岭，自缢而死。绍宗行到马突城，见高祖追至，遂携荣妻子及兆余众自归。高祖仍加恩礼，所有官爵并如故，军谋兵略，时参预焉。

天平初，迁都邺，庶事未周，乃令绍宗与高隆之共知府库图籍诸事。二年，宜阳民李延孙聚众反，乃以绍宗为西南道军司，率都督厍狄安盛等讨破之。军还，行扬州刺史，寻行豫州刺史。丞相府记室孙搴属绍宗以兄为州主簿，绍宗不用。搴谮之于高祖，云："慕容绍宗尝登广固城长叹,谓其所亲云'大丈夫有复先业理不。'"由是征还。元象初,西魏将独孤如愿据洛州,梁颖之间寇盗锋起。高祖命绍宗率兵赴武牢,与行台刘贵等平之。进爵为公,除度支尚书。后为晋州刺史、西道大行台,还朝,迁御史中尉。属梁刘乌黑入寇徐方,令绍宗率兵讨击之,大破,因除徐州刺史。乌黑收其散众,复为侵窃,绍宗密诱其徒党,数月间,遂执乌黑杀之。

侯景反叛,命绍宗为东南道行台,加开府,转封燕郡公,与韩轨等诣瑕丘,以图进趣。梁武帝遣其兄子贞阳侯深明等率众十万,顿军寒山,与侯景椅角,拥泗水灌彭城。仍诏绍宗为行台,节度三徐、二兖军事,与大都督高岳等出讨,大破之,擒萧明及其将帅等,俘虏甚众,乃回军讨侯景于涡阳。于时景军甚众,前后诸将往者莫不为其所轻。及闻绍宗与岳将至,深有惧色,谓其属曰:"岳部兵精,绍宗旧将,宜共慎之。"于是与景接战,诸将持疑,无肯先者,绍宗麾兵径进,诸将从之,因而大捷,景遂奔遁。军还,别封永乐县子。初,高祖末命世宗云:"侯景若反,以慕容绍宗当之。"至是竟立功效。西魏遣其大将王思政之入据颖州,又以绍宗为南道行台,与太尉高岳、仪同刘丰等率军围南昌,堰洧水以灌之。时绍宗频有凶梦,意每恶之。乃私谓左右曰:"吾自二十已还。恒有蒜发,昨来蒜发忽然自尽。以理推之,蒜者算也,吾一算将尽乎?"未几,与丰临堰,见北有尘气,仍入舰同坐。暴风从东北来,远近晦冥,舟缆断,飘舰径向敌城。绍宗自度不免,遂投水而死,时年四十九。三军将士莫不悲惋,朝廷嗟伤。赠使持节二青、二兖、青、济、光七州军事,尚书令,太尉、青州刺史,谥曰景惠。除其长子士肃为散骑常侍。寻以谋反,伏诛。朝廷以绍宗之,罪止士肃身。皇建初,配飨世宗庙庭,士肃弟建中,袭绍宗爵。武平末,仪同三司。隋开皇中,大将军、叠州总管。

薛脩义,字公让,河东汾阴人也。曾祖绍,魏七兵尚书、太子太保。祖寿仁,河东、河北二郡守、秦州刺史、汾阴公。父宝集,定阳太守。循义少而奸侠,轻财重气,招召豪猾,时有急难相奔投者,多能容匿之。魏咸阳王为司州牧，用为法曹从事。魏北海王颢镇徐州，引为墨曹参军。正光末，天下兵起，颢为征西将军，都督华、豳、东秦诸军事，兼左仆射、西道行台，以循义为统军。时有诏，能募得三千人者用为别将。于是循义还河东，仍历平阳、弘农诸郡，合得七千余人，即假安北将军、西道别将。俄而东西二夏、南北两华及豳州等反叛，颢进讨之。循义率所部，颇有功。绛蜀贼陈双炽等聚汾曲，诏循义为大都督，与行台长孙权共讨之。循义以双炽是其乡人，遂轻诣垒下，晓以利害，炽等遂降。拜循义龙门镇将。

后循义宗人凤贤等作乱，围镇城。循义亦以天下纷扰，规自纵擅，遂与凤贤聚众为逆，自号黄钺大将军。诏都督宗正珍孙讨之。军未至，循义惭悔，乃遣其帐下孙怀彦奉表自陈，乞一大将招慰。魏孝明遣西北道大行台胡元吉奉诏晓喻，循义降。凤贤等犹据险屯结，长孙稚军于弘农，珍孙军灵桥，未能进。循义与其从叔善乐、从弟嘉族等各率义勇为攻取之势，与凤贤书示其祸福。凤贤降，拜凤贤龙骧将军、假节、稷山镇将，夏阳县子、邑三百户，封循义汾阴县侯，邑八百户。

尔朱荣以循义豪猾反覆，录送晋阳，与高昂等并见拘防。荣赴洛阳，以循义等自随，置于驼牛署，荣死，魏孝庄以循义为弘农、河北、河东、正平四郡大都督。时高祖为晋州刺史。见循义，待之甚厚。及尔朱兆立魏长广王为主，除循义右将军、陕州刺史，假安南将军。魏前废帝初，以循义为持节、后将军、南汾州刺史。高祖起义信都，破四胡于韩陵，遣征循义，从至晋阳，以循义行并州事。又从高祖平尔朱兆。武帝之入关也。高祖奉迎临潼关，以循义为关右行台，自龙门济河。西魏北华州刺史薛崇礼屯杨氏壁，循义以书招之，崇礼率万余人降。樊子鹄之据兖州，循义从大司马娄昭破平之。天平中，除卫将军、南中郎将，带汲郡太守，顿兵、淮阳、东郡、黎阳五郡都督。迁东徐州。

元象初，拜仪同。沙苑之役，从诸军退。还，行晋州事封祖业弃城走，循义追至洪洞，说祖业还守，而祖业不从。循义还据晋州，安集固守。西魏仪同长孙子彦围逼城下，循义开门伏甲以待之，子彦不测虚实，于是遁去。高祖甚嘉之，就拜晋州刺史、南汾、东雍、陕西州行台，赏帛千匹。循义在州，擒西魏所署正平太守段荣显。招降胡酋胡垂黎等部落数千口，表置五城郡以安处之。高仲密之叛，以循义为西南道行台，为犄角声势，不行。寻除齐州刺史，以黩货除名。追其前守晋州功，复其官爵，仍拜卫尉卿。时山胡侵乱晋州，遣循义追讨，破之。进爵正平郡公，加开府。世宗以高祖遗旨，减封二百户，别封循义为平乡男。天保初，除护军，别封蓝田县公，又拜太子太保。五年七月卒，时年七十七。赠晋太华三州诸军事、司空、晋州刺史，赠物三百段。子文殊嗣。

嘉族，性亦豪爽。释褐员外散骑侍郎，稍迁正平太守。属高祖在信都，嘉族闻而赴义。从平四胡于韩陵，除华州刺史。及贺拔岳拒命，令嘉族置骑河上，以御大军。嘉族遂弃其乘马，浮河而度，归于高祖。由是拜扬州刺史，卒于官。子震，字文雄。天平初，受旨镇守龙门，陷于西魏。元象中，方得逃还。高祖嘉其至诚，除广州刺史。后从慕容绍宗讨侯景，以功别封肤施县男。天保四年，从讨山胡，破茹茹，并有功绩，累迁谯州刺史。

循义从子元颖，父光炽，东雍州刺史、太常卿。元颖廉谨有信义，起家永安王参军。行秀容县事，有清名。累转定州别驾，举清平勤干，除渔阳太守。

叱列平，字杀鬼，代郡西部人也。世为酋帅。平有容貌，美须髯，善骑射。袭第一领民酋长，临江伯。孝昌末，拔陵反叛，茹茹余众入寇马邑，平以统军属，有战功，补别将。后牧子作乱，刘胡仑、斛律可那律俱时构逆，以平为都督，讨定胡仑等。魏孝庄初，除武卫将军。随尔朱荣破葛荣，平元颢，迁中军都督、右卫将军，封瘿陶县伯，邑七百户。荣死，平与荣妻及尔朱世隆等北走。长广王晔立，授右卫将军，加京畿大都督。时尔朱氏凌僭，平常虑危祸，会高祖起义，平遂归诚。从平邺。破四胡于韩陵。仲远既走，以平为东郡大行台。

军还,从高祖平尔朱兆。复从领军娄昭讨樊子鹄平之。授使持节、华州刺史。高仲密之叛,平从高祖破周文帝于邙山。武定初,除廓州刺史。五年,加仪同三司,镇河阳,进爵为侯,天保初,授兖州刺史,寻加开府,别封临洮县子。三年,与诸将南讨江淮。克阳平郡。陈人攻围广陵,诏平统河南诸军赴援,陈人退,乃还。五年夏,卒于州,时年五十一。赠瀛沧幽三州军事、瀛州刺史、中书监,谥曰庄惠。子孝中嗣。

弟长义。武平末,侍中、开府仪同三司,封新宁王。隋开皇中,上柱国,卒于泾州长史。虽无他伎,前在官以清干著称。

步大汗萨,太安狄那人也。曾祖荣,仕魏历金门、化正二郡太守。父居,龙骧将军、领民别将。正光末,六镇反乱,萨乃将家避难南下,奔尔朱荣于秀容。后从荣入洛,以军功除扬武军帐内统军,赐爵江夏子。从平葛荣。累前后功,加镇南将军。荣死后,从尔朱兆入洛,补帐内大都督,从兆拒战于韩陵。兆败,萨以所部降。高祖以为第三领民酋长,累迁秦州镇城都督、北雍州刺史。天平中,转东寿阳三泉都督。元象中,行燕州,累迁临川领民大都督。赐爵长广伯,时茹茹寇钞,屡为边害,高祖抚纳之,遣萨将命。还,拜仪同三司。出为五城大都督。镇河阳。又加车骑将军、开府,进封行唐县公,减勃海三百户以增其封。仍授晋州刺史,别封安陵县男,邑二百户,加骠骑大将军。齐受禅,改封义阳郡公。

慕容俨,字恃德,清都成安人,慕容廆之后也。父叱头,魏南顿太守,身长一丈,腰带九尺。武平初,追赠开府仪同三司、尚书左仆射、持节、都督沧恒二州军事、恒州刺史。俨容貌出群,衣冠甚伟,不好读书,颇学兵法,工骑射。正光中,魏河间王元琛率众救寿春,辟俨左厢军主,以战功赏帛五十疋。军次西硖石,因解涡阳之围,平仓陵城、荆山戎。梁遣将郑僧等要战,俨击之,斩其将萧乔,梁人奔遁。又袭破王神念等军,擒二百余人,神念仅以身免。三年,梁遣将攻豫州,大都督文宝掌讨之。俨为别将。郑海珍与战,斩其军主朱僧珍,军副泰太。又击贼王苟于阳夏,平之。

孝昌中,尔朱荣入洛,授俨京畿南面都督。永安中,西荆州为梁将曹义宗所围,俨应募赴之。时北育太守宋带剑谋叛,俨乃轻骑出其不意,直至城下,语云:"大军已到,太守不迎?"带剑造次惶恐不知所为,便出迎,俨即执之,一郡遂定。又破梁将马元达、蔡天起、柳白嘉等,累有功,除强弩将军。与梁将王玄真、董当门等战,并破之,解穰城围。克复南阳、新乡。转积射将军,持节、豫州防城大都督。

尔朱败,与豫州刺史李恩归高祖。以勋累迁安东将军、高梁太守,转五城太守、东雍州刺史。沙苑之败,西魏荆州刺史郭鸾率众攻俨,拒守二百余日,昼夜力战,大破鸾军,追斩三百余级,又擒西魏刺史郭他。时诸州多有翻陷,唯俨获全。进号镇南将军。武定三年,率师解襄州围。频使茹茹。又从攻玉壁,赐帛七百疋并衣帽等。五年,镇河桥五城。侯景叛,俨击陈郡贼,获景麾下库狄曷赖及伪署太守郑道合、兖州刺史王彦夏、行台狄畅等,擒斩百余级。旋军项城,又擒景伪署刺史辛光并及蔡遵,并其部下二千人。六年,除谯州刺史,屡有战功,多所降附。七年,又除胶州刺史。

天保初,除开府仪同三司。三年,梁司徒陆法和、仪同宋茝等率其部下以郢州城内附。时清河王岳帅师江上,乃集诸军议曰:"城在江外,人情尚梗,必须才略兼济,忠勇过人,可受此寄耳。"众咸共推俨。岳以为然。遂遣镇郢城。始入,便为梁大都督侯瑱、任约率水陆军奄至城下。俨随方御备,瑱等不能克。又于上流鹦鹉洲上造荻洪竟数里,以塞船路。人信阻绝,城守孤悬,众情危惧,俨导以忠义,又悦以安之。城中先有神祠一所,俗号城隍神,公私每有祈祷。于是顺士卒之心,乃相率祈请,冀获冥佑。须臾,冲风倏起,惊涛涌激,漂断获洪。约复以铁锁连治,防御弥切。俨还共祈请,风浪夜惊,复以断绝,如此者再三。城人大喜,以为神助,瑱移军于城北,造栅置营,焚烧坊郭,产业皆尽。约将战士万余人,各持攻具,于城南置营垒,南北合势。俨乃率步骑出城奋击,大破之,擒五百余人。先是郢城卑下，兼土疏颓坏，俨更修缮城雉，多作大楼。又造船舰，水陆备具，工无暂阙。萧循又率众五万，与瑱、约合军，夜来攻击，俨与将士力战终夕，至明，约等乃退。追斩瑱骁将张白石首，瑱以千金赎之，不与。夏五月，瑱、约等又相与并力，悉众攻围。城中食少，粮运阻绝，无以为计，唯煮槐楮、桑叶并纻根、水萍、葛、艾等草及靴、皮带、筋角等物而食。人有死者，即取其肉，火别分啖，唯留骸骨。俨犹申令将士，信赏必罚，分甘同苦，死生以之。自正月于六月，人无异志。

后萧方智立，遣使请和。显祖以城在江表，据守非便，有诏还之。俨望帝，悲不自胜。帝呼令至前，执其手，持俨须鬓，脱帽看发，叹息久之。谓俨曰："观卿容貌，朕不复相识，自古忠烈，岂能过此！"俨对曰："臣恃陛下威灵，得申愚节，不屈竖子，重奉圣颜。今虽夕死，没而无恨。"帝嗟称不已。除赵州刺史，进伯为公，赐帛一千匹、钱十万。九年，又讨贼有功，赐帛一百匹、钱十万。十年，诏除扬州行台，与王贵显、侯子监将兵卫送萧庄。筑郭默、若邪二城。与陈新蔡太守鲁悉达战大蛇洞，破走之。又监萧庄、王琳军，与陈将侯瑱、侯安都战于芜湖，败归。皇建初，别封成阳郡公。天统二年，除特进。四年十月，又别封猗氏县公，并赐金银酒钟各一枚、胡马一匹。五年四月，进爵为义安王。武平元年，出为光州刺史。俨少任侠，交通轻薄，遨游京洛间。及从征讨，每立功效，经略虽非所长，而有将帅之节。所历诸州，虽不能清白守道，亦不贪残。卒，赠司徒、尚书令。子子颙，给事黄门侍郎。

尔朱将帅，义旗建后归顺立功者，武威牒舍乐、代郡范舍乐亦致通显。

牒舍乐，少从尔朱荣为军主、统军，后西河领民都督。尔朱兆败，率众归高祖，拜镇西将军、金紫光禄大夫。以都督隶侯景，破贺拔胜于穰城。又与诸将讨平青、兖、荆三州，拜镇西将军、营州刺史。天保初，封汉中郡公。后因战，没于关中。

范舍乐，有武艺，筋力绝人。魏末，从崔暹、李崇等征讨有功，授统军。后入尔朱荣军中,频有战功,授都督。后随尔朱兆破步藩于梁郡。高祖义旗举,弃兆归信都。从高祖破兆于广阿、韩陵。并有功,赐爵平舒男。每从征役,多有克捷。除相府左厢大都督。寻出为东雍州刺史。世宗嗣事,封平舒县侯,拜仪同。天保中,进位开府。

又有代人库狄伏连,字仲山,少以武干事尔朱荣,至直阁将军。后从高祖建义,赐爵蛇丘男。世宗辅政,迁武卫将军。天保初,仪同三司。四年,除郑州刺史,寻加开府。伏连质朴,勤于公事,直卫官阙,晓夕不离帝所,以此见知。鄙吝愚狠,无治民政术。及居州任,专事聚敛。性又严酷,不识士流。开府参军多衣冠士族,伏连加以捶挞,逼遣筑墙。武平中,封宜都郡王,除领军大将军,寻与琅邪王俨杀和士开,伏诛。伏连家口有百数,盛夏之日,料以仓米二升,不给盐菜,常有饥色。冬至之日,亲表称贺,其妻为设豆饼。伏连问此豆因何而得,妻对向于食马豆中分减充用。伏连大怒,典马、掌食之人并加杖罚。积年赐物,藏在别库,遣侍婢一人专掌管钥。每入库检阅,必语妻子云:"此是官物,不得辄用。"至是簿录,并归天府。

史臣曰:高祖霸业始基,招集英勇。张琼等虽识非先觉,而运属时来,驱驰戎旅,日不暇给,义宣御侮,契协宏图,临敌制胜,有足称也。慕容绍宗兵机武略,在世见推。昔事尔朱,固执忠义,不用范增之言,终见乌江之祸。侯景狼戾,固非后主之臣,末命绪言,实表知人之鉴。寒山、涡水,往若摧枯,算尽数奇,逢斯厄运。悲夫!

赞曰:霸图立肇,王业是因。伟哉诸将,实曰功臣,永怀耿、贾,无累清尘。

北齐书卷二一
列传第一三

高乾 弟慎 昂 季式 刘孟和 刘叔宗 刘海宝

东方老 李希光 裴英起 封隆之 子子绘

从子孝琬 孝琰

　　高乾，字乾邕，渤海蓨人也。父翼，字次同，豪侠有风神，为州里所宗敬。孝昌末，葛荣作乱于燕、赵，朝廷以翼山东豪右，即家拜渤海太守。至郡未几，贼徒愈盛，翼部率合境，徙居河、济之间。魏因置东冀州，以翼为刺史，加镇东将军、乐城县侯。及尔朱兆弑庄帝，翼保境自守。谓诸子曰："主忧臣辱，主辱臣死，今社稷阽危，人神愤怨，破家报国。在此时也。尔朱兄弟，性甚猜忌，忌则多害，汝等宜早图之。先人有夺人之心，时不可失也。"事未辑而卒。中兴初，赠使持节、侍中、太保、录尚书事、冀定瀛相殷幽六州诸军事、冀州刺史，谥曰文宣。

　　乾性明悟，俊伟有知略，美音容，进止都雅。少时轻侠，数犯公法，长而修改，轻财重义，多所交结。魏领军元叉，权重当世，以意气相得，接乾甚厚。起家拜员外散骑侍郎，领直后，转太尉士曹、司徒中兵、迁员外。

　　魏孝庄之居藩也。乾潜相托附。及尔朱荣入洛，乾东奔于翼，庄帝立，遥除龙骧将军、通直散骑常侍。乾兄弟本有从横志，见荣杀害人士，谓天下遂乱，乃率河北流人反于河、济之间，受葛荣官爵，屡败齐州士马。庄帝寻遣右仆射元罗巡抚三齐，乾兄弟相率出降。

朝廷以乾为给事黄门侍郎。尔朱荣以乾前罪，不应复居近要。庄帝听乾解官归乡里。于是招纳骁勇，以射猎自娱。荣死，乾驰赴洛阳，庄帝见之，大喜。时尔朱徒党拥兵在外，庄帝以乾为金紫光禄大夫、河北大使，令招集乡闾为表里形援。乾垂涕奉诏，弟昂拔剑起舞，请以死自效。

俄而尔朱兆入洛。寻遣其监军孙白鹞百余骑至冀州，托言普征民马，欲待乾兄弟送马，因收之。乾既宿有报复之心，而白鹞忽至，知将见图，乃先机定策，潜勒壮士，袭据州城，传檄州郡，杀白鹞，执刺史元仲宗。推封隆之权行州事，为庄帝举哀，三军缟素。乾升坛誓众，辞气激扬，涕泪交下，将士莫不哀愤。北受幽州刺史刘灵助节度，共为影响。俄而灵助被杀。

属高祖出山东，扬声来讨，众情莫不惶惧。乾谓其徒曰："吾闻高晋州雄略盖世，其志不居人下。且尔朱无道，杀主虐民，正是英雄效义之会也。今日之来，必有深计，吾当轻马奉迎，密参意旨，诸君但勿忧惧，听我一行。"乾乃将十数骑于关口迎谒。乾既晓达时机，闲习世事，言辞慷慨，雅合深旨。高祖大加赏重，仍同帐寝宿。时高祖虽内有远图，而外迹未见。尔朱羽生为殷州刺史，高祖密遣李元忠举兵逼其城，令乾率众伪往救之，乾遂轻骑入见羽生，与指画军计。羽生与乾俱出，因擒之，遂平殷州。又共定策推立中兴，拜乾侍中、司空。先是信都草创，军国权舆，乾遭丧不得终制。及武帝立，天下初定，乾乃表请解职，行三年之礼。诏听解侍中，司空如故，封长乐郡公，邑一千户。乾虽求退，不谓便见从许。既去内侍，朝廷罕所关知，居常怏怏。

武帝将贰于高祖，望乾为己用，会于华林园宴罢，独留乾，谓之曰："司空奕世忠良，今日复建殊效，相与虽则君臣，实亦义同兄弟，宜共立盟约以敦情契。"殷勤逼之，乾对曰："臣世奉朝廷，遇荷殊宠，以身许国，何敢有贰。"乾虽有此对，然非其本心。事出仓卒，又不谓武帝便有异图，遂不固辞，而不启高祖。及武帝置部曲，乾乃私谓所亲曰："主上不亲勋贤，而招集群竖。数遣元休弼、王思政往来关西，与贺拔岳计议。又出贺拔胜为荆州刺史，外示疏忌，实欲树党，令其兄弟相近，冀据有西方。祸难将作，必及于我。"乃密启高祖。高祖召乾诣并州，面论时事，乾因劝高祖以受魏禅。高祖以袖掩其口曰："勿妄言。今启司空复为侍中，门下之事，一以相委。"高祖屡启，诏书竟不施行。

乾以频请不遂，知变难起，密启高祖，求为徐州，乃除使持节、都督三徐诸军事、开府仪同三司、徐州刺史。指期将发，而帝知泄漏前事，乃诏高祖云："曾与乾邕私有盟约，今复反覆两端。"高祖便取乾前后数启论时事者，遣使封送武帝，帝召乾邕示之，禁于门下省，对高祖使人，责乾前后之失。乾曰："臣以身奉国，义尽忠贞，陛下既立异图，而乃云臣反覆。以匹夫加诸，尚或难免，况人主推恶，复何逃命，欲加之罪，其无辞乎？功大身危，自古然也。若死而有知，庶无负庄帝。"遂赐死，时年三十七。乾临死，神色不变，见者莫不叹惜焉。时武卫将军元整监刑，谓乾曰："颇有书及家人乎？"乾曰："吾兄弟分张，各在异处，今日之事，想无全者，儿子既小，未有所识，亦恐巢倾卵破，未欲何言。"后高祖讨斛斯椿等，次盟津，谓乾弟昂曰："若早用司空之策，岂有今日之举也。"天平初，赠使持节、都督冀定沧瀛幽齐徐青光兖十州军事、太师、录尚书事、冀州刺史，谥曰文昭。长子继叔袭祖洛城县侯，令弟二子吕儿袭乾爵。

乾弟慎，字仲密，颇涉文史，与兄弟志尚不同，偏为父所爱。魏中兴初，除沧州刺史、东南道行台尚书。太昌初，迁光州刺史，加骠骑大将军、仪同三司。时天下初定，听慎以本乡部曲数千人自随，慎为政严酷，又纵左右，吏民苦之。兄乾死，密弃州将归高祖，武帝敕青州断其归路。慎间行至晋阳，高祖以为大行台左丞，转尚书，当官无所回避，时咸畏惮之，自义旗之后，安州民恃其边险，不宾王化，寻以慎为行台仆射，率众讨平之。天平末，拜侍中，加开府。

元象初，出为兖州刺史。寻征为御史中尉。选用御史，多其亲戚乡间，不称朝望，世宗奏令改选焉。慎前妻吏部郎中崔暹妹，为慎所弃。遄时为世宗委任,慎谓其构己,性既猖急,积怀愤恨,因是罕有纠劾,多所纵舍。高祖嫌责之,弥不自安。出为北豫州刺史,遂据武牢降西魏。慎先入关。周文帝率众东出,高祖破之于邙山。慎妻子将西度,于路尽禽之。高祖以其勋家,启慎一房配没而已。

昂,字敖曹,乾第三弟。幼稚时,便有壮气。长而倜傥,胆力过人,龙眉豹颈,姿体雄异。其父为求严师,令加捶挞。昂不遵师训,专事驰骋,每言男儿当横行天下,自取富贵,谁能端坐读书,作老博士也。与兄乾数为劫掠,州县莫能穷治。招聚剑客,家资倾尽,乡闾畏之,无敢违近,父翼常谓人曰:"此儿不灭我族,当大吾门,不宜为州豪也。"

建义初,兄弟共举兵,既而奉旨散众,仍除通直散骑侍郎,封武城县伯,邑五百户。乾解官归,与昂俱在乡里,阴养壮士。尔朱荣闻而恶之,密令刺史元仲宗诱执昂,送于晋阳。永安末,荣入洛,以昂自随,禁于驼牛署。既而荣死,魏庄帝即引见劳勉之。时尔朱世隆还逼宫阙,帝亲临大夏门指麾处分。昂既免缧绁,被甲横戈,志凌勍敌,乃与其从子长命等推锋径进,所向披靡。帝及观者莫不壮之。即除直阁将军,赐帛千匹。

昂以寇难尚繁,非一夫所济,乃请还本乡,诏集部曲。仍除通直郎常侍,加平北将军。所在义勇,竞来投赴。寻值京师不守,遂与父兄据信都起义。殷州刺史尔朱羽生潜军来袭,奄至城下,昂不暇擐甲,将十余骑驰之,羽生退走,人情遂定。后废帝立,除使持节、冀州刺史以终其身。仍为大都督,率众从高祖破尔朱兆于广阿。及平邺,别率所部领黎陵。又高祖讨尔朱兆于韩陵,昂自领乡人部曲王桃汤、东方老、呼延族等三千人。高祖曰:"高都督纯将汉儿,恐不济事,今当割鲜卑兵千余人共相参杂,于意如何?"昂对曰:"敖曹所将部曲,练习已久,前后战斗,不减鲜卑,今若杂之,情不相合,胜则争功,退则推罪,愿自领汉军,不烦更配。"高祖然之。及战,高祖不利,军小却,兆等方乘之。高岳、韩匈奴等以五百骑冲其前,斛律敦收散卒蹑其后，昂与蔡俊以千骑自栗园出，横击兆军，兆众由是大败。是日微昂等，高祖几殆。

太昌初，始之冀州。寻加侍中、开府，进爵为侯，邑七百户。兄乾被杀，乃将十余骑奔晋阳，归于高祖。及斛斯椿衅起，高祖南讨，令昂为前驱。武帝西遁，昂率五百骑倍道兼行，至于崤陕，不及而还。寻行豫州刺史，仍讨三荆诸州不附者，并平之。天平初，除侍中、司空公，昂以兄乾薨于此位，固辞不拜，转司徒公。

时高祖方有事关陇，以昂为西南道大都督，径趣商洛。山道峻隘，已为寇所守险，昂转斗而进，莫有当其锋者，遂攻克上洛，获西魏洛州刺史泉企，并将帅数十人。会窦泰失利，召昂班师。时昂为流矢所中，创甚，顾谓左右曰："吾以身许国，死无恨矣，所可叹息者，不见季式作刺史耳。"高祖闻之，即驰驿启季式为济州刺史。

昂还，复为军司大都督。统七十六都督，与行台侯景治兵于武牢。御史中尉刘贵时亦率众在北豫州，与昂小有忿争，昂怒，鸣鼓会兵而攻之。侯景与冀州刺史万俟受洛干救解乃止。其侠气凌物如此。于时，鲜卑共轻中华朝士，唯惮服于昂。高祖每申令三军，常鲜卑语，昂若在列，为华言。昂尝诣相府，掌门者不听，昂怒，引弓射之。高祖知而不责。

元象元年，进封京兆郡公，邑一千户。与侯景等同攻独孤如愿于金墉城，周文帝率众救之。战于邙阴，昂所部失利，左右分散，单马东出，欲趣河梁南城，门闭不得入，遂为西军所害，时年四十八。赠使持节、侍中、都督冀定沧瀛殷五州诸军事、太师、大司马、太尉公、录尚书事、冀州刺史，谥忠武。子突骑嗣。早卒。世宗复召昂诸子，亲简其第三子道豁嗣。皇建初，追封昂永昌王。道豁袭，武平末，开府仪同三司。入周，授仪同大将军。开皇中，卒于黄州刺史。

季式，字子通，乾第四弟也。亦有胆气。中兴初，拜镇远将军、正员郎，迁卫将军、金紫光禄大夫，寻加散骑常侍，领主衣都统。太昌初，除尚食典御。

天平中，出为济州刺史。山东旧贼刘盘陀、史明擢等攻劫道路，剽掠村邑，齐、兖、青、徐四州患之，历政不能讨。季式至，皆破灭之。寻有濮阳民杜灵椿等攻城剽野，聚众将万人，季式遣骑三百，一战擒之。又阳平路文徒党绪显等立营栅为乱，季式讨平之。又有群贼破南河郡，季式遣兵临之，应时斩戮。自兹以后，远近清晏。季式兄弟贵盛，并有勋于时，自领部曲千余人，马八百匹，戈甲器仗皆备，故凡追督贼盗，多致克捷。有客尝谓季式曰：“濮阳、阳平乃是畿内，既不奉命，又不侵境，而有何急，遣私军远战？万一失脱，岂不招罪？”季式曰：“君言何不忠之甚也。我与国义同安危，岂有见贼不讨之理。且贼知台军卒不能来，又不疑外州有救，未备之间，破之必矣。兵尚神速，何得后机，若以获罪，呈亦无恨。

元象中，西寇大至。高祖亲率三军以御之，阵于邙北，师徒大败，河中流尸相继，败兵首尾不绝。人情骚动，谓世事艰难。所亲部曲请季式曰：“今日形势，大事去矣，可将腹心二百骑奔梁，既行避祸，不失富贵。何为坐受死也？”季式曰：“吾兄弟受国厚恩，与高王共定天下，一旦倾危，亡去不义。若社稷颠覆，当背城死战，安能区区偷生苟活。”是役也，司徒殁焉。

入为散骑常侍。兴和中，行晋州事。解州，仍镇永安戍。高慎以武牢叛，遣信报季式。季式得书惊惧，即狼狈奔告高祖。高祖昭其至诚，待之如旧。武定中，除侍中，寻加冀州大中正。时世宗先为此任，启以回授。为都督，从清河公岳破萧明于寒山，败侯景于涡阳。还，除卫尉卿。复为都督，从清河公攻王思政于颍川，拔之。以前后功加仪同三司。天保初，封乘氏县子，仍为都督，随司徒潘乐征讨江、淮之间。为私使乐人于边境交易，还京，坐被禁止，寻而赦之。四年夏，发疽卒，年三十八。赠侍中、使持节、都督沧冀州诸军事、开府仪同三司、冀州刺史，谥曰恭穆。

季式豪率好酒，又恃举家勋功，不拘检节。与光州刺史李元忠生平游款，在济州夜饮，忆元忠，开城门，令左右乘驿持一壶酒往光州劝元忠。朝廷知而容之。兄慎叛后，少时解职。黄门郎司马消难，左仆射子如之子,又是高祖之婿,势盛当时。因退食暇,寻季式与之酣饮。留宿旦日,重门并闭,关龠不通。消难固请云:"我是黄门郎,天子侍臣,岂不有参朝之理?且已一宿不归,家君必当大怪。今若又留我狂饮,我得罪无辞,恐君亦不免遣责。"季式曰:"君自称黄门郎,又言畏家君怪,欲以地势胁我邪?高季式死自有处,初不畏此。"消难拜谢请出,终不见许,酒至,不肯饮。季式云:"我留君尽兴,君是何人,不为我痛饮。"命左右索车轮括消难颈,又索一轮自括颈,人命酒引满相劝。消难不得已,欣笑而从之,方乃俱脱车轮,更留一宿。是时失消难两宿,莫知所在,内外惊异。及消难出,方具言之。世宗在京辅政,白魏帝赐消难美酒数石,珍舆,并令朝士与季式亲狎者,就季式宅宴集。其被优遇如此。

翼长兄子永乐、次兄子延伯,并和厚有长者称,俱从翼举义。永乐官至卫将军、右光禄大夫,冀州大中正,出为博陵太守,以民事不济,自杀。赠使持节、督沧冀二州诸军事、仪同三司、冀州刺史。子长命,本自贱出,年二十余始被收举。猛暴好杀,然亦果于战斗。初于大夏门拒尔朱世隆,以功累迁左光禄大夫。高祖遥授长命雍州刺史,封沮阳乡男,一百户寻进封鄢陵县伯,增二百户,武定中,随仪同刘丰讨侯景,为景所杀,赠冀州刺史,延伯历中散大夫、安州刺史,封万年县男,邑二百户。天保初,加征西将军,进爵为子。卒,赠太府少卿。

自昂初以豪侠立名,为之羽翼者,呼延族、刘贵珍、刘长狄、东方老、刘士荣、成王、韩愿生、刘桃棒;随其建义者,李希光、刘叔宗、刘孟和。并仕宦显达。

孟和名协,浮阳饶安人也。孟和少好弓马,率性豪侠。幽州刺史刘灵助之起兵也,孟和亦聚众附昂兄弟,昂遥应之。及灵助败,昂乃据冀州,孟和为其致力。会高祖起义冀州,以孟和为都督。中兴初,拜通直常侍。二年,除安东将军,寻加征东将军、金紫光禄。以建义勋,赐爵长广县伯。天平中,卫将军、上党内史,罢郡,除大丞相司马。武定元年,坐事死。

叔宗字元纂，乐陵平昌人。和谨，颇有学业，举秀才。稍迁沧州治中。永安中，加镇远将军、谏议大夫。兄海宝，少轻侠，然为州里所爱。昂之起义也，海宝率乡闾袭沧州以应昂，昂以海宝行沧州事。前范阳太守刁整心附尔朱，遣弟子安寿袭杀海宝。叔宗仍归于昂。中兴，高祖除前将军、廷尉少卿。太昌初，加镇军将军、光禄大夫。天平初，除车骑将军、左光禄大夫。二年卒。赠使持节、仪同、定州刺史。

老，字安德，鬲人。家世寒微，身长七尺，膂力过人。少粗犷无赖，结轻险之徒共为贼盗，乡里患之。魏末兵起，遂与昂为部曲。义旗建，仍从征讨，以军功除殿中将军。累迁平远将军，除鲁阳太守。后除南益州刺史。领宜阳太守。赐爵长乐子。老频为二郡，出入数年，境接群蛮，又邻西敌，至于攻城野战，率先士卒，屡以少制众，西人惮之。显祖受禅，别封阳平县伯，迁南兖州刺史。后与萧轨等渡江，战没。

希光，渤海蓨人也。父绍，魏长广太守。希光随高乾起义信都。中兴初，除安南将军、安德郡守。后为世祖开府长史。武定末，从高岳平颍川，封义宁县开国侯，历颍、梁、南兖三州刺史。天保中，扬州刺史，与萧轨等渡江，战没。赠开府仪同三司、西兖州刺史。子子令，尚书外兵郎中。武平末，通直常侍。隋开皇中，卒于易州刺史。希光族弟子贡，以与义旗之功，官至吏部郎，后为兖州刺史。坐贪暴为世宗所杀。

显祖责陈武废萧明，命仪同萧轨率希光、东方老、裴英起、王敬宝步骑数万伐之。以七年三月渡江，袭克石头城。五将名位相侔，英起以侍中为军司，萧轨与希光并为都督，军中抗礼，不相服御，竞说谋略，动必乖张。顿军丹阳城下，值霖雨五十余日，及战，兵器并不堪施用，故至败亡。将帅俱死，士卒得还者十二三，所没器械军资不可胜纪。萧轨、王敬宝事行，史阙其传。

裴英起，河东人。其先晋末渡淮，寓居淮南之寿阳县。祖彦先，随薛安都入魏，官至赵郡守。父约，渤海相。英起聪慧滑稽，好剧谈，不拘仪检,仕魏至定州长史。世宗引为行台左丞。天保中,都官尚书,兼侍中,及战没,赠开府、尚书左仆射。

封隆之,字祖裔,小名皮,渤海蓨人也。父回。魏司空。隆之性宽和,有度量。弱冠,州郡主簿,起家奉朝请,领直后。汝南王悦开府,为中兵参军。

初,延昌中,道人法庆作乱冀方,自号"大乘",众五万余,遣大都督元遥及隆之擒获法庆,赐爵武城子。俄兼司徒主簿、河南尹丞。时青、齐二州士民反叛。隆之奉使慰谕,咸即降款。永安中,除抚军府长史。尔朱兆等屯据晋阳,魏朝以河内要冲,除隆之龙骧将军、河内太守,寻加持节、后将军、假平北将军、当郡都督。未及到郡,属尔朱兆入洛,庄帝幽崩。

隆之以父遇害,常怀报雪,因此遂持节东归,图为义举。时高乾告隆之曰:"尔朱暴逆,祸加至尊,弟与兄并荷先帝殊常之眷,岂可不出身为主,以报仇耻乎?"隆之对曰:"国耻家怨,痛入骨髓,乘机而动,今实其时。"遂与乾等定计,夜袭州城,克之。乾等以隆之素为乡里所信,乃推为刺史。隆之尽心慰抚,人情感悦。

寻高祖自晋阳东出,隆之遣子子绘奉迎于滏口,高祖甚嘉之。既至信都,集诸州郡督将僚吏等议曰:"逆胡尔朱兆穷凶极虐,天地之所不容,人神之所捐弃,今所在蜂起,此天亡之时也。欲与诸君剪除凶羯,其计安在?"隆之对曰:"尔朱暴虐,天亡斯至,神怒民怨,众叛亲离,虽握重兵,其强易弱。而大王乃心王室,首唱义旗,天下之人,孰不归仰,愿大王勿疑。"中兴初,拜左光禄大夫、吏部尚书。尔朱兆等军于广阿,十月,高祖与战,大破之。乃遣隆之持节为北道大使。高祖将击尔朱兆等于韩陵,留隆之镇邺城。尔朱兆等走,以隆之行冀州事,仍领降俘三万余人,分置诸州。

寻征为侍中,时高祖自洛还师于邺。隆之将赴都,因过谒见,启高祖曰:"斛斯椿、贺拔胜、贾机显智等往事尔朱,中复乖阻,及讨仲远,又与之同,猜忍之人,志欲无限。又叱列延庆、侯念贤皆在京师,王授以名位,此等必构祸隙。”高祖经宿乃谓隆之曰:“侍中昨言实是深虑。”寻封安德郡公,邑二千户,进位仪同三司。于时朝议以尔朱荣佐命前朝,宜配食明帝庙庭。隆之议曰:“荣为人臣,亲行杀逆,安有害人之母,与子对飨?考古询今,未见其义。”从之,诏隆之参议麟趾阁以定新制。又赠其妻祖氏范阳郡君。隆之表以先爵富城子及武城子转授弟子孝琬等,朝延嘉而从之。后为斛斯椿等构之于魏帝,逃归乡里。高祖知其被诬,召赴晋阳。魏帝寻以本官征之,隆之固辞不赴。仍以隆之行并州刺史。魏清河王亶为大司马。长史。天平初,复入为侍中,预迁都之议。魏静帝诏为侍讲,除吏部尚书,加侍中,以本官行冀州事。阳平民路绍遵聚众反,自号行台,破定州博陵郡,虏太守高永乐,南侵冀州。隆之令所部长乐太守高景等击破之,生擒绍遵,送于晋阳。元象初,除冀州刺史,寻加开府。时初召募勇果,都督孛八、高法雄、封子元等不愿远戍,聚众为乱。隆之率州军破平之。兴和元年,复征为侍中。隆之素得乡里人情,频为本州,留心抚字,吏民追思,立碑颂德。转行梁州事,又行济州事,征拜尚书右仆射。武定初,北豫州刺史高仲密将叛,遣使阴通消息于冀州豪望,使为内应,轻薄之徒,颇相扇动。诏隆之驰驿慰抚,遂得安静。世宗密书与隆之云:“仲密枝党同恶向西,宜悉收其家累,以惩将来。”隆之以为恩旨既行,理无追改,今若收治,示民不信,脱或惊扰,所亏处大。乃启高祖,事遂得停。

　　隆之自义旗始建,首参经略,奇谋妙算,密以启闻,手书削稿,罕知于外。高祖嘉其忠谨,每多从之。复以本官行济州事,转齐州刺史。武定三年卒官,年六十一。诏遣主书监神贵就吊,赗物五百段。赠使持节、都督沧瀛二州诸军事、骠骑大将军、瀛州刺史、司徒公。高祖以隆之勋旧,追荣未尽,复启赠使持节、都督冀瀛沧齐济五州诸军事、冀州刺史、太保,余如故,谥曰宣懿。高祖后至冀州境,次于交津,追忆隆之,顾谓冀州行事司马子如曰:“封公积德履仁,体通性达,自出纳军国,垂二十年,契阔艰虞,始终如一。以其忠信可凭,方以后事托之。何期报善无征,奄从物化,言念忠贤,良可痛惜。"为之流涕。令参军宋仲羡以太牢就祭焉。长子早亡。第二子子绘嗣。

子绘，字仲藻，小名搔，性和理，有器局。释褐秘书郎中。尔朱兆之害魏庄帝也，与父隆之举义信都，奉使诣高祖。至信都，召署开府主簿，仍典书记。中兴元年，转大丞相主簿，加伏波将军，从高祖征尔朱兆。及平中山，军还，除通直常侍、左将军、领中书舍人。母忧解职，寻复本任。太昌中，从高祖定并、汾、肆数州，平尔朱兆及山胡等，加征南将军、金紫光禄大夫。魏武帝末，斛斯椿等佞幸用事，父隆之以猜忌，惧难潜归乡里，子绘亦弃官俱还。孝静初，兼给事黄门侍郎，与太常卿李元忠等并持节出使，观省风俗，问人疾苦。还，赴晋阳，从高祖征夏州。二年，除卫将军、平阳太守，寻加散骑常侍。晋州北界霍大山，旧号千里径者，山坂高峻。每大军往来，士马劳苦。子绘启高祖，请于旧径东谷别开一路。高祖从之，仍令子绘领汾、晋二州夫修治，旬日而就。高祖亲总六军，路经新道，嘉其省便，赐谷二百斛。后大军讨复东雍。平紫壁及乔山、紫谷绛蜀等，子绘恒以太守前驱慰劳，征兵运粮，军士无乏。兴和初，自郡征补大行台吏部郎中。

武定元年，高仲密以武牢西叛，周文帝拥众东侵，高祖于邙山破之，乘胜长驱，遂至潼关。或谏不可穷兵极武者，高祖总命群僚议其进止。子绘言曰："贼帅才非人雄，偷窃名号，遂敢驱率亡叛，送死伊瀍。天道祸淫，一朝瓦解。虽反以身免，而魂胆俱丧。混一车书，正在今日，天与不取，反得其咎。时难遇而易失，昔魏祖之平汉中，不乘胜而取巴蜀，失在迟疑，悔无及已。伏愿大王不以为疑。"高祖深然之。但以时既盛暑，方为后图，遂命班师。

三年，父丧去职。四年，高祖西讨，起为大都督，领冀州兵起邺，从高祖自滏口西趣晋州，会大军于玉壁。复以子绘为大行台吏部郎中。及高祖病笃，师还晋阳，引入内室，面受密旨，衔命山东，安抚州郡。高祖崩，秘未发丧，世宗以子绘为渤海太守，令驰驿赴任。世宗亲执手曰："诚知此郡未允勋望，但时事未安，须卿镇抚。且衣锦昼游，古人所贵。善加经略，绥静海隅，不劳学习常太守向州参也。"仍听收集部曲一千人。后进秩一等，加骠骑将军。天保二年，除太尉长史。三年，频以本官再行南青州事。四年，坐事免。六年，行南兖州事，寻除持节海州刺史，不行。七年，改授合州刺史。到州未几，值萧轨、裴英起等江东败没，行台司马恭发历阳，径还寿春，疆场大骇。兼在州器械，随军略尽，城隍楼雉，亏坏者多。子绘乃修造城隍楼雉，缮治军器，守御所须毕备，人情渐安。寻敕于州营造船舰，子绘为大使，总监之。陈武帝曾遣其护军将军徐度等轻舟从栅口历东关入巢湖，径袭合肥，规烧船舫。以夜一更潜寇城下，子绘率将士格战，陈人奔退。

九年，转郑州刺史。子绘晓达政事，长于绥抚，历宰州郡，所在安之。征为司徒左长史，行魏尹事。乾明初，转大司农，寻正除魏尹。皇建中，加骠骑大将军。大宁二年，迁都官尚书。

高归彦作逆，召子绘入见昭阳殿。帝亲诏子绘曰："冀州密迩京甸，归彦敢肆凶悖。已敕大司马、平原王段孝先总勒重兵，乘机电发；司空、东安王娄睿督率诸军，络绎继进。卿世载名德，恩洽彼州，故遣参赞军事，随便慰抚。宜善加谋略，以称所寄。"即以其日驰传赴军。子绘祖父世为本州，百姓素所归附。既至，巡城谕以祸福，民吏降款，日夜相继，贼中动静，小大必知。贼平，仍敕子绘权行州事。

寻征还，敕与群官议定律令，加仪同三司。后突厥入逼晋阳，诏子绘行怀州事，乘驿之任。还为七兵尚书，转祠部尚书。河清三年暴疾卒，年五十。世祖深叹惜之。赠使持节、瀛冀二州军事、冀州刺史、开府仪同、尚书右仆射，谥曰简。子宝盖嗣。武平末，通直常侍。

子绘弟子绣，武平中，勃海太守、霍州刺史。陈将吴明彻侵略淮南，子绣城陷，被送扬州。齐亡后，逃归。隋开皇初，终于通州刺史。子绣外貌儒雅，而侠气难忤。司空娄定远，子绣兄之婿也，为瀛州刺史。子绣在渤海，定远过之，对妻及诸女宴集，言戏微有亵慢，子绣大怒，鸣鼓集众将攻之。俄顷，兵至数千，马将千匹。定远免冠拜谢，久乃释之。

隆之弟延之,字祖业。少明辨,有世用。起家员外郎。中兴和初,除中坚将军。高祖以为大行台左光禄大夫,封郏城县子,行渤海郡事。以都督从娄昭讨樊子鹄,事平,除青州刺史。延之好财利,在州多所受纳。后行晋州事,高祖沙苑失利还,延之弃州北走。高祖大怒,同罪人皆死,以隆之故,独得免。兴和二年卒,年五十四。赠使持节、都督冀殷瀛三州诸军事、骠骑大将军、尚书左仆射、司徒、冀州刺史,谥曰文恭。子孝纂嗣。

隆之弟子孝琬,字子蒨。父祖曹,魏冀州平北府长史。以隆之佐命之功,赠雍州刺史、殿中尚书。孝琬七岁而孤,独为隆之所鞠养,慈爱甚笃。年十六,本州辟主簿。魏永熙二年,隆之启以父爵富城子授焉。三年,释褐开府参军事。天平中,轻车将军、司徒主簿。武定中,为显祖开府主簿,迁从事中郎将,领东宫洗马。天保二年卒,时年三十六,帝闻而叹惜焉。赠左将军、太府少卿。孝琬性恬静,颇好文咏。太子少师邢邵、七兵尚书王昕并先达高才,与孝琬年位悬隔,晚相逢遇,分好遂深。孝琬灵梓言归,二人送于郊外,悲哭凄恸,有感路人。

孝琬弟孝琰,字士光。少修饰学尚,有风仪。年十六,辟州主簿,释褐秘书郎。天保元年,为太子舍人,出入东宫,甚有令望。丁母忧,解任。除晋州法曹参军。寻征还,复除太子舍人。乾明初,为中书舍人。皇建初,司空掾、秘书丞。散骑常侍,聘陈使主,已发道途,遥授中书侍郎。还,坐事除名。天统三年,除并省吏部郎中、南阳王友,赴晋阳典机密。

和士开母丧,托附者咸往奔哭。邺中富商丁邹、严兴等并为义孝,有一士人,亦哭在限。孝琰入吊,出谓人曰:"严兴之南,丁邹之北,有一朝士,号叫甚哀。"闻者传之。士开知而大怒。其后会黄门郎李怀奏南阳王绰专恣,士开因谮之曰:"孝琰从绰出外,乘其副马,舍离部伍,别行戏话。"时孝琰女为范阳王妃,为礼事因假入辞,帝遂决马鞭百余，放出，又遣高阿那肱重决五十，几致于死。还京，在集书省上下。从是沉废。士开死后，为通直散骑常侍。后与周朝通好，赵彦深奏之，诏以为聘周使副。祖珽辅政，又奏令入文林馆，撰《御览》。孝琰文笔不高，但以风流自立，善于谈谑，威仪闲雅，容止进退，人皆慕之。尝谓祖珽云：“公是衣冠宰相，异于余人。”近习闻之，大以为恨。

寻以本官兼尚书左丞，其所弹射，多承意旨。时有道人昙献者，为皇太后所幸，赏赐隆厚，车服过度。又乞为沙门统，后主意不许，但太后欲之，遂得居任，然后主常憾焉。因有僧尼以他事诉竞者，辞引昙献。上令有司推劾。孝琰案其受纳货贿，致于极法，因搜索其家，大获珍异，悉以没官。由是正授左丞，仍令奏门下事。性颇简傲，不谐时俗，恩遇渐高，弥自矜诞，举动舒迟，无所降屈。识者鄙之。与崔季舒等以正谏同死，时年五十一。子开府行参军君确、君静等二人徙北边，少子君严、君赞下蚕室。南安之败，君确二人皆坐死。

史臣曰：高、封二公，无一人尺土之资，奋臂而起河朔，将致勤王之举，以雪庄帝之仇，不亦壮哉！既克本藩，成其让德，异夫韩馥慑袁绍之威。然力谢时雄，才非命世，是以奉迎麾旗，用叶本图。高祖因之，遂成霸业。重以昂之胆力，气冠万物，韩陵之下，风飞电击。然则齐氏元功，一门而已。但以非颍川元从，异丰、沛故人，腹心之寄，有所未允。露其启疏，假手天诛，枉滥之极，莫过于此。子绘才干，可称克荷堂构，弈世载德，斯为美焉。

赞曰：烈烈文昭，雄图斯契，灼灼忠武，英资冠世。门下之酷，进退惟谷。黄河之滨，蹈义亡身。封公矫矫，共济时屯，比承明德，晖光日新。

北齐书卷二二
列传第一四

李元忠　族弟密　族人愍　族叔景遗
卢文伟　孙询祖　族人勇　李义深

　　李元忠,赵郡柏人也。曾祖灵,卫定州刺史、巨鹿公。祖恢,镇西将军。父显甫,安州刺史。元忠少厉志操,居丧以孝闻。袭爵平棘子。魏清河王怿为司空,辟为士曹参军;迁太尉,复启为长沙参军。怿后为太傅,寻被诏为营构明堂大都督,又引为主簿。元忠粗览史书及阴阳数术,解鼓筝,兼好射弹,有巧思。遭母忧,去任。未几,相州刺史、安乐王鉴请为府司马,元忠以艰忧,固辞不就。

　　初元忠以母老多患,乃专心医药,研习积年,遂善于方技。性仁恕,见有疾者,不问贵贱,皆为救疗。家素富实,其家人在乡,多有举贷求利,元忠每焚契免责。乡人甚敬重之。魏孝明时,盗贼蜂起,清河有五百人西戍,还经南赵郡。以路梗共投元忠。奉绢千疋,元忠唯受一疋,杀五羊以食之,遣奴为导,曰:“若逢贼,但道李元忠遣送。”奴如其言,贼皆舍避。

　　永安初,就拜南赵郡太守,以好酒无政绩。值洛阳倾覆,庄帝幽崩,元忠弃官还家,图潜义举。会高祖率众东出,便自往奉迎。乘露车,载素筝浊酒以见高祖,因进从横之策,备陈诚款,深见嘉纳。时刺史尔朱羽生阻兵据州,元忠先聚众于西,仍与大军相合,擒斩羽生,即令行殷州事。中兴初,除中军将军、卫尉卿。二年,转太常卿、殷州大中正。后以从兄瑾年长,以中正让之。寻加征南将军。武帝将纳后，即高祖之长女也，诏元忠与尚书令元罗致娉于晋阳。高祖每于宴席论叙旧事，因抚掌欣笑云："此人逼我起兵。"赐白马一匹。元忠戏谓高祖曰："若不与侍中。当更觅建义处。"高祖答曰："建义处不虑无，止畏如此老翁不可遇耳。"元忠曰："止为此翁难遇，所以不去。"因捋高祖须而大笑。高祖亦悉其雅意，浓相嘉重。马倒被伤，当时殒绝，久而方苏。高祖亲自抚视。其年封晋阳县伯，邑五百户。后以微谴失官。时朝廷离贰，义旗多见猜阻。斛斯椿等以元忠淡于荣利，又不以世事经怀，故不在嫌嫉之地。寻兼中书令。

天平初，复为太常。后加骠骑将军。四年，除使持节、光州刺史。时州境灾俭，人皆菜色，元忠表求赈贷，俟秋征收，被报听用万石，元忠以为万石给人，计一家不过升斗而已，徒有虚名，不救其弊。遂出十五万石以赈之。事讫表陈，朝廷嘉而不责。兴和末，拜侍中。元忠虽居要任，初不以物务干怀，唯以声酒自娱，大率常醉，家事大小，了不关心。园庭之内罗种果药，亲朋寻诣，必留连宴赏。每挟弹携壶，遨游里闬，遇会饮酌，萧然自得。常布言于执事云："年渐迟暮，志力已衰，久忝名官，以妨贤路。若朝廷厚恩，未便放弃者，乞在闲冗，以养余年，"武定元年，除东徐州刺史，固辞不拜。乃除骠骑大将军、仪同三司。曾贡世宗蒲桃酒一盘。世宗报以百练缣，遣其书曰："仪同位亚台铉，识怀贞素，出藩入侍，备经要重，而犹家无担石，室若悬磬，岂轻财重义，奉时爱己故也。久相嘉尚，嗟咏无极，恒思标赏，有意无由，忽辱蒲桃，良深佩戴。聊用绢百疋，以酬清德也。"其见重如此。孙腾、司马子如尝共诣元忠，见其坐树下，拥被对壶，庭室芜旷。谓二公曰："不意今日披藜藿也。"因呼妻出，衣不曳地。二公相顾叹息而去，大饷米绢衣服，元忠受而散之。三年，复以本官领卫尉卿。其年卒于位，年六十。诏赠缣布五百疋，使持节、督定冀殷幽四州诸军事、大将军、司徒、定州刺史，谥曰敬惠。初元忠将仕，梦手执炬火入其父墓，中夜惊起，甚恶之。且告其受业师，占云：大吉，此谓光照先人，终致贵达矣。子搔嗣。

搔，字德况，少聪敏，有才艺，音律博弈之属，多所通解。曾采诸声,别造一器,号曰八弦,时人称其思理。起家司徒行参军。累迁河内太守,百姓安之。入为尚书仪曹郎。天保八年卒。

元忠族弟密,字希邕,平棘人也。祖伯膺,魏东郡太守,赠幽州刺史。父焕,治书侍御史、河内太守,赠青州刺史。密少有节操,属尔朱兆杀逆,乃阴结豪右,与渤海高昂为报复之计。属高祖出山东,密以兵从举义,遥授并州刺史,封容城县侯,邑四百户,尔朱兆至广阿,高祖令密募殷、定二州兵五千人镇黄沙、井陉二道。及兆韩陵败还晋阳,随军平兆。高祖乃以薛循义行并州事,授密建州刺史。又除襄州刺史,在州十余年,甚得安边之术,威信闻于外境。高祖频降手书劳问,并赐口马,侯景外叛,诱密执之,授以官爵。景败归朝,朝廷以密从景非元心,不之罪也。天保初,以旧功授散骑常侍,复本爵县侯,卒,赠殿中尚书、济州刺史。密性方直,有行检,因母患积年,得名医治疗,不愈,乃精习经方,洞晓针药,母疾得除。当世皆服其明解,由是亦以医术知名。

魏末行护军司马、武邑太守。天保初,司空长史。大宁、武平中,清河、广平二郡守,银青光禄大夫。齐亡后卒。子道谦,武平中,侍御史。道谦弟道贞,南青州司马,为逆贼邢杲所杀。赠北徐州刺史。

元忠宗人憨,字魔怜,形貌魁杰,见异于时。少有大志,年四十,犹不仕州郡,唯招致奸侠,以为徒侣。孝昌之末,天下兵起,潜居林虑山,观候时变。贼帅鲜于循礼、毛普贤作乱,诏遣大都督长孙雅讨之。稚素闻憨名,召兼帐内统军。军达呼陀,贼来逆战,稚军为贼所败。憨遂归家,安乐王元鉴为北道大行台,至邺,以贼众盛强,未得前。遣使征憨,表授武骑常侍、假节、别将,镇邺城东郭。葛荣之围信都,余党南抄,阳平以北,皆为贼有,鉴命憨为前驱,别讨之,颇有斩获。及鉴谋逆,憨乃诈患暴风,鉴信之,因此得免。未几,大都督源子邕屯安阳,大都督裴衍屯邺城,西讨鉴。憨弃家口奔子邕,仍被征赴洛,除奉车都尉,持节镇汁河,别将。汁河在邺之西北,重山之中,并、相二州交境,以葛荣南逼,故用憨镇之。荣遣其叔乐陵王葛芃王率精骑一万击愍，愍据险拒战，芃不得前。尔朱荣至东关，愍乃见荣。荣欲分贼势，遣愍别道向襄国，袭贼署广州刺史田怙军。愍未至襄国，已擒葛荣。即表授愍建忠将军；分广平易阳、襄国，南赵郡之中丘三县为易阳郡，以愍为太守；赐爵襄国侯。永安末，假平北将军、持节、当郡大都督，迁乐平太守。未之郡，洛京倾覆，愍率所部西保石门山，潜与幽州刺史刘灵助及高升兄弟、安州刺史卢曹等同契义举。助败，愍遂入石门。高祖建义，以书招愍，愍奉书，拥众数千人以赴高祖，高祖亲迎之。除使持节、征南将军、都督相州诸军事、相州刺史，兼尚书西南道行台、州都督。令愍率本众西还旧镇，高祖亲送之。愍至乡，据马鞍山，依险为垒，征粮集兵，以为声势。尔朱兆出井陉，高祖破兆于广阿。愍统其本众，屯故城以备尔朱兆。相州既平，命愍还邺，除西南道行台都官尚书，复屯故城。尔朱兆等将至，高祖征愍参守邺城。

太昌初，除太府卿。后出为南荆州刺史、当州大都督。此州自孝昌以来，旧路断绝，前后刺史皆从间道始得达州。愍勒部曲数千人，径向悬瓠，从北阳复旧道，且战且前三百余里，所经之处，即立邮亭，蛮左大服。梁遣其南司州刺史任思祖、随郡太守恒和等率马步三万，兼发边蛮，围逼下溠戍。愍躬自讨击，破之。诏加车骑将军。愍于州内开立陂渠，溉稻千余顷，公私赖之。转行东荆州，仍除骠骑将军、东荆州刺史、当州大都督，加散骑常侍。天平二年，卒。赠使持节、定殷二州军、仪同、定州刺史。

元忠族叔景遗，少雄武，有胆力，好结聚亡命，共为劫盗，乡里每患之。永安末，其兄南钜鹿太守无为以赃罪为御史纠劾，禁于州狱。景遗率左右十余骑，诈称台使，径入州城，劫无为而出之。州军追讨，竟不能制。由是以侠闻。及高祖举义于信都，景遗赴于军门。高祖素闻其名，接之甚厚。命与元忠举兵于西山，仍与大军俱会，擒刺史尔朱羽生。以功除龙骧将军，昌平县公，邑八百户。尔朱兆来伐，又力战有功，除使持节，大都督、左将军。太昌初，进爵昌平郡公,增邑三百户。加车骑将军。天平初,出为颍州刺史。未几,为前颍川太守元洪威所袭杀。赠侍中、殷沧二州军事、大将军、开府、殷州刺史。子伽林袭。

卢文伟,字休族,范阳涿人也。为北州冠族。父敞,出后伯假。文伟少孤,有志尚,颇涉经史,笃于交游,少为乡闾所敬。州辟主簿。年三十八,始举秀才。除本州平北府长流参军,说刺史裴俊按旧迹修督亢陂,溉田万余顷,民赖其利,修立之功,多以委文伟。文伟既善于管理,兼展私力,家素贫俭,因此置富。

孝昌中,诏兼尚书郎中,时行台常景启留为行台郎中。及北方将乱,文伟积稻谷于范阳城,时经荒俭,多所赈赡,弥为乡里所归。寻为杜洛周所虏。洛周败,复入葛荣,荣败,归家。时韩楼据蓟城,文伟率乡闾屯守范阳,与楼相抗。乃以文伟行范阳郡事。防守二年,与士卒同劳苦,分散家财,拯救贫乏,莫不人人感说。尔朱荣遣将侯深讨楼,平之。文伟以功封大夏县男,邑二百户,除范阳太守。深乃留镇范阳。及荣诛,文伟知深难信,乃诱之出猎闭门拒之,深失据,遂赴中山。庄帝崩,文伟与幽州刺史刘灵助同谋起义。灵助克瀛州,留文伟行事,自率兵赴定州,为尔朱荣将侯深所败。文伟弃州,走还本郡,仍与高乾邕兄弟共相影响。属高祖至信都,文伟遣子怀道奉启陈诚,高祖嘉纳之。中兴初,除安东将军、安州刺史。时安州未宾,仍居帅任,行幽州事,加镇军、正刺史。时安州刺史卢曹亦从灵助举兵,助败,因据幽州降尔朱兆,兆仍以为刺史,据城不下。文伟不得入州,即于郡所为州治。太昌初,迁安州刺史,累加散骑常侍。天平末,高祖以文伟行东雍州事,转行青州事。

文伟性轻财,爱宾客,善于抚接,好行小惠,是以所在颇得人情,虽有受纳,吏民不甚苦之。经纪生资,常若不足,致财积聚,承候宠要,饷遗不绝。兴和三年卒于州,年六十。赠使持节、侍中,都督定瀛殷三州军事、司徒、尚书左仆射,定州刺史,谥曰孝威。

子恭道,性温良,颇有文学。州辟主簿。李崇北征,以为开府墨

曹参军。自文伟据范阳，屡经寇难，恭道常助父防守。七兵尚书郭
秀素与恭道交款，及任事，每称荐之，高祖亦闻其名，天平初，特除
龙骧将军、范阳太守。在郡有德惠。先文伟卒。赠使持节、都督幽
平二州军事、幽州刺史、度支尚书、谥曰定。

　　子询祖，袭祖爵大夏男。有术学，文章华靡，为后生之俊。举秀
才入京。李祖勋尝宴文士，显祖使小黄门敕祖勋母曰："茹茹既破，
何故无贺表？"使者伫立待之。诸宾皆为表，询祖俄顷便成。后朝廷
大迁除，同日催拜。询祖立于东止车门外，为二十余人作表，文不加
点，辞理可观。

　　询祖初袭爵封大夏男，有宿德朝士谓之曰："大夏初成。"应声
答曰："且得燕雀相贺。"天保末，以职入为筑长城子使。自负其才，
内怀郁快，遂毁容服如贱役者以见杨愔。愔曰："故旧皆有所廮，唯
大夏未加处分。"询祖厉声曰："是谁之咎！"既至役所，作《筑长城
赋》，其略曰："板则紫柏，杵则木瓜，何斯材而斯用也？草则离离靡
靡，缘岗而殖，但使十步而有一芳，余亦何辞间于荆棘。"邢邵曾戏
曰："卿少年才学富盛，戴角者无上齿，恐卿不寿。"对曰："询祖初闻
此言，实怀恐惧，见丈人苍苍在鬓，差以自安。"邵甚重其敏胆。既有
口辩，好臧否人物，尝语人曰："我昨东方未明，过和氏门外，已见二
陆两源，森然与槐柳齐列。"盖谓彦师、仁惠与文宗、那延也。邢邵盛
誉卢思道，以询祖为不及。询祖曰："见未能高飞者借其羽毛，知逸
势冲天者剪其翅羽。"谤毁日至，素论皆薄其为人。长广太守邢子广
目二卢云："询祖有规检祢衡，思道无冰凌文举。"颇折节。历太子舍
人、司徒记室，卒官。有文集十卷，皆致遗逸。尝为赵郡王妃郑氏制
挽歌词，其一篇云："君王盛海内，伉俪尽寰中，女仪掩郑国，嫔容映
赵宫，春艳桃花水，秋度桂枝风。遂使丛台夜，明月满床空。"

　　恭道弟怀道，性轻率好酒，颇有慕尚。以守范阳勋，出身员外散
骑侍郎。文伟遣奉启诣高祖。中兴初，加平西将军、光禄大夫。元

象初,行台薛琡表行平州事,征赴霸府。兴和中,行汾州事。怀道家预义举。高祖亲待之。出为乌苏镇城都督,卒官。

怀道弟宗道,性粗率,重任侠。历尚书郎、通直散骑常侍,后行南营州刺史。尝于晋阳置酒,宾游满坐。中书舍人马士达目其弹箜篌女妓云:"手甚纤素。"宗道即以此婢遗士达,士达固辞,宗道便命家人将解其腕,士达不得已而受之。将赴营州,于督亢陂大集乡人,杀牛聚会。有一旧门生酒醉,言辞之间,微有疏失,宗道遂令沉于水。后坐酷滥除名。

文伟族人勇,字季礼。父璧,魏下邳太守。勇初从兄景裕俱在学,其叔同称之曰:"白头必以文通,季礼当以武达,兴吾门在二子也。"幽州反者仆骨那以勇为本郡范阳王,时年十八。后葛荣作乱,又以勇为燕王。

义旗之起也,卢文伟召之,不应。尔朱灭后,乃赴晋阳。高祖署勇丞相主簿。属山西霜俭,运山东乡租输,皆令载实,违者治罪。令勇典其事。琅邪公主虚僦千余车,勇绳劾之。公主诉于太祖,而勇守法不屈。太祖谓郭秀曰:"虎勇懔懔有不可犯之色,真公直人也,方当委之大事,岂直纳租而已。"迁汝北太守,行陕州事,转行洛州事。元象元年,官军围广州,数旬未拔。行台侯景闻西魏救兵将至,集诸将议之。勇进观形势,于是率百骑,各笼一匹马。至大隗山,知魏将李景和率军将至。勇多置幡旗于树头,分骑为十队,鸣角直前,擒西魏仪同程华,斩仪同王征蛮,驱马三百匹,通夜而还。广州守将骆超以城降,高祖令勇行广州事。以功授仪同三司、扬州刺史,镇宜阳。叛民韩木兰、陈忻等常为边患,勇大破之。启求入朝,高祖赐勇书曰:"吾委卿扬州,唯安枕高卧,无西南之虑矣。但依朝廷所委,表启宜停。卿之妻子任在州住,当使汉儿之中无在卿前者。"武定二年卒,年三十二。勇有马五百匹,造甲仗六车,遗启尽献之朝廷。赗物之外,别赐布绢四千疋。赠司空、冀州刺史,谥曰武贞侯。

李义深，赵郡高邑人也。祖真，魏中书侍郎。父绍宗，殷州别驾。义深学涉经史，有当世才用。解褐济州征东府功曹参军，累加龙骧将军。义旗初，归高祖于信都，以为大行台郎中，中兴初，除平南将军，鸿胪少卿。义深见尔朱兆兵盛，遂叛高祖奔之。兆平，高祖恕其罪，以为大丞相府记室参军。累行左光禄大夫、相府司马，所经称职。转并州长史。时刺史可朱浑道元不亲细务，民事多委义深，甚济机速。复为大丞相司马。武定中，除齐州刺史，好财利，多所受纳。天保初，行郑州事，转行梁州事，寻除散骑常侍，为阳夏太守。段业告其在州聚敛，被禁止，送梁州穷治，未竟三年，遇疾卒于禁所，年五十七。

子驹验，有才辩，尚书郎、邺县令。武平初，兼通直散骑常侍聘陈，为陈人所称。后为寿阳道行台左丞，与王琳等同陷。周末逃归。开皇初，永安太守。卒于绛州长史。

子正藻，明敏有才干。武平末，仪同开府行参军、判集书省事。以父驹验没陈，正藻便谢病解职，忧思毁瘠，居处饮食若在丧之礼，人士称之。隋开皇中，历尚书工部员外郎、县令。卒于宜州长史。

驹验弟文师，中书舍人、齐郡太守。

义深兄弟七人，多有学尚。第二弟同轨以儒学知名。第六弟稚廉别有传。

义深族弟神威。曾祖融，魏中书侍郎。神威幼有风裁，传其家业，礼学粗通义训。又好音乐，撰集《乐书》，近于百卷。魏武之末，尚书左丞。天保初，卒。赠信州刺史。

史臣曰：元忠本自素流，有闻教义，人伦之誉，未以纵横许之。属庄帝幽崩，群胡矫擅，士之有志力者皆望勤王之师。及高祖东辕，事与心会，一遇雄姿，遂沥肝胆，以石投水，岂徒然哉？既享功名，终知止足，进退之道，有可观焉。文伟望重地华，早有志尚，间关夷险之际，终遇英雄之主，虽礼秩未弘，亦为佐命之一。询祖词情艳发，早著声名，负其才地，肆情矜矫，京华人士，莫不畏其舌端。任遇未闻,弱年夭逝,若得终介眉寿,通塞未可量焉。

　　赞曰:晋阳、大夏,抱质怀文。蹈仁履义,感会风云。卢婴货殖,李厌嚣氛。始终之操,清浊斯分。义深参赞,有谢忠勤。

北齐书卷二三
列传第一五

魏兰根　　崔悛 子瞻

　　魏兰根,钜鹿下曲阳人也。父伯成,魏太山太守。兰根身长八尺,仪貌奇伟,泛览群书,诵《左氏传》《周易》,机警有识悟。起家北海王国侍郎,历定州长流参军。丁母忧,居丧有孝称。将葬常山郡境。先有董卓祠。祠有柏树。兰根以卓凶逆无道,不应遗祠至今,乃伐柏以为椁材。人或劝之不伐,兰根尽取之,了无疑惧。遭父丧,庐于墓侧,负土成坟,忧毁殆于灭性。后为司空、司徒二府记室参军,转夏州平北府长史,入为司徒掾,出除本郡太守,并有当官之能。

　　正光末,尚书令李崇为本郡都督,率众讨茹茹,以兰根为长史。因说崇曰:"缘边诸镇,控摄长远。昔时初置,地广人稀,或激发中原强宗子弟,或国之肺腑,寄以爪牙。中年以来,有司乖实,号曰府户,役同厮养,官婚班齿,致失清流。而本宗旧类,各各荣显,顾瞻彼此,理当愤怨。更张琴瑟,今也其时,静境宁边,事之大者。宜改镇立州,分置郡县,凡是府户,悉免为民,入仕次叙,一准其旧,文武兼用,威恩并施。此计若行,国家庶无北顾之虞矣。"崇以奏闻,事寝不报。军还,除冠军将军,转司徒右长史,假节,行豫州事。

　　孝昌初,转岐州刺史。从行台萧宝寅讨破宛州,俘其民人为奴婢,以美女十人赏兰根,兰根辞曰:"此县界于强虏,皇威未接,无所适从,故成背叛。今当寒者衣之,饥者食之,奈何将充仆隶乎?"尽以归其父兄。部内麦多五穗，邻州田鼠为灾，犬牙不入岐境。属秦陇反叛，萧宝寅败于泾州，高平虏贼逼岐州，州城民逼囚兰根降贼。宝寅至雍州，收辑散亡，兵威复振，城民复斩贼刺史侯莫陈仲和，推兰根复任。朝廷以兰根得西土人心，加持节、假平西将军、都督泾州东秦南岐四州军事，兼四州行台尚书。寻入拜光禄大夫。

孝昌末，河北流人南渡，以兰根兼尚书，使齐、济、二兖四州安抚，并置郡县。河间邢杲反于青、兖之间，杲，兰根之甥也。复诏兰根衔命慰劳，杲不下，仍随元天穆讨之。还，除太府卿，辞不拜。转安东将军、中书令。

庄帝之将诛尔朱荣也，兰根闻其计，遂密告尔朱世隆。荣死，兰根恐庄帝知之，忧惧不知所出。时应诏王道习见信于庄帝，兰根乃托附之，求得在外立功，道习为启闻，乃以兰根为河北行台、定州率募乡曲，欲防尔朱。时尔朱荣将侯深自范阳趣中山，兰根与战，大败，走依渤海高乾。属兄弟举义，因在中山。高祖至，以兰根宿望，深礼遇之。中兴初，加车骑大将军、尚书右仆射。

及高祖将入洛阳，遣兰根先至京师。时废立未决，令兰根观察魏后废帝。帝神采高明，兰根恐于后难测，遂与高乾兄弟及黄门崔㥄同心固请于高祖，言废改帝本是胡贼所推，今若仍立，于理不允。高祖不得已，遂立武帝。废帝素有德业，而为兰根等构毁，深为时论所非。

太昌初，除仪同三司，寻加开府，封钜鹿县侯，邑七百户。启授兄子同达。兰根既预义勋，位居端揆，至是始叙复岐州，封永兴县侯，邑千户。高乾之死，兰根惧，去宅，避于寺。武帝大加谴责，兰根忧怖，乃移病解仆射。天平初，以病笃上表求还乡里。魏帝遣舍人石长宣就家劳问，犹以开府仪同，门施行马，归于本乡。二年卒，时年六十一。赠冀定殷三州军事、定州刺史、司徒公、侍中，谥曰文宣。兰根虽以功名自立，然善附会，出处之际，多以计数为先，是以不为清论所许。

长子相如，秘书郎中。以建义勋，寻加将军。袭父爵，迁安东将军、殷州别驾，入为侍御史。武定三年卒。次子敬仲，肃宗时，佐命功臣配享，而不及兰根。敬仲表诉，帝以诏命既行，难于追改，擢敬仲祠部郎中。卒于章武太守。

兰根族弟明朗，颇涉经史，粗有文性，累迁大司马府法曹参军，兼尚书金部郎中。元颢入洛阳，明朗为南道行台郎中。为颢所擒。后弃颢逃还，除龙骧将军、中散大夫，赐爵钜鹿侯。永安末，兰根为河北行台，引明朗为左丞。及兰根中山之败，俱归高祖。中兴初，拜抚国将军，出为安德太守。后转卫将军、右光禄大夫、定州大中正。武定初，为显祖咨议参军，出为平阳太守，为御史所劾，因被禁止。遇病卒。

明朗从弟恺，少抗直有才辩。魏末，辟开府行参军，稍迁尚书郎、齐州长史。天保中，聘陈使副。迁青州长史，固辞不就。杨愔以闻。显祖大怒，谓愔云："何物汉子，我与官，不肯就！明日将过，我自共语。"是时显祖已失德朝廷，皆为之惧，而恺情貌坦然。显祖切责之，仍云："死与长史孰优，任卿选一处。"恺答云："能杀臣者是陛下，不受长史者是愚臣，伏听明诏。"显祖谓愔云："何虑无人作官职，苦用此汉何为，放其还家，永不收采。"由是积年沉废。后遇杨愔于路，微自披陈。杨答曰："发诏授官，咸由圣旨，非选曹所悉，公不劳见诉。"恺应声曰："虽复零雨自天，终待云兴四岳。公岂得言不知？"杨欣然曰："此言极为简要，更不须多语。"数日，除霍州刺史，在职有治方，为边民悦服。大宁中，卒于胶州刺史。

恺从子彦卿，魏大司农季景之子。武平中，兼通直散骑常侍，聘陈使副。

彦卿弟澄，学识有词藻。武平初，殿中御史，迁中书舍人，待诏文林馆。隋开皇中，太子舍人、著作郎。撰《后魏书》九十二卷，甚得史体，时称其善云。

崔㥄，字长孺，清河东武城人也。父休，魏七兵尚书，赠仆射。㥄状貌伟丽，善于容止，少有名望，为当时所知。初为魏世宗挽郎，释褐太学博士。永安中,坐事免归乡里。高祖于信都起义,㥄归焉。高祖见之,甚悦,以为咨议参军。寻除给事黄门侍郎,迁将军、右光禄大夫。

高祖入洛,议定废立。太仆綦俊盛称普泰王贤明,可以为社稷主。㥄曰:"若其明圣,自可待我高王,徐登九五。既为逆胡所立,何得犹作天子。若从俊言,王师何名义举?"由是中兴、普泰皆废,更立平阳王为帝。以建义功,封武城县公,邑一千四百户,进位车骑大将军、左光禄大夫,仍领黄门郎。

㥄居门下,恃预义旗,颇自矜纵。寻以贪污为御史纠劾,因还乡里,遇赦始出。高祖以㥄本预义旗,复其黄门。天平初,为侍读,监典书。寻除徐州刺史,给广宗部曲三百、清河部曲千人。㥄性豪慢,宠姜冯氏,假其威刑,恣情取受,风政不立。初㥄为常侍,求人修起居注。或曰:"魏收轻薄徒耳。"更引祖鸿勋为之。既居枢要,又以卢元明代收为中书郎,由是收衔之。及收聘梁,过徐州,㥄备刺史卤簿而送之,使人相闻魏曰:"勿怪仪多,稽古之力也。"收报曰:"白崔徐州,建义之勋,何稽古之有!"㥄自以门阀素高,特不平此言。收乘宿憾,故以挫之。罢州,除七兵尚书、清河邑中正。赵郡李浑尝宴聚名辈,诗酒正欢哗,㥄后到,一坐无复谈话者,郑伯猷叹曰:"身长八尺,面如刻画,謦欬为洪钟响,胸中千卷书,使人那得不畏服!"

㥄每以籍地自矜,谓卢元明曰:"天下盛门,唯我与尔,博崔、赵李,何事者哉!"崔暹闻而衔之。高祖葬后,㥄又窃言:"黄颔小儿堪当重任不?"暹外兄李慎以㥄言告暹,暹启世宗,绝㥄朝谒。㥄要拜道左。世宗发怒曰:"黄颔小儿,何足拜也!"于是锁㥄赴晋阳而讯之,㥄不伏,暹引邢子才为证,子才执无此言。㥄在禁,谓子才曰:"卿知我意属太丘不?"子才出告㥄子瞻云:"尊公意正应欲结姻于陈元康。"瞻有女,乃许妻元康子,求其父。元康为言之于世宗曰:"崔㥄名望素重,不可以私处言语便以杀之。"世宗曰:"若免其性命,犹当徙之遐裔。"元康曰:"情若在边,或将外叛,以英贤资寇敌,非所宜也。"世宗曰:"既有季珪之罪,还令输作可乎?"无康曰:"尝读《崔琰传》，追恨魏武不弘。㥄若在作所而殒，后世岂道公不杀也?"世宗曰:"然则奈何?"元康曰:"崔㥄合死,朝野莫不知之,公诚能以宽济猛,特轻其罚,则仁德弥著,天下归心。"乃舍之。㥄进谒奉谢,世宗犹怒曰:"我虽无堪,忝当大任,被卿名作黄颔小儿,金石可销,此言难灭!"

天保初,除侍中,监起居。以禅代之际,参掌仪礼,别封新丰县男,邑二百户,回授第九弟约。㥄一门婚嫁,皆是衣冠之美,吉凶仪范,为当时所称。娄太后为博陵王纳㥄妹为妃,敕中使曰:"好作法用,勿使崔家笑人。"婚夕,显祖举酒祝曰:"新妇宜男,孝顺富贵。"㥄奏曰:"孝顺出自臣门,富贵恩由陛下。"

五年,出为东兖州刺史,复携冯氏之部。㥄寻遇偏风,而冯氏骄纵,受纳狼藉,为御史所劾,与㥄俱召诣廷尉。寻有别敕,斩冯于都市。㥄以疾卒于狱中,年六十一。

㥄历览群书,兼有词藻,自中兴立后,迄于武帝,诏诰表檄多㥄所为。然率性豪侈,溺于财色,诸弟之间,不能尽雍穆之美,世论以此讥之。㥄素与魏收不协。收既专典国史,㥄恐被恶言,乃悦之曰:"昔有班固,今则魏子。"收笑而憾不释。子瞻嗣。

瞻,字彦通,聪朗强学,有文情,善容止,神采嶷然,言不妄发,年十五,刺史高昂召署主簿,清河公岳辟为开府西阁祭酒。崔暹为中尉,启除御史,以才望见收,非其好也。高祖入朝,还晋阳,被召与北海王师陪从,俱为诸子宾友。仍为相府中兵参军,转主簿。世宗崩,秘未发丧,显祖命瞻兼相府司马使邺。魏孝静帝以人日登云龙门,其父㥄侍宴,又敕瞻令近御坐,亦有应诏诗,问邢邵等曰:"此诗何如其父?"咸云:"㥄博雅弘丽,瞻气调清新,并诗人之冠。"宴罢,共嗟赏之,咸云:"今日之宴并为崔瞻父子"。

天保初,兼并省吏部郎中。寻丁忧,起为司徒属。杨愔欲引瞻为中书侍郎。时卢思道直中书省,因问思道曰:"我此日多务,都不见崔瞻文藻,卿与其亲通,理当相悉。"思道答曰:"崔瞻文词之美,实有可称,但举世重其风流,所以才华见没。"愔云:"此言有理。"便奏用之。事既施行。愔又曰:"昔裴瓒晋世为中书郎,神情高迈,每于禁门出入,宿卫者肃然动容。崔生堂堂之貌,亦当无愧裴子。"

皇建元年,除给事黄门侍郎。与赵郡李概为莫逆之友。概将东还,瞻遗之书曰:"伏气使酒,我之常弊,诋诃指切,在卿尤甚。足下告归,吾于何闻过也?"瞻患气,兼性迟重,虽居二省,竟不堪敷奏。加征虏将军,除清河邑中正。肃宗践祚,皇太子就傅受业,诏除太子中庶子,征晋阳。敕专在东宫,调护讲读,及进退礼度,皆归委焉。太子纳妃斛律氏,敕瞻与鸿胪崔劼撰定婚礼仪注。仍面受别旨曰:"虽有旧事,恐未尽善,可好定此仪,以为后式。"

太宁元年,除卫尉少卿,寻兼散骑常侍,聘陈使主。瞻词韵温雅,南人大相钦服。乃言:"常侍前朝通好之日,何意不来?"其见重如此。还除太常少卿,加冠军将军,转尚书吏部郎中。因患取急十余日。旧式,百日不上解官,吏部尚书尉瑾性褊急,以瞻举指舒缓,曹务繁剧,遂附驿奏闻,因而被代,瞻遂免归乡里。天统末,加骠骑大将军,就拜银青光禄大夫。武平三年,卒,时年五十四。赠使持节、都督济州军事、大理卿、刺史、谥曰文。

瞻性简傲,以才地自矜,所与周旋,皆一时名望。在御史台,恒于宅中送食,备尽珍羞,别室独餐,处之自若。有一河东人士姓裴,亦为御史,伺瞻食,便往造焉。瞻不与交言,又不命一筋,裴坐观瞻食罢而退。明日,裴自携匕筋,恣情饮啖。瞻方谓裴云:"我初不唤君食,亦不共君语,君遂能不拘小节。昔刘毅在京,冒请鹅炙,岂亦异于是乎?君定名士。"于是每与之同食。

㥄昆季仲文,有学尚,魏高阳太守、清河内史。兴和中,为丞相掾。沙苑之败,仲文持马尾以渡河,波中乍没乍出。高祖望见曰:"崔掾也。"遂遣船赴接。既济,劳之曰:"卿为亲为君,不顾万死,可谓家之孝子,国之忠臣。"加中军将军。天保初,拜散骑常侍、光禄大夫。七年卒,年六十。子偃,武平中历太子洗马、尚书郎。偃弟儦,学识有才思，风调甚高。武平中，琅邪王大司马中兵参军。参定五礼，待诏文林馆。隋仁寿中，卒于通直散骑常侍。叔仁，魏颍州刺史。子彦武，有识用，朝歌令。隋开皇初，魏州刺史。子侃，魏末兼通直常侍，聘梁使。子极，武平初太子仆，卒于武德郡守。子聿，魏东莞太守。子约，司空祭酒。

悛族叔景凤，字鸾叔，悛五世祖逞玄孙也。景凤涉学，以医术知名。魏尚药典御，天保中谯州刺史，景凤兄景哲，魏太中大夫、司徒长史。子国，字法峻，幼好学，泛览经传，多技艺，尤工相术。天保初尚药典御，乾明拜高阳郡太守、太子家令，武平假仪同三司，卒于鸿胪卿。法峻以武平六年从驾在晋阳，尝语中书侍郎李德林云：“此日看高相王以下文武官人相表，俱尽其事。口不忍言。唯第一人，更应富贵，当在他国，不在本朝，吾亦不及见也。”其精妙如此。

悛族子肇师，魏尚书仆射亮之孙也。父士太，谏议大夫。肇师少时疏放，长遂变节，更成谨厚。涉猎经史，颇有文思。袭父爵乐陵男。释褐，开府东阁祭酒，转司空外兵参军，迁大司马府记室参军。天平初，转通直侍郎，为慰劳青州使。至齐州界，为土贼崔迦叶等所虏，欲逼与同事。肇师执节不动，谕以祸福，贼遂舍之。乃巡慰青部而还。元象中，数以中舍人接梁使。武定中，复兼中正员郎，送梁使徐州。还，敕修起居注。寻兼通直散骑常侍，聘梁副使。转中书舍人。天保初，参定禅代礼仪，封襄城县男，仍兼中书侍郎。二年卒，时年四十九。

史臣曰：兰根早有名行，为时论所称；长孺才望之美，见重当世。并功参霸迹，位遇通显，与李元忠、卢文伟盖义旗之人物欤？魏之要幸附会，崔以门地骄狠，虽有周公之美，犹以为累德，况未足喻其高下也。瞻词韵温雅，风神秀发，亦一时之领袖焉。

赞曰：崔、魏才望，见重霸初。名教之迹，其犹病诸。彦通尚志，家风有余。

北齐书卷二四
列传第一六

孙搴　陈元康　杜弼

　　孙搴,字彦举,乐安人也。少厉志勤学,自检校御史再迁国子助教。太保崔光引修国史,频历行台郎,以文才著称。崔祖螭反,搴预焉,逃于王元景家,遇赦乃出。孙腾以宗情荐之,未被知也。

　　会高祖西讨,登风陵,命中外府司马李义深、相府城局李士略共作檄文,二人皆辞,请以搴自代。高祖引搴入帐,自为吹火,催促之。搴援笔立成,其文甚美。高祖大悦,即署相府主簿,专典文笔。又能通鲜卑语,兼宣传号令,当烦剧之任,大见赏重。赐妻韦氏,既士人子女,又兼色貌,时人荣之。寻除左光禄大夫,常领主簿。世宗初欲之邺,总知朝政,高祖以其年少,未许。搴为致言,乃果行。恃此自乞特进,世宗但加散骑常侍。时又大括燕、恒、云、朔、显、蔚、二夏州、高平、平凉之民以为军士,逃隐者身及主人、三长、守令罪以大辟,没入其家。于是所获甚众,搴之计也。

　　搴学浅而行薄,邢邵尝谓之曰:“更须读书。”搴曰“我精骑三千,足敌君羸卒数万。”尝服棘丸,李谐等调之曰:“卿棘刺应自足,何暇外求。”坐者皆笑。司马子如与高季式召搴饮酒,醉甚而卒,时年五十二。高祖亲临之。子如叩头请罪。高祖曰:“折我右臂,仰觅好替还我。”子如举魏收、季式举陈元康,以继搴焉。赠仪同三司、吏部尚书、青州刺史。

　　陈元康,字长猷,广宗人也。父终德,济阴内史,终于镇南将军、金紫光禄大夫。元康贵,赠冀州刺史,谥曰贞。元康颇涉文史,机敏有干用。魏正光五年,从尚书令李崇北伐,以军功赐爵临清县男。普泰中,除主书,加威烈将军。天平元年,修起居注。二年,迁司徒府记室参军,尤为府公高昂所信待。出为瀛州开府司马,加辅国将军。所历皆为称职,高祖闻而征焉。稍被任使,以为相府功曹参军,内掌机密。

　　高祖经纶大业,军务烦广,元康承受意旨,甚济速。性又柔谨,通解世事。高祖尝怒世宗,于内亲加殴蹋,极口骂之,出以告元康。元康谏曰:“王教训世子,自有礼法,仪刑式瞻,岂宜至是。”言辞恳恳,至于流涕。高祖从此为之惩忿。时或惠挞,辄曰:“勿使元康知之。”其敬惮如此。高仲密之叛,高祖知其由崔暹故也,将杀暹。世宗匿而为之谏请。高祖曰:“我为舍其命,须与若手。”世宗乃出暹而谓元康曰:“卿若使崔得杖,无相见也。”暹在廷,解衣将受罚。元康趋入,历陛而升,且言:“文王方以天下付大将军,有一崔暹不能容忍耶?”高祖从而宥焉。世宗入辅京室,崔暹、崔季舒、崔昂等并被任使,张亮、张徽纂并高祖所待遇,然委任皆出元康之下。时人语曰:“三崔二张,不如一康。”魏尚书仆射范阳卢道处女为右卫将军郭琼子妇,琼以死罪没官,高祖启以赐元康为妻,元康乃弃故妇李氏,识者非之。元康便辟善事人,希颜候意,多有进举,而不能平心处物,溺于财利,受纳金帛,不可胜纪,放责交易,遍于州郡,为清论所讥。从高祖破周文帝于邙山,大会诸将,议进退之策。咸以为野无青草,人马疲瘦,不可远追。元康曰:“两雄交战,岁月已久,今得大捷,便是天授,时不可失,必须乘胜追之。”高祖曰:“若遇伏兵,孤何以济?”元康曰:“王前涉沙苑还军,彼尚无伏,今奔败若此,何能远谋。若舍而不追,必成后患。”高祖竟不从。以功封安平县子,邑三百户。寻除平南将军、通直常侍,转大行台郎中,徙右丞。及高祖疾笃,谓世宗曰:“邙山之战,不用元康之言,方贻汝患,以此为恨,死不瞑目。”高祖崩,秘不发丧,唯元康知之。

　　世宗嗣事，又见任待。拜散骑常侍、中军将军，别封昌国县公，邑一千户。侯景反，世宗逼于诸将，欲杀崔暹以谢之。密语元康。元康谏曰："今四海未清，纲纪已定。若以数将在外，苟悦其心，枉杀无辜，亏废刑典，岂直上负天神，何以下安黎庶。晁错前事，愿公慎之。"世宗乃止。高岳讨侯景未克，世宗乃遣潘相乐副之。元康曰："相乐缓于机变，不如慕容绍宗，且先王有命，称其堪敌侯景，公但推赤心于此人，则侯景不足忧也"是时绍宗在远，世宗欲召见之，恐其惊叛。元康曰："绍宗知元康特蒙顾待，新使人来饷金，以致其诚。元康欲安其意，顾受之而厚答其书，保无异也。"世宗乃任绍宗，遂以破景。赏元康金五十斤。王思政入颍城，诸将攻之，不能拔。元康进计于世宗曰："公匡辅朝政，未有殊功，唯败侯景，本非外贼。今颍城将陷，愿公因而乘之，足以取之定业。"世宗令元康驰驿观之。复命曰："必可拔。"世宗于是亲征，既至而克，赏元康金百铤。

　　初魏朝授世宗相国、齐王，世宗频让不受。乃召诸将及元康等密议之，诸将皆劝世宗恭应朝命。元康以为未可。又谓魏收曰："观诸人语专欲误王。我向已启王，受朝命，置官僚，元康叨忝或得黄门郎，但时事未可耳。"崔暹因闻之，荐陆元规为大行台郎，欲以分元康权也。元康既贪货贿，世宗内渐嫌之，元康颇亦自惧。又欲用为中书令，以闲地处之，事未施行。

　　属世宗将受魏禅，元康与杨愔、崔季舒并在世宗坐，将大迁除朝士，共品藻之。世宗家苍头奴兰固成先掌厨膳，甚被宠昵。先是，世宗杖之数十，其人性躁，又恃旧恩，遂大忿恚，与其同事阿改谋害世宗。阿改时事显祖，常执刀随从，云"若闻东斋叫声"，即以加刃于显祖。是日，值魏帝初建东宫，群官拜表。事罢，显祖出东止车门，别有所之，未还而难作。固成因进食，置刀于盘而杀世宗。元康以身捍蔽，被刺伤重，至夜而终，时年四十三。杨愔狼狈走出，季舒逃匿于厕，库真纥舍乐捍贼死。是时世宗凶问，故殡元康于宫中，托以出使南境，虚除中书令。明年，乃诏曰："元康识超往哲，才极时英，千仞莫窥，万顷难测。综核戎政，弥纶霸道，草昧邵陵之谋，翼赞河阳之会，运筹定策，尽力尽心，进忠补过，亡家徇国。扫平逋寇，廓清荆楚，申、甫之在隆周，子房之处盛汉，旷世同规，殊年共美。大业未融，山颓奄及，悼伤既切，宜崇茂典。赠使持节，都督冀定瀛殷沧五州诸军事、骠骑大将军、司空公、冀州刺史，追封武邑县一千户，旧封并如故，曰文穆。赗物一千二百段。大鸿胪监丧事。凶礼所须，随由公给。"

元康母李氏，元康卒后，哀感发病而终，赠广宗郡君，谥曰贞昭。

元康子善藏，温雅有监裁，武平末假仪同三司、给事黄门侍郎。隋开皇中，尚书礼部侍郎。大业初，于彭城郡赞治。

元康弟谌，官至大鸿胪。次季璩，钜鹿太守，转美州别驾。平秦王归彦反，季璩守节不从，因而遇害。赠卫尉卿、赵州刺史。

　　杜弼，字辅玄，中山曲阳人也，小字辅国。自序云，本京兆杜陵人，九世祖鸷，晋散骑常侍，因使没赵，遂家焉。祖彦衡，淮南太守。父慈度，繁畤令。弼幼聪敏，家贫无书，年十二，寄郡学受业，讲授之际，师每奇之。同郡甄琛为定州长史，简试诸生，见而策问，义解闲明，应答如响，大为琛所叹异。其子宽与弼为友。州牧任城王澄闻而召问，深相嗟赏，许以王佐之才。澄、琛还洛，称之于朝，丞相高阳王等多相招命。延昌中，以军功起家，除广武将军、恒州征虏府墨曹行参军，典管记。弼长于笔札，每为时辈所推。

　　孝昌初，除太学博士，带广阳王骠骑府法曹行参军，行台度支郎中。还，除光州曲城令。为政清静，务尽仁恕，词讼止息，远近称之。时天下多难，盗贼充斥，征召兵役，途多亡叛。朝廷患之。乃令兵人所赍戎具，道别车载；又令县令自送军所。时光州发兵，弼送所部达北海郡，州兵一时散亡，唯弼所送不动。他境叛兵，并来攻劫，欲与同去。弼率所领亲兵格斗，终莫肯从，遂得俱达军所。军司崔钟以状上闻。其得人心如此。普泰中，吏曹下访守令尤异，弼已代还，东莱太守王昕以弼应访。弼父在乡，为贼所害，弼行丧六年。以常调除御史,加前将军、太中大夫,领内正字。台中弹奏,皆弼所为。诸御史出使所上文簿,委弼覆察,然后施行。

迁中军将军、北豫州骠骑大将军府司马。未之官,仪同窦泰总戎西伐,诏弼为泰监军。及泰失利自杀,弼与其徒六人走还陕州,刺史刘贵锁送晋阳。高祖诘之曰:"窦中尉此行,吾前具有法用,乃违吾语,自取败亡。尔何由不一言谏争也?"弼对曰:"刀笔小生,唯文墨薄技,便宜之事,议所不及。"高祖益怒。赖房谟谏而获免。左迁下灌镇司马。元象初,高祖征弼为大丞相府法曹行参军。署记室事,转大行台郎中,寻加镇南将军。高祖又引弼典掌机密,甚见信待。或有造次,不及书教,直付空纸,即令宣读。弼尝承闲密劝高祖受魏禅,高祖举杖击走之。相府法曹辛子炎谘事,云须取署,子炎读"署"为"树",高祖大怒曰:"小人都不知避人家讳!"杖之于前。弼进曰:"《礼》,二名不偏讳,孔子言'徵'不言在言'在'不言'徵'。子炎之罪,理或可恕。"高祖骂之曰:"眼看人瞋,乃复牵经引《礼》!"叱令出去。弼行十步许,呼还,子炎亦蒙释宥。世子在京闻之,语杨愔曰:"王左右赖有此人方正,庶天下皆蒙其利,岂独吾家也。"

弼以文武在位,罕有廉洁,言之于高祖。高祖曰:"弼来,我语尔。天下浊乱,习俗已久。今督将家属多在关西,黑獭常相招诱,人情去留未定。江东复有一吴儿老翁萧衍者,专事衣冠礼乐,中原士大夫望之以为正朔所在。我若急作法网,不相饶借,恐督将尽投黑獭,士子悉奔萧衍,则人物流散,何以为国?尔宜少待,吾不忘之。"及将有沙苑之役,弼又请先除内贼,却讨外寇。高祖问内贼是谁。弼曰:"诸勋贵掠夺万民者皆是。"高祖不答,因令军人皆张弓挟矢,举刀按稍以夹道,使弼冒出其间,曰:"必无伤也。"弼战栗汗流。高祖然后喻之曰:"箭虽注,不射;刀虽举,不击;稍虽按,不刺。尔犹顿丧魂胆。诸勋人身触锋刃,百死一生,纵其贪鄙,所取处大,不可同之循常例也。"弼于时大恐,因顿颡谢曰:"愚痴无智,不识至理,今蒙开晓,始见圣达之心。"

后从高祖破西魏于邙山,命为露布,弼手即书绢,曾不起草。以

功赐爵定阳县男,邑二百户,加通直散骑常侍、中军将军。奉使诣
阙,魏帝见之于九龙殿,曰:"朕始读《庄子》,便值秦名,定是体道得
真,玄同齐物。闻卿释学,聊有所问。经中佛性、法性为一为异?"弼
对曰:"佛性、法性,止是一理。"诏又问曰:"佛性既非法性,何得为
一?"对曰:"性无不在,故不说二。"诏又问曰:"说者皆言法性宽,佛
性狭,宽狭既别,非二如何?"弼又对曰:"在宽成宽,在狭成狭,若论
性体,非宽非狭。"诏问曰:"既言成宽成狭,何得非宽非狭? 若定是
狭,亦不能成宽。"对曰:"以非宽狭,故能成宽狭,宽狭所成虽异,能
成恒一。"上悦称善。乃引入经书库,赐《地持经》一部,帛一百匹。平
阳公淹为并州刺史,高祖又命弼带并州骠骑府长史。

　　弼性好名理,探味玄宗,自在军旅,带经从役。注老子《道德
经》二卷,表上之曰:"臣闻乘风理弋,追逸羽于高云;临波命钩,引
沉鳞于大壑。苟得其道,为工其事,在物既尔,理亦固然。窃惟
《道》、《德》二《经》,阐明幽极,旨冥动寂,用周凡圣。论行也,清净柔
弱;语迹也,成功致治。实众流之江海,乃群艺之根本。臣少览经书,
偏所笃好,虽从役军府,而不舍游息。钻味既久,斐文叠如有所见,
比之前注,微谓异于旧说。情发于中而彰诸外,轻以管窥,遂成穿
凿。无取于游刃,有惭于运斤,不足破秋毫之论,何以解连环之结。
本欲止于门内,贻厥童蒙,兼以近资愚鄙,私备忘阙。不悟姑射凝
神,汾阳流照,盖高之听卑,迩言在察。春末奉旨,猥蒙垂诱,令上所
注《老子》,谨冒封呈,并序如别。"诏答云:"李君游神冥眘,独观恍
惚,玄同造化,宗极群有。从中被外,周应可以裁成;自己及物,运行
可以资用。隆家宁国,义属斯文。卿才思优洽,业尚通远,息棳儒门,
驰骋玄肆,既启专家之学,且畅释老之言。户列门张,途通性达,理
事兼申,能用俱表,彼贤所未悟,遗老所未闻,旨极精微,言穷深妙。
朕有味二《经》,倦于旧说,历览新注,所得已多,嘉尚之来,良非一
绪。已敕杀青编,藏之延阁。"又上一本于高祖,一本于世宗。

　　武定中,迁卫尉卿。会梁遣贞阳侯渊明等入寇彭城、大都督高
岳、行台慕容绍宗率诸军讨之,诏弼为军司,摄台左右。临发,世宗

赐胡马一匹,语弼曰:"此厩中第二马,孤恒自乘骑,今方远别,聊以为赠。"又令陈政务之要可为鉴戒者,录一两条。弼请口陈曰:"天下大务,莫过赏罚二论,赏一人使天下人喜,罚一人使天下人服。但能二事得中,自然尽美。"世宗大悦曰:"言虽不多,于理甚要。"握手而别。破萧明于寒山,别与领军潘乐攻拔梁潼州,仍与岳等抚军恤民,合境倾赖。

六年四月八日,魏帝集名僧于显阳殿讲说佛理,弼与吏部尚书杨愔、中书令邢邵,秘书监魏收等并侍法筵。敕弼升师子座,当众敷演。昭玄都僧达及僧道顺并缁林之英。问难锋至,往复数十番。莫有能屈。帝曰:"此贤若生孔门。则何如也。?"

关中遣仪同王思政据颍州,太尉高岳等攻之。弼行颍州事,摄行台左丞。时大军在境,调输多费,弼均其苦乐,公私兼举,大为州民所称。颍州之平也,世宗曰:"卿试论王思政所以被擒。"弼曰:"思政不察逆顺之理,不识大小之形,不度强弱之势,有此三蔽,宜其俘获。"世宗曰:"古有逆取顺守,大吴困于小越,弱燕能破强齐。卿之三义,何以自立?"弼曰:"王若顺而不大,大而不强,强而不顺,于义或偏,得如圣旨。今既兼备众胜,鄙言可以还立。"世宗曰:"凡欲持论,宜有定指,那得广包众理,欲以多端自固?"弼曰:"大王威德,事兼众美,义博故言博,非义外施言。"世宗曰:"若尔,何故周年不下,孤来即拔?"弼曰:"此盖天意欲显大王之功。"

显祖引为兼长史,加卫将军。转中书令,仍长史。进爵定阳县侯,增邑通前五百户。弼志在匡赞,知无不为。显祖将受魏禅,自晋阳至平城都,命弼与司空司马子如驰驿先入,观察物情,践祚之后,敕命左右箱入柏阁。以预定策之功,迁骠骑将军、卫尉卿,别封长安县伯。

尝与邢邵扈从东山,共论名理,邢以为人死还生,恐为蛇画足。弼答曰:"盖谓人死归无,非有能生之力。然物之未生,复何独致怪?"邢云:"圣人设教,本由劝奖,故惧以将来,理望各遂其性,"弼曰。"圣人合德天地,齐信四时,言则为经,行则为法,而云以虚示物，以说劝民，将同鱼腹之书，有异凿楹之诰，安能使北辰降光，谓龙宫韫椟。就如所论，福果可以熔铸性灵，弘奖风教，为益之大，莫极于斯。此即真教，何谓非实？”邢云：“死之言澌，精神尽也。”弼曰：“此所言澌，如射箭尽，手中尽也。《小雅》曰‘无草不死’，《月令》又云‘靡草死’，动植虽殊，亦此之类。无情之卉，尚得还生，含灵之物，何妨再造。若云草死犹有种在，则复人死亦有识。识种不见，谓以为无者。神之在形，亦非自瞩，离朱之明不能睹。虽蒋济观眸，贤愚可察；钟生听曲，山水呈状。乃神之工，岂神之质。犹玉帛之非礼，钟鼓之非乐，以此而推，义斯见矣。”邢云：“季札言无不之，亦言散尽，若复聚而为物，不得言无不之也。”弼曰：“骨肉下归于土，魂气则无不之，此乃形坠魂游，往而非尽。如鸟出巢，如蛇出穴。由其尚有，故无所不之；若令无也，之将焉适？延陵有察微之识，知其不随于形；仲尼发习礼之叹，美其斯与形别。若许以廓然，然则人皆季子。不谓高论，执此为无。”邢云：“神之在人，犹光之在烛，烛尽则光穷，人死则神灭。”弼曰：“旧学前儒，每有斯语，群疑众惑，咸由此起。盖辨之者未精，思之者不笃。窃有末见，可以聚诸。烛则因质生光，质大光亦大；人则神不系于形，形小神不小。故仲尼之智，必不短于长狄；孟德之雄，乃远奇于崔琰。神之于形，亦犹君之有国。国实君之所统，君非国之所生。不与同生，孰云俱灭？”邢云：“舍此适彼，生生恒在。周、孔自应同庄周之鼓缶，和桑扈之循歌？”弼曰：“共阴而息，尚有将别之悲；穷辙以游，亦兴中途之叹。况曰联体同气，化为异物，称情之服，何害于圣。”邢云：“鹰化为鸠，鼠变为鴽，黄母为鳖，皆是生之类也。类化而相生，犹光去此烛，复然彼烛。”弼曰：“鹰未化为鸠，鸠则非有。鼠。既二有，何可两立。光去此烛，得燃彼烛，神去此形，亦托彼形，又何惑哉？”邢云：“欲使土化为人，木生眼鼻，造化神明，不应如此。”弼曰：“腐草为萤，老木为蝎，造化不能，谁其然也？”其后别与邢书云：“夫建言明理，宜出典证，而违孔背释，独为君子。若不师圣，物各有心，马首欲东，谁其能御。奚取于适衷，何贵于得一。逸勋虽高，管见未喻。”前后往复再三，邢邵理屈而止，文多不载。

又以本官行郑州事，未发，为家客告弼谋反，收下狱，案治无实，久乃见原。因此绝朝见。复坐第二子廷尉监台卿断狱稽迟，与寺官俱为郎中封静哲所讼。事既上闻，显祖发忿，遂徙弼临海镇。时楚州人东方白额谋反，南北响应，临海镇为贼帅张绰、潘天合等所攻，弼率厉城人，终得全固。显祖嘉之。敕行海州事，即所徙之州。在州奏通陵道并韩信故道。又于州东带海而起长堰，外遏咸潮，内引淡水。敕并依行。转徐州刺史，未之任，又除胶州刺史。

弼儒雅宽恕，尤晓吏职，所在清洁，为吏民所怀。耽好玄理，老而愈笃。又注《庄子惠施篇》、《易上下系》，名《新注义苑》，并行于世。弼性质直，前在霸朝，多所匡正。及显祖作相，致位僚首，初闻揖让之议，犹有谏言。显祖尝问弼云："治国当用何人？"对曰："鲜卑车马客，会须用中国人。"显祖以为此言讥我。高德政居要，不能下之，乃于众前面折云："黄门在帝左右，何得闻善不惊，唯好减削抑挫！"德政深以为恨，数言其短。又令主书杜永珍密启弼在长史日，受人请属，大营婚嫁。显祖内衔之。弼恃旧仍有公事陈请。十年夏，上因饮酒，积其愆失，遂遣就州斩之，时年六十九。既而悔之，驿追不及。长子蕤、第四子光，远徙临海镇。次子台卿，先徙东豫州。乾明初，并得还邺。天统五年，追赠弼使持节、扬郢二州军事、开府仪同三司、尚书右仆射、扬州刺史，谥曰文肃。

蕤、台卿，并有学业。台卿文笔尤工，见称当世。蕤字子美。武平中大理少卿，兼散骑常侍，聘陈使主。末年，吏部郎中。隋开皇中，终于开州刺史。台卿字少山，历中书、黄门侍郎，兼大著作、修国史。武平末，国子祭酒，领尚书左丞。周武帝平齐，命尚书左仆射阳休之以下知名朝士十八人随驾入关，蕤兄弟并不预此名。台卿后虽被征，为其聋疾放归。隋开皇中，征为著作郎，岁余以年老致事，诏许之。特优其礼终身给禄，未岁而终。

史臣曰：孙搴便藩左右，处文墨之地，入幕未久，情义已深。及仓卒致殒，高祖折我右臂，虽戎旃未卷，爱惜才子，不然何以成霸王之业。太史公云："非死者难，处死者难。""或重于太山，或轻于鸿毛。"斯其义也。元康以智能才干，委质霸朝，绸缪帷幄，任寄为重。及难无苟免，忘生殉义，可谓得其地焉。杨愔自谓异行奇才，冠绝夷等，弑逆之际，趋而避之，是则非处死者难，死者亦难也。显祖弱龄藏器，未为朝臣所知，及北宫之难，以年次推重，故受终之议，时未之许焉。杜弼识学甄明，发言谠正，禅代之际，先起异图。王怒未怠，卒蒙显戮。直言多矣，能无及是者乎？

赞曰：彦举驱驰，才高行诐。元康忠勇，舍生存义。邛邛辅玄，思极谈天，道亡时晦，身没名全。

北齐书卷二五
列传第一七

张纂　张亮　张耀　赵起
徐远　王峻　王纮

张纂,字徽纂,代郡平城人也。父烈,桑乾太守。纂初事尔朱荣,又为尔朱兆都督长史。为兆使于高祖,遂被顾识。高祖举义山东,刘延据相州拒守,时纂亦在其中。高祖攻而拔之,而纂参丞相军事。纂性便僻,左右出内,稍见亲待,仍补行台郎中。高祖启减国封,分赏文武,纂随例封寿张伯。魏武帝末,高祖赴洛,以赵郡公琛为行台,守晋阳,以纂为右丞。转相府功曹参军事,除右光禄大夫。使于茹茹,以衔命称旨。历中外、丞相二府从事中郎。邙山之役,大获俘虏,高祖令纂部送京师,魏帝赐绢五百疋,封武安县伯。

复为高祖行台右丞,从征玉壁。大军将还山东,行达晋州,忽值寒雨,士卒饥冻,至有死者。州以边禁不听入城。于时纂为别使,遇见,辄令开门内之,分寄民家,给其火食,多所全济。高祖闻善之。

纂事高祖二十余岁,传通教令,甚见亲赏。世宗嗣位,侯景作乱颍川,招引西魏。以纂为南道行台,与诸将率讨之。还,除瀛州刺史。会世宗。入为太子少傅。后与平原王段孝先、行台尚书辛术等攻围东楚,仍拔广陵、泾州数城,贼帅东方白额。授仪同三司,监筑长城大使,领步骑数千镇防北境。还,迁护军将,寻卒。

张亮,字伯德,西河显城人也,少有干用,初事尔朱兆,拜平远将军,以功封隰城县伯,邑五百户。高祖讨兆于晋阳,兆奔秀容。兆左右皆密通诚款,唯亮独无启疏。及兆败,窜于穷山,令亮及仓头陈山隄斩己首以降,皆不忍,兆乃自缢于树。伯德伏尸而哭。高祖嘉叹之。授丞相府参军事,渐见待,委以书记之任。天平中,为世宗行台郎中,典七兵事,虽为台郎,而常在高祖左右。迁行台右丞。

高仲密之叛也,与大司徒斛律金守河阳。周文帝于上流放火舡烧河桥。亮乃备小艇百余艘,皆载长锁,锁头施钉。火舡将至,即驰小艇,以钉钉之,引舡向岸,火舡不得及桥。桥之获全,亮之计也。武定初,拜太中大夫。薛琡尝梦亮于山上挂丝,以告亮,旦占之曰:"山上丝,幽字也。君其为幽州乎?"数月,亮出为幽州刺史。属侯景叛,除平南将军、梁州刺史。寻加都督颍等十一州诸军事,兼行台殿中尚书,转都督二豫、扬、颖等八州军事,征西大将军、豫州刺史、尚书右仆射、西南道行台。攻梁江夏、颍阳等七城皆下之。

亮性质直,勤力强济,深为高祖、世宗所信,委以腹心之任。然少风格,好财利,久在左右,不能廉洁,及历诸州,咸有黩货之闻。武定末,征拜侍中、汾州大中正。天保初,授光禄勋,加骠骑大将军、仪同三司,别封安定县男。转中领军。寻卒于位,赠司空公。

张耀,字灵光,上谷昌平人也。父凤,晋州长史。耀少而贞谨,颇晓吏职。解褐给事中,转司徒水曹行参军。义旗建,高祖擢为中军大都督韩轨府长史。及轨除瀛、冀二州史,又以耀为轨谘议参军。后为御史所劾,州府僚佐及轨左右以赃罪挂网者百有余人,唯耀以清白独免。征为丞相府仓曹。

显祖嗣事。迁相府掾。天保初,赐爵都亭乡男,摄仓、库二曹事,诸有赐给,常使耀典之。转秘书丞,迁尚书右丞。显祖曾因近出,令耀居守。帝夜还,耀不时开门,勒兵严备。帝驻跸门外久之,催迫甚急。耀以夜深,真伪难辩,须火至面识,门乃可开,于是独出见帝。帝笑曰:"卿欲学郅君章也。"乃使耀前开门,然后入,深嗟赏之,赐以锦彩。出为南青州刺史,未之任。肃宗辅政。累迁秘书监。耀历事累世，奉职恪勤，咸见亲待，未尝有过。每得禄赐，散之宗族，性节俭率素，车服饮食，取给而已。好读《春秋》，月一遍，时人慕之贾梁道。赵彦深尝谓耀曰："君研寻《左氏》，岂求服虔、杜预之纰缪邪？"耀曰："何为然乎？《左氏》之书，备叙言事，恶者可以自戒，善者可以庶几。故历己温习，非欲诋诃古人之得失也。"天统元年，世祖临朝，耀奏事，遇暴疾，仆于御前。帝下座临视，呼数声不应。帝泣曰："岂失我良臣也！"旬日卒，时年六十三。诏称耀忠贞平直，温恭廉慎。赠开府仪同三司、尚书右仆射、燕州刺史，谥曰贞简。

赵起，字兴洛，广平人也。父达，幽州录事参军。起性沉谨有干用。义旗建，高祖以段荣为定州刺史，以起为荣典签，除奉车都尉。天平中，征为相府骑曹，累加中散大夫。世宗嗣事，出为建州刺史，累迁侍中。起，高祖世频为相府骑兵二局，典知兵马十有余年。至显祖即祚之后，起罢州还阙，虽历位九卿、侍中，常以本官监兵马，出内驱使，居腹心之寄，与二张相亚。出为西兖州刺史，纠刻禁止，岁余，以无验获免。河清二年，征还晋阳。三年，又加祠部尚书、开府。天统初，转太常卿，食琅邪郡干。二年，除沧州刺史，加六州都督。武平中。卒于官。

徐远，字彦遐，广宁石门人也。其先出自广平。曾祖定，为云中军将、平朔戍主，因家于朔。远少习吏事，郡辟功曹。未几，与太守率户赴义旗，署防城都督，除瘿陶县令。高祖以远闲习书计，命为丞相骑兵参军事，常征伐克济军务，深为高祖所知。累历巨鹿、陈留二郡太守。天保初，为御史所劾，遇赦免，沉废二年。显祖以远勤旧，将用为领军府长史，累迁东徐州刺史，入为太中大夫。河清初，加卫将军。二年，除使持节、都督东楚州诸军事、东楚州刺史。天统二年，授仪同三司、卫尉。四年。加开府、右光禄大夫。武平初卒。远为治慕宽和，有恩惠。至东楚，其年冬，邑郭大火。城民亡产业，远躬自赴救。对之流涕，仍为经营，皆得安立。长子世荣，中书舍人、黄门侍郎。

王峻，字峦嵩，灵丘人也。明悟有干略。高祖以为相府墨曹参军。坐事去官。久之，显祖为仪同开府，引为城局参军。累迁恒州大中正，世宗相府外兵参军。随诸军平淮阴，赐爵北平县男。除营州刺史。

营州地接边城，贼数为民患。峻至州，远设斥候，广置疑兵，每有贼发，常出其不意要击之。贼不敢发，合境获安。先是刺史陆士茂诈杀失韦八百余人，因此朝贡遂绝。至是，峻分命将士，要其行路，失韦果至。大破之，虏其首帅而还。因厚加恩礼，放遣之。失韦遂献诚款，朝贡不绝，峻有力焉。初茹茹主庵罗辰率其余党东徙，峻度其必来，预为之备。未几，庵罗辰到，顿军城西。峻乃设奇伏大破之，获其名王郁久间豆拔提等数十人，送于京师。庵罗辰于此遁走。帝甚嘉之。迁秘书监。

废帝即位，除洛州刺史、河阳道行台左丞。皇建中。诏于洛州西界掘长堑三百里，置城戍以防间谍。河清元年，征拜祠部尚书。诏诣晋阳检校兵马，俄而还邺，转太仆卿。及车驾巡幸，常与吏部尚书尉瑾辅皇太子、诸亲王同知后事。仍赐食梁郡干，迁侍中，除都官尚书。及周师寇逼，诏峻以本官与东安王娄睿、武兴王晋等自邺率众赴河阳御之。车驾幸洛阳，以悬瓠为周人所据，复诏峻为南道行台，与娄睿率军南讨。未至，周师弃城走，仍乃使慰辑永、郢二州。四年春，还京师。坐违格私度禁物并盗截军粮，有司依格处斩，家口配没。特诏决鞭一百，除名配甲坊，蠲其家口。会赦免，停废私门。天统二年，授骠骑大将军、仪同三司，寻加开府。武平初，除侍中。四年卒。赠司空公。

王纮，字师罗，太安狄那人也，为小部酋帅。父基，颇读书，有智略。初从葛荣反，荣授基济北王、宁州刺史。后葛荣破，而基据城不下，尔朱荣遣使喻之，然后始降。荣后以为府从事中郎令，率众镇磨川。荣死，纮豆陵步藩虏基归河西，后逃归尔朱兆。高祖平兆，以基为都督，除义宁太守。基先于葛荣军与周文帝据有关中，高祖遣基与长史侯景同使于周文帝，留基不遣。基后逃归，除冀州长史，后行肆州事。元象初，累迁南益州、北豫州刺史。所历皆好聚敛，然性和直，吏民不甚患。兴和四年冬，为奴所害，时年六十五。赠征东将军、吏部尚书、定州刺史。

纮少好弓马，善骑射，颇爱文学。性机敏，应对便捷。年十三，见扬州刺史太原郭元贞。元贞抚其背曰："汝读何书？"对曰："诵《孝经》。"曰："《孝经》云何？"曰："在上不骄，为下不乱。"贞曰："吾作刺史，岂其骄乎？"纮曰："公虽不骄，君子防未萌，亦愿留意。"元贞称善。

年十五，随父在北豫州，行台侯景与人论掩衣法为当左，为当右。尚书敬显俊曰："孔子云：'微管仲，吾其被发左衽矣。'以此言之，右衽为是。"俊进曰："国家龙飞朔野，雄步中原，五帝异仪，三王殊制，掩衣左右，何足是非。"景奇其早慧，赐以名马。兴和中，世宗召为库直，除奉朝请。世宗暴崩，纮冒刃捍御，以忠节赐爵平春县男，赉帛币七百段、绫锦五十疋、钱三万并金带骏马，仍除晋阳令。

天保初，加宁远将军，颇为显祖所知待。帝尝与左右饮酒，曰："快哉大乐。"纮对曰："亦有大乐，亦有大苦。"帝曰："何为大苦？"纮曰："长夜荒饮不寤，亡国破家，身死名灭，所谓大苦。"帝默然。后责纮曰："尔与纮奚舍乐同事我兄，舍乐死，尔何为不死！"纮曰："君亡臣死，自是常节，但贼竖力薄斫轻，故臣不死。"帝使燕子献反缚纮，长广王捉头，帝手刃将下。纮曰："杨遵彦、崔季舒逃走避难，位至仆射、尚书，冒死效命之士，反见屠戮，旷古未有此事。"帝投刀于地曰："王师罗不得杀。"遂舍之。

乾明元年，昭帝作相，补中外府功曹参军事。皇建元年，进爵义阳县子。河清三年，与诸将征突厥，加骠骑大将军。天统元年，除给事黄门侍郎，加射声校尉，四迁散骑常侍。武平初，开府仪同三司。纮上言："突厥与宇文男来女往，必当相与影响，南北寇边。宜选九州中男强弩，多据要险之地。伏愿陛下哀忠念旧，爱孤恤寡，矜愚嘉善，舍过记功，敦骨肉之情，广宽仁之路，思尧、舜之风，慕禹、汤之德，克己复礼，以成美化，天下幸甚。"

五年，陈人寇淮南，诏令群官共议御捍。封辅相请出讨击。纮曰："官军频经失利，人情骚动，若复兴兵极武，出顿江、淮，恐北狄恶寇，乘我之弊，倾国而来，则世事去矣。莫若薄赋省徭，息民养士，使朝廷协睦，遐迩归心，征之以仁义，鼓之以道德，天下皆当肃清，岂直伪陈而已。"高阿那肱谓众人："从王武卫者南席。"众皆同焉。寻兼侍中，聘于周。使还即正，未几而卒。纮好著述，作《鉴诫》二十四篇，颇有文义。

史臣曰：张纂等并趋事霸朝，申其功用，皆有齐之良臣也。伯德之恸哭伏尸，灵光之拒关驻跸，有古人风焉。

赞曰：纂、亮、耀、起、徐远、纮、峻，奉日高升，凌风远振。树死拒关，终明信顺。

北齐书卷二六
列传第一八

薛琡　敬显俊　平鉴

薛琡,字昙珍,河南人。其先代人,本姓叱干氏。父豹子,魏徐州刺史。琡形貌魁伟,少以干用称。为典客令,每引客见,仪望甚美。魏帝召而谓之曰:"卿风度峻整,姿貌秀异,后当升进,以处何官?"琡曰:"宗庙之礼,不敢不敬,朝廷之事,不敢不忠。自此以外,非庸臣所及。"正元中,行洛阳令,部内肃然。有犯法者,未加拷掠,直以辞理穷核,多得其情。于是豪猾畏威,事务简静。时以久旱,京师见囚悉召集华林,理问冤滞,洛阳系狱,唯有三人。魏孝明嘉之,赐缣百疋。

迁吏部,尚书崔亮奏立停年之格,不简人才,专问劳旧。琡上书,言:"黎元之命,系于长吏,若得其人,则苏自心,任非其器,为患更深。若使选曹唯取年劳,不简贤否,便义均行雁,次若贯鱼,执簿呼名,一吏足矣,数人而用,何谓铨衡。请不依此。"书奏不报。后因引见,复见谏曰:"共治天下,本属百官。是以汉朝常令三公大臣举贤良方正、有道直言之士,以为长吏,监抚黎元。自晋末以来,此风遂替。今四方初定,务在养民。臣请依汉氏更立四科,令三公贵臣各荐时贤,以补郡县,明立条格,防其阿党之端。"诏下公卿议之,事亦寝。

元天穆讨邢杲也,以琡为行台尚书,时元颢已据鄴城。天穆集文武议其所先。议者咸以杲众甚盛,宜先经略。琡以为邢杲聚众无名,虽强犹贼;元颢皇室昵亲,来称义举,此恐难测。呆鼠盗狗窃,非有远志,宜先讨颢。天穆以群情所欲,遂先讨呆。呆降军还,颢入洛。天穆谓琡曰:"不用君言,乃至于此。"

天平初,高祖引为丞相长史。琡宿有能名,深被礼遇,军国之事,多所闻知。琡亦推诚尽节,屡进忠谠。高祖大举西伐,将度蒲津。琡谏曰:"西贼连年饥馑,无可食啗,故冒死来入陕州,欲取仓粟。今高司徒已围陕城,粟不得出。但置兵诸道,勿与野战,比及年季麦秋,人民尽应饿死。宝炬、黑獭,自然归降。愿王无渡河也。"侯景亦曰:"今者之举,兵众极大,万一不捷,卒难收敛。不如分为二军。相继而进,前军若胜,后军合力,前军承之。"高祖皆不纳,遂有沙苑之败。累迁尚书仆射,卒。临终,敕其子敛以时服,逾月便葬,不听干求赠官。自制丧车,不加雕饰,但用麻为流苏。绳用网络而已。明器等物并不令置。

琡久在省闼,闲明簿领,当官剖断,敏速如流。然天性险忌,情义不笃,外似方格,内实浮动,受纳货赂,曲法舞文,深情刻薄,多所伤害,士民畏恶之。魏东平王元匡妾张氏淫逸放恣,琡初与奸通,后纳以为妇。惑其谗言,逐前妻于氏,不认其子,家内怨忿,竞相告列,深为世所讥鄙。赠青州刺史。

敬显俊字孝英,平阳人。少英侠有节操,交结豪杰。为羽林监。高祖临晋州,俊因使谒见,与语悦之,乃启为别驾。及义举,以俊为行台仓部郎中。从攻邺,令俊督造土山。城拔,又从平西胡。转都官尚书,与诸将征讨,累有功,又从高祖平寇难,破周文帝,败侯景,平寿春,定淮南。又略地三江口,多筑城戍。累除兖州刺史,卒。

平鉴,字明达,燕郡蓟人。父胜,安州刺史。鉴少聪敏,颇有志力。受学于徐遵明,不为章句,虽崇儒业,而有豪侠气。孝昌末,盗贼蜂起,见天下将乱,乃之洛阳,与慕容俨骑马为友。鉴性巧,夜则胡画,以供衣食。谓其宗亲曰:"运有污隆,乱极则治。并州戎马之地,尔朱王命世之雄,杖义建旗,奉辞问罪,劳忠竭力,今出其时。"
遂相率奔尔朱荣于晋阳,因陈静乱安民之策。荣大奇之,即署参军,
前锋从平巩、密,每阵先登。除抚军、襄州刺史。高祖起义信都,鉴
自归。高祖谓鉴曰:"日者皇纲中弛,公已早竭忠诚。今尔朱披猖,
又能去逆从善。摇落之时,方识松筠。"即启授征西。怀州刺史。

　　鉴奏请于州西故轵道筑城以防遏西寇,朝廷从之。寻而西魏来
攻。是时新筑之城,粮杖未集,旧来乏水,众情大惧。南门内有一井,
随汲即竭。鉴乃具衣冠俯井而祝,至旦有井泉涌溢,合城取之。魏
师败还,以功进位开府仪同三司。时和士开以佞幸势倾朝列,令人
求鉴爱姜刘氏,鉴即送之。仍谓人曰:"老公失阿刘,与死何异。要
自为身作计,不得不然。"由是除齐州刺史。鉴历牧八州,再临怀州,
所在为吏所思,立碑颂德。入为都官尚书令。

北齐书卷二七
列传第一九

万俟普 子洛　可朱浑元
刘丰　破六韩常　金祚
韦子粲

万俟普,字普拨,太平人,其先匈奴之别种也。雄果有武力。正光中,破六韩拔陵构逆,授普太尉。率部下降魏,授后将军。第二领人酉长。高祖起义,普远通诚款,高祖甚嘉之。斛斯椿逼帝西出,授司空、秦州刺史,据覆鞯城。高祖平夏州,普乃率其部落来奔,高祖躬自迎接,授普河西公。累迁太尉、朔州刺史。卒。

子洛,字受洛干。豪壮有武艺,骑射过人,为乡闾所伏。拔陵反,随父归顺,除显武将军。随尔朱荣每有战功,累迁汾州刺史、骠骑将军。及起义信都,远送诚款,高祖嘉其父子俱至,甚优其礼。除抚军。兼灵州刺史。武帝入关,除左仆射。天平中,随父东归,封建昌郡公,再迁领军将军。与诸将围独孤如愿于金庸,及河阴之战,并有功,高祖以其父普尊老,将崇礼之,尝亲扶上马。洛免冠稽首曰:“愿出死力以报深恩。”及此役也,诸军北渡桥,洛以军不动。谓西人曰:“万俟受洛干在此,能来可来也!”西人畏而去。高祖以雄壮,名其所营地为回洛城。洛慷慨有气节,勇锐冠时,当世推为名将。兴和初卒。

可朱浑元,字通元。自云辽东人,世为渠帅,魏时拥众内附,曾祖护野肱终于怀朔镇将,遂家焉。元宽仁有武略,少与高祖相知。北边扰乱,遂将家属赴定州,值鲜于修礼作乱,元拥众属焉。葛荣并修礼,复以元为梁王。遂奔尔朱荣,以为别将,隶天光征关中,以功为渭州刺史。

侯莫陈悦杀之贺拔岳也,周文帝率岳所部还共图悦。元时助悦,悦走,元收其众,入据秦州,为周攻围,苦战,结盟而罢。元既早遇高祖知遇,其母兄在东,尝有思归之志,恒遣表疏与高祖阴相往来。周文攻围苦忌元智勇,知元怀贰,发兵攻之。元乃率所部,发自渭州,西北渡乌兰津。周文频遣兵邀之,元战必摧之。引军历河、源二州境,乃得东出。灵州刺史曹泥女婿刘丰与元深相交结。元因说丰以高祖英武非常,克成大业,丰自此便有委质之心,遂资遣元。元从灵州东北入云州。高祖闻其来也,遣平阳守高嵩持环一枚以赐元,并运资粮,远遣候接。元至晋阳,引见执手,赐帛千疋并奴婢田宅。兄弟四人先在并州者,进官爵。元所部督将,皆赏以爵邑。封元县公。除车骑大将军。讨西魏仪同金祚、皇甫智达于东雍,擒之。迁并州刺史。又与诸将征伐,频有克捷降下。天保初,封扶风王。频从显祖讨山胡、茹茹,累有战功。迁太师,薨。赠假黄钺、太宰、录尚书。

元善于御众,行军用兵,务在持重,前后出征,未尝负败。及卒,朝廷深悼之。皇建初,配享世宗庙庭。

刘丰,字丰生,普乐人也。有雄姿壮气,果毅绝人,有口辩,好说兵事。破六韩拔陵之乱,丰以守城之功,除普乐太守。魏永安初,除灵州镇城大都督。周文授以卫大将军,丰不受,乃遣攻国,不克。丰远慕高祖威德,乃率户数万来奔。高祖上丰为平西、南汾州刺史。遂与诸将征讨,平定寇乱。又从高祖破周文于河阴,丰功居多,高祖执手嗟赏,入为左卫将军。出除殷州。

王思政据长社,世宗命丰与清河王岳攻之。丰建水攻之策,遂遏洵水以灌之，水长，鱼鳖皆游焉。九月至四月，城将陷。丰与行台慕容绍宗见北有白气，同入船。忽有暴风从东北来，正昼昏暗，飞沙走砾，船缆忽绝，漂至城下。丰游水向土山，为浪所激，不时至，西人钩之。并为敌人所害。丰壮勇善战，为诸将所推。死之日，朝野骇惋。赠大司马、司徒公、尚书令，谥曰忠。子晔嗣。

破六韩常，字保年，附化人，匈奴单于之裔也。右谷蠡王潘六奚没于魏，其子孙以潘六奚为氏。后人讹误，以为破六韩。世领部落，其父孔雀，世袭酋长。孔雀少骁勇。时宗人拔陵为乱，以孔雀为大都督、司徒、平南王。孔雀率部下一万人降于尔朱荣，诏加平北将军、第一领民酋长，卒。常沉敏有胆略，善骑射，累迁平西将军。高祖起义，常为附化守，与万俟受洛干东归，高祖嘉之，上为抚军。与诸将征讨，又从高祖攻击诸寇，累迁车骑大将军、开府，封平阳公。除洛州刺史。常启世宗曰："常自镇河阳以来，频出关口，太谷二道，北制已北，洛州已南，所有要害，颇所知悉。而太谷南口去荆路逾一百，经赤工坂，是贼往还东西大道，中间旷绝一百五十里，贼之粮饷。唯经此路。愚谓于彼选形胜之处，营筑城戍，安置士马，截其远还，自然不能更有行送。"世宗纳其计，遣大司马斛律金等筑杨志、百家、呼延三镇。常秩满，还晋阳，拜太保、沧州刺史，卒。赠尚书令、司徒公、太傅、第一领民酋长，假王，谥曰忠武。

金祚，字神敬，安定人也。性骁雄，尚气任侠。魏正光中，陇右贼起，诏雍州刺史元猛讨之，召募狼家，以为军导，祚应选。以军功累迁龙骧将军、灵州刺史。高祖举义，尔朱天光率关右之众与仲远等北抗义师。天光留祚东秦，总督三州，镇静二州。天光败，归高祖，除车骑大将军。邙山之战，以大都督从破西军。祚除华州刺史，加开府仪同三司，别封临济县子，卒。赠司空。

韦子粲，字晖茂，京兆人。曾祖阆，魏咸阳守。父俊，都水使者。

子粲仕郡功曹史,累迁为大行台郎中,从尔朱天光平关右。周武入关,以为南汾州刺史。神武命将出讨,城陷,子弟俱破获,送晋阳,蒙放免。以粲为并州长史,累迁豫州刺史,卒。初子粲兄弟十三人,子侄亲属,阖门百口悉在西魏。以子粲陷城不能死难,多致诛灭,归国获存,唯与弟道谐二人而已。谐与粲俱入国。粲富贵之后,遂特弃道谐,令其异居,所得廪禄,略不相及,其不顾恩义如此。

北齐书卷二八
列传第二○

元坦　元斌　元孝友
元晖业　元弼　元韶

元坦，祖魏献文皇帝，咸阳王禧第七子。禧诛后，兄翼、树等五人相继南奔，故坦得承袭，改封敷城王。永安初，复本封咸阳郡王，累迁侍中。庄帝从容谓曰：“王才非荀、蔡，中岁屡迁，当由少长朕家，故有超授。”初禧死后，诸子贫乏，坦兄弟为彭城王勰所收养，故有此言。孝武初，其兄树见禽。坦见树既长且贤，虑其代己，密劝朝廷以法除之。树知之，泣谓坦曰：“我往因家难，不能死亡，寄食江湖，受其爵命。今者之来，非由义至。求活而已，岂望荣华。汝何其猜忌，忘在原之义，腰背虽伟，善无可称。”坦作色而去。树死。竟不临哭。

坦历司徒、太尉、太傅，加侍中、太师、录尚书事、宗正、司州牧。虽禄厚位尊，贪求滋甚，卖狱鬻官，不知纪极。为御史劾奏免官，以王归第。寻起为特进，出为冀州刺史，专复聚敛。每百姓纳赋，除正税外，别先责绢五疋，然后为受。性好畋渔，无日不出，秋冬猎雉兔，春夏捕鱼蟹，鹰犬常数百头。自言宁三日不食，不能一日不猎。入为太常。齐天保初准例降爵，封新丰县公，除特进、开府仪同三司。坐子世宝与通直散骑侍郎彭贵平因酒醉诽谤，亡说图谶，有司奏当死，诏并宥之。坦配北营州，死配所。

元斌,字善集,祖魏献文皇帝。父高阳王雍,从孝庄于河阴遇害。斌少袭祖爵,历位侍中、尚书左仆射。斌美仪貌,性宽和,居官重慎,颇为齐文襄爱赏。齐天保初,准例降爵,为高阳县公,拜右光禄大夫。二年,从文宣讨契丹还,至白浪河,以罪赐死。

元孝友,祖魏太武皇帝。兄临淮王谭无子,令孝友袭爵。累迁沧州刺史,为政温和,好行小惠,不能清白,而无所侵犯,百姓亦以此便之。魏静帝宴文襄于华林,孝友因醉自誉,又云:"陛下许赐臣能。"帝笑曰:"朕恒闻王自道清。"文襄曰:"临淮王奉旨舍罪。"于是君臣俱笑而不罪。

孝友明于政理,尝奏表曰:

令制:百家为党族,二十家为闾,五家为比邻。百家之内,有师二十五人,征发皆免,苦乐不均。羊少狼多,复有蚕食。此之为弊久矣。京邑诸坊,或七八百家唯一里正、二史,庶事无阙,而况外州乎?请依旧置三正之名不改,而百家为于,四闾,二比。计族少十二丁,得十二匹赏绢。略计见管之户应二万余族,一岁出赏绢二十四万匹。十五丁为一番兵,计得一万六千兵。此富国安人之道也。

古诸侯娶九女,士一妻一妾。《晋令》:诸王置妾八人;郡君、侯,妾六人。《官品令》:第一第二品有四妾,第三第四有三妾,第五第六有二妾,第七第八有一妾。所以阴教聿修,继嗣有广。广继嗣孝也。修阴教礼也。而圣朝忽弃此数。由来渐久,将相多尚公主,王侯娶后族,故无妾媵,习以为常。妇人不幸,生逢今世,举朝既是无妾,天下殆皆一妻。设令人强志广娶,则家道离索,身事迍邅,内外亲知,共相嗤怪。凡姑姊逢迎,必相劝以妒忌。以制夫为妇德,以能妒为女工。自云不受人欺,畏他笑我。王公犹自一心,已下何敢二意。夫妒忌之心生,则妻妾之礼废,妻妾之礼废,则奸淫之兆兴,斯臣之所以毒恨者也。

请以王公第一品娶八,通妻以备九女,称事二品备七,三品四品备五,五品六品则一妻二妾。限以一周,悉令充数。若不充数,及待妾非礼,使妻妒加捶挞,免所居官。其妻无子而不娶妾,斯则自绝,无以血食祖父,请科不孝之罪,离遣其妻。

臣之赤心,义唯家国。欲使吉凶无不合礼,贵贱各有其宜,省人帅以出兵丁,立仓储以丰谷食,设赏格以擒奸盗,行典令以示朝章,庶使足食足兵,兵人信之矣。又冒申妻妾之数,正欲使王侯将相功臣子弟,苗胤满朝,传祚无穷。此臣之志也。诏付有司,议奏不同。

孝友又言:“今人生为皂隶,葬拟王侯,存没异途,无复节制。崇壮丘陇,盛饰祭仪,邻里相荣,称为至孝。又夫妇之始,王化所先,共食合瓢,足以成礼。而今之富者弥奢,同牢之设,甚于祭槃,累鱼成山,山有林木之像,鸾凤斯存。徒有烦劳,终成委弃。仰惟天意,其或不然。请自兹以后,若婚葬过礼者,以违旨论。官司不加纠劾,即与同罪。”

孝友在尹积年,以法自守,甚著声称,然性无骨鲠,善事权势,为正直者所讥。齐天保初,准例降爵,封临淮县公,拜光禄大夫。二年冬被诏入晋阳宫,出与元晖业同被害。

元晖业,字绍远,魏景穆皇帝之玄孙。少险薄,多与寇盗交通。长乃变节,涉子史,亦颇属文,而慷慨有志节。历位司空、太尉,加特进,领中书监,录尚书事。文襄尝问之曰:“此何所披览。”对曰:“数寻伊、霍之《传》,不读曹、马之书。”

晖业以时远渐谢,不复图全,唯事饮啖,一日一羊,三日一犊。又尝赋诗云:“昔居王道泰,济济富群英;今逢世路阻,狐兔郁纵横。”齐初,降封美阳县公,开府仪同三司、特进。晖业之在晋阳也,无所交通,居常闲暇,乃撰魏藩王家世,号为《辩宗录》四十卷行于世。位望隆重,又以性气不伦,每被猜忌。天保二年,从驾至晋阳,于宫门外骂元旦曰:“尔不及一老妪,背负玺与人,何不打碎之。我出此言，即知死也，然尔亦讵得几时！"文宣闻而杀之，亦斩临淮公孝友。孝友临刑，惊惶失措，晖业神色自若。仍凿冰沉其尸。

晖业弟昭业，颇有学问，位谏议大夫。庄帝幸洛南，昭业立于阊阖门外叩马谏，帝避之而过，后劳免之。位给事黄门侍郎、卫将军、右光禄大夫，卒。谥曰文候。

元弼，字辅宗，魏司空晖之子。性刚正，有文学。位中散大夫。以世嫡应袭先爵，为季父尚书仆射丽因于氏亲宠，逐夺弼王爵，横授内兄子诞。于是弼绝弃人事，托疾还私第。宣武中为侍中。弼上表固让，入嵩山，以穴为室，布衣蔬食，卒。建元元年，子晖业诉复王爵。永安三年，追赠尚书令，司徒公，谥曰文献。初弼尝梦人谓之曰："君身不得传世封，其绍先爵者，君长子绍远也。"弼觉，即告晖业，终如其言也。

元韶字世胄，魏孝庄之君。避尔朱之难，匿于嵩山。性好学，美容仪。初尔朱荣将入洛，父劭恐，以韶寄所亲荥阳太常郑仲明。仲明寻为城人所杀，韶因乱与乳母相失，遂与仲明兄子僧副避难。路中为贼逼，僧副恐不免。因令韶下马。僧副谓客曰："穷鸟投人，尚或矜愍，况诸王如何弃乎？"僧副举刃逼之，客乃退。韶逢一老母姓程，哀之，隐于私家十余日，庄帝访而获焉，袭封彭城王。齐神武帝以孝武帝后配之。魏室奇宝，多随后入韶家。有二玉钵相盛，可转而不可出；马瑙榼容三升，玉缝。皆称西域鬼作也。历位太尉、侍中、录尚书、司州牧，进太傅。

齐天保元年，降爵为县公。韶性行温裕，以高氏婿，颇膺时宠。能自谦退，临人有惠政。好儒学，礼致才彦，爱林泉，修第宅，华而不侈。文宣帝剃韶须发，加以粉黛，衣妇人服以自随，曰："我以彭城为嫔御。"讥元氏微弱，比之妇女。

十年，太史奏云："今年当除旧布新。"文宣谓韶曰："汉光武何故中兴？"韶曰："为诛诸刘不尽。"于是乃诛诸元以厌之。遂以五月诛元世哲、景武等二十五家,余十九家并禁止之。诏幽于京畿地牢,绝食,啗衣袖而死。及七月,大诛元氏,自昭成已下并无遗焉。或父祖为王。或身常贵显,或兄弟强壮,皆斩东市。其婴儿投于空中,承之以稍。前后死者凡七百二十一人,悉投尸漳水,剖鱼多得爪甲,都下为之久不食鱼。

赞曰:元氏蕃炽,凭兹庆灵,道随终运,命偶淫刑。

北齐书卷二九
列传第二一

李浑 子湛　弟绘　族子公绪　李玙
郑述祖

　　李浑，字季初，赵郡柏人人也。曾祖灵，魏钜鹿公。父遵，魏冀州征东府司马，京兆王愉冀州起逆，害遵。浑以父死王事，除给事中。时四方多难，乃谢病，求为青州征东府司马。与河间邢邵、北海王昕俱奉老母、携妻子同赴青、齐。未几而尔朱荣入洛，衣冠歼尽。论者以为知机。永安初，除散骑常侍。

　　普泰中，崔社客反于海岱，攻围青州。诏浑为征东军、都官尚书、行台赴援。而社客宿将多谋，诸城各自保，固壁清野。时议有异同。浑曰："社客贼之根本，围城复逾晦朔。乌合之众，易可崩离。若简练骁勇，衔枚夜袭，径趣营下，出其不意，咄嗟之间，便可擒殄。如社客执擒，则诸郡可传檄而定。何意冒热攻城，疲损军士。"诸将迟疑，浑乃决。未明，达城下，贼徒惊散，生擒社客，斩首送洛。海隅清定。

　　后除光禄大夫，兼常侍，聘使至梁。梁武谓之曰："伯阳之后，久而弥盛，赵李人物，今实居多。常侍曾经将领，今复充使，文武不坠，良属斯人。"使还，为东郡守，以赃征还。世宗使武士提以入，浑抗言曰："将军今日犹自礼贤耶！"世宗笑而舍之。

　　天保初，除太子少保，邢邵为少师，杨愔为少傅，论者为荣。以参禅代仪注，赐泾阳男。删定《麟趾格》。寻除海州刺史。亡人反，共攻州城。城中多石，无井，常食海水。贼绝其路。城内先有一池，时旱久涸，一朝天雨，泉流涌溢。贼以为神，应时骇散。浑督励将士，捕斩渠帅。浑妾郭氏在州干政纳货，坐免官。卒。

子湛，字处元。涉猎文史，有家风。为太子舍人，兼常侍，聘陈。浑与弟绘、伟俱为聘梁使，至湛，又为副使，是以赵郡人士，目为四使之门。

绘字敬文。年六岁，便自愿入学，家人偶以年俗忌，约而弗许。伺其伯姊笔牍之闲，而辄窃用，未几遂通《急就章》，内外异之，以为非常儿也。及长，仪貌端伟，神情朗俊。河间邢晏，即绘舅也。与绘清言，叹其高远。每称曰："若披云雾，如对珠玉，宅相之寄，良在此生。"齐王萧宝夤引为主簿记室，专管表檄，待以宾友之礼。司徒高邕辟为从事中郎，征至洛。时敕待中西河王、秘书监常景选儒学十人缉撰五礼，绘与太原王乂同掌军礼。魏静帝于显阳殿讲《孝经》、《礼记》，绘与从弟骞、裴伯庄、魏收、卢元明等俱为录议。素长笔札，尤能传授，缉缀词议，简举可观。天平初，世宗用为丞相司马。每罢朝，文武总集，对扬王庭，常令绘先发言端，为群僚之首。音辞辩正，风仪都雅，听者悚然。

武定初，兼常侍，为聘梁使主。梁武帝问绘："高相今在何处？"绘曰："今在晋阳，肃遏边寇。"梁武曰："黑獭若为形容？高相作何经略？"绘曰："黑獭游魂关右，人神厌毒，连岁凶灾，百姓怀土。丞相奇略不世，畜锐观衅，攻昧取亡，势必不远。"梁武曰："如卿言极佳。"与梁人泛言氏族。袁狎曰："未若我本出自黄帝，姓在十四之限。"绘曰："兄所出虽远，当共车千秋分一字耳。"一坐大笑。前后行人，皆通启求市，绘独守清尚，梁人重其廉洁。

使还，拜平南将军、高阳内史，郡境旧有猛兽，民常患之。绘欲修槛，遂因斗死。咸以为化感所致，皆请申上。绘不听。高祖东巡郡国，在瀛州城西驻马久立，使慰之曰："孤在晋，知山东守唯卿一人用意。及入境观风，信如所闻。但善始令终，将位至不次。"河间守崔谌恃其弟暹势，从绘乞麋角鸽羽。绘答书曰："鸽有六翮，飞则冲天，麋有四足，走便入海。下官肤体疏懒，手足迟钝，不能逐飞追走，远事佞人。"是时世宗使遍选司徒长史，遍荐绘，既不果，咸谓由此书。天保初，为司徒右长史。

绘质性方重，未尝趋事权势，以此久而屈沉。卒。

公绪，字穆叔，浑族兄藉之子。性聪敏，博通经传。魏末冀州司马，疾去官。后以侍御史征，不至，卒。公绪沉冥乐道，不关世务，故誓心不仕。尤善阴阳图纬之学。尝语人云："吾每观齐之分野，福德不多，国家世祚，终于四七。"帝年则及亡之岁，上距天保之元二十八年矣。公绪潜居自待，雅好著书，撰《典言》十卷，又撰《质疑》五卷，《丧服章句》一卷，《古今略记》二十卷，《玄子》五卷，《赵语》十三卷，并行于世。

李玙，字道璠，陇西成纪人，凉武昭王暠之五世孙。父韶，并有重名于魏代。玙温雅有识量。释褐太尉行参军。累迁司徒右长史。及迁都于邺，留于后，监掌府藏，及撤运宫庙材木，以明干见称。累迁骠骑大将军、东徐州刺史。解州还，遂称老疾，不求仕。齐受禅，进玙兼前将军，导从于圆丘行礼。玙意不愿荣名两朝，虽以宿旧被征，过事即绝朝请。天保四年卒。

子诠、韫。诵、韫无行。诵以妻穆提婆子怀庬，超迁临漳令、仪同三司。韫与陆令萱女弟私通，令萱奏授太子舍人。

弟瑾，字道瑜，名在《魏书》。才识之美，见称当代。瑾六子，彦之、倩之、寿之、礼之、行之、疑之，并有器望。行之与兄弟深相友爱，又风素夷简，为士友所称。范阳卢思道是其舅子，尝赠诗云："水衡称逸人，潘、阳有世亲，形骸预冠盖，心思出风尘。"时人以为实录。

玙从弟晓，字仁略。魏太尉虔子。学涉有思理。释褐员外侍郎。尔朱荣之害朝士，将行，晓衣冠为鼠所噬，遂不成行，得免河阴之难。及迁都邺，晓便寓居清河，托从母兄崔悛宅。给良田三十顷，晓遂筑室安居，训勖子侄，无复官情。武定末，以世道方泰，乃入都从仕。除顿丘守，卒。

郑述祖，字恭文，荥阳开封人。祖义，魏中书令。父道昭，魏秘书监。述祖少聪敏，好属文，有风检，为先达所称誉。释褐司空行参军。天保初，累迁太子少师、仪同三司、兖州刺史。时穆子容为巡省使，叹曰："古人有言：'闻伯夷之风，贪夫廉，懦夫有立。'今于郑兖州见之矣。"

初述祖父为兖州，于城南小山起斋亭，刻石为记。述祖时年九岁。及为刺史，往寻旧迹，得一破石，有铭云："中岳先生郑道昭之白云堂。"述祖对之呜咽，悲动群僚。有人入市盗布，其父怒曰："何忍欺人君！"执之以归首，述祖特原之。自是之后，境内无盗。人歌之曰："大郑公，小郑公，相去五十载，风教犹尚同。"

述祖能鼓琴，自造《龙吟十弄》，云尝梦人弹琴，寤而写得。当时以为绝妙。所在好为山池。松竹交植，盛馔以待宾客。将迎不倦。未贵时，在乡单马出行，忽有骑者数百，见述祖皆下马，曰："公在此"，行列而拜。述祖顾问从人，皆不见，心甚异之。未几被征，终历显位。及病笃，乃自言之。且曰："吾今老矣，一生富贵足矣，以清白之名遗子孙，死无所恨。"遂卒于州。述祖女为赵郡王睿妃。述祖常坐受王拜，命坐，王乃坐。妃薨后，王更娶郑道荫女。王坐受道荫拜，王命坐，乃敢坐。王谓道荫曰："郑尚书风德如此，又贵重宿旧，君不得譬之。"

子元德，多艺术。官至琅邪守。

元德从父弟元礼，字文规。少好学，爱文藻，名望。世宗引为馆客，历太子舍人。崔昂妻，即元礼之姊也，魏收又昂之妹夫。尝持元礼数篇诗示卢思道，乃谓思道云："看元礼比来诗咏，亦当不减魏收。"答云："未觉元礼贤于魏收，但知妹夫疏于妇弟。"元礼入周，卒终始州别驾。

此卷虽非《北史》而无论赞，疑尚非正史。

北齐书卷三〇
列传第二二

崔暹 子达挐　高德政　崔昂

崔暹,字季伦,博陵安平人,汉尚书寔之后也,世为北州著姓。父穆,州主簿。暹少为书生,避地渤海,依高乾,以妹妻乾弟慎。后临光州,启暹为长史。赵郡公琛镇定州,辟为开府谘议。随琛往晋阳,高祖与语悦之,兼丞相长史。高祖举兵将入洛,留暹佐琛知后事。谓之曰:"丈夫相知,岂在新旧。军戎之事,留守任功,家弟年少,未闲事宜。凡百后事,一以相属。"握手殷勤,至于三四。后迁左丞、吏部郎,主议《麟趾格》。

暹亲遇日隆,好荐人士,言邢邵宜任府僚,兼任机密,世宗因以征邵,甚见亲重。言论之际,邵遂毁暹。世宗不悦,谓暹曰:"卿说子才之长,子才专言卿短,此痴人也。"暹曰:"子才言暹短,暹说子才长,皆是实事,不为嫌。"高慎之叛,与暹有隙,高祖欲杀之,世宗救免。

武定初,迁御史中尉,选毕义云、卢潜、宋钦道、李愔、崔瞻、杜蕤、嵇晔、郦伯伟、崔子武、李广皆为御史,世称其知人。世宗欲假暹威势。诸公在坐,令暹高视徐步,两人挈裾而入,世宗分庭对揖,暹不让席而坐,觞再行,便辞退。世宗曰:"下官薄有蔬食,愿公少留。"暹曰:"适受敕在台以检校。"遂不待食而去,世宗降阶送之。旬日后,世宗与诸公出之东山,暹于道,前驱为赤棒所击,世宗回马避之。

暹后弹尚书令司马子如及尚书元羡、雍州刺史慕容献,又弹太师咸阳王坦、并州刺史可朱浑道元,罪状极笔,并免官。其余死黜者甚众。高祖书与邺下诸贵曰:"崔暹昔事家弟为定州长史,后吾儿开府谘议,及迁左丞吏部郎,吾未知其能也。始居宪台,乃尔纠劾。咸阳王、司马令并是吾对门布衣之旧,尊贵亲昵,无过二人,同时获罪,吾不能救,诸君其慎之。"高祖如京师,群官迎于紫陌。高祖握暹手而劳之曰:"往前朝廷岂无法官,而天下贪婪,莫肯纠劾。中尉尽心为国,不避豪强,遂使远迩肃清,群公奉法。冲锋陷阵,大有其人,当官正色,今始见之。今荣华富贵,直是中尉自取,高欢父子,无以相报"。赐暹良马,使骑之以从,且行且语。暹下拜,马惊走,高祖为拥之而授辔。魏帝宴于华林园,谓高祖曰:"自顷朝贵、牧守令长、所在百司多有贪暴,侵削下人。朝廷之中有用心公平,直言弹劾,不避亲戚者,王可劝酒。"高祖降阶,跪而言曰:"唯御史中尉崔暹一人。谨奉明旨,敢以酒劝,并臣所射赐物千匹,乞回赐之。"帝曰:"崔中尉为法,道俗齐整。"暹谢曰:"此自陛下风化所加,大将军臣澄劝奖之力。"世宗退谓暹曰:"我尚畏羡,何况余人。"由是威名日盛,内外莫不畏服。

高祖崩。未发丧,世宗以暹为度支尚书,兼仆射,委以心腹之寄。暹忧国如家,以天下为己任。世宗车服过度,诛戮变常,言谈进止,或有亏失,暹每厉色极言。世宗亦为之止。有囚数百,世宗尽欲诛之,每催文帐。暹故缓之,不以时进,世宗意释,竟以获免。自出身从官,常日晏乃归。侵晓则与兄弟问母之起居,暮则尝食视寝,然后至外斋对亲宾。一生不问家事。魏、梁通和,要贵皆遣人随聘使交易,暹寄求佛经。梁武帝闻之,为缮写,以幡花赞呗送至馆焉。然而好大言,调戏无节。密令沙门明藏著《佛性论》而署己名,传诸江表。子达拏年十三,暹命儒者权会教其说《周易》两字,乃集朝贵名流,令达拏升高座开讲。赵郡睦仲让阳屈之,暹喜,跃奏为司徒中郎。邺下为之语曰:"讲义两行得中郎。"此皆暹之短也。

显祖初嗣霸业,司马子如等挟旧怨,言暹罪重,谓宜罚之。高隆之亦言宜宽政纲,去苛察法官,黜崔遄,则得远近人意。显祖从之。及践祚,潜毁之者犹不息。帝乃令都督陈山提等搜遄家,甚贫匮,唯得高祖、世宗与遄书千余纸,多论军国大事。帝嗟赏之。仍不免众口,乃流遄于马城,昼则负土供保,夜则置地牢。岁余,奴告遄谋反,锁赴晋阳,无实,释而劳之。寻迁太常卿。帝谓群臣曰:"崔太常清正,天下无双,卿等不及。"初世宗欲以妹嫁遄子,而会世宗崩,遂寝。至是,群臣宴于宣光殿,贵戚之子多在焉。显祖历与之语。于坐上亲作书与遄曰:"贤子达拏,甚有才学。亡兄女乐安主,魏帝外甥,内外敬待,胜朕诸妹,思成大兄宿志。"乃以主降达拏。天保末,为右仆射。帝谓左右曰:"崔遄谏我饮酒过多,然我饮何所妨?"常山王私谓遄曰:"至尊或多醉,太后尚不能致言,吾兄弟杜口,仆射独能犯颜,内外深相感愧。"十年,遄以疾卒,帝抚灵而哭。赠开府。

达拏温良清谨,有识学,少历职为司农卿。入周,谋反伏诛。天保时,显祖尝问乐安公:"主达拏于汝何似?"答曰::"甚相敬重,唯阿家憎儿。"显祖召达拏母入内,杀之。投尸漳水。齐灭,达拏杀主以复仇。

高德政,字士贞,渤海蓚人。父颢,魏沧州刺史。德政幼而敏惠,有风神仪表。显祖引为开府参军,知管记事,甚相亲狎。高祖又擢为相府掾,委以腹心。迁黄门侍郎。世宗嗣业,如晋阳,显祖在京居守,令德政参掌机密,弥见亲重。世宗暴崩,事出仓卒,群情草草。勋将等以缵戎事重,劝帝早赴晋阳。帝亦回遑不能自决,夜中召杨愔、杜弼、崔季舒及德政等,始定策焉。以杨愔居守。

德政与帝旧相昵爱,言无不尽。散骑常侍徐之才、馆客宋景业先为天文图谶之学,又陈山提家客杨子术有所援引,并因德政,劝显祖行禅代之事。德政又披心固请。帝乃手书与杨愔,具论诸人劝进意。德政恐愔犹豫不决,自请驰驿赴京,托以余事,唯与杨愔言,愔方相应和。

德政还未至,帝便发晋阳,至平都城,召诸勋将入,告以禅让之

事。诸将等忽闻,皆愕然,莫敢答者。时杜弼为长史,密启显祖云:
"关西是国家勍敌,若今受魏禅,恐其称义兵挟天子而东向,王将何
以待之?"显祖入,召弼入与徐之才相告。之才云:"今与王争天下
者,彼意亦欲为帝,譬如逐兔满市,一人得之,众心皆定。今若先受
魏禅,关西自应息心。纵欲屈强,止当逐我称帝。必宜知机先觉,无
容后以学人。"弼无以答。帝已遣驰驿向邺,书与太尉高岳、尚书令
高隆之、领军娄睿、侍中张亮、黄门赵深、杨愔等。岳等驰传至高阳
驿。帝使约曰:"知诸贵等意,不须来。"唯杨愔见,高岳等并还。帝
以众人意未协,又先得太后旨云:"汝父如龙,汝兄如虎,尚以人臣
终,汝何容欲行舜、禹事?此亦非汝意,正是高德政教汝。"又说者以
为昔周武王再驾盟津,然始革命,于是乃旋晋阳。自是居常不悦。徐
之才、宋景业等每言卜筮杂占阴阳纬候。必宜五月应天顺人,德政
亦劝不已。仍白帝追魏收。收至,令撰禅让诏册、九锡、建台及劝进
文表。

　　至五月初,帝发晋阳。德政又录在邺诸事条进于帝,帝令陈山
提驰驿赍事条并密书与杨愔。大略令撰仪注,防察魏室诸王。山提
以五月至邺,杨愔即召太常卿邢邵、七兵尚书崔㥄、度支尚书陆操、
詹事王昕、黄门侍郎阳休之、中书侍郎裴让之等议撰仪注。六日,要
魏太傅咸阳王坦等总集,引入北宫,留于东斋,受禅后,乃放还宅。
帝初发至亭前。所乘马忽倒,意甚恶之,大以沉吟。至平城都,便不
复肯进。德政、徐之才苦请帝曰:"山提先去,若为形容,恐其漏泄不
果。"即命司马子如、杜弼驰驿续入,观察物情。七日,子如等至邺,
众人以事势已决,无敢异言。

　　八日,杨愔书中旨,以魏襄城王昶并司空公潘相乐、侍中张亮、
黄门赵彦深入通奏事。魏孝静在昭阳殿,引见。昶云:"五行递运,
有始有终,齐王圣德钦明,万方归仰,臣等昧死闻奏,愿陛下则尧禅
舜。"魏帝便敛容曰:"此事推挹已久,仅当逊避。"又道:"若尔,须作
诏。"中书侍郎崔劼奏云:"诏已作讫。"即付杨愔进于魏静帝。凡有
十余条,悉书。魏静云:"安置朕何所,复若为去?"杨愔对:"在北城

别有馆宇,还备法驾,依常仗卫而去。"魏静帝于是下御坐,就东廊,口咏范蔚宗《后汉书赞》云:"献生不辰,身播国屯,终我四百,永作虞宾。"所司寻奏请发。魏静帝曰:"人念遗簪弊履,欲与六宫别,可乎?"乃入与夫人嫔御以下诀别,莫不歔欷掩涕。嫔赵国李氏口诵陈思王诗云:"王其爱玉体,俱享黄发期。"魏静帝登车出万春门,直长赵道德在车中陪侍,百官在门外拜辞。遂入北城下司马子如南宅。帝至城南顿所。受禅之日,除德政为侍中,寻封蓝田公。七年。迁尚书右仆射,兼侍中,食勃海郡干。德政与尚书令杨愔纲纪政事。多有弘益。

显祖末年,纵酒酣醉,所为不法,德政屡进忠言。后召德政饮,不从,又进言于前,谏曰:"陛下道我寻休,今乃甚于既往,其若社稷何,其若太后何!"帝不悦,又谓左右云:"高德政恒以精神凌逼人。"德政甚惧,乃称疾屏居佛寺,兼学坐禅,为退乱之计。帝谓杨愔曰:"我大忧德政,其病何似?"愔以禅代之际,因德政言情切至,方致诚款,常内忌之。于是答云:"陛下若但作冀州刺史,病即自差。"帝从之,德政见除书而起。帝大怒,召德政谓之曰:"闻尔病,我为尔针。"亲以刀子刺之,血流沾地。又使曳下,斩去其趾。刘桃枝捉刀不敢下。帝起临阶砌,切责桃枝曰:"尔头即堕地!"。因索大刀自带,欲下阶。桃枝乃斩足之三指。帝怒不解,禁德政于门下。其夜开城门,以舆送还家。旦日,德政妻出宝物满四床,欲以寄人。帝奄至于宅,见而怒曰:"我府藏犹无此物!"诘其所从得,皆诸元赂之。遂曳出斩之。时妻出拜,又斩之。并其子祭酒伯坚。德政死后,显祖谓群臣曰:"高德政常言宜用汉,除鲜卑,此即合死。又教我诛诸元,我今杀之,为诸元报仇也。"帝后悔,赠太保,嫡孙王臣袭焉。

崔昂,字怀远,博陵安平人也。祖挺,魏幽州刺史。昂年七岁而孤,伯父吏部尚书孝芬尝谓所亲曰:"此儿终当远至,是吾家千里驹也。"昂性端直少华,沉深有志略,坚实难倾动。少好章句,颇综文词。世宗广开幕府,引为记室参军,委以腹心之任。世宗入辅朝政,召为开府长史。时勋将亲族宾客在都下,放纵多行不轨,孙腾、司马子如之门尤剧。昂受世宗密旨,以法绳之,未几之间,内外齐肃。迁尚书左丞,其年,又兼度支尚书。左丞兼尚书,近代未有,唯昂独为冠首,朝野荣之。

武定六年,甘露降于宫阙,文武官僚同贺显阳殿。魏帝问仆射崔暹、尚书杨愔等曰:"自古甘露之瑞,汉、魏多少,可各言往代所降之处,德化感致所由。"次问昂,昂曰:"案《符瑞图》,王者德致于天,则甘露降。吉凶两门,不由符瑞。故桑雉为戒。实启中兴,小鸟孕大,未闻福感。所愿陛下虽休勿休。"帝为钦容曰:"朕既无德,何以当此。"

齐受禅,迁散骑常侍,兼太府卿、大司农卿。二寺所掌,世号繁剧,昂校理有术,下无妄伪,经手历目,知无不为,朝廷叹其至公。又奏上横市妄费事三百一十四条,诏下,依启状速议以闻。其年,与太子少师邢邵议定国初礼,仍封华阳男。又诏删定律令,损益礼乐,令尚书右仆射薛琡等三人在领军府议定。又敕昂云:"若诸人不相纳,卿可依事启闻。"昂奉敕笑曰:"正合生平之愿。"昂素勤慎,奉敕之后,弥自警勖,部分科条,校正今古,转廷尉卿。昂本性清严,凡见黩货辈,疾之若仇,以是治狱文深,世论不以平恕相许。

显祖幸东山,百官预宴,升射堂。帝召昂于御坐前,谓曰:"旧人多出为州,我欲以台阁中相付,当用卿为令仆,勿望刺史。卿六十外当与卿本州,中间,州不可得也。"后九卿以上陪集东宫,帝指昂及尉瑾、司马子瑞谓太子曰:"此是国家柱石,汝宜记之。"未几,复侍宴金凤台,帝历数诸人,咸有罪负,至昂曰:"崔昂直臣,魏收才士,妇兄妹夫,俱省罪过。"天保十年,策拜仪同燕子献,百司陪列,昂在行中。帝特召昂至御所,曰:"历思群臣可纲纪省闼者,唯冀卿一人。"即日除为兼右仆射。数日后,昂因入奏事,帝谓尚书杨愔曰:"昨不与崔昂正者,言其太速,欲明年真之。终是除正,何事早晚,可除正仆射。"明日,即拜为真。杨愔少时与昂不平,显祖崩后,遂免昂仆射,除仪同三司。后坐事除名,卒祠部尚书。

昂有风调才识,旧立坚正刚直之名。然好探揣上意,感激时主,或列阴私罪失,深为显祖所知赏,发言奖护,人莫之能毁。议曹律令,京畿密狱,及朝廷之大事多委之,尚严猛,好行鞭挞,虽苦楚万端,对之自若。前者崔遏、季舒为之亲援,后乃高德政是其中表,常有挟恃,意色矜高,以此不为名流所服。子液嗣。

北齐书卷三一
列传第二三

王昕　弟晞

　　王昕，字元景，北海剧人。六世祖猛，秦符坚丞相，家于华山之鄜城。父云，仕魏朝有名望。昕少笃学读书，太尉汝南王悦辟骑兵参军。旧事，王出射，武服持刀陪从，昕未尝依行列。悦好逸游，或骋骑信宿，昕辄弃还。悦乃令骑马在前，手为驱策。昕舍辔高拱，任马所之。左右言其诞慢。悦曰："府望惟在此贤，不可责也。"悦散数钱于地，令诸佐争拾之，昕独不拾。悦又散银钱以目昕，昕乃取其一。悦与府僚饮酒，起自移床，人争进手，昕独执版却立。悦于是作色曰："我帝孙帝子帝弟帝叔，今为宴适，亲起舆床。卿是何，独为偃蹇！"对曰："元景位望微劣，不足使殿下式瞻仪形，安敢以亲王僚寀，从厮养之役。"悦谢焉。坐上皆引满酣畅，昕先起，卧闲室，频召不至。悦乃自诣呼之曰："怀其才而忽府主，可谓仁乎？"昕曰："商辛沉湎，其亡也忽诸，府主自忽，微僚敢任其咎。"悦大笑而去。
　　累迁东莱太守。后吏部尚书李神俊奏言，比因多故，常侍遂无员限，今以王元景等为常侍，定限八员。加金紫光禄大夫。武帝或时袒露，与近臣戏狎，每见昕，即正冠而敛容焉。昕体素甚肥，遭丧后，遂终身羸瘠。杨愔重其德业，以为人之师表。迁秘书监。
　　昕少与邢邵俱为元罗宾友，及守东莱，邵举室就之。郡人以邵是邢杲从弟，会兵将执之，昕以身蔽伏其上，呼曰："欲执邢子才，当先杀我。"邵乃免焉。

昕雅好清言,词无浅俗。在东莱,获杀其同行侣者,诘之未服,昕谓之曰:"彼物故不归,卿无恙而反,何以自明?"邢邵后见世宗,说此言以为笑乐。昕闻之,故诣邵曰:"卿不识造化。"还谓人曰:"子才应死,我骂之极深。"

显祖以昕疏诞,非济世所须,骂之曰:"好门户,恶人身。"又有谗之者曰:"王元景每嗟水运不应遂绝。"帝愈怒,乃下诏徙幽州。后征还,除银青光禄大夫,判祠部尚书事。帝怒临漳令嵇晔及舍人李文师,以晔赐薛农洛,文师赐崔士顺为奴。郑子默私谓昕曰:"自古无朝士作奴。"子默遂以昕言启显祖,仍曰:"王元景比陛下于殷纣。"杨愔微为解之。帝谓愔曰:"王元景尔博士,尔语皆元景所教。"帝后与朝臣醼饮,昕称病不至。帝遣骑执之,见方摇膝吟咏,遂斩于御前,投尸漳水,天保十年也。有文集二十卷。子颙。

昕母清河崔氏,学识有风训,九子,并风流蕴藉,世号王氏九龙。

弟晞,字叔朗,小名沙弥。幼而孝谨,淹雅有器度,好学不倦,美容仪,有风则,魏末,随母兄东适海隅,与邢子良游处。子良爱其清悟,与其在洛两兄书曰:"贤弟弥郎,意识深远,旷达不羁,简于造次,言必诣理,吟咏情性,往往丽绝。恐足下方难为兄,不假虑其不进也。"魏永安初,第二兄晖聘梁,启晞释褐除员外散骑侍郎,征署广平王开府功曹史。愿养母,竟不受署。母终后,仍属迁邺。遨游巩洛,悦其山水,与范阳卢元明、钜鹿魏季景结侣同契,往天陵山,浩然有终焉之志。

及西魏将独孤信入洛,署为开府记室。晞称先被犬伤,因笃不起。有故人疑其所伤非猘,书劝令起。晞复书曰:"辱告存念,见令起疾,循复眷旨,似疑吾所伤未必是猘。吾岂愿其必猘,但理契无疑耳。就足下疑之,亦有过说。足下既疑其非猘,亦可疑其是猘,其疑半矣。若疑其是猘而营户,虽猘亦无损;疑其非猘而不疗,傥是猘则难救。然则过疗则致万全,过不疗或至死。若王晞无可惜也,则不足取,既取之,便是可惜。奈何夺其万全,任其或死。且将军威德所被,飚飞雾袭,方掩八纮,岂在一介。若必从隗始先须济其生灵。足下何不从容为将军言也。"于是方得宽。俄而信返,晞遂归邺。

齐神武访朝廷子弟忠孝谨密者,令与诸子游。晞与清河崔瞻、顿丘李度、范阳卢正通首应此选。文襄时为大将军,握晞等手曰:"我弟并向成长,志识未定,近善狎恶,不能不移。吾弟成立,不负义方,卿禄位常亚吾弟。若苟使迥邪,致相违误,罪及门族,非止一身。"晞随神武到晋阳,补中外府功曹参军带常山公演友。

齐天保初,行太原郡事。及文宣昏逸,常山王数谏,帝疑王假辞于晞,欲加大辟。王私谓晞曰:"博士,明日当作一条事,为欲相活,亦图自全,宜深体勿怪。"乃于众中杖晞二十。帝寻发怒,闻晞得杖,以故不杀,髡钳配甲方。居三年,王又固谏争,大被欧挞,闭口不食。太后极忧之。帝谓左右曰:"佪小儿死,奈我老母何?"于是每问王疾,谓曰:"努力强食,当以王晞还汝。"乃释晞令往。王抱晞曰:"吾气力惙然,恐不复相见。"晞流涕曰:"天道神明,岂令殿下遂毙此舍。至尊亲为人兄。尊为人主,安可与校计。殿下不食,太后亦不食,殿下纵不自惜,不惜太后乎?"言未卒,王强坐而饭。晞由是得免徒,还为王友。王复录尚书事,新除官者必诣王谢职,去必辞。晞言于王曰:"受爵天朝,拜恩私第,自古以为干纪。朝廷文武,出入辞谢,宜一约绝。主上颙颙,赖殿下扶翼。"王纳焉。常从容谓晞曰:"主上起居不恒,卿耳目所具,吾岂可以前逢一怒,遂尔结舌。卿宜为撰谏草,吾当伺便极谏。"晞遂条十余事以呈。切谏王曰:"今朝廷乃尔,欲学介子匹夫累一朝之命,狂药令人不自觉,刀箭岂复识亲疏,一旦祸出理外,将奈殿下家业何,奈皇太后何!乞且将顺,日慎一日。"王歔欷不自胜,曰:"乃至是乎?"明日见晞曰:"吾长夜九思,今便息意。"便命火对晞焚之。后王承间苦谏,遂至忤旨。帝使力士反接,拔白刃注颈。骂曰:"小子何知,欲以吏才非我,是谁教汝!"王曰:"天下嗫口,除臣谁敢有言。"帝催遣捶楚,乱杖挟数十,会醉卧得解。尔后亵黩之好,遍于宗戚,所往留连,俾昼作夜,唯常山邸多无适而去。

及帝崩，济南嗣立。王谓晞曰："一人垂拱，吾曹亦保优闲。"因言朝廷宽仁慈恕，真守文良主。晞曰："天保享祚，东宫委一胡人，今卒览万机，驾驭雄杰。如圣德幼冲，未堪多难，而使他姓出纳诏命，必权有所归。殿下虽欲守藩职，其可得也！假令得遂冲退，自谓保家祚得灵长不？"王默然思念，久之曰："何以处我？"晞曰："周公抱成王朝诸侯，摄政七年，然后复子明辟，幸有故事，惟殿下虑之。"王曰："我安敢自拟周公。"晞曰："殿下今日地望，欲避周公得耶？"王不答。帝临发，敕王从驾，除晞并州长史。

及王室至邺，诛杨、燕等，诏以王为大丞相、都督中外诸军事。都督摄文武。还至并，乃延晞谓曰："不早用卿言，使群小弄权，机至倾覆。今君侧虽获暂清，终当何以处我？"晞曰："殿下将往时地位，犹可以名教出处。今日事势，遂关天时，非复人理所及。"有顷，奏赵郡王睿为左长史，晞为司马。每夜载入，昼则不与语，以晞儒缓，恐不允武将之意，后进晞密室曰："比王侯诸贵每见煎迫，言我违天不祥，恐当或有变起，吾正欲以法绳之。"晞曰："朝廷比者疏远亲戚，宁思骨血之重。殿下仓卒所行，非复人臣之事，芒刺在背，交戟入颈，上下相疑，何由可久。且天道不恒，亏盈迭至，神几变化，肸蠁斯集。虽执谦抱，秕糠神器，便是违上玄之意，坠先帝之基。"王曰："卿何敢发非所宜言。须致卿于法。"晞曰："窃谓天时人事，同无异谋，是以冒犯雷霆，不惮斧钺。今日得披肝胆。抑亦神明修赞。"王曰："拯难匡辅，方俟圣哲，吾何敢私议，幸勿多言。"寻有诏以丞相任重，普进府僚一班，晞为司马领吏部郎中。丞相从事中郎陆杳将出使，临别握晞手曰："相王功格区宇，天下乐推，歌谣满道，物无异望。杳等愿披赤心而忽奉外使，无由面尽短诚，寸心谨以仰白。"晞寻述杳言。王曰："若内外咸有异望，赵彦深朝夕左右，何因都无所论。自以卿意试密与言之"晞以事体因隙问彦深。曰："我比亦惊此音谣，每欲陈闻，则口噤心战。弟既发论，吾亦昧死一披肝胆。"因亦同劝。

是时诸王公将校四方岳牧表陈符命。乾明元年八月,昭帝践祚,诏晞曰:"何为自同外客,略不可见。自今假非局司,但有所怀,随宜作一牒,候少隙即径进也。因敕尚书阳休之、鸿胪卿崔劼等三人,每日本职务罢,并入东廊,共举录历代废礼坠乐、职司废置、朝飨异同、舆服增损。或道德高俊,久在沉沦;或巧言眩俗,妖邪害政;爰及田市舟车、征税通塞、婚葬仪轨、贵贱齐衰,有不便于时而古今行用不已者,或自古利用而当毁弃者:悉令详思,以渐条奏,未待顿备,遇忆续闻。朝晡给与御食,毕景听还。时百官请建东宫,敕未许。每令晞就东堂监视太子冠服,导引趋拜。为太子太傅,晞以局司奉玺绶。皇太子释奠,又兼中庶子。帝谓曰:"今既当剧职,不得寻常舒慢也。"

帝将北征,敕问外间比何所闻。晞曰:"道路传言。车驾将行。"帝曰:"库莫奚南侵,我未经亲戎,因此聊欲习武。"晞曰:"銮驾巡狩,为复可尔,若轻有驱使,恐天下失望。"帝曰:"此懦夫常虑,吾自当临时斟酌。"帝使斋帅裴泽、主书蔡晖伺察群下,好相诬者,朝士呼为裴、蔡。时二人奉车驾北征后,人言阳休之、王晞数与诸人游宴,不以公事在怀。帝杖休之、晞胫各四十。帝斩人于前,问晞曰:"此人合死不?"晞曰:"罪实合死,但恨其不得死地。臣闻刑人于市,与众弃之。殿廷非杀戮之所。"帝改容曰:"自今当为王公改之。"帝欲以晞为侍中,苦辞不受,或劝晞勿自疏。晞曰:"我少年以来,阅要人多矣,充屈少时,鲜不败绩。且性实疏缓,不堪时务,人主恩私,何由可保,万一披猖,求退无地,非不爱作热官,但思之烂熟耳。"百官尝赐射,晞中的当得绢,为不书箭,有司不与。晞陶陶然曰:"我今可谓武有余文不足矣。"

晞无子。帝将赐之姿,使小黄门就宅宣旨,皇后相闻晞妻。晞令妻答,妻终不言,晞以手拊胸而退。帝闻之笑。孝昭崩,哀慕殆不自胜,因以羸败。武成本忿其儒缓,由是弥嫌之,因奏事大被诃叱,而雅步晏然。历东徐州刺史、秘书监。武平初,迁大鸿胪,加仪同三司,监修起居注,待诏文林馆。

　　性闲淡寡欲，虽王事鞅掌，而雅操不移。在并州，虽戎马填阗，未尝以世务为累。良辰美景，啸咏邀游，登临山水，以谈宴为事，人士谓之物外司马。常诣晋祠，赋诗曰："日落应归去，鱼鸟见留连。"忽有相王使至，召晞不时至。明日丞相西阁祭酒卢思道谓晞曰："昨被召已朱颜，得不以鱼鸟致怪？"晞缓笑曰："昨晚陶然，颇以酒浆被责，卿辈亦是留连之一物，岂直在鱼鸟而已。"及晋阳陷败，与同志避周兵东北走。山路险迥。惧有土贼，而晞温酒服膏，曾不一废，每未肯去，行侣尤之。晞曰："莫尤我，我行事若不悔，久作三公矣。"

　　齐亡，周武以晞为仪同大将军、太子谏议大夫。隋开皇元年，卒于洛阳，年七十一。仪同三司、曹州刺史。

北齐书卷三二
列传第二四

陆法和　王琳

　　陆法和,不知何许人也。隐于江陵百里洲,衣食居处,一与苦行沙门同。耆老自幼见之,容色常不定,人莫能测也。或谓自出嵩高,遍游遐迩。既入荆州汶阳郡高要县之紫石山,无故舍所居山,俄有蛮贼文道期之乱,时人以为预见萌兆。

　　及侯景始告降于梁,法和谓南郡朱元英曰:"贫道共檀越击侯景去。"元英曰:"侯景为国立效,师云击之。何也?"法和曰:"正自如此。"及景渡江,法和时在青溪山,元英往问曰:"景今围城,其事云何?"法和曰:"凡人取果,宜待熟时,不撩自落。檀越但待侯景熟,何劳问也。"固问之。乃曰:"亦克亦不克。"

　　景遣将任约击梁湘东王于江陵,法和乃诣湘东乞征约,召诸蛮弟子八百人在江津,二日便发。湘东遣胡僧佑领千余人与同行。法和登舰大笑曰:"无量兵马。"江陵多神祠,人俗恒所祈祷,自法和军出,无复一验,人以为神皆从行故也。至赤沙湖,与约相对,法和乘轻舠,不介胄,沿流而下,去约军一里乃还。谓将士曰:"聊观彼龙睡不动,吾军之龙甚自踊跃,即攻之。若得待明日,当不损客主一人而破贼,然有恶处。"遂纵火舫于前,而逆风不便,法和执白羽麾风,风势即返。约众皆见梁兵步于水上,于是大溃,皆投水而死。约逃窜不知所之。法和曰:"明日午时当得。"及期而未得。人问之,法和曰:"吾前于此洲水干时建一刹,语檀越等,此虽为刹,实是贼标,今何不向标下求贼也。"如其言,果于水中见约抱刹,仰头裁出鼻,遂擒之。约言求就师目前死。法和曰:"檀越有相,必不兵死,且于王有缘,决无他虑,王于后当得檀越力耳。"湘东果释用为郡守。及魏围江陵,约以兵赴救力战焉。

法和既平约,往进见王僧辩于巴陵,谓曰:"贫道已断侯景一臂,其更何能为,檀越宜即遂取。"乃请还,谓湘东王曰:"侯景自然平矣,无足可虑。蜀贼将至,法和请守巫峡待之。"乃总诸军而往,亲运石以填江,三日,水遂分流,横之以铁锁。武陵王纪果遣蜀兵来渡,峡口势蹙,进退不可。王琳与法和经略,一战而殄之。

军次白帝,谓人曰:"诸葛孔明可谓名将,吾自见之。此城旁有其埋弩箭镞一斛许。"因插表令掘之,如其言。又尝至襄阳城北大树下。画地方二尺,令弟子掘之,得一龟,长尺半,以杖叩之曰:"汝欲出不能得,已数百岁,不逢我者,岂见天日乎?"为授三归,龟乃入草。初八叠山多恶疾人,法和为采药疗之,不过三服皆差,即求为弟子。山中毒虫猛兽,法和授其禁戒,不复噬螫。所泊江湖,必于峰侧结表,云"此处放生"。渔者皆无所得,才有少获,辄有大风雷。舱人惧而放之,风雨乃定。晚虽将兵,犹禁诸军鱼捕。有窃违者,中夜猛兽必来欲噬之,或亡其舡缆。有小弟子戏截蛇头,来诣法和。法和曰:"汝何意杀蛇。"因指以示之,弟子乃见蛇头绰绔裆而不落。法和使忏悔,为蛇作功德。又有人以牛试刀,一下而头断,来诣法和。法和曰:"有一断头牛,就卿征命殊急,若不为作功德,一月内报至。"其人弗信,少日果死。法和又为人置宅图墓,以避祸求福。尝谓人:"勿系马于碓。"其人行过乡曲,门侧有碓,因系马于其柱。入门中,忆法和戒,走出将解之,马已死矣。

梁元帝以法和为都督、郢州刺史,封江业县公。法和不称臣,其启文朱印名上,自称司徒。梁元帝谓其仆射王裒曰:"我未尝有意用陆为三公,而自称何也?"裒曰:"彼既以道术自命,容是先知。"梁元帝以法和功业稍重,遂就加司徒,都督刺史如故。部曲数千人,通呼为弟子,唯以道术为化,不以法狱加人,又列肆之内,不立市丞牧佐之法,无人领受,但以空槛筲在道间,上开一孔受钱。贾客店人随货多少,计其估限,自委槛中,行掌之司,夕方开取,条其孔目,输之库。又法和平常言若不出口,时有所论,则雄辩无敌,然犹带蛮音。善为攻战具。在江夏,大聚兵舰,欲袭襄阳而入武关。梁元帝使止之。法和曰:“法和是求佛之人,尚不希释梵天王坐处,岂规王位。但于空王佛所与主上有香火因缘,见主人应有报至,故求援耳。今既被疑,是业定不可改也。”于是设供食,具大馄薄饼。及魏举兵,法和自郢入汉口,将赴江陵。梁元帝使人逆之曰:“此自能破贼,但镇郢州,不须动也。”法和乃还州,开其城门,着鹿白布衫、布绔、邪巾,大绳束腰,坐苇席,终日乃脱之。及闻梁元帝败灭,复取前凶服着之,哭泣受吊。梁人入魏,果见馄饼焉。法和始于百里洲造寿王寺,既架佛殿,更截梁柱,曰:“后四十许年佛法当遭雷电,此寺幽僻,可以免难。”及魏平荆州,宫室焚烬,总管欲发取寿王佛殿,嫌其材短,乃停。后周氏灭佛法,此寺隔在陈境,故不及难。

天保六年春,清河王岳进军临江,法和举州入齐。文宣以法和为大都督十州诸军事、太尉公、西南大都督,五州诸军事、荆州刺史、安湘郡公宋苽为郢州刺史,官爵如故。苽弟簉为散骑常侍、仪同三司、湘州刺史、义兴县公。梁将侯瑱来逼江夏,齐军弃城而退,法和与宋苽兄弟入朝。文宣闻其奇术,虚心相见,备三公卤簿,于城南十二里供帐以待之。法和遥见邺城,下马禹步。辛术谓曰:“公既万里归诚,主上虚心相待,何为作此术?”法和手持香炉,步从路车。至于馆。明日引见,给通幰油络网车,伏身百人。诣阙通名,不称官爵,不称臣,但云荆山居士。文宣宴法和及其徒属于昭阳殿,赐法和钱百万,物千段、甲第一区、田一百顷、奴婢二百人、生资件物称是,宋苽千段,其余仪同、刺史以下各有差。法和所得奴婢,尽免之,曰:“各随缘去。”钱帛散施,一日便尽。以官所赐宅营佛寺,自居一房,与凡人无异。三年再为太尉,世犹谓之居士。无疾而告弟子死期,至时,烧香礼佛,坐绳床而终。浴讫将敛,尸小。缩止三尺许。文宣令开棺视之。空棺而已。法和书其所居壁而涂之,及剥落,有文曰:

"十年天子为尚可，百日天子急如火，周年天子递代坐。"又曰："一母生三天，两天共五年。"说者以为娄太后生三天子，自孝昭即位，至武成传位后主，共五年焉。

法和在荆郢，有少姬，年可二十余，自称越姥，身披法服，不嫁，恒随法和东西。或与其私通十有余年。今者赐弃，别更他淫。有司考验并实。越姥因尔改适。生子数人。

王琳，字子珩，会稽山阳人也。父显嗣，梁湘东王国常侍。琳本兵家，元帝居藩，琳姊妹并入后庭见幸，琳由此未弱冠得在左右。少好武，遂为将帅。

太清二年，侯景渡江，遣琳献米万石。未至，都城陷，乃中江沉米，轻舸还荆州。稍迁岳阳内史，以军功封建宁县侯。侯景遣将宋子仙据郢州，琳攻克之。擒子仙。又随王僧辩破景。后拜湘州刺史。琳果劲绝人，又能倾身下士，所得赏物，不以入家，麾下万人，多是江淮群盗。平景之勋，与杜龛俱为第一，恃宠纵暴于建业。王僧辩禁之不可。惧将为乱，启请诛之。琳亦疑祸，令长史陆纳率部曲前赴湘州，身径上江陵。将行，谓纳等曰："吾若不返，子将安之？"咸曰："请死相报。"泣而别。及至，帝以下吏，而廷尉卿黄罗汉、太府卿张载宣喻琳军。陆纳等及军人并哭对使者，莫肯受命，乃执黄罗汉，杀张载。载性深刻，为帝所信，荆州疾之如仇，故纳等因人之欲，抽肠系马脚，使绕而走，肠尽气绝，又脔割备五刑而斩之。梁元遣王僧辩讨纳，纳等败走长沙。是时湘州未平，武陵王兵又甚盛，江陵公私恐惧，人有异图。纳启申琳罪，请复本位，永为奴婢。梁元乃锁琳送长沙。时纳兵出方战，会琳至，僧辩升诸楼车以示之。纳等投戈俱拜，举军皆哭曰："乞王郎入城，即出。"及放琳入，纳等乃降，湘州平。仍复大位，使琳拒萧纪。纪平，授衡州刺史。

梁元性多忌，以琳所部甚众，又得众心，故出之岭外，又受都督、广州刺史。其友主书李膺，帝所任遇，琳告之曰："琳蒙拔擢，常欲毕命以报国恩。今天下未平，迁琳岭外，如有万一不虞，安得琳力。忖官正疑。分望有限，可得与官争为帝乎？何不以琳为雍州刺史，使镇武宁，琳自放兵作田。为国御捍。若警急。动静相知。孰若远弃岭南，相去万里，一日有变，将欲如何？琳非愿长坐荆南，正以国计如此耳。"膺然其言，不敢启，故遂率其众镇岭南。

梁元为魏围逼，乃征琳赴援，除湘州刺史。琳师次长沙，知魏平江陵，已立梁王詧。乃为梁元举哀，三军缟素。遣别将侯平率舟师攻梁，琳屯兵长沙，传檄诸方，为进趋之计。时长沙藩王萧韶及上游诸将推琳主盟。侯平虽不能渡江，频破梁军。又以琳兵威不接，翻更不受指麾。琳遣将讨之，不克，又师老兵疲不能进。乃遣使奉表诣齐，并献驯象；又使献款于魏，求其妻子；亦称臣于梁。

陈霸先既杀王僧辩，推立敬帝，以侍中司空征。琳不从命，乃大营楼舰，将图义举。琳将帅各乘一舰，每行，战舰以千数，以"野猪"为名。陈武帝遣将侯安都、周文育等诛琳，乃受梁禅。安都叹曰："我其败乎，师无名矣。"逆战于沌口，琳乘平肩舆，执钺而麾之，禽安都、文育，其余无所漏。唯以周铁虎一人背恩，斩之。锁安都、文育置琳所坐舰中，令一阉竖监守之。琳乃移湘州军府就郢城，带甲十万，练兵于白水浦。琳巡军而言曰："可以为勤王之师矣，温太真何人哉！"江南渠帅熊昙朗、周迪怀贰，琳遣李孝钦、樊猛与余孝顷同讨之。三将军败，并为敌所囚。安都、文育等尽逃还建业。

初魏克江陵之时，永嘉王庄年甫七岁，逃匿人家，后琳迎还湘中，卫送东下。及敬帝立，出质于齐，请纳庄为梁主。文宣遣兵援送，仍遣兼中书令李骒骓册拜琳为梁丞相、都督中外诸军、录尚书事。舍人辛悫、游诠之等赍玺书江表宣劳。自琳以下皆有颁赐。琳乃遣兄子叔宝率所部十州刺史子弟赴邺，奉庄纂梁祚于郢州。庄授琳待中、使持节、大将军、中书监，改封安城郡公，其余并依齐朝前命。及陈霸先即位，琳乃辅庄次于濡须口。齐遣扬州道行台慕容俨率众临江，为其声援。陈遣安州刺史吴明彻江中夜上，将袭溢城。琳遣巴陵太守任忠大败之，明彻仅以身免。

琳兵思东下，陈遣司空侯安都等拒之。侯瑱等以琳军方盛，引军入芜湖避之。时西南风忽至,琳谓得天道,将直取扬州。侯瑱等徐出芜湖,蹑其后,比及兵交,西南风翻为瑱用。琳兵放火燃以掷船者,皆反烧其船,琳舱舰溃乱,兵士投水死十二三,其余皆弃船上岸,为陈军所杀殆尽。初琳命左长史袁泌、御史中丞刘仲威同典兵侍御庄,及军败,泌遂降陈,仲威以庄投历阳。

琳寻与庄同降邺都。孝昭帝遣琳出合肥,鸠集义故,更图进取。琳乃缮舰,分遣招募,淮南仓楚,皆愿戮力。陈合州刺史裴景晖,琳兄珉之婿也,请以私属导引齐师,孝昭委琳与行台右丞卢潜率兵应赴,沉吟不决。景晖惧事泄,挺身归齐。孝昭赐琳玺书,令镇寿阳,其部下将帅悉听以行,乃除琳骠骑大将军、开府仪同三司、扬州刺史,封会稽郡公,又增兵杖,兼给铙吹,琳水陆戒严,将观衅而动。属陈氏结好于齐,使琳更听后图。琳在寿阳,与行台尚书卢潜不协,更相是非,被召还邺,武成弘而不问。除沧州刺史,后以琳为特进、侍中。所居屋脊无故剥破,出赤蛆数升,落地化为血,蠕蠕而动,又有龙出于门外之地,云雾起,昼晦。

会陈将吴明彻来寇,帝敕领军将军尉破胡等出援秦州,令琳共为经略。琳谓所亲曰:"今太岁在东南,岁星居斗牛分,太白已高,皆利为客,我将有丧。"又谓破胡曰:"吴兵甚锐,宜长策制之,慎勿轻斗。"破胡不从,遂战,军大败。琳单马突围,仅而获免。还至彭城,帝令便赴寿阳,并许召募。又进封琳巴陵郡王。陈将吴明彻进兵围之,堰泚水灌城,而皮景和等屯于淮西,竟不赴救。明彻昼夜攻击,城内水气转侵,人皆患肿,死病相枕。从七月至十月,城陷被执,百姓泣而从之。吴明彻恐其为变。杀之城东北二十里,时年四十八,哭者声如雷。有一叟以酒脯来酹,尽哀,收其血,怀之而去。传首建康,悬之于市。

琳故吏梁骠骑府仓曹参军朱瑒致书陈尚书仆射徐陵求琳首曰:

　　窃以朝市迁贸,传骨梗之风;历运披移,表忠贞之迹。故典午将灭,徐广为晋家遗老;当涂已谢,马服称魏室忠臣。用能播美于前书，垂名于后世。梁故建宁公琳，洛滨余胄，沂州旧族，立功代邸，效绩中朝，当离乱之辰，总方伯之任。尔乃轻躬殉主，以身许国，实追踪于往彦，信躐武于前修。而天厌梁德，上思匡继，徒蕴包胥之念，终遘苌弘之舋。洎王业光启，鼎祚有归，于是远迹山东，寄命河北。虽轻旅臣之叹，犹怀客卿之礼，感兹知己，忘此捐躯。至使身没九泉，头行千里。诚复马革裹尸，遂其生平之志；原野暴骸，会彼人臣之节。然身首异处，有足悲者；封树靡卜，良可怆焉。

　　场早选末席，降薛君之吐握，荷魏公之知遇。是用沾巾雨袂，痛可识之颜；回肠疾首，切犹生之面。伏惟圣恩博厚，明诏爰发，赦王经之哭，许田横之葬，场虽刍贱，窃亦有心，琳经莅寿阳，颇存遗爱；曾游江右，非无余德。比肩东阁之吏，继踵西园之宾，愿归彼境，还修窀穸。庶孤坟既筑，或飞衔土之燕。丰碑式树，时留堕泪之人。近故旧王绍等已有论牒，仰蒙制议，不遂所陈，昔廉公告逝，即泌川而建茔域，孙叔云亡，仍芍陂而植揪檟。由此言之。抑有其例。不使寿春城下，唯传报葛之人，沧洲岛上，独有悲田之客。昧死陈祈，伏待刑宪。

陵嘉其志节。又明彻亦数梦琳求首，并为启陈主而许之。仍与开府仪同主簿刘韶慧等持其首还于淮南，权瘗八公山侧，义故会葬者数千人。场等问道北归，别议迎接。寻有杨州人茅知胜等五人密送葬柩达于邺。赠十五州诸军事、杨州刺史、侍中、特进、开府、录尚书事，谥曰忠武王，葬给辒辌车。

琳体貌闲雅，立发委地，喜怒不形于色。虽无学业，而强记内敏，军府佐吏千数。皆识其姓名。刑罚不滥，轻财爱士，得将卒之心。少任将帅。屡经丧乱。雅有忠义之节。虽本图不遂，邺人亦以此重之，待遇甚厚。及败，为陈军所执。吴明彻欲全之。而其下将领多琳故吏，争来致请，并相资给，明彻由此忌之，故及于难。当时田夫野老，知与不知，莫不为之歔欷流泣。观其诚信感物，虽李将军之恂恂善诱，殆无以加焉。

　　琳十七子。长子敬,在齐袭王爵,武平末,通直常侍。第九子衍,隋开皇中开府仪同三司,大业初,卒于渝州刺史。

北齐书卷三三
列传第二五

萧明　萧祇　萧退　萧放
徐之才

　　萧明，兰陵人，梁武帝长兄长沙王懿之子。在其本朝，甚为梁武所亲爱。少历显职，封须阳侯。太清中，以为豫州刺史。

　　梁主既纳侯景，诏明率水陆诸军趋彭城，大图进取。又命兖州刺史南康嗣王会理总驭群帅，指受方略。明渡淮未几，官军破之，尽俘其众。魏帝升门楼，观引见明及诸将帅，释其禁，送于晋阳。世宗礼明甚重，谓之曰：“先王与梁主和好十有余年，闻彼礼佛文，常云奉为魏主，并及先王，此甚是梁主厚意。不谓一朝失信，致此纷扰。自出师薄伐，无战不克，无城不陷，今自欲和，非是力屈。境上之事。知非梁主本心，当是侯景违命扇动耳。侯可遣使谘谕，若犹存先王分义，重成通和者，吾不敢违先王之旨，侯及诸人并即放还。”于是使人以明书告梁主，梁主乃致书以慰世宗。

　　天保六年，梁元为西魏所灭，显祖诏立明为梁主，前所获梁将湛海珍等皆听从明归，令上党王率众以送。是时梁太尉王僧辩、司空陈霸先在建康，推晋安王方智为丞相。显祖赐僧辩、霸先玺书，僧辩未奉诏。上党王进军，明又与僧辩书，往复再三，陈祸福，僧辩初不纳。既而上党王破东关，斩裴之横，江表危惧。僧辩乃启上党求纳明，逮舟舰迎接。王飨梁朝将士，及与明刑牲歃血，载书而盟。于梁与东度，齐师北反。侍中裴英起卫送明入建康，遂称尊号，改承圣四年为天成元年,大赦天下,宇文黑獭、贼督等不在赦例。以方智为太傅,授王僧辩大司马。明上表遣第二息章驰到京都,拜谢宫阙。冬,霸先袭杀僧辩,复立方智,以明为太傅、建安王。霸先奉表朝廷,云僧辩阴谋篡逆,故诛之。方智请称臣,永为藩国,齐行台司马恭及梁人盟于历阳。明年,诏征明。霸先犹称藩,将遣使送明,会明疽发背死。梁将王琳在江上与霸先相抗,显祖遣兵纳梁永嘉王萧庄主梁祀。九年二月,自溢城济江,三月,即帝位于郢州,年号天启,王琳总其军国,追谥明曰皇帝。明年,庄为陈人所败,遂入朝,封为侯,朝廷许以兴复,竟不果。后主亡之日,庄在邺饮气而死。

萧祗,字敬式,梁武弟南平王伟之子也。少聪敏,美容仪。在梁,封定襄侯,位东扬州刺史。于时江左承平,政宽人慢,祗独莅以严切,梁武悦之。迁北兖州刺史。太清二年,侯景围建邺。祗闻台城失守,遂来奔。以武定七年至邺。文襄令魏收、邢邵与相接对。历位太子少傅,领平阳王师,封清河郡公。齐天保初,授右光禄大夫,领国子祭酒。时梁元帝平侯景,复与齐通好,文宣欲放祗等还南。俄而西魏克江陵,遂留邺都,卒。赠中书监、车卫大将军,扬州刺史。

萧退,梁武帝弟司空鄱阳王恢之子也。退在梁,封湘潭侯,位青州刺史。建邺陷,与从兄祗俱入东魏。齐天保中,位金紫光禄大夫,卒。子慨,深沉有礼,乐善好学,攻草隶书。南士中称为长者。历著作佐郎,待诏文林馆,卒于司徒从事中郎。

萧放,字希逸,随父祗至邺。祗卒,放居丧以孝闻。所居庐室前有慈鸟来集,各据一树为巢,自午以前,驯庭饮啄,午后更不下树,每临时,舒翅悲鸣,全似哀泣,家人则之,未常有阙。时以为至孝之感。服阕,袭爵。武平中,待诏文林馆。放性好文咏,颇善丹青,因此在宫中披览书史及近世诗赋,监画工作屏风等杂物见知,遂被眷待。累迁太子中庶子、散骑常侍。

徐之才，丹阳人也。父雄，事南齐，位兰陵太守，以医术为江左所称。之才幼而俊发，五岁诵《孝经》，八岁略通义旨。曾与从兄康造梁太子詹事汝南周舍宅听《老子》。舍为投食，乃戏之曰："徐郎不用心思义，而但事食乎？"之才答曰："盖闻圣人虚其心而实其腹。"舍嗟赏之。年十三，召为太学生，粗通《礼》、《易》。彭城刘孝绰、河东裴子野、吴郡张嵊等每共论《周易》及《丧服》仪，酬应如响。咸共叹曰："此神童也。"孝绰又云："徐郎燕颔，有班定远之相。"陈郡袁昂领丹阳尹，辟为主簿，人务事宜，皆被顾访。郡廨遭火，之才起望，夜中不著衣，披红服帕出戾，映光为昂所见。功曹白请免职，昂重其才术，仍特原之。豫章王综出镇江都，复除豫章王国右常侍，又转综镇北主簿。

及综入魏，三军散走，之才退至吕梁，桥断路绝，遂为魏统军石茂孙所止。综入魏旬月，位至司空。魏听综收敛僚属，乃访之才在彭泗，启魏帝云："之才大善医术，兼有机辩。"诏征之才。孝昌二年，至洛敕居南馆，礼遇甚优。骞子践启求之才还宅。之才药石多效，又规涉经史，发言辩捷，朝贤竞相要引，为之延誉。武帝时，封昌安县侯。天平中，齐神武征赴晋阳，常在内馆，礼遇稍厚。武定四年，自散骑常侍转秘书监。文宣作相，普加黜陟。杨愔以其南土之人，不堪典秘书，转授金紫光禄大夫，以魏收代领之。之才甚怏怏不平。

之才少解天文，兼图谶之学，共馆客宋景业参校吉凶，知午年必有革易，因高德政启之。文宣闻而大悦。时自娄太后及勋贵臣，咸云关西既是勍敌，恐其有挟天子令诸侯之辞，不可先行禅代事。之才独云："千人逐兔，一人得之，诸人咸息。须定大业。何容翻欲学人。"又援引证据，备有条目，帝从之。登祚后，弥见亲密。之才非唯医术自进，亦为首唱禅代，又戏谑滑稽，言无不至，于是大被狎昵。寻除侍中，封池阳县伯。见文宣政令转严，求出，除赵州刺史，竟不获述职，犹为弄臣。

皇建二年，除西兖州刺史。未之官，武明皇太后不豫，之才疗之，应手便愈，孝昭赐采帛千段、锦四百匹。之才既善医术，虽有外授，顷即征还。既博识多闻。由是于方术尤妙。大宁二年春，武明太后又病。之才弟之范为尚药典御，敕令诊候。内史皆令呼太后为石婆，盖有俗忌，故改名以厌制。之范出告之才曰："童谣云周里跂求伽，豹祠嫁石婆，斩冢作媒人，唯得一量紫继靴。'今太后忽改名，私所致怪。"之才曰："跂求伽，胡言去已。豹祠嫁石婆，岂有好事？斩冢作媒人，但令合葬自斩冢。唯得紫继靴者，得至四月，何者？紫之为字，此下系，继者熟，当在四月之中。"之范问靴是何义。之才曰："靴者革旁化，宁是久物？"至四月一日，后果崩。

有人患脚跟肿痛，诸医莫能识。之才曰："蛤精疾也。由乘船入海，垂脚水中。"疾者曰："实曾如此。"之才为剖得蛤子二，大如榆荚。又有以骨为刀子靶者，五色斑斓。之才曰："此人瘤也。"问得处，云于古冢见髑髅额骨长数寸，试削视，有文理，故用之。其明悟多通如此。

天统四年，累迁尚书左仆射，俄除兖州刺史，特给铙吹一部。之才医术最高，偏被命召。武成酒色过度，恍惚不恒，曾病发，自云初见空中有五色物，稍近，变成一美妇人，去地数丈，亭亭而立。食顷，变为观世音。之才云："此色欲多，大虚所致。"即处汤方，服一剂便觉稍远，又服，还变成五色物，数剂汤，疾竟愈。帝每发动，暂遣骑追之，针药所加，应时必效，故频有端执之举。入秋，武成小定，更不发动。和士开欲依次转进，以之才附籍兖州，即是本属，遂奏附除刺史，以胡长仁为右仆射。及十月，帝又病动，语士开云："恨用之才外任，使我辛苦。"其月八日，敕驿追之才。帝以十月崩，之才十一日方到，既无所及，复还赴州。在职无所侵暴，但不甚闲法理，颇亦疏慢，用舍自由。五年冬，后主征之才。寻左仆射阙，之才曰："自可复禹之绩。"武平元年，重除尚书左仆射。之才于和士开、陆令萱母子曲尽卑狎，二家苦疾，救护百端。由是迁尚书令，封西阳郡王。祖珽执政，除之才侍中、太子太师。之才恨曰："子野沙汰我。"珽目疾，故以师旷比之。

之才聪辩强识,有兼人之敏,尤好剧谈体语,公私言聚,多相嘲戏。郑道育常戏之才为师公。之才曰:"既为汝师,又为汝公,在三之义,顿居其两。"又嘲王昕姓云:"有言则讦,近犬便狂,加颈足而为马,施角尾而为羊。"卢元明因戏之才云:"卿姓是未入人,名是字之误。"即答:"卿姓在亡为虐,在丘为虚,生男则为虏,养马则为驴。"又尝与朝士出游,遥望群犬竞走,诸人试令目之。之才即应声云:"为是宋鹊,为是韩卢,为逐李斯东走,为负帝女南徂。"李谐于广坐,因称其父名,曰:"卿嗜熊白生否?"之才曰:"平耳。"又曰:"卿此言于理平否?"谐遽出避之,道逢其甥高德正。德正曰:"舅颜色何不悦?"谐告之故。德正经造坐席,连索熊白。之才谓坐者曰:"个人讳底"。众莫知。之才曰:"生不为人所知,死不为人所讳,此何足问?"唐邕、白建方贵,时人言云:"并州赫赫唐与白。"之才蔑之。元日,对邕为诸令史祝曰:"见卿等位当作唐、白。"又以小史好嚼笔,故尝执管就元文遥口曰:"借君齿。"其不逊如此。

历事诸帝,以戏狎得宠。武成生齻牙,问诸医。尚药典御邓宣文以实对,武成怒而挞之。后以问之才,拜贺曰:"此是智牙,生智牙者聪明长寿。"武成悦而赏之。为仆射时,语人曰:"我在江东,见徐勉作仆射,朝士莫不佞之。今我亦是徐仆射,无一人佞我,何由可活!"

之才妻魏广阳王妹,之才从文襄求得为妻。和士开知之,乃淫其妻。之才遇见而避之,退曰:"妨少年戏笑。"其宽纵如此。年八十,卒。赠司徒公、录尚书事,谥曰文明。

长子林,字少卿,太尉司马。次子同卿,太子庶子。之才以其无学术,每叹云:"终恐同《广陵散》矣"。

弟之范,亦医术见知,位太常卿,特听袭之才爵西阳王。入周,授仪同大将军。开皇中卒。

此卷与《北史》同。

北齐书卷三四
列传第二六

杨愔 燕子献 可朱浑天和 宋钦道 郑颐

杨愔，字遵彦，小名秦王，弘农华阴人。父津，魏时累为司空侍中。愔儿童时，口若不能言，而风度深敏，出入门闾。未尝戏弄。六岁学史书，十一受《易》，好《左氏春秋》。幼丧母，曾诣舅源子恭。子恭与之饮。问读何书，曰："诵《诗》。"子恭曰："诵至《渭阳》未邪。"愔便号泣感噎，子恭亦对之歔欷，遂为之罢酒。子恭后谓津曰："常谓秦王不甚察惠，从今已后，更欲刮目视之。"愔一门四世同居，家甚隆盛，昆季就学者三十余人。学庭前有柰树，实落地，群儿咸争之。愔颓然独坐。其季父晫适入学馆，见之大用嗟异，谓宾客曰："此儿恬裕，有我家风。"宅内有茂竹，遂为愔于林边别葺一室，命独处其中，常以铜具盛馔以饭之。因以督历诸子，曰："汝辈但遵彦谨慎，自得竹林别室、铜盘重肉之食。"愔从父兄黄门侍郎昱特相器重，曾谓人曰："此儿驹齿未落，已是我家龙文。更十岁后，当求之千里外。"昱尝与十余人赋诗，愔一览便诵，无所遗失。及长，能清言，美音制，风神俊悟，容止可观。人士见之，莫不敬异，有识者多以远大许之。

正光中，随父之并州。性既恬默，又好山水，遂入晋阳西悬瓮山读书。孝昌初，津为定州刺史，愔亦随父之职。以军功除羽林监，赐爵魏昌男，不拜。及中山为杜洛周陷，全家被囚絷。未几，洛周灭，又没葛荣，荣欲以女妻之，又逼以伪职。愔乃托疾，密含牛血数合，于众中吐之。仍佯喑不语。荣以为信然，乃止。永安初，还洛。拜通直散骑侍郎,时年十八。元颢入洛,时愔从父兄侃为北中郎将,镇河梁。愔适侃处,便属乘舆失守,夜至河。侃虽奉迎车驾北渡,而潜欲南奔,愔固谏止之。遂相与扈从达建州。除通直散骑常侍。愔以世故未夷,志在潜退,乃谢病,与友人中直侍郎河间邢邵隐于嵩山。

及庄帝诛尔朱荣,其从兄侃参赞帷幄。朝廷以其父津为并州刺史、北道大行台,愔随之任,有邯郸人杨宽者,求义从出藩,愔请津纳之。俄而孝庄幽崩,愔时适欲还都,行达邯郸,过杨宽家,为宽所执。至相州,见刺史刘诞,以愔名家盛德,甚相哀念,付长史慕容白泽禁止焉。遣队主巩荣贵防禁送都。至安阳亭,愔谓荣贵曰:"仆家世忠臣,输诚魏室,家亡国破,一至于此。虽曰囚虏,复何面目见君父之仇。得自缢于一绳,传首而去,君之惠也"。荣贵深相感,遂与俱逃。愔乃投高昂兄弟。

既潜窜累载,属神武至信都,遂投刺辕门。便引见。赞扬兴运,陈诉家祸,言辞哀壮,涕泗横集,神武为之改容。即署行台郎中。大军攻邺,杨宽于马前叩头请罪。愔谓曰:"人不识恩义,盖亦常理,我不恨卿,无假惊怖。"时邺未下,神武命愔作祭天文,燎毕而城陷。由是转大行台右丞。于时霸图草创,军国务广,文檄教令,皆自愔出及崔愔。遭离家难,以丧礼自居,所食唯盐米而已,哀毁骨立。神武愍之,恒相开慰。及韩陵之战,愔每阵先登,朋僚咸共怪叹曰:"杨氏儒生,今遂为武士,仁者必勇,定非虚论。"顷之,表请解职还葬。一门之内,赠太师、太傅、丞相、大将军者二人,太尉、录尚书及中书令者三人,仆射、尚书者五人,刺史、太守者二十余人。追荣之盛,古今未之有也。及丧枢进发,吉凶仪卫亘二十余里,会葬者将万人。是日隆冬盛寒,风雪严厚,愔跣步号哭,见者无不哀之。寻征赴晋阳,仍居本职。

愔从兄幼卿为岐州刺史,以直言忤旨见诛。愔闻之悲惧,因哀感发疾,后取急就雁门温汤疗疾。郭秀素害其能。因致书恐之曰:"高王欲送卿于帝所。"仍劝其逃亡。愔遂弃衣冠于水滨若自沉者,变易名姓,自称刘士安,入嵩山,与沙门昙谟徵等屏居削迹。又潜之光州，因东入田横岛，以讲诵为业，海隅之士，谓之刘先生。太守王元景阴佑之。

神武知愔存，遣愔从兄宝猗赍书慰喻，仍遣光州刺史奚思业令搜访，以礼发遣。神武见之悦，除太原公开府司马。转长史，复授大行台右丞，封华阴县侯，迁给事黄门侍郎，妻以庶女。又兼散骑常侍，为聘梁使。至磑碾戍，州内有愔家旧佛寺，精庐礼拜，见太傅容像，悲感恸哭，欧血数升，遂发病不成行，舆疾还邺。久之，以本官兼尚书吏部郎中。武定末，以望实之美，超拜吏部尚书，加侍中、卫将军。侍学典选如故。

天保初，以本官领太子少傅，别封阳夏县男。又诏监太史，迁尚书右仆射。尚太原长公主，即魏孝静后也。会有雉集其舍，又拜开府仪同三司、尚书右仆射，改封华山郡公。九年，徙尚书令，又拜特进、骠骑大将军。十年，封开封王。文宣之崩，百僚莫有下泪，愔悲不自胜。济南嗣业，任遇益隆，朝章国命，一人而已，推诚体道，时无异议。乾明元年二月，为昭帝所诛，时年五十。天统末，追赠司空。

愔贵公子，早著声誉，风表鉴裁，为朝野所称。家门遇祸，唯有二弟一妹及孙兄女数人，抚养孤幼，慈旨温颜，咸出人表。重义轻财，前后赐与，多散之亲族，群从弟侄十数人，并待而举火。频遭迍厄，冒履艰危，一飧之惠，酬答必重，性命之仇，舍而不问。典选二十余年，奖擢人伦，以为己任。然取士多以言貌，时致谤言，以为愔之用人，似贫士市瓜，取其大者。愔闻，不屑焉。其聪记强识，半面不忘。每有所召问，或单称姓，或单称名。无有误者。后有选人鲁漫汉，自言猥贱，独不见识。愔曰："卿前在元子思坊，骑秃尾草驴，经见我不下，以方麹郎面，我何不识卿？"漫汉惊服。人调之曰："名以定体，漫汉果自不虚。"又令吏唱人名，语以卢士深为士琛，士深自言。愔曰："卢郎玉润，所以从玉。"自尚公主后，衣紫罗袍，金缕大带。遇李庶，颇以为耻，谓曰："我此衣服，都是内裁，既见子将，不能无愧。"

及居端揆，权综机衡，千端万绪，神无滞用。自天保五年已后，一人丧德，维持匡救，实有赖焉。每天子临轩，公卿拜授，施号发令，宣扬诏册。愔辞气温辩，神仪秀发，百僚观听，莫不悚动。自居大位，门绝私交。轻货财重仁义，前后赏赐，积累巨万，散之九族，架箧之中，唯有书数千卷。太保、平原王隆之与愔邻宅，愔尝见其门外有富胡数人，谓左右曰："我门前幸无此物。"性周密畏慎，恒若不足，每闻后命，愀然变色。

　　文宣大渐，以常山、长广二王位地亲逼，深以后事为念。愔与尚书右仆射平秦王归彦、侍中燕子献、黄门侍郎郑子默受遗诏辅政，并以二王威望先重、咸有猜忌之心。初在晋阳，以大行在殡，天子谅闇，议令常山王在东馆，欲奏之事，皆先谘决。二旬而止。仍欲以常山王随梓宫之邺，留长广王镇晋阳。执政复生疑贰。两王又俱从至于邺。子献立计，欲处太皇太后于北宫，政归皇太后。又自天保八年已来，爵赏多滥，至是，愔先自表解其开府封王，诸叨窃恩荣者皆从黜免。由是婴宠失职之徒，尽归心二叔。高归彦初虽同德，后寻反动。以疏忌之迹尽告两王。可朱浑天和又每云："若不诛二王。少主无自安之理。"钦道面奏帝，称二叔威权既重，宜速去之。帝不许曰："可与令公共详其事"愔等议出二王为刺史。以帝仁慈，恐不可所奏，乃通启皇太后，具述安危。有宫人季昌仪者，北豫州刺史高仲密之妻，坐仲密事入宫。太后以昌仪宗情，甚相昵爱。太后以启示之。昌仪密启太皇太后。愔等又议不可令二王俱出，乃奏以长广王为大司马、并州刺史，常山王为太师、录尚书事。

　　及二王拜职，于尚书省大会百僚，愔等并将同赴。子默止之。云："事不可量，不可轻脱。"愔云："吾等至诚体国，岂有常山拜职，有不赴之理，何为忽有此虑？"长广且伏家僮数十人于录尚书后室，仍与席上勋贵数人相知。并与诸勋胄约，行酒至愔等，我各劝双杯，彼必致辞。我一曰"捉酒"，二曰"捉酒"，三曰"何不捉"，尔辈即捉。及宴如之。愔大言曰："诸王构逆，欲杀忠良邪！尊天子，削诸侯，赤心奉国，未应及此。"常山王欲缓之，长广王曰："不可。"于是愔及天和、钦道皆被拳杖乱殴击，头面血流，各十人持之。使萨孤、康贾执子默于尚药局。子默曰："不用智者言，以至于此。岂非命也。"

二叔率高归彦、贺拔仁斛律金拥愔等唐突入云龙门。见都督叱利骚，招之不进，使骑杀之。开府成休宁拒门。归彦喻之，乃得入。送愔等于御前。长广王及归彦在朱华门外。太皇太后临昭阳殿，太后及帝侧立。常山王以砖叩头，进而言曰："臣与陛下骨肉相连。杨遵彦等欲擅朝权，威福自己，王公以还，皆重足屏气。共相唇齿以成乱阶，若不早图，必为宗社之害，臣与湛等为国事重，贺拔仁、斛律金等惜献皇帝基业，共执遵彦等领入官，未敢刑戮，专辄之失，罪合万死。"帝时默然，领军刘桃枝之徒陛卫，叩刀仰视，帝不睨之。太皇太后令却仗，不肯。又厉声曰："奴辈即今头落。"乃却。因问杨郎何在，贺拔仁曰："已出。"太皇太后怆然曰："杨郎所能，留使不好耶。"乃让帝曰："此等怀逆，欲杀我二儿，次及我，尔何纵之"？帝犹不能言。太皇太后怒且悲，王公皆泣。太皇太后曰："岂可使我母子受汉老妪斟酌。"太后拜谢。常山王叩头不止。太皇太后谓帝："何不安慰尔叔。"帝乃曰："天子亦不敢与叔惜，岂敢惜此汉辈？但愿乞儿性命。儿自下殿去，此等任叔父处分。"遂皆斩之。长广王以子默昔谮己，作诏书，故先拔其舌，截其手。太皇太后监临愔丧。哭曰："杨郎忠而获罪。"以御金为之一眼，亲内之，曰："以表我意。"常山王亦悔杀之。先是童谣曰："白羊头尾秃。羖䍲头生角。"又曰："羊羊吃野草，不吃野草远我道，不远打尔脑。"又曰："阿麼姑祸也，道人姑夫死也。"羊也，角文为用刀，道人谓废帝小名，太原公主尝作尼，故曰"阿麼姑"，愔、子献、天和皆帝姑夫云。于是乃以天子之命下诏罪之，罪止一身，家口不问。寻复簿录五家，王晞固谏，乃各没一房，孩幼兄弟皆除名。

遵彦死，仍以中书令赵彦深代总机务。鸿胪少卿阳休之私谓人曰："将涉千里，杀骐骥而策蹇驴，可悲之甚。"愔所著诗赋表奏书论甚多，诛后散失，门生鸠集所得者万余言。

燕子献，字季则，广汉下洛人。少时相者谓之曰："使役在胡代，富贵在齐赵。"其后遇宇氏称霸关中，用为典签。将命使于茹茹，子献欲验相者之言，来归。高祖见之大悦，尚淮阳公主，甚被待遇。显祖时，官至侍中、开府。济南即位之后，委任弥重，除右仆射。子献素多力，头又少发，当狼狈之际，排众走出省门。斛律光逐而擒之。子献叹曰："丈夫为计迟，遂至于此矣。"

可朱浑天和，道元之季弟也。以道元勋重，尚东平公主。累迁领军大将军，开府。济南王即位，加特进改博陵公，与杨愔同被杀。

宋钦道，广平人，魏吏部尚弁孙也。初为大将军主簿，典书记。后为黄门侍郎。又令在东宫教太子事。郑子默以文学见知，亦被亲宠。钦道本文法吏，谙识古今，凡有疑事，必询于子默。二人幸于两宫。虽诸王贵臣莫不敬惮。钦道又迁秘书监。与杨愔同诏赠吏部尚书、赵州刺史。

郑颐，字子默，彭城人。高祖据，魏彭城守，自荥阳徙焉。颐聪敏，颇涉文义。初为太原公东阁祭酒。与宋钦道特相友爱，钦道每师事之。杨愔始轻宋、郑，不为之礼。俄而自结人主，与参顾命。钦道复旧与济南狎款，共相引致，无所不言。乾明初，拜散骑常侍。二人权势之重，与愔相埒。

北齐书卷三五
列传第二七

裴让之 <small>弟诹之 谳之</small> 皇甫和
李构 张宴之 陆卬
王松年 刘祎

裴让之,字士礼。年十六丧父,殆不胜哀,其母辛氏泣抚之曰:"弃我灭性,得为孝子乎?"由是自勉。辛氏,高明妇则,又闲礼度。夫丧,诸子多幼弱,广延师友。或亲自教授。内外亲属有吉凶礼制,多取则焉。让之少好学,有文俊辨,早得声誉。魏天平中,举秀才,对策高第。累迁屯田主客郎中,语曰:"能赋诗,裴让之。"为太原公开府记室。与杨愔友善。相遇则清谈竟日。愔每云:"此人风流警拔,裴文季为不亡矣。"梁使至,帝令让之摄主客郎。

第二弟诹之奔关右,兄弟五人皆拘系。神武问曰:"诹之何在?"答曰:"昔吴、蜀二国,诸葛兄弟各得逐心,况让之老母在,君臣分定,失忠与孝,愚夫不为。伏愿明公以诚信待物,若以不信处物,物亦安能自信?以此定霸,犹却行而求道耳。"神武善其言,兄弟俱释。历文襄大将军主簿,兼中书舍人,后兼散骑常侍聘梁。文襄尝入朝,让之导引,容仪蕴藉,文襄目之曰:"士礼佳舍人。"迁长兼中书侍郎,领舍人。

齐受禅,静帝逊居别宫,与诸臣别,让之流涕歔欷。以参掌仪注,封宁都县男。帝欲为黄门郎,或言其体,重不堪趋侍,乃除清河太守。至郡未几，杨愔谓让之诸弟曰："我与贤兄交款，企闻善政。适有人从清河来，云奸吏敛迹，盗贼清靖。期月之期翻然更速。"清河有二豪吏田转贵、孙舍兴久吏奸猾，多有侵削，因事遂胁人取财。计赃依律不至死。让之以其乱法，杀之。时清河王岳为司州牧，遣部从事案之。侍中高德政旧与让之不协，案奏言："当陛下受禅之时，让之眷恋魏朝，呜呼流涕，比为内官，情非所愿。"既而杨愔请救之。云："罪不合死。"文宣大怒。谓愔曰："欲得与裴让之同冢耶！"于是无敢言者。事奏，竟赐死于家。让之次弟诹之。

诹之，字士正，少好儒学，释褐，太学博士。尝从常景借书百卷，十许日便返。景疑其不能读，每卷策问，应答无遗。景叹曰："应奉五行俱下，祢衡一览便记，今复见之于裴生矣。"杨愔阖门葬，讫诹之顿作十余墓志，文皆可观。让之、诹之及皇甫和弟亮并知名于洛下，时人语曰："诹胜于让，和不如亮。"司空高乾致书曰："相屈为户曹参军。"诹之复书不受署。沛王开大司马府，辟为记室。迁邺后，诹之留在河南，西魏领军独孤信入据金墉，以诹之为开府属。号曰："洛阳遗彦。"信败，诹之居南山，洛州刺史王元轨召为中从事。西师忽至，寻退，遂随西师入关。周文帝以为大行台仓曹郎中，卒。赠徐州刺史。

谳之，字士平，七岁便勤学，早知名。累迁司主簿。杨愔每称叹云："河东士族，京不少，唯此家兄弟，全无乡音。"谳之虽年少，不妄交游，唯与陇西辛术、赵郡李绘、顿丘李构、清河崔瞻为忘年之友。昭帝梓宫将还邺，转仪曹郎，尤悉历代故事、仪注，丧礼皆能裁正。为永昌太守，客旅过郡。出私财供给，人间所无，预代下出，为吏人所怀。仕周，卒伊川。

皇甫和，字长谐，安定朝那人，其先因官寓居汉中。祖澄，南齐秦、梁二州刺史。父徽，字子玄，梁安定、略阳二郡守。魏正始二年，随其妻父夏侯道迁入魏，别上勋书，欲以徽为元谋。徽曰："创谋之始，本不关预，虽贪荣赏，内愧于心。"遂拒而不许。梁州刺史羊灵佑重其敦实，表为征房府司马，卒。和十一而孤，母夏侯氏，才明有礼则，亲授以经书。及长，深沉有雅量，尤明礼仪，宗亲吉凶，多相谘访。卒于济阴太守。

李构，字祖基，黎阳人。祖平，魏尚书仆射。构少以方正见称，释褐开府参军，累迁谯州刺史，卒。

构从父弟庶，魏大司农谐子。方雅好学，风流规检，甚有家风。稍迁临漳令。《魏书》出，庶与卢斐、王松年等讼其不平，并系狱。魏收书王慧龙自云太原人，又言王琼不善事；卢同附《卢玄传》；李平为陈留人，云其家贫贱。故斐等致讼，语杨愔云"魏收合诛。"愔党助魏收，遂白显祖罪斐等，并髡头鞭二百。庶死于临漳狱中，庶兄岳痛之，终身不历临漳县门。

张宴之，字熙德。幼孤有至性，为母郑氏教诲，动依礼典。从尔朱荣平元颢，赐爵武成子。累迁尚书二千石郎中。高岳征颍川，复以为都督中兵参军兼记室。宴之文士，兼有武干，每与岳帷帐之谋，又常以短兵接刃，亲获首级，深为岳所嗟赏。天保初，文宣为高阳王纳宴之女为妃，令赴晋阳成礼。宴之后园陪宴，坐客皆赋诗。宴之诗云："天下有道，主明臣直，虽休勿休，永贻世则。"文宣笑曰："得卿箴讽，深以慰怀。"后行北徐州事，寻即真，为吏人所爱。御史崔子武督察州郡，至北徐州，无所案劾，唯得百姓所制《清德颂》数篇。乃叹曰："本求罪状，遂闻颂声。"迁兖州刺史，未月，卒。赠齐州刺史。

陆卬，字云驹。少机悟，美风神，好学不倦，博览群书，五经多通大义。善属文，甚为河间邢邵所赏。邵又与子彰交游，尝谓子彰曰："吾以卿老蚌遂出明珠，意欲为君拜纪可乎？"由是名誉日高，儒雅搢绅，尤所推许。起家员外散骑侍郎，历文襄大将军主簿，中书舍人，兼中书郎中，以本职兼太子洗马。自梁、魏通和，岁有交聘。卬每兼官燕接，在帝席赋诗，卬必先成，虽未能尽工，以敏速见美。

除中书侍郎，修国史。以父忧去职，居丧尽礼。哀毁骨立。诏以本官起。文襄时镇邺，嘉其至行，亲诣门以慰勉之。卬母魏上庸公主，初封蓝田，高明妇人也，甚有志操。卬昆季六人，并主所生。故邢邵常谓人云："蓝田生玉，固不虚矣。"主教训诸子，皆禀义方，虽创巨痛深，出于天性，然动依礼度，亦母氏之训焉。兄弟相率庐于墓侧，负土成坟，朝廷深所嗟尚，发诏褒扬，改其所居里为孝终里。服竟当袭，不忍嗣侯。天保初，常山王荐卬器干，文宣面授给事黄门侍郎，迁吏部郎中。上洛王思宗为清都尹，辟为邑中正，食贝丘县干。遭母丧，哀慕毁悴不胜丧，至沉笃，顿昧伏枕。又感风疾。第五弟博遇疾临终，谓其兄弟曰："大兄匼病如此，性至慈爱，搏之死日，必不得使大兄知之，哭泣声必不可闻彻，致有感恸。"家人至于祖载，方始告之。卬闻而悲痛，一恸便绝，年四十八。卬自在朝，笃慎固密，不说人短，不伐己长，言论清远，有人伦鉴裁，朝野甚悲惜之。赠卫将军、青州刺史；谥曰文。所著文章十四卷，行于世。齐之郊庙诸歌，多卬所制。子义嗣，袭爵始平侯。

王松年，少知名。文襄临并州，辟为主簿，累迁通直散骑常侍，副李纬使梁。还，历位尚书郎中。魏收撰《魏书》成，松年有谤言，文宣怒，禁止之，仍加杖罚。岁余得免，除临漳令，迁司马、别驾、本州大中正。孝昭擢拜给事黄门侍郎。帝每赐坐，与论政事，甚善之。孝昭崩，松年驰驿至邺都宣遗诏，发言涕泗，迄于宣罢，容色无改，辞吐谐韵。宣讫，号恸自绝于地，百官莫不感恸。还晋阳，兼侍中，护梓宫还邺。诸旧臣避形迹，无敢尽哀，唯松年哭甚流涕，朝士咸恐。武成虽忿松年恋旧情切，亦雅重之。以本官加散骑常侍，食高邑县侯，参定律令，前后大事多委焉。兼御史中丞。发晋阳之邺，在道遇疾卒。赠吏部尚书、并州刺史，谥曰平。第三子邵，最知名。

刘祎字彦英,彭城人。父世明,魏兖州刺史。祎性弘裕有威重,容止可观,虽昵友密交,朝夕游处,莫不加敬。好学,善《三礼》,吉凶仪制,尤所留心。魏孝昌中,释巾太学博士。累迁睢州刺史,边人服其威信,甚得疆埸之和。世宗辅政,降书褒奖。云:"以卿家世忠纯,奕代冠冕。贤弟贤子,并与吾共事,怀抱相托,亦自依然。宜勖心力,以副所委,莫不富贵。"秩满,径归乡里侍父疾,竟不入朝。父丧,沉顿累年,非杖不起。世宗致辟,祎称疾不动。五子。璇、玘、璞、瑗、瓒,并有志节,为世所称。

北齐书卷三六
列传第二八

邢　邵

　　邢邵,字子才。河间鄚人,魏太常贞之后。父虬,魏光禄卿。小字吉,少时有避,遂不行名。年五岁,魏吏部郎清河崔亮见而奇之。曰:“此子后当大成,位望通显。”十岁,便能属文,雅有才思,聪明强记,日诵万余言。族兄峦,有人伦鉴,谓子弟曰:“宗室中有此儿,非常人也。”少在洛阳,会天下无事,与时名胜专以山水游宴为娱,不暇勤业。尝因霖雨,乃读《汉书》,五日,略能遍记之。后因饮谑倦,方广寻经史,五行俱下,一览便记,无所遗忘。文章典丽,既赡且速。季未二十,名动衣冠。尝与右北平阳固、河东裴伯茂、从兄昕、河南陆道晖等至北海王昕舍饮。相与赋诗,凡数十首。皆在主人奴处。旦日奴行,诸人求诗不得,邵皆为诵之,诸人有不认诗者,奴还得本,不误一字。诸人方之王粲。吏部尚书陇西李神俊大相钦重,引为忘年之交。

　　释巾为魏宣武挽郎,除奉朝请,迁著作佐郎。深为领军元叉所礼,叉新除迁尚书令,神俊与陈郡袁翻在席,叉令邵作谢表,须臾便成,以示诸宾。神俊曰:“邢邵此表,足使袁公变色。”孝昌初,与黄门侍郎李琰之对典朝仪。自孝明之后。文雅大盛,邵雕虫之美,独步当时,每一文初出,京师为之纸贵,读诵俄遍远近。于时袁翻与范阳祖莹位望通显。文笔之美,见称先达,以邵藻思华赡,深共嫉之。每洛中贵人拜职,多凭邵为谢表。尝有一贵胜初受官,大集宾食,翻与邵俱在坐。翻意主人托其为让表。遂命邵作之。翻甚不悦，每告人云："邢家小儿尝客作章表，自贾黄纸，写而送之。"邵恐为翻所害，乃辞以疾。属尚书令元罗出镇青州，启为府司马。遂在青土，终日酣赏，尽山泉之致。

永安初，累迁中书侍郎，所作诏诰，文体宏丽。及尔朱兆入洛。京师扰乱，邵与弘农杨愔避地嵩高山。普泰中，兼给事黄门侍郎，寻为散骑常侍。太昌初，敕令恒直内省，给御史，令覆按尚书门下事，凡除大官，先问其可否然后施行。除卫将军、国子祭酒，以亲老还乡，诏所在特给兵力五人，并令岁一入朝，以备顾问。丁母忧，哀毁过礼。

后杨愔与魏收及邵请置学。奏曰：

世室明堂，显于周、夏；一黉两学，盛自虞、殷。所以宗配上帝，以著莫大之严，宣布下土，以彰则天之轨。养黄发以询哲言，育青衿而敷教典，用能享国长久，风徽万祀者也。爰暨亡秦，改革其道，坑儒灭学，以蔽黔黎。故九服分崩，祚终二代。炎汉勃兴，更修儒术。故西京有六学之义，东都有三本之盛。逮自魏、晋，拨乱相因，兵革之中，学校不绝。仰惟高祖孝文皇帝禀圣自天，道镜今古，列校序于乡党，敦诗书于郡国。但经始事殷，戎轩屡驾，未遑多就，弓剑弗追。世宗统历，聿遵先绪，永平之中，大兴板筑。续在水旱，戎马生郊，虽逮为山，还停一篑。而明堂礼乐之本，乃郁荆棘之林，胶序德义之基，空盈牧竖之迹；城隍严固之重，阙砖石之功；墉构显望之要，少楼榭之饰。加以风雨稍侵，渐致亏坠。非所谓追隆堂构，仪刑万国者也。伏闻朝议以高祖大造区夏，道侔姬文，拟祀明堂，式配上帝。今若基址不修，仍同丘畎，即使高皇神享，阙于国阳，宗事之典，有声无实。此臣子所以匪宁，亿兆所以伫望也。

臣又闻官方授能，所以任事，事既任矣，酬之以禄。如此则上无旷官之讥，下绝尸素之谤。今国之虽有学官之名，无教授之实，何异兔丝燕麦，南箕北斗哉！

昔刘向有言,王者宜兴辟雍、陈礼乐以风天下。夫礼乐所以养人,刑法所以杀人,而有司勤勤,请定刑法,至于礼乐,则曰未敢。是敢于杀人,不敢于养人也。臣以为当今四海清平,九服宁宴,经国要重,理应先营,脱复稽延,则刘向之言征矣。但事不两兴,须有进退。以臣愚量,宜罢尚方雕靡之作,颇省永宁土木之功,并减瑶光材瓦之力,兼分石窟镌琢之劳,及诸事役非世急者,三时农隙,修此数条。使辟雍之礼,蔚尔而复兴;讽诵之音,焕然而更作。美榭高墉严壮于外,槐宫棘寺显丽于中。更明古今,重遵乡饮,敦进郡学,精课经业,如此则元、凯可得之于上序,游、夏可至之于下国,岂不休欤!

灵太后令曰:"配飨大礼,为国之本,比以戎马在郊,未遑修缮。今四表晏宁,当敕有司,别议经始。"

累迁太常卿、中书监,摄国子祭酒。是时朝臣多守一职,带领二官甚少,邵顿居三职,并是文学之首,当世荣之。世宗幸晋阳,路中频有甘露之瑞,朝臣皆作《甘露颂》,尚书符令邵为之序。及文宣皇帝崩,凶礼多见讯访,敕撰哀策。后授特进,卒。

邵率情简素,内行修谨,兄弟亲姻之间,称为雍睦。博览坟籍,无不通晓,晚年尤以《五经》章句为意,穷其指要。吉凶礼仪,公私谘禀,质疑去惑,为世指南。每公卿会议,事关典政,邵援笔立成,证引该洽,帝命朝章,取定俄顷。词致宏远,独步当时,与济阴温子升为文士之冠,世论谓之温、邢。钜鹿魏收,虽天才艳发,而年事在二人之后,故子升死后,方称邢、魏焉。虽望实兼重,不以才位傲物。脱略简易,不修威仪,车服器用,充事而已。有斋不居,坐卧恒在一小屋。果饵之属,或置之梁上,宾至,下而共啖。天姿质素,特安异同,士无贤愚,皆能顾接,对客或解衣觅虫,且与剧谈。有书甚多,而不甚雠校。见人校书,常笑曰:"何愚之甚,天下书至死读不可遍。焉能始复校此。且误书思之。更是一适。"

妻弟李季节,才学之士,谓子才曰:"世间人多不聪明,思误书何由能得。"子才曰:"若思不能得,便不劳读书。"与妇甚疏,未尝内宿。自云尝昼入内阁，为狗所吠，言毕便抚手大笑。性好谈赏，又能闲独，公事归休，恒须宾客自伴。事寡嫂甚谨，养孤子恕，慈爱特深，在兖州，有都信云恕疾，便忧之，废寝食，颜色贬损。及卒，人士为之伤心，痛悼虽甚，竟不再哭，宾客吊慰，抆泪而已。其高情达识。开遣滞累，东吴以还，所未有也。有集三十卷，见行于世。子大宝，有文情。孽子大德、大道，略不识字焉。

北齐书卷三七
列传第二九

魏　收

　　魏收，字伯起，小字佛助，钜鹿下曲阳人也。曾祖缉，祖韶。父子建，字敬忠，赠仪同、定州刺史。收年十五，颇已属文。及随父赴边，好习骑射，欲以武艺自达。荥阳郑伯调之曰：“魏郎弄戟多少？”收惭，遂折节读书。夏月，坐板床，随树阴讽诵，积年，板床为之锐减，而精力不辍。以文华显。

　　初除太学博士。及尔朱荣于河阴滥害朝士，收亦在围中，以日晏获免。吏部尚书李神俊重收才学，奏授司徒记室参军。永安三年，除北主客郎中。节闵帝立，妙简近侍，诏试收为《封禅书》，收下笔便就，不立稿草，文将千言，所改无几。时黄门郎贾思同侍立，深奇之，帝曰：“虽七步之才，无以过此。”迁散骑侍郎，寻敕典起居注，并修国史，兼中书侍郎，时年二十六。

　　孝武初，又诏收摄本职，文诰填积，事咸称旨，黄门郎崔㥄从齐神武入朝，熏灼于世，收初不诣门，㥄为帝登祚赦，云：“朕托体孝文”，收嗤其率直。正员郎李慎以告之，㥄深愤忌。时节闵帝殂，令收为诏。㥄乃宣言：收普泰世出入帏幄，一日造诏，优为词旨，然则义旗之士尽为逆人；又收父老，合解官归侍。南台将加弹劾，赖尚书辛雄为言于中尉綦俊乃解。收有贱生弟仲同，先未齿录，因此怖惧，上籍，遣还乡扶侍。孝武尝大发士卒，狩于嵩少之南旬有六日。时天寒，朝野嗟怨。帝与从官及诸妃主，奇伎异饰，多非礼度。收欲言则惧,欲嘿不能已,乃上《南狩赋》以讽焉,时年二十七,虽富言淫丽,而终归雅正。帝手诏报焉,甚见褒美。郑伯谓曰:"卿不遇老夫,犹应逐兔。"

初神武固让天柱大将军。魏帝敕收为诏,令遂所请。欲加相国,让品秩,收以实对,帝遂止。收既未测主相之意,以前事不安,求解,诏许焉。久之,除帝兄子广平王赞开府从事中郎,收不敢辞,乃为《庭竹赋》以致己意。寻兼中书舍人,与济阴温子升、河间邢子才齐誉,世号三才。时孝武猜忌神武,内有闲隙,遂以疾固辞而免。其舅崔孝芬怪而问之,收曰:"惧有晋阳之甲。"寻而神武南上,帝西入关。

收兼通直散骑常侍,副王昕使梁,昕风流文辩,收辞藻富逸,梁主及其群臣咸加敬异。先是南北初和,李谐、卢元明首通使命,二人才器,并为邻国所重。至此,梁主称曰:"卢、李命世,王、魏中兴,未知后来复何如耳?"收在馆,遂买吴婢入馆,其部下有买婢者,收亦唤取,遍行奸秽,梁朝馆司皆为之获罪。人称其才而鄙其行。在途作《聘游赋》,辞甚美盛。使还,尚书右仆射高隆之求南货于昕、收,不能如志,遂讽御史中尉高仲密禁止昕、收于其台,久之得释。

及孙搴死。司马子如荐收,召赴晋阳,以为中外府主簿。以受旨乖忤,频被嫌责。加以箠楚,久不得志。会司马子如奉使霸朝,收假其余光。子如因宴戏言于神武曰:"魏收天子中书郎,一国大才,顾大王借以颜色。"由此转府属,然未甚优礼。

收从叔季景,有才学,历官著名,并在收前,然收常所欺忽。季景、收初赴并,顿丘李庶者,故大司晨谐之子也,以华辩见称,曾谓收曰:"霸朝便有二魏。"收率尔曰:"以从叔见比,便是耶输之比卿。"耶输者,故尚书令陈留公继伯之子也,愚痴有名,好自入市肆,高价买物,商贾共所嗤玩。收忽季景,方之,不逊例多如此。

收本以文才,必望颖脱见知,位既不遂,求修国史。崔暹为言于文襄曰:"国史事重,公家父子霸王功业,皆须具载,非收不可。"文襄启收兼散骑常侍,修国史。武定二年,除正常侍,领兼中书侍郎,仍修史。魏帝宴百僚，问何故名人日，皆莫能知。收对曰："晋议郎董勋《答问称俗》云：'正月一日为鸡，二日为狗，三日为猪，四日为羊，五日为牛，六日为马，七日为人。'"时邢邵亦在侧，甚恶焉。自为魏、梁和好，书下纸每云："想彼境内宁静，此率土安和。"梁后使，其书乃去"彼"，自称犹著"此"，欲示无外之意。收定报书云："想境内清晏，今万国安和。"梁人复书，依以为体。后神武入朝，静帝授相国，固令收为启。启成上王，文襄时侍侧，神武指收曰："此文当复为崔光。"四年，神武于西门豹祠宴集，谓司马子如曰："魏收为史官，书吾善恶，闻北伐时，诸贵常饷史官饮食，司马仆射颇曾饷不？"因共大笑。仍谓收曰："卿勿见元康等在吾目下趋走，谓吾以为勤劳，我后世身名在卿手，勿谓我不知。"寻加兼著作郎。

收昔在洛京，轻薄尤甚，人号"魏收惊蛱蝶"。文襄曾游东山，令给事黄门侍郎颢等宴。文襄曰："魏收恃才无宜适，须出其短。"往复数番。收忽大唱曰："杨遵彦理屈已倒。"愔从容曰："我绰有余暇，山立不动，若遇当途，恐翩翩遂逝。"当途者，魏翩翩者，蛱蝶也。文襄先知之。大笑称善。文襄又曰："向语犹微，宜更指斥。"愔应声曰："魏收在并作一篇诗，对众读讫，云：'打从叔季景出六百斛米。亦不辨此。'远近所知，非敢妄语。"文襄喜曰："我亦先闻。"众人皆笑。收虽自申雪，不复抗拒，终身病之。

侯景叛入梁，寇南境，文襄时在晋阳，令收为五十余纸，不日而就。又檄梁朝，令送侯景，初夜执笔，三更便成，文过七纸。文襄善之。魏帝曾季秋大射，普令赋诗，收诗末云："尺书征建邺，折简召长安。"文襄壮之。顾诸人曰："在朝今有魏收，便是国之光采。雅俗文墨，通达纵横。我亦使子才、子升时有所作，至于词气，并不及之。吾或意有所怀，忘而不语，语而不尽，意有未及，收呈草皆以周悉，此亦难有。"又敕兼主客郎接梁使谢珽、徐陵。侯景既陷梁，梁鄱阳王范时为合州刺史，文襄敕收以书喻之。范得书，仍率部伍西上，刺史崔圣念入据其城。文襄谓收曰："今定一州，卿有其力，犹恨'尺书征建邺'未效耳。"

文襄崩，文宣如晋阳，令与黄门郎崔季舒、高德正，吏部郎中尉瑾于北第掌机密。转秘书监，兼著作郎。又除定州大中正。时齐将受禅，杨愔奏收置之别馆，令撰禅代诏册诸文，遣徐之才守门不听出，天保元年，除中书令，仍兼著作郎，封富平县子。二年，诏撰魏史。四年，除魏尹，故优以禄力，专在史阁，不知部事。初帝令群臣各言尔志，收曰："臣愿得直笔东观，早成《魏书》"。故帝使收专其往。又诏平原王高隆之总监之，署名而已。帝敕收曰："好直笔，我终不作魏太武诛史官。"始魏初邓彦撰《代记》十余卷，其后崔浩典史，游允、程骏、李彪、崔光、李琰之徒世修其业。浩为编年体，彪始分作纪、表、志、传，书犹未出。宣武时，命邢峦追撰《孝文起居注》，书太和十四年，又命崔鸿、王遵业补续焉。下讫孝明，事甚委悉。济阴王晖业撰《辨宗室录》三十卷。收于是部通直常侍房延佑、司空司马辛元植、国子博士刁柔、裴昂之、尚书郎高孝干专总斟酌，以成《魏书》。辨定名称，随条甄举，又搜采亡遗，缀续后事，备一代史籍，表而上闻之。勒成一代大典：凡十二纪，九十二列传，合一百一十卷。五年三月奏上之。秋，除梁州刺史。收以志未成，奏请终业，许之。十一月，复奏十志：《天象》四卷，《地形》三卷，《律历》二卷，《礼乐》四卷，《食货》一卷，《刑罚》一卷，《灵征》二卷，《官氏》二卷，《释老》一卷，凡二十卷，续于纪传，合一百三十卷，分为十二帙。其史三十五例，二十五序，九十四论，前后二表一启焉。

所引史官，恐其凌逼，唯取学流先相依附者。房延佑、辛元植、睦仲让虽夙涉朝位，并非史才。刁柔，裴昂之以儒业见知，全不堪编缉。高孝干以左道求进。修史诸人祖宗姻戚多被书录，饰以美言。收颇急，不甚能平，夙有怨者，多没其善。每言："何物小子，敢共魏收作色，举之则使上天，按之当使入地。"初收在神武时为太常少卿修国史，得阳休之助，因谢休之曰："无以谢德，当为卿作佳传。"休之父固，魏世为北平太守，以贪虐为中尉李平所弹获罪，载在《魏起居注》。收书云："固为北平，甚有惠政，坐公事免官。又云："李平深相敬重。"尔朱荣于魏为贼，收以高氏出自尔朱，且纳荣子金，故减其恶而增其善，论云："若修德义之风，则韦、彭、伊、霍夫何足数。"

　　时论既言收著史不平，文宣诏收于尚书省与诸家子孙共加论讨，前后投诉百有余人，云"遗其家世职位"，或云"其家不见记录"，或云"妄有非毁。收皆随状答之。范阳卢斐父同附出族祖玄《传》下，顿丘李庶家《传》称其本是梁国家人，斐、庶讥议云："史书不直。"收性急，不胜其愤，启诬其欲加屠害。帝大怒，亲自诘责。斐曰："臣父仕魏位至仪同，功业显著，名闻天下，与收无亲，遂不立传。博陵崔绰，位止本郡功曹，更无事迹，是收外亲，乃为《传》首"。收曰："绰虽无位，名义可嘉，所以合传。"帝曰："卿何由知其好人？"收曰："高允曾为绰赞，称有道德。"帝曰："司空才士，这人作赞，正应称扬。亦如卿为人作文章，道其好者岂能皆实？"收无以对，战栗而已。但帝先重收才，不欲加罪。时太原王松年亦谤史，及斐、庶并获罪，各被鞭配甲坊，或因以致死，卢思道亦抵罪。然犹以群口沸腾，敕魏史且勿施行，令群官博议。听有家事者入署，不实者陈牒。于是众口喧然，号为"秽史"，投牒者相次，无以抗之。时左仆射杨愔、右仆射高德正二人势倾朝野，与收皆亲，收遂为其家并作传，二人不欲言史不实，仰塞诉辞，终文宣世更不重论，又尚书陆操尝谓愔曰："魏收《魏书》可谓博物宏才，有大功于魏室。"愔谓收曰："此谓不刊之书。传之万古。但恨论及诸家枝叶亲姻，过为繁碎，与旧史体例不同耳。"收曰："往因中原丧乱，人士谱牒，遗逸略尽，是以具书其支流。望公观过知仁，以免尤责。"

　　八年夏，除太子少傅、监国史，复参议律令。三台成，文宣曰："台成须有赋。"愔先以告收，收上《皇居新殿台赋》，其文甚壮丽。时所作者，自邢邵已下咸不逮焉。收上赋前数日乃告邵。邵后告人曰："收甚恶人，不早言之。"帝曾游东山，敕收作诏，宣扬威德，譬喻关西，俄顷而讫，词理宏壮。帝对百僚大嗟赏之。仍兼太子詹事。收娶其舅女，崔昂之妹，产一女，无子。魏太常刘芳孙女，中书郎崔肇师女，夫家坐事，帝并赐收为妻，时人比之贾充置左右夫人。然无子。后病甚，恐身后嫡媵不平，乃杀二姬。及疾瘳追忆，作《怀离赋》以申意。文宣每以酣宴之次，云："太子性懦，宗社事重，终当传位常山。"收谓杨愔曰："古人云太子国之根本，不可动摇。至尊三爵后，每言传位常山，令臣下疑贰。若实，便须决行。此言非戏，魏收既忝师傅，正当守之以死，但恐国家不安。"愔以收言白于帝，自此便止。帝数宴喜，收每预侍从，皇太子之纳郑良娣也，有司备设牢馔，帝既酣饮，起而自毁覆之。仍诏收曰："知我意不？"收曰："臣愚谓良娣既东宫之妾，理不须牢，仰惟圣怀，缘此毁去。"帝大笑，握收手曰："卿知我意。"安德王延宗纳赵郡李祖收女为妃，后帝幸李宅宴，而妃母宋氏荐二石榴于帝前。问诸人莫知其意，帝投之。收曰："石榴房中多子，王新，妃母欲子孙众多。"帝大喜，诏收"卿还将来"，仍赐收美锦二匹。十年，除仪同三司。帝在宴席，口敕以为中书监，命中书郎李愔于树下造诏。愔以收一代盛才，难于率尔，久而未讫。比成，帝已醉醒，遂不重言，愔仍不奏，事竟寝。

及帝崩于晋阳，驿召收及中山太守阳休之参议吉凶之礼，并掌诏诰。仍除侍中，迁太常卿。文宣谥及庙号、陵名，皆收议也。及孝昭居中秉事，命收禁中为诸诏文，积日不出。转中书监。皇建元年，除兼侍中、右光禄大夫。仍仪同、监史。收先副昕使梁，不相协睦，时昕弟晞亲密。而孝昭别令阳休之兼中书，在晋阳典诏诰，收留在邺，盖晞所为。收大不平，谓太子舍人卢询祖曰："若使卿作文诰，我亦不言。"又除祖珽为著作郎，欲以代收，司空主簿李翥，文词士也。闻而告人曰："诏诰悉归阳子烈，著作复遣祖孝徵，文史顿失，恐魏公发背。"于时诏议二王三恪，收执王肃、杜预义，以元、司马氏为二王，通曹备三恪。诏诸礼学之官，皆执郑玄五代之议。孝昭后姓元，议恪不欲广及，故议从收。又除兼太子少傅，解侍中。

帝以魏史未行，诏收更加研审。收奉诏，颇有改正。及诏行魏史，收以为直置秘阁，外人无由得见。于是命送一本付并省，一本付邺下，任人写之。

大宁元年，加开府。河清二年，兼右仆射。时武成酣饮终日，朝事专委侍中高元海。元海凡庸，不堪大任，以收才名振俗，都官尚书毕义云长于断割,乃虚心倚仗。收畏避不能匡救,为议者所讥。帝于华林别起玄洲苑,备山水台观之丽,诏于阁上画收,其见重如此。

始收与温子升、邢邵稍为后进,邵既被疏出,子升以罪幽死,收遂大被任用,独步一时。议论更相訾毁,各有朋党。收每议陋邢邵文。邵又云:"江南任昉,文体本疏,魏收非直模拟,亦大偷窃。"收闻乃曰:"伊常于《沈约集》中作贼,何意道我偷任昉。"任、沈俱有重名,邢、魏各有所好。武平中,黄门郎颜之推以二公意问仆射祖珽,珽答曰:"见邢、魏之臧否,即是任、沈之优劣。"收以温子升全不作赋,邢虽有一两首,又非所长,常云:"会须作赋,始成大才士。唯以章表碑志自许,此外更同戏儿戏。"自武定二年已后,国家大事诏命,军国文词,皆收所作。每有警急,受诏立成,或时中使催促,收笔下有同宿构,敏速之工,邢、温所不逮,其参议典礼与邢相埒。

既而赵郡,公。增年获免,收知而过之。事发除名。其年又以托附陈使封孝琰,牒令其门客与行,遇昆仑舶至,得奇货猓然褥表、美玉盈尺等数十件,罪当流,以赎论。三年,起除清都尹。寻遣黄门郎元文遥敕收曰:"卿旧人,事我家最久,前者之罪,情在可恕。比令卿为尹,非谓美授,但初起卿,斟酌如此。朕岂可用卿之才而忘卿身,待至十月,当还卿开府。"天统元年,除左光禄大夫。二年,行齐州刺史,寻为真。

收以子侄少年,申以戒厉,著《枕中篇》,其词曰:

　　吾曾览管子之书,其言曰:"任之重者莫如身,途之畏者莫如口,期之远者莫如年。以重任行畏途,至远期,惟君子为能及矣。"追而味之,喟然长息。若夫岳立为重,有潜戴而不倾;山藏称固,亦趋负而弗停;吕梁独浚,能行歌而匪惕;焦原作险,或跻踵而不惊;九阪方集,故眇然而迅举;五纪当定,想育乎而上征。苟任重也有度,则任之而愈固;乘危也有术,盖乘之而靡恤。彼期远而能通,果应之而可必。岂神理之独尔,亦人事其如一。呜呼!处天壤之间,劳死生之地,攻之以嗜欲,牵之以名利,粱肉不期而共臻,珠玉无足而俱致;于是乎骄奢仍作,危亡旋至。然则上知大贤,唯几唯哲,或出或处,不常其节。其舒也济世成务,其卷也声销迹灭。玉帛子女,椒兰律吕,诣谀无所先;称肉度骨,膏唇挑舌,怨恶莫之前。勋名共山河同久,志业与金石比坚。斯盖厚栋不桡,游刃甚然。逮于厥德不常,丧其金璞。驰骛人世,鼓动流俗。挟汤日而谓寒,包溪壑而未足。源不清而流浊,表不端而影曲。嗟乎!胶漆谓坚,寒暑甚促。反利而成害,化荣而就辱。欣戚更来,得丧仍续,至有身御魑魅,魂沉狴狱。讵非足力不强,迷在当局,孰可谓车戒前倾,人师先觉。

闻诸君子,雅道之士,游遨经术,厌饫文史。笔有奇锋,谈有胜理。孝悌之至,神明通矣。审道而行,量路而止。自我及物,先人后己。情无系于荣悴,心靡滞于愠喜。不养望于丘壑,不待价于城市。言行相顾,慎终犹始。有一于斯,郁为羽仪。恪居展事,知无不为。或左或右,则髦士攸宜;无悔无吝,故高而不危。异乎勇□忘退,苟得患失,射千金之产,邀万钟之秩,投烈风之门,趣炎火之室,载蹶而坠其贻宴,或蹲乃丧其贞吉。可不畏欤!可不戒欤!

门有倚祸,事不可不密;墙有伏寇,言不可而失。宜谛其言,宜端其行。言之有不善,行之不正。鬼执强梁,人囚径廷。幽夺其魄,明夭其命。不服非法,不行非道。公鼎为己信,私玉非身宝。过淄为绀,逾蓝作青。持绳视直,置水观平。时然后取,未若无欲。知止知足,庶免于辱。

是以为必察其几,举必慎于微。知几虑微,斯亡则稀,既察且慎。福禄攸归。昔蘧瑷识四十九非,颜子邻几三月不违。跬步无已,至于千里。覆一蒉进,及于万仞。故云行远自卑,可大可久,与世推移。月满如规,后夜则亏。槿荣于枝,望暮而萎。夫奚益而非损,孰有损而不害?益不欲多,利不欲大。唯居德者畏其甚,体真者惧其大。道遵则群谤集,任重而众怨会。其达也则尼父栖遑,其忠也而周公狼狈。无曰人之我狭,在我不可而覆。无曰人之我厚，在我不可而咎。如山之大，无不有也。如谷之虚，无不受也；能刚能柔，重可负也。能信能顺，险可走也。能知能愚，期可久也。周庙之人，三缄其口。漏卮在前，欹器留后。俾诸来裔，传之坐右。

其后群臣多言魏史不实，武成复敕更审，收又回换。遂为卢同立传，崔绰返更附出。杨愔家《传》，本云："有魏以来一门而已。"至是加此八字，又先云"弘农华阴人"。乃改"自云弘农"，以配王慧龙"自云太原人"。此其失也。

寻除开府、中书监。武成崩，未发丧。在内诸公以后主即位有年，疑于赦令。诸公引收访焉。收固执宜有恩泽，乃从之。掌诏诰，除尚书右仆射，总议监五礼事，位特进。收奏请赵彦深、和士开、徐之才共监。先以告士开。士开惊辞以不学。收曰："天下事皆由王，五礼非王不决。"士开谢而许之。多引文士令执笔，儒者马敬德、熊安生、权会实主之。武平三年薨。赠司空、尚书左仆射，谥文贞。有集七十卷。

收硕学大才，然性褊，不能达命体道。见当途贵游，每以言色相悦。然提奖后辈，以名行为先，浮华轻险之徒，虽有才能，弗重也。初河间邢子才及季景与收并以文章显，世称大邢小魏，言尤俊也。收少子才十岁，子才每曰："佛助寮人之伟。"后收稍与子才争名，文宣贬子才曰："尔才不及魏收。"收益得志。自序云："先称温、邢，后曰邢、魏。"然收内陋邢，心不许也。收既轻疾，好声乐，善胡舞。文宣末，数于东山与诸优为猕猴与狗斗，帝宠狎之。收与外兄博陵崔岩尝以双声嘲收曰："愚魏衰收。"收答曰："颜岩腥瘦，是谁所生，羊颐狗颊，头团鼻平，饭房笭笼，着孔嘲玎。"其辩捷不拘若是。既缘史笔，多憾于人，齐亡之岁，收冢被发，弃其骨于外。先养弟子仁表为嗣，位至尚书膳部郎中。隋开皇中，卒于温县令。

北齐书卷三八
列传第三○

辛术　元文遥　赵彦深

　　辛术，字怀哲，少明敏，有识度。解褐司空胄曹参军。与仆射高隆之共典营构邺都宫室，术有思理，百工克济。再迁尚书右丞。出为清河太守，政有能名。追授并州长史。遭父忧去职。清河父老数百人诣阙请立碑颂德。文襄嗣事。与尚书左丞宋游道、中书侍郎李绘等并追诣晋阳，俱为上客。累迁散骑常侍。

　　武定八年，侯景叛，除东南道行台尚书，封江夏县男，与高岳等破侯景，擒萧明。迁东徐州刺史，为淮南经略。齐天保元年，侯景征江西租税，术率诸军渡淮断之。烧其稻数百万石。还镇下邳，人随术北渡淮者三千余家。东徐州刺史郭志杀郡守。文宣闻之，敕术自今所统十余州地诸有犯法者，刺史先启听报，以下先断后表闻。齐代行台兼总人事，自术始也。安州刺史、临清太守、盱眙蕲城二镇将犯法，术皆案奏杀之。睢州刺史及所部郡守俱犯大辟，朝廷以其奴婢百口及资财尽赐术，三辞不见许，术乃送诣所司，不复闻。邢邵闻之，遗术书曰："昔钟离意云孔子忍渴于盗泉，便以珠玑委地，足下今能如此。可谓异代一时。"及王僧辩破侯景，术招携安抚，城镇相继款附，前后二十余州。于是移镇广陵。获传国玺送邺，文宣以玺告于太庙。此玺即秦所制，方四寸，上交盘龙，其文曰："受命于天，既寿永昌。"二汉相传，又传魏、晋。怀帝败，没于刘聪。聪败，没于石氏。石氏败，晋穆帝永和中，濮阳太守戴僧施得之，遣督护何融送于建邺。历宋、齐、梁。梁败，侯景得之。景败，侍中赵思贤以玺投景南兖州刺史郭元建，送于术，故术以进焉。寻征为殿中尚书，领太常卿，仍与朝贤议定律令。迁吏部尚书，食南兖州梁郡干。

迁邺以后，大选之职，知名者数四。互有得失，未能尽美。文襄帝少年高朗，所弊者疏；袁叔德沉密谨厚，所伤者细；杨愔风流辨给，取士失于浮华。唯术性尚贞明，取士以才器，循名责实，新旧参举，管库必擢，门阀不遗。考之前后铨衡，在术最为折衷，甚为当时所称举。天保末，文宣尝令术选百员官，参选者二三千人，术题目士子，人无谤讟，其所旌擢，后亦皆致通显。

术清俭，寡嗜欲。勤于所职，未尝暂懈。临军以威严，牧人有惠政。少爱文史，晚更修学，虽在戎旅，手不释卷。及定淮南，凡诸资物一毫无犯，唯大收典籍，多是宋、齐、梁时佳本，鸠集万余卷，并顾、陆之徒名画，二王已下法书数亦不少，俱不上王府，唯入私门。及还朝，颇以馈遗权要，物议以此少之。十年卒，年六十。皇建二年，赠开府仪同三司、中书监、青州刺史。子阁卿，尚书郎。阁卿弟衡卿，有识学，开府参军事。隋大业初，卒于太常丞。

元文遥，字德远，河南洛阳人，魏昭成皇帝六世孙也。五世祖常山王遵。父晞，有孝行，父卒，庐于墓侧而终。文遥贵，赠特进、开府仪同三司、中书监，谥曰孝。文遥敏慧夙成，济阴王晖业每云："此子王佐才也。"晖业尝大会宾客，有人将《何逊集》初入洛，诸贤皆赞赏之。河间邢邵试命文遥，诵之几遍可得？文遥一览便诵，时年十余岁。济阴王曰："我家千里驹，今定如何？"邢曰："此殆古未有。"起家员外散骑常侍。遭父丧，服阕，除太尉东阁祭酒。以天下方乱，遂解官侍养，隐于林虑山

武定中，文襄征为大将军府功曹。齐受禅，于登坛所受中书舍人，宣传文武号令。杨遵彦每云："堪解穰侯印者，必在斯人。"后忽被中旨幽执，竟不知所由。如此积年。文宣后自幸禁狱，执手愧谢，亲解所着金带及御服赐之，即日起为尚书祠部郎中。孝昭摄政，除

大丞相府功曹参军，典机密。及践祚，除中书侍郎，封永乐县伯，参军国大事。及帝大渐，与平秦王归彦、赵郡王睿等同受顾托，迎立武成。即位，任遇转隆，历给事黄门侍郎、散骑常待、侍中、中书监。天统二年。诏特赐姓高氏，籍属宗正，第依例岁时入朝。再迁尚书左仆射，进封宁都郡公，侍中。

　　文遥历事三主，明达世务，每临轩，多命宣敕，号令文武，声音高朗，发吐无滞。然探测上旨，时有委巷之言，故不为知音所重。齐因魏朝，宰县多用厮滥，至于士流耻居百里，文遥以县令为字人之切，遂请革选。于是密令搜扬贵游子弟，发敕用之。犹恐其披诉，总召集神武门，令赵郡王睿宣旨唱名，厚加慰喻。士人为县，自此始也。既与赵彦深、和士开同被任遇，虽不如彦深清贞守道，又不为士开贪淫乱政，在于孟、季之间。然性和厚，与物无竞，故时论不在彦深之下。初文遥自洛迁邺，惟有地十顷，家贫，所资衣食而已。魏之将季，宗姓被侮，有人冒相侵夺，文遥即以与之。及贵，此人尚在，乃将家逃窜。文遥大惊，追加慰抚，还以与之，彼人愧而不受，彼此俱让，遂为闲田。

　　至后主嗣位，赵郡王睿、娄定远等谋出和士开，文遥亦参其议。睿见杀，文遥由是出为西兖州刺史。诣士开别，士开曰："处得言地，使元家儿作令仆，深愧朝廷。"既言而悔，仍执手慰勉之。犹虑文遥自疑，用其子行恭为尚书郎，以慰其心。士开死，自东徐州刺史征入朝，竟不用，卒。

　　行恭美姿貌，有父风，兼俊才，位中书舍人，待诏文林馆。齐亡，阳休之等十八人同入开府，稍迁司勋下大夫。隋开皇中，位尚书郎，坐事徙瓜州而卒。行恭少颇骄恣，文遥令与范阳卢思道交游。文遥尝谓思道云："小儿比日微有所知，是大弟之力，然白掷剧饮，甚得师风。思道答云："郎辞情俊迈，自是克荷堂构，而白掷剧饮，亦天生所得。"行恭弟行如，亦聪慧早成，武平末，任著作佐郎。

　　赵彦深，自云南阳宛人，汉太傅熹之后。高祖父难，为清河太守,有惠政,遂家焉,清河后改为平原,故为平原人也。本名隐,避齐庙讳,改以字行。父奉伯,仕魏位中书舍人、行洛阳令。彦深贵,赠司空。彦深幼孤贫,事母甚孝。年十岁,曾候司徒崔学光。光谓宾客曰:"古人观眸子以知人,此人当必远至。"性聪敏,善书计,安闲乐道,不杂交游,为雅论所归服。昧爽,辄自扫门外,不使人见,率以为常。

初为尚书令司马子如贱客,供写书。子如善其无误,欲将入观省舍。隐靴无毡,衣帽穿弊,子如给之。用为尚书令史,月余,补正令史。神武在晋阳,索二史,子如举彦深。后拜子如开府参军。超拜水部郎。及文襄为尚书令令选,沙汰诸曹郎,隐以地寒被出为沧州别驾,辞不行。子如言于神武,征补大丞相功曹参军。专掌机密,文翰多出其手,称为敏给。神武曾与对坐,遣造军令,以手抧其额曰:"若天假卿年,必大有所至。"每谓司徒孙腾曰:"彦深小心恭慎,旷古绝伦。"

及神武崩,秘丧事,文襄虑河南有变,仍自巡抚,乃委彦深后事,转大行台都官郎中。临发,握手泣曰:"以母弟相托,幸得此心。"既而内外宁静,彦深之力,及还发丧,深加褒美,乃披郡县簿为选封安国县伯。从征颍川,时引水灌城,城雉将没。西魏将王思政犹欲死战。文襄令彦深单身入城告喻,即日降之。便手牵思政出城。文襄谓彦深曰:"吾昨夜梦猎,遇一群豕,吾射尽获之,独一大豕不可得。卿言当为吾取,须曳获豕而进。"至是文襄笑曰:"梦验矣。"即解思政佩刀与彦深曰:"使卿常获此利。"

文宣嗣位,仍典机密,进爵为侯。天保初。累迁秘书监,以为忠谨,每郊庙,必令兼太仆卿,执御陪乘。转大司农。帝或巡幸,即辅赞太子。知后事。出为东南道行台尚书、徐州刺史,为政尚恩信。为吏人所怀,多所降下。所营军处,士庶追恩。号赵行台顿。文宣玺书劳勉,征为侍中,仍掌机密。河清元年,进爵安乐公,累迁尚书左仆射、齐州大中正、监国史,迁尚书令,为特进,封宜阳王。武平二年拜司空,为祖珽所间,出为西兖州刺史。四年,征为司空,转司徒。丁母忧，寻起为本官。七年六月暴疾薨，时年七十。

彦深历事累朝，常参机近，滥柔谨慎，喜怒不形于色。自皇建以还，礼遇稍重，每有引见，或升御榻，常呼官号而不名也。凡诸选举，先令铨定，提奖人物，皆行业为先，轻薄之徒，弗之齿也。孝昭既执朝权，群臣密多劝进，彦独不致言。孝昭尝谓王晞云："若言众心皆谓天下有归，何不见彦深有语。"晞以告，彦深不获已，陈请，其为时重如此。常逊言恭己，未尝以骄矜待物，所以或出或处，去而复还。

母傅氏，雅有操识。彦深三岁，傅便孀居，家人欲以改，自誓以死。彦深五岁，傅谓之曰："家贫儿小，何以能济？"彦深泣言曰："若天哀矜，儿大仰报。"傅感其意，对之流涕。及彦深拜太常卿还，不脱服，朝服先入见母，跪陈幼小孤露，蒙训得至于此。母子相泣久之。然后改服。后为宜阳国太妃。彦深有七子，仲将知名。

仲将，沉敏有父风。温良恭俭，虽对妻子，亦未尝怠慢，终日俨然。学涉群书，善草隶，虽与弟书，书字楷正，云草不可不解，若施之于人，即似相轻易，若与当家中卑幼，又恐其疑所在宜尔，是以必须隶笔。彦深乞转以万年县子授之。位给事黄门侍郎、散骑常侍。隋开皇中，位吏部郎。终于安州刺史。

齐朝宰相，善始令终唯彦深一人。然讽朝廷以子叔坚为中书侍郎，颇招物议。时冯子琮子慈明、祖珽子君信并相继居中书，故时语云："冯、祖及赵，秽我凤池。"然叔坚身材最劣。

北齐书卷三九
列传第三一

崔季舒　祖珽

　　崔季舒，字叔正，博陵安平人。父瑜之，魏鸿胪卿。季舒少孤，性明敏，涉猎经史，长于尺牍，有当世才具。年十七，为州主簿，为大将军赵郡公琛所器重，言之于神武。神武亲简丞郎，补季舒大行台都官郎中。

　　文襄辅政，转大将军中兵参军，甚见亲宠。以魏帝左右，须置腹心，擢拜中书侍郎。文襄为中书监，移门下机事总归中书，又季舒善音乐，故内伎亦通隶焉，内伎属中书，自季舒始也。文襄每进书魏帝，有所谏请，或文辞繁杂，季舒辄修饰通之，得申劝戒而已。静帝报答霸朝，恒与季舒论之，云："崔中书是我奶母。"转黄门侍郎，领主衣都统。虽迹在魏朝，而心归霸府，密谋大计，皆得预闻。于是宾客辐凑，倾心接礼，甚得名誉，势倾崔暹。暹尝于朝堂屏人拜之曰："暹若得仆射，皆叔父之恩。"其权重如此。

　　时勋贵多不法，文襄无所纵舍，外议以季舒及崔暹等所为，甚被怨疾。及文襄遇难，文宣将赴晋阳，黄门郎杨休之劝季舒从行，曰："一日不朝，其间容刀。"季舒性爱声色，心在闲放，遂不请行，欲恣其行乐。司马子如缘宿憾，及尚食典御陈山提等共列其过状，由是季舒及暹各鞭二百，徙北边。

　　天保初，文宣知其无罪，追为将作大匠，再迁侍中。俄兼尚书左仆射、仪同三司，大被恩遇。乾明初，杨愔以文宣遗旨，停其仆射。遭母丧解任,起服,除光禄勋,兼中兵尚书。出为齐州刺史,坐遣人渡淮平市,亦有赃贿事,为御史所劾,会赦不问。武成居藩,曾病,文宣令季舒疗病,备尽心力。大宁初,追还,引入慰勉。累拜度支尚书、开府仪同三司。昭阳殿,敕令监造。以判事式为胡长仁密言其短,出为西兖州刺史。为进典签于吏部,被责免官,又以诣广宁王宅,决马鞭数十。及武成崩,不得预于哭泣。久之,除胶州刺史,迁侍中、开府,食新安、河阴二郡干。加左光禄大夫,待诏文林馆,监撰《御览》。加特进、监国史。季舒素好图籍,暮年转更精勤。兼推荐人士,奖劝文学,时议翕然,远近称美。

祖珽受委。奏季舒总监内作。珽被出,韩长鸾以为珽党,亦欲出之。属车驾将适晋阳,季舒与张雕议:以为寿春被围,大军出拒,信使往还,须禀节度;兼道路小人,或相惊恐,云大驾向并,畏避南寇;若不启谏,必动人情。遂与从驾文官连名进谏。时贵臣赵彦深、唐邕、段孝言等初亦同心,临时疑贰,季舒与争未决。长鸾遂奏曰:"汉儿文官连名总署。声云谏止向并,其实未必不反。宜加诛戮。"帝即召已署官人集含章殿,以季舒、张雕、刘逖、封孝琰、裴泽、郭遵等为首,斩之殿庭。长鸾令弃其尸于漳水。自外同署,将加鞭挞,赵彦深执谏获免。季舒等家属男女徙北边,妻女子妇配奚官,小男下蚕室,没入赀产。

季舒大好医术,天保中,于徙所无事。更锐意研精,遂为名手,多所全济。虽位望转高,未曾懈息,纵贫贱厮养,亦为之疗。

庶子长君,尚书右丞兵部郎中。次镜玄,著作佐郎。并流于远恶。未几,季舒等六人妻以年老放出。后南安王思好更称朝廷罪恶,以季舒等见害为词,悉召六人兄弟子侄随军趣晋阳。事败,长君等并从戮,六人妻又追入官。周武帝灭齐,诏斛律光与季舒等六人同被优赠,季舒赠开府仪同大将军、定州刺史云。

祖珽,字孝徵,范阳遒道人也。父莹,魏护军将军。珽神情机警,词藻遒逸,少驰令誉,为世所推。起家秘书郎,对策高第,为尚书仪曹郎中，典仪注。尝为冀州刺史万俟受洛制《清德颂》，其文典丽，由是神武闻之。时文宣为并州刺史，署斑开府仓曹参军。神武口授斑三十六事，出而疏之，一无遗失，大为僚类所赏，时神武送魏兰陵公主出塞嫁蠕蠕，魏收赋《出塞》及《公主远嫁诗》二首，斑皆和之，大为时人传咏。

　　斑性疏率，不能廉慎守道。仓曹虽云州局，乃受山东课输，大文绫并连珠孔雀罗等百余匹，令诸姬掷樗蒲调新曲，招城市年少歌舞为娱，游诸倡家。与陈元康、穆子容、任胄、元士亮等为声色之游。参军元景献，故尚书令元世俊子也。其妻司马庆云女，是魏孝静帝姑博陵长公主所生。斑忽迎景献妻赴席，与诸人递寝，亦以货物所致，其豪纵淫逸如此。常云：“丈夫一生不负身。”已文宣罢州，斑例应随府，规为仓局之间，致请于陈元康，元康为白，由是还任仓曹。斑又委体附参军事摄典签陆子先，并为画计，请粮之际，令子先宣教，出粟十车，为僚官捉送。神武亲问之。斑自言不受署，归罪子先，神武信而释之。斑出而言曰：“此丞相天缘明鉴，然实孝徵所为。”性不羁放纵，曾至胶东刺史司马世云家饮酒，遂藏铜叠二面。厨人请搜诸客，果于斑怀中得之。见者以为深耻。所乘老马，常称骝驹。又与寡妇王氏奸通，每人前相闻往复。裴让之与斑卑狎，于众中嘲斑曰：“卿斑那得如此诡异，老马十岁，犹号骝驹；一妻耳顺，尚称娘子。”于时喧然传之。后为神武中外府功曹，神武僚属，于坐失金叵罗，窭太后令饮酒者皆脱帽，于班髻上得之，神武不能罪也。后为秘书丞，领舍人，事文襄。州客至，请卖《华林遍略》，文襄多集书人，一日一夜写毕，退其本曰：“不须也。”斑以《遍略》数秩质钱樗蒲，文襄杖之四十。又与令史李双、仓督成祖等作晋州启，请粟三千石，代功曹参军赵彦深宣神武教给，城局参军过典签事高景略，疑其定不实，密以问彦深，彦深答无此事，遂被推检，斑即引伏。神武大怒，决鞭二百，配甲坊，加钳，其谷倍徵。未及科，会并州定国寺新成，神武谓陈元康、温子升曰：“昔作《芒山寺碑》文，时称妙绝，今《定国寺碑》当使谁作词也？”元康伯荐斑才学，并解鲜卑语。乃给笔札就禁所具。

二日内成，其文甚丽。神武以其工而且速，特恕不问，然犹免官散参相府。

文襄嗣事，以为功曹参军。及文襄遇害，元康被伤创重，倩珽作书属家累事，并云："祖喜边有少许物，宜早索取。"珽乃不通此书，唤祖喜私问，得金二十五铤，唯与喜二铤，余尽自入己。盗元康家书数千卷。祖喜怀恨，遂告元康二弟叔谌、季璩等。叔谌以语杨愔，愔颦眉答曰："恐不益亡者。"因此得停。文宣作相，珽拟补令史十余人，皆有受纳，据法处绞，上寻舍之。又盗官《遍略》一部。事发，文宣付从事中郎王士雅推检，并与平阳公淹，令录珽付禁，勿令越逸。淹遣田曹参军孙子宽往唤，珽受命，便尔私逃。黄门郎高德正副留台事，谋云："珽自知有犯，惊恐是常，但宣一命向秘书，称'奉并州约束须《五经》三部，仰丞亲检校催遣'，如此则珽意安，夜当还宅，然后掩取。"珽果如德正图，遂还宅。薄晚，就家掩之。缚珽送廷尉。据犯枉法处绞刑。文宣以珽伏事先世，讽所司命特宽其罚，遂奏免死除名。天保元年。复被召从驾，依除免例，参于晋阳。

珽天性聪明，事无难学，凡诸技艺，莫不措怀，文章之外，又善音律，解四夷语及阴阳占候，医药之术尤是所长。文宣帝虽嫌其数犯宪，而爱其才技，令直中书省，掌诏诰。珽通密状，列中书侍郎陆元规，敕令裴英推问，元规以应对忤旨，被配甲坊。除珽尚药丞，寻迁典御。又奏造胡桃油，复为割截免官。文宣每规之，常呼为贼。文宣崩，普选劳旧，除为章武太守，杨愔等诛，不之官，授著作郎。数上密启，为孝昭所忿，敕中书门下二省断珽奏事。

珽善为胡桃油以图画，乃进之长广王，因言："殿下有非常骨法，孝徵梦殿下乘龙上天。"王谓曰："若然，当使兄大富贵。"及即位，是为武成后帝，擢拜中书待郎，帝于后园使珽弹琵琶，和士开胡舞，各赏物百段。士开忌之。出为安德太宁，转齐郡太守，以母老乞还侍养，诏许之。会江南使人来聘，为中劳使。寻为太常少卿、散骑常侍、假仪同三司，掌诏诰。初珽于乾明、皇建之时，知武成阴有大志，遂深自结纳，曲相祗奉。武成于天保世频被责，心常衔之。珽至中希旨,上书请追尊太祖献武皇帝为神武,高祖文宣皇帝改为威宗景烈皇帝,以悦武成,从之。

时皇后爱少子东平王俨,愿以为嗣,武成以后主体正居长,难于移易。珽私于士开曰:"君之宠幸,振古无二,宫车一日晚驾,如欲何以克终?"士开因求策焉。珽曰:"宜说主上,云襄、宣、昭帝子俱不得立,今宜命皇太子早践大位,以定君臣。若事成,中宫少主皆德君,此引万全计也。君此且微说,令主上粗解,珽当自外上表论之。"士开许诺。因有彗星出,太史奏云除旧布新之征。珽于是上书,言:"陛下虽为天子,未是极贵。按《春秋元命苞》云:'乙酉之岁,除旧革政。'今年太岁乙酉,宜传位东宫,令君臣之分早定,且以上应天道。"并上魏献文禅子故事。帝从之。由是拜秘书监,加仪同三司,大被亲宠。

既见重二宫,遂志于宰相。先与黄门侍郎刘逖友善之。乃疏侍中尚书令赵彦深、侍中和士开罪状,令逖奏之。逖惧不敢通,其事颇泄,彦深等先诣帝自陈。大怒,执珽诘曰:"何故毁我士开?"珽因厉声曰:"臣由士开得进,本无欲毁之意,陛下今既问臣,臣不敢不以实对。士开、文遥、彦深等专弄威权,控制朝廷,与吏部尚书尉瑾内外交通,共为表里,卖官鬻狱,政以贿成,天下歌谣。若为有识所知,安可闻于四裔!陛下不以为意,臣恐大齐之业隳矣。"帝曰:"尔乃诽谤我!"珽曰:"不敢诽谤,陛下取人女。"帝曰:"我以其俭饿,故收养之。"珽曰:"何不开仓赈给,乃买取将入后宫乎?"帝益怒,以刀环筑口,鞭杖乱下,将扑杀之。大呼曰:"不杀臣,陛下不得名,若欲得名,莫杀臣,为陛下合金丹。"遂少获宽放。珽又曰:"陛下有一范曾不用,知可如何?"帝又怒曰:"尔自作范曾,以我为项羽邪!"珽曰:"项羽人身亦何由可及,但天命不至耳。项羽布衣率乌合众,五年而成霸王业。陛下藉父兄资,财得至此,臣以项羽未易可轻。臣何止方于范曾,纵张良亦不能及。张良身传太子,由因四皓,方定汉嗣。臣位非辅弼,疏外之人,竭力尽忠,劝陛下禅位,使陛下尊为太上,子居宸扆,于己及子,俱保休祚。蕞尔张良,何足可数。"帝愈恚,令以土塞其口,珽且吐且言,无所屈挠。乃鞭二□□甲坊,寻徙于光州,刺史李祖勋遇之甚厚。别驾张奉礼希大臣意,上言:"珽虽为流囚,常与刺史对坐。"敕报曰:"牢掌。"奉礼曰:"牢者,地牢也。"乃为深坑,置诸内,苦加防禁,桎梏不离其身,家人亲戚不得临视。夜中以芜菁子烛熏眼,因此失明。

武成崩,后主忆之,就除海州刺史。是时陆令萱外干朝政,其子穆提婆爱幸。珽乃遗陆媪弟悉达书曰:"赵彦深心腹深沉,欲行伊、霍事,仪同姊弟岂得平安,何不早用智士邪?"和士开亦以珽能决大事,欲以为谋主,故弃除旧怨,虚心待之。与陆媪言于帝曰:"襄、宣、昭三帝,其子皆不得立,今至尊犹在帝位者,实犹祖孝徵。此人有大功,宜报重恩。孝徵心行虽薄,奇略出人,缓急真可凭仗。且其双盲,必无反意,请唤取问其谋计。"从之,入为银青光禄大夫、秘书监,加开府仪同三司。和士开死后,仍说陆媪出彦深,以珽为侍中。在晋阳,通密启请诛琅邪。其计既行,渐被任遇。

又太后之被幽也,珽欲以陆媪为太后,撰魏帝皇太后故事,为太姬言之。谓人曰:"太姬虽云妇人,实是雄杰,女娲已来无有也。"太姬亦称珽为国师、国宝。由是拜尚书左仆射,监国史,加特进,入文林馆,总监撰书,封燕郡公,食太原郡干,给兵七十人。所住宅在义井坊,旁拓邻居,大事修筑,陆媪自往案行。势倾朝野。斛律光甚恶之,遥见窃骂云:"多事乞索小人,欲行何计数!"常谓诸将云:"边境消息,处分兵马,赵令尝与吾等参论之。盲人掌机密来,全不共我辈语,止恐误他国家事。"又珽颇闻其言,因其女皇后无宠,以谣言闻上曰:"百升飞上天,明月照长安。"令其妻兄郑道盖奏之。帝问珽,证实。又说谣云:"高山崩,槲树举,盲老翁背上下大斧,多事老母不得语。"珽并云"盲老翁是臣",云与国同忧戚,劝上行,语"其多事老母,以道女侍中陆氏"。帝以问韩长鸾、穆提婆,并令高元海、段士良密议之,众人未从。因光府军封士让启告光反,遂灭其族。

珽又附陆媪,求为领军,后主许之。诏须覆奏,取侍中斛律孝卿署名。孝卿密告高元海,语侯吕芬、穆提婆云:"孝徵汉儿,两眼又不见物,岂合作领军也。"明旦面奏,具陈琡不合之状,并书琡与广宁王孝珩交结,无大臣体。琡亦见,帝令引入。琡自分疏,并与元海素相嫌,必是元海谮臣。帝弱颜不能讳,曰:"然。"琡列元海共司农卿尹子华、太府少卿李叔元、平准令张叔略等结朋树党。遂除子华仁州刺史,叔元襄城郡太守,叔略南营州录事参军。陆媪又唱和之,复除元海郑州刺史。琡自是专主机衡,总知骑兵,外事。内外亲戚,皆得显位。后主亦令中要数人扶侍出入,著纱帽直至永巷,出万春门向圣寿堂,每同御榻论决政事。委任之重,群臣莫比。

自和士开执事以来,政体隳坏,琡推崇高望,官人称职,内外称美。复欲增损政务,沙汰人物。始奏罢京畿府,并于领军,事连百姓,皆归郡县。宿卫都督等号位从旧官名,文武章服并依故事。又欲黜诸阉竖及群小辈,推诚朝廷,为致治之方。陆媪、穆提婆议颇同异。琡乃讽御史中丞丽伯律令劾主书王子冲纳赂,知其事连穆提婆,欲使赃罪相及,望因此坐,并及陆媪。犹恐后主溺于近习,欲因后党为援,请以皇后兄胡君瑜为待中、中领军,又征君喻兄梁州刺史君璧,欲以为御史中丞。陆媪闻而怀怒,百方排毁。即出君瑜为金紫光禄大夫,解中领军,君璧还镇梁州。皇后之废,颇亦由此。王子冲释而不问。琡日益以疏,又诸宦者更共谮毁之,无所不至。后主问诸太姬,悒嚘不对,及三问,乃下床拜曰:"老婢合死,本见和士开道孝徵多才博学,言为善人,故举之。此来看之,极是罪过,人实难知,老婢合死。"后主令韩长鸾检案,得出敕受赐十余事,以前与其重誓不杀,遂解琡待中、仆射,出为北徐州刺史。琡求见后主,韩长鸾积嫌于琡,遣人推出柏阁。琡固求面见,坐不肯行。长鸾乃令军士牵曳而出,立琡于朝堂,大加诮责。上道后,令追还,解其开府仪同、郡公,直为刺史。

至州,会有陈寇,百姓多反。琡不关城门,守埤者皆令下城静坐,街巷禁断行人、鸡犬。贼无所闻见者,不测所以,疑惑人走城空,不设警备。琡忽然令大叫,鼓噪聒天,贼大惊,登时走散。后复结阵向城,琡乘马自出,令录事参军王君植率兵马,乃亲临战。贼先闻其盲,谓为不能拒抗。忽见亲在戎行,弯弧纵镝,相与惊怪,畏之而罢。时穆提婆憾之不已,欲令城陷没贼,虽知危急,不追。珽且战且守十余日,贼竟奔走,城卒保全。卒于州。

子君信,涉猎书史,多诸杂艺。位兼通直散骑常侍,聘陈使副,中书郎。珽出,亦见废免。君信弟君彦,容貌短小,言辞涩讷,少有才学。隋大业中,位至东平郡书佐。郡陷翟让,因为李密所得,密甚礼之,署为记室,军书羽檄皆成其手。及密败,为王世充所杀。

珽弟孝隐,亦有文学,早知名。词章虽不逮兄,亦机警有辩,兼解音律。魏末为散骑常侍,迎梁使。时徐君房、庾信来聘,名誉甚高,魏朝闻而重之,接对者多取一时之秀,卢元景之徒并降阶摄职,更递司宾。孝隐少处其中,物议称美。

孝隐从父弟茂,颇有辞情,然好酒性率,不为时重。大宁中,以经学为本乡所荐,除给事,以疾辞,仍不复仕。珽受任寄,故令呼茂,茂不获已,暂来就之。珽欲为官,茂乃逃去。

珽族弟崇儒,少学有辞藻,干局知名。武平末,司州别驾、通直常侍。入周,为容昌郡太守。隋开皇初,终宕州长史。

北齐书卷四〇
列传第三二

尉瑾　冯子琮　赫连子悦
唐邕　白建

　　尉瑾,字安仁。父庆宾,为魏肆州刺史。瑾少而敏悟,好学慕善。稍迁直后。司马子如执政,瑾取其外生皮氏女,由此擢拜中书舍人。既是子如姻戚,数往参诣,因与先达名辈微相款狎。世宗入朝,因命瑾在邺北宫共高德正典机密。肃宗辅政,累迁吏部尚书。世祖践祚,赵彦深本子如宾僚,元文遥、和士开并帝乡故旧。其相荐达,任遇弥重。又吏部铨衡所归,事多秘密,由是朝之几事,颇亦预闻。寻兼右仆射,摄选,未几即真。病卒。世祖方在三台饮酒,文遥奏闻,遂命撤乐罢饮。

　　瑾外虽通显,内阙风训,闺门秽杂,为世所鄙。然亦能折节下士,意在引接名流,但不别之。及官高任重,便太躁急,省内郎中将论事者逆即瞋詈,不可谘承。既居大选,弥自骄狠。子德载嗣。

　　冯子琮,信都人,北燕主冯跋之后也。父灵绍,度支郎中。子琮性聪敏,涉猎书传,为肃宗除领军府法曹,典机密,摄库部。肃宗曾阅簿领,试令口陈,子琮音对,无有遗失。子琮妻,胡皇后妹也。迁殿中郎,加东宫管记。又奉别诏,令共胡长粲辅导太子,转庶子。

　　天统元年,世祖禅位后主。世祖御正殿,谓子琮曰:“少君左右宜得正人,以卿心存正直,今以后事相委。”除给事黄门侍郎,领主衣都统。世祖在晋阳，既居旧殿，少帝未有别所，诏子琮监大明宫。宫成，世祖亲自巡幸，怪其不甚宏丽。子琮对曰："至尊幼年，纂承大业，欲令敦行节俭，以示万邦。兼此北连天阙，不宜过复崇峻。"世祖称善。及世祖崩，仆射和士开先恒侍疾，秘丧三日不发。子琮问士开不发丧之意。士开引神武、文襄初崩并秘丧不举，至尊年少，恐王公有贰心，意欲普建集凉风堂，然后与公详议。时太尉录尚书事赵郡王睿先恒居内，预帷幄之谋，子琮素知士开忌睿及领军临淮王娄定远，恐其矫遗诏出睿外任，夺定远禁卫之权，因答云："大行，神武之子，今上又是先皇传位，群臣富贵者皆是至尊父子之恩，但令在内贵臣一无改易，王公已下必无异望。世异事殊，不得与霸朝相比。且公出宫门已经数日，升遐之事，行路皆传，久而不举，恐有他变。"于是乃发丧。

　　元文遥以子琮太后妹夫，恐其奖成太后干政，说赵郡王及士开出之，拜郑州刺史，即令之任。子琮除州，非后主本意，中旨殷勤，特给后部鼓吹，加兵五十人，并听将物度关至州。未几，太后为齐安王纳子琮长女为妃，子琮因请假赴邺，遂授吏部尚书。其妻恃亲放纵，请谒公行，贿货填积，守宰除授，先定钱帛多少，然后奏闻，其所通致，事无不允，子琮亦不禁制。俄迁尚书左仆射，仍摄选。和士开居要日久，子琮旧所附托，卑辞曲躬，事事谘禀。士开弟休与卢氏婚，子琮检校趋走，与士开府僚不异。是时内官除授多由士开奏拟，子琮既恃内戚，兼带选曹，自擅权宠，颇生间隙。琅邪王俨杀士开，子琮与其事。就内省绞杀之。子琮微有识监，及位望转隆，宿心顿改。擢引非类，以为深交；纵其子弟，官位不依伦次；又专营婚媾，历选上门，例以官爵许之，旬日便验。子慈正。

　　赫连子悦，字士欣，勃勃之后也。魏永安初，以军功为济州别驾。及高祖起义，侯景为刺史，景本尔朱心腹，子悦劝景起义，景从之。除林虑守。世宗往晋阳，路由是郡，因问所不便。悦答云："临水、武安二县去郡遥远，山岭重叠，车步艰难，若东属魏郡，则地平路近。"世宗笑曰："卿徒知便民，不觉损干。"子悦答云："所言因民疾苦，不敢以私润负心。"世宗云："卿能如此，甚善，甚善。"仍敕依事施行。在郡满，更征临漳令。后除郑州刺史，于时新经河清大水，民多逃散，子悦亲加恤隐，户口益增，治为天下之最。入为都官尚书，郑州民八百余请立碑颂德，有诏许焉。后以本官兼吏部。子悦在官，唯以清勤自守，既无学术，又阙风仪，人伦清鉴，去之弥远，一旦居铨衡之首，大招物议。由是除太常卿，卒。

唐邕，字道和，太原晋阳人，其先自晋昌徙焉。父灵芝，魏寿阳令。邕少明敏，有治世才具。太昌初，或荐于高祖，命其直外兵曹，典执文帐。

邕善书计，强记默识，以干济见知，擢为世宗大将军府参军。

及世宗崩，事出仓卒，显祖部分将士，镇压四方，夜中召邕支配，造次便了，显祖甚重之。显祖频年出塞，邕必陪从，专掌兵机。识悟闲明，承变敏速，自督将以还，军吏以上，劳效由绪，无不谙练，每有顾问，占对如响。或于御前简阅，虽三五千人，邕多不执文簿，暗唱官位姓名，未常谬误。七年，于羊汾堤讲武，令邕总为诸军节度。事毕，仍监宴射之礼。是日，显祖亲执邕手，引至太后前，坐于丞相斛律金之上，启太后云："唐邕强干，一人当千。"仍别赐锦彩钱帛。邕非唯强济明辨，然亦善揣上意，进取多途，是以恩宠日隆，委任弥重。显祖又尝对邕白太后云："唐邕分明强记，每有军机大事，手作文书，口且处分，耳又听受，实是异人。"一日之中，六度赐物。又尝解所服青鼠皮裘赐邕，云："朕意在车马衣裘与卿共弊。"十年，从幸晋阳，除兼给事黄门侍郎，领中书舍人。显祖尝登童子佛寺，望并州城曰："此是何等城？"或曰："此是金城汤池，天府之国。"帝云："我谓唐邕是金城，此非金城也。"其见重如此。其后语邕曰："卿劬劳既久，欲除卿作州。频敕杨遵彦更求一人堪代卿者，遵彦云比遍访文武，如卿之徒实不可得，所以遂停此意。卿宜勉之。"显祖或时切责侍臣不称旨者："观卿等举措，不中与唐邕作奴。"其见赏遇多此类。

　　肃宗作相，除黄门侍郎。于华林园射，特赐金带宝器服玩杂物五百种。天统初，除侍中、并州大中正，又拜护军。余如故。邕以军民教习田猎，依令十二月，月别三围，以为人马疲弊，奏请每月两围。世祖从之。后出为赵州刺史，余官如故。世祖谓邕曰："朝臣未有带侍中、护军、中正作州者，以卿故有此举，放卿百余日休息，至秋间当即追卿。"迁右仆射，又迁尚书令，封晋昌王，录尚书事。属周师来寇，丞相高阿那肱率兵赴援，邕配割不甚从允，因此有隙。肱谮之，遣侍中斛律孝卿宣旨责让，留身禁止，寻释之。车驾将幸晋阳，敕孝卿总知骑兵度支，事多自决，不相询禀。邕自恃从霸朝以来常典枢要，历事六帝，恩遇甚重，一旦为孝卿所轻。负气郁怏，形于辞色。帝平阳败后，狼狈还邺都。邕惧那肱谮之，恨斛律孝卿轻己，遂留晋阳，与莫娄敬显等崇树安德王为帝。信宿城陷，邕遂降周。依例授仪同大将军。卒于凤州刺史。

　　邕性识明敏，通解时事，齐氏一代，典执兵机。凡是九州军士、四方勇募，强弱多少，番代往还，及器械精粗、粮储虚实，精心勤事，莫不谙知。自大宁以来，奢侈靡费，比及武平之末，府藏渐虚。邕度支取舍，大有裨益。然既被任遇，意气渐高，其未经府寺陈诉，越览词牒，条数甚多。俱为宪台及左丞弹纠，并御注放免。司空从事中郎封长业、太尉记室参军平涛并为征官钱违限，邕各杖背二十。齐时宰相未有挝挞朝士者，至是甚骇物听。

　　邕三子。长子君明，开府仪同三司。开皇初，卒于应州刺史。次子君彻，中书舍人。隋顺、戎二州刺史，大业中，卒于武贲郎将。少子君德，以邕降周伏法。

　　齐朝因高祖作，丞相府外兵曹、骑兵曹分掌兵马。及天保受禅，诸司监咸归尚书，唯此二曹不废，令唐邕、白建主治，谓之外兵省。其后邕、建位望转隆，各为省主，令中书舍人分判二省事，故世称唐、白云。

　　白建，字彦举，太原阳邑人也。初入大丞相府骑兵曹，典执文帐，明解书计，为同局所推。天保十年，兼中书舍人。肃宗辅政，除大丞相骑兵参军。河清三年，突厥入境，代、忻二牧悉是细马，合数万匹，在五台山北柏谷中避贼。退后，敕建就彼检校，续使人诣建间领马，送定州付民养饲。建以马久不得食，瘦弱，远送恐多死损，遂违敕以便宜从事，随近散付军人。启知，敕许焉。戎乘无损，建有力焉。武平末，历特进、侍中、中书令。

建虽无他才，勤于在公，属王业始基，戎寄为重，建与唐邕俱以典执兵马致位卿相。晋阳，国之下都，每年临幸，征诏差科，责成州郡。本藩僚佐爰及守宰，谘承陈请，趋走无暇。诸子幼稚，俱为州郡主簿，新君选补，必先召辟。男婚女嫁，皆得胜流。当世以为荣宠之极。武平七年卒。

北齐书卷四一
列传第三三

暴显　皮景和　鲜于世荣
綦连猛　元景安　独孤永业
傅伏　高保宁

暴显，字思祖，魏郡斥丘人也。祖喟，魏琅邪太守、朔州刺史，因家边朔。父诞，魏恒州刺史、左卫将军、乐安公。显幼时，见一沙门指之曰："此郎子有好相表，大必为良将，贵极人臣。"语终失僧，莫知所去。

显少经军旅，善于骑射，曾从魏孝庄帝出猎，一日之中手获禽兽七十三。孝昌二年，除羽林监。中兴元年，除襄威将军、晋州车骑府长史。后从高祖于信都举义，授中坚将军、散骑侍郎、帐内大都督，加安东将军、银青光禄大夫，屯留县开国侯。天平二年，除渤海郡守。元象元年，除云州大中正，兼武卫将军。加镇东将军。二年，除北徐州刺史，当州大都督。从高祖与西师战于邙山，高祖令显守河桥镇，据中潬城。武定二年，除征南将军、广州刺史。侯景反于河南，为景所攻，显率左右二十余骑突出贼营，拔难归国。时高岳、慕容绍宗等，即配显士马，随岳等破景于涡阳。武定六年，拜太府卿。从世宗平王思政于颍川，授颍州刺史。七年，转郑州刺史。八年，加骠骑将军，进侯为公，通前食邑一千三百户。天保元年，加卫大将军，刺史如故。三年，与清河王高岳袭历阳，取之。为赃货，解郑州，大理禁止。处断未讫,为合肥被围,遣与步汗萨、慕容俨等同攻梁北徐州。擒刺史王强。梁秦州刺史严超达战于泾城,破之。五年,授仪同三司。其年,又与高岳南临汉水,攻下梁西楚州,获刺史许法光。于时梁将萧循与侯瑱等围慕容俨于郢州,复以显为水军大都督,从摄口入江救之。师还,加开府仪同三司,赏帛五百疋。十年,食幽州范阳郡干。乾明元年,除车骑大将军。皇建元年,转封乐安郡开国公。二年,除赵州刺史。河清元年,迁洛州刺史。二年,复除朔州刺史,秩满归。天统元年,加特进、骠骑大将军,封定阳王。四年卒,年六十六。

皮景和,琅邪下邳人也。父庆宾,魏淮南王开府中兵参军事。正光中,因使怀朔,遇世乱,因家广宁之石门县。

景和少通敏,善骑射。初以亲信事高祖,后补亲信副都督。武定二年,征步落稽。世宗疑贼有伏兵,令景和将五六骑深入一谷中,值贼百余人,便共格战,景和射数十人,莫不应弦而倒。高祖尝令景和射一野豕,一箭而获之,深见嗟赏,除库直正都督。天保初,授假节、通州刺史,封永宁县开国子。后从袭库莫奚,加左右大都督。又从度黄龙,征契丹,定稽胡。寻从讨茹茹主庵罗辰于陉北,又从平茹茹余烬。景和矫捷,有武用,每有战功。十年,食安乐郡干。乾明元年,除武卫将军,兼给事黄门侍郎。肃宗作相,以本官摄大丞相府从事中郎。大宁元年,除仪同三司、散骑常侍、武卫大将军,寻加开府。二年,出为梁州刺史。三年,突厥围逼晋阳,令景和驰驿赴京,督领后军赴并州,未到间,贼已退。仍除领左右大将军,食齐郡干,又除并省五兵尚书。天统元年,迁殿中尚书。二年,除侍中。

景和于武职之中,兼长吏事,又性识均平,故频有美授。周通好之后,冠盖往来,常令景和对接,每与使人同射,百发百中,甚见推重。武平中,诏狱多令中黄门等监治,恒令景和按覆,据理执正,由是过无枉滥。

后除特进、中领军,封广汉郡开国公。又随斛律光率众西讨,克姚、白亭二城，别封永宁郡开国公。又除领军将军。又从军拔宜阳城，封开封郡开国公。琅邪王之杀和士开也，兵指西阙，内外惶惑，莫知所为。景和请后主出千秋门自号令。事平，除尚书右仆射、赵州刺史。寻迁河南行台尚书右仆射、洛州刺史。

陈将吴明彻寇淮南，令景和率众拒之，除领军大将军，封文城郡王，转食高阳郡干。军至祖口，值土人陈暄等作乱，景和平之。又有阳平人郑子饶，诈依佛道，设斋会，用米面不多，供赡甚广，密从地藏渐出饼饭，愚人以为神力，见信于魏、卫之间。将为逆乱，谋泄，掩讨漏逸。乃潜渡河，聚众数千，自号长乐王，已破乘氏县，又欲袭西兖州城。景和自南兖州遣骑数百击破之，斩首二千余级，生擒子饶，送京师烹之。及吴明彻围寿阳，敕令景和与贺拔伏恩等赴救。景和以尉破胡军始丧败，怯懦不敢进，顿兵淮口，频有敕使催促，然始渡淮。属寿阳已陷，狼狈北还，器械军资，大致遗失。陈将萧摩诃率步骑于淮北仓陵城截之，景和得整旅逆战，摩诃退归。是时拒吴明彻者多致倾覆，唯景和全军而还，由是获赏，除尚书令，别封西兖郡开国公，赐钱二十万，酒米十车。时陈人声将渡淮，令景和停军定西兖州，为拒守节度。武平六年病卒，年五十五。赠侍中、使持节、都督定常朔幽定平六州诸军事、太尉公、录尚书事、定州刺史。

长子信，机悟有风神，微涉书传。武平末，开府仪同三司、武卫将军，于勋贵子弟之中，称其识鉴。于并州降周军，授上开府、军正大夫。隋开皇中，卒于洮州刺史。

少子宿达，武平末太子斋帅，有才藻检行。开皇中，通事舍人。丁母忧，起复，将赴京，辞灵恸哭而绝，久而获苏，不能下食，三日致死。

鲜于世荣，渔阳人也。父宝业，怀朔镇将，武平初，赠仪同三司、祠部尚书、朔州刺史。世荣少而沉敏，有器干。兴和二年，为高祖亲信副都督，稍迁平西将军、赐爵石门县子。后频从显祖讨茹茹，破稽胡。又从高岳平郢州，除持节、河州刺史，食朝歌县干。寻为肃宗丞相府谘议参军。皇建中，除仪同三司、武卫将军。天统二年，加开府，又除郑州刺史。武平中，以平信州贼，除领军将军，转食上党郡干。从平高思好，封义阳王。七年，后主幸晋阳，令世荣以本官判尚书右仆射事，贰北平王北宫留后。寻有敕令与吏部尚书袁聿修在尚书省检试举人。为乘马至云龙门外入省北门，为宪司举奏免官。后主围平阳，除世荣领军将军。周师将入邺，除领军大将军、太子太傅，于城西拒战，败被擒，为周武所杀。世荣虽武人无文艺，以朝危政乱，每窃叹之。见征税无厌，赐与过度，发言叹惜。子子贞，武平末假仪同三司。

綦连猛，字武儿，代人也。其先姬姓，六国末，避乱出塞，保祁连山，因以山为姓，北人语讹，故曰綦连氏。父元成，燕郡太守。猛少有志气，便习弓马。永安三年，尔朱荣征为亲信。至洛阳，荣被害，即从尔朱世隆出奔建州，仍从尔朱兆入洛。其年，又从兆讨纥豆陵步藩，补都督。普泰元年，加征虏将军、中散大夫。猛父母兄弟皆在山东，尔朱京缠欲投高祖，谓猛曰："王以尔父兄皆在山东，每怀不信，尔若不走，今夜必当杀尔，可走去。"猛以素蒙兆恩，拒而不从。京缠曰："我今亦欲去，尔从我不？"猛又不从。京缠乃举矟曰："尔不从，我必刺尔。"猛乃从之。去城五十余里，即背京缠复归尔朱。及兆败，乃归高祖。高祖问曰："尔朱京缠将尔投我，尔中路背去何也？"猛乃具陈服事之理，不可贰心。高祖曰："尔莫惧，服事人法须如此。"遂补都督。

步落稽等起逆，在覆釜山，使猛讨之，大捷，特被赏赉。元象元年，从高祖向河阳，与周文帝战于邙山。二年，除平东将军、中散大夫。其年，又转中外府帐内都督，赏邙山之功，封广兴开国君。五年，梁使来聘，云有武艺，求访北人，欲与相角。世宗遣猛就馆接之，双带两鞬，左右驰射。兼共试力，挽强，梁人引弓两张，力皆三石，猛遂并取四张，叠而挽之，过度。梁人嗟服之。其年，除抚军将军，别封石城县开国子，食肆州平寇县干。天保元年，除都督、东秦州刺史，别封雍州京兆郡覆城县开国男。从显祖讨契丹,大获户口。又随斛律敦北征茹茹,敦令猛轻将百骑深入觇候。还至白道,与军相会,因此追蹑,遂大破之。赉帛三百段。七年,除武卫将军、仪同三司。九年,转武卫大将军。乾明初,加车骑大将军。皇建元年,封石城郡开国伯,寻进爵为君。二年,除领左右大将军。从肃宗讨奚贼,大捷,获马二千疋,牛羊三万头。河清二年,加开府。突厥侵逼晋阳,敕猛将三百骑觇贼远近。行至城北十五里,遇贼前锋,以敌众多,遂渐退避。贼中有一骁将,超出来斗。猛遥见之,即亦挺身独出,与其相对,俯仰之间,刺贼落马,因即斩之。三年,别封武安县开国君,加骠骑大将军。天统元年,迁右卫大将军,乃奉世祖敕,恒令在嗣主左右,兼知内外机要之事。三年,除中领军。四年,转领军将军,别封义宁县开国君。五年,除并省尚书左仆射,余如故。除并省尚书令、领军大将军,封山阳王。

猛自和士开死后,渐预朝政,疑议与夺,咸亦咨禀。赵彦深以猛武将之中颇疾奸佞,言议时有可采,故引知机事。祖珽既出彦深,以猛为赵之党与,乃除光州刺史。已发至牛兰,忽有人告和士开被害日猛亦知情,遂被追止。还入内禁留,簿录家口。寻见释,削王爵,止以开府赴州。在任宽惠清慎,吏民称之。淮阴王阿那肱与猛有旧,每欲携引之,曾有敕征诣阙,似欲委寄。韩长鸾等沮难,复除胶州刺史。寻征还,令在南兖防捍。后主平阳败还,又征赴邺,除大将军。齐亡入周,寻卒。

元景安,魏昭成五世孙也。高祖虔,魏陈留王。父永,少为奉朝请。自积射将军为元天穆荐之于尔朱荣,参立孝庄之谋,赐爵代郡公。加将军、太中大夫、二夏、幽三州行台左丞,持节招纳降户四千余家。荣又启封永朝那县子,邑三百户,持节进幽州刺史,假抚军将军。天平初,高祖以为行台左丞,寻除颍州刺史,又为北扬州刺史。天保中,征拜大司农卿,迁银青光禄大夫,依例降爵为乾乡男。大宁二年,迁金紫光禄大夫。

景安沉敏有干局，少工骑射，善于事人。释褐尔朱荣大将军府长流参军，加宁远将军，又转荣大丞相府长流参军。高祖平洛阳，领军娄昭荐补京畿都督，父永启回代郡公授之，加前将军，太中大夫。随武帝西入。天平末，大军西讨，景安临阵自归，高祖嘉之，即补都督。兴和中，转领亲信都督。邙山之役，力战有功，赐爵西华县都乡男，代郡公如故。世宗入朝，景安随从在邺。于时江南款附，朝贡相寻，景安妙闲驰骋，雅有容则，每梁使至，恒令与斛律光、皮景和等对客骑射，见者称善。

世宗嗣事，启减国封分锡将士，封石保县开国子，邑三百户，加安西将军。又授通州刺史，加镇西将军，转子为伯，增邑通前六百户，余如故。天保初，加征西将军，别封兴势县开国伯，带定襄县令，赐姓高氏。三年，从破库莫奚于代川，转领左右大都督，余官并如故。四年，从讨契丹于黄龙，领北平太守。后频从驾再破茹茹，迁武卫大将军，又转领左右大将军，兼七兵尚书。

时初筑长城，镇戍未立，突厥强盛，虑或侵边，仍诏景安与诸军缘塞以备守。督领既多，且所部军人富于财物，遂贿货公行。显祖闻之，遣使推检，同行诸人赃污狼藉，唯景安纤毫无犯。帝深嘉叹，乃诏有司以所聚敛赃绢伍百疋赐之，以彰清节。又转都官尚书，加仪同三司，食高平郡干，又拜仪同三司。乾明元年，转七兵尚书，加车骑大将军。皇建元年，又兼侍中，驰驿诣邺，慰劳百司，巡省风俗。

肃宗曾与群臣于西园燕射，文武预者二百余步。设侯去堂百四十余步，中的者赐与良马及金玉锦彩等。有一人射中兽头，去鼻寸余。唯景安最后有一矢未发，帝令景安解之，景安徐整容仪，操弓引满，正中兽鼻。帝嗟赏称善，特赉马两匹，玉帛杂物又加常等。

大宁元年，加开府。二年，转右卫将军，寻转右卫大将军。天统初，判并省尚书右仆射，寻出为徐州刺史。四年，除豫州道行台仆射、豫州刺史，加开府仪同三司。武平三年，进授行台尚书令，刺史如故，封历阳郡王。景安之在边州，邻接他境，绥和边鄙，不相侵暴，人物安之。又管内蛮多华少，景安被以威恩，咸得宁辑，比至武平末,招慰生蛮输租赋者数万户。六年,征拜领军大将军。入周,以大将军、大义郡开国公率众讨稽胡,战没。

子仁,武平末仪同三司、武卫,隋骠骑将军,卒于丹阳太守。

初永兄祚袭爵陈留王,祚卒,子景皓嗣。天保时,诸元帝室亲近者多被诛戮。疏宗如景安之徒议欲请姓高氏,景皓云:"岂得弃本宗,逐他姓,大丈夫宁可玉碎,不能瓦全。"景安遂以此言白显祖,乃收景皓诛之,家属徙彭城。由是景安独赐姓高氏,自外听从本姓。

永弟种,子豫,字景豫,美姿仪,有器干。永安中,羽林监。元颢入洛,以守河内功,赐爵永安君。后为濮阳郡守。魏彭城王韶引为开府谘议参军,韶出镇定州,启为定州司马。及景安告景皓慢言,引豫言相应和。豫占云:"尔时以衣袖掩景皓口,云:'兄莫妄言'。及问景皓,与豫所列符同,获免。自外同闻语者数人,皆流配远方。豫卒于徐州刺史。

独孤永业,字世基,本姓刘,中山人。母改适独孤氏,永业幼孤,随母为独孤家所育养,遂从其姓焉。止于军士之中,有才干,便弓马。被简擢补定州六州都督,宿卫晋阳。或称其有识用者,世宗与语悦之,超授中外府外兵参军。天保初,除中书舍人,豫州司马。永业解书计,善歌舞,甚为显祖所知。

乾明初,出为河阳行台右丞,迁洛州刺史,又转左丞,刺史如故,加散骑常侍。宜阳深在敌境,周人于黑涧筑城戍以断粮道,永业亦筑镇以抗之。治边甚威信,迁行台尚书。至河清三年,周人寇洛州,永业恐刺史段思文不能自固,驰入金墉助守。周人为土山地道,晓夕攻战,经三旬,大军至,寇乃退。永业久在河南,善于招抚,归降者万计。选其二百人为爪牙,每先锋以寡敌众,周人惮之。加仪同三司,赏赐甚厚。性鲠直,不交权势。斛律光求二婢弗得,毁之于朝廷。河清末,征为太仆卿,以乞伏贵和代之,于是西境蹙弱,河洛人情骚动。武平三年,遣永业取斛律丰洛,因以为北道行台仆射、幽州刺史。寻征为领军将军。河洛民庶,多思永业,朝廷又以疆场不安,除永业河阳道行台仆射、洛州刺史。周武帝亲攻金埔，永业出兵御之，问曰："是何达官，作何行动？"周人曰："至尊自来，主人何不出看客。"永业曰："客行匆速，是故不出。"乃通夜备办马槽二千。周人闻之，以为大军将至，乃解围去。永业进位开府，封临川王。有甲士三万，初闻晋州败，请出兵北讨，奏寝不报，永业慨愤。又闻并州亦陷，为周将常山公所逼，乃使其子须达告降于周。周武授永业上柱国。宣政末，出为襄州总管。大象二年，为行军总管崔彦睦所杀。

傅伏，太安人也。父元兴，仪同北蔚州刺史。伏少从戎，以战功稍至开府、水桥领民大都督。周帝前攻河阴，伏自桥夜渡，入守中潬城。南城陷，被围二旬不下，救兵至。周师还。伏谓行台乞伏贵和曰："贼已疲弊，愿得精骑二千追击之，可捷也。"贵和弗许。

武平六年，除东雍州刺史。会周兵来逼，伏出战，却之。周克晋州，执获行台尉相贵，以之招伏，伏不从。后主亲救晋州，以伏为行台右仆射。周军来掠，伏击走之。周克并州，遣韦孝宽与其子世宽来招伏曰："并州已平，故遣公儿来报，便宜急下。"授上大将军、武乡郡开国公，即给告身，以金马瑙二酒钟为信。伏不受，谓孝宽曰："事君有死无贰，此儿为臣不能竭忠，为子不能尽孝，人所仇疾，愿即斩之，以号令天下。"

周帝自邺还至晋州，遣高阿那肱等百余人临汾召伏。伏出军隔水相见，问至尊今在何处。阿那肱曰："已被捉获，别路入阙。"伏仰天大哭，率众入城，于听事前北面哀号良久，然后降。周帝见之曰："何不早下？"伏流涕而对曰："臣三世蒙齐家衣食，被任如此，革命不能自死，羞见天地。"周帝亲执其手曰："为臣当若此，朕平齐国，唯见公一人。"乃自食一羊肋，以骨赐伏，曰："骨亲肉疏，所以相付。"遂别引之与同食，令于侍伯邑宿卫，授上仪同，敕之曰："若即与公高官，恐归投者心动，努力好行，无虑不富贵。"又问前救河阴得何官职。伏曰："蒙一转，授特进，永昌郡开国公。"周帝谓后主曰："朕前三年教习兵马，决意往取河阴，正为傅伏能守，城不可动，是以收军而退。公当时赏授何其薄也。"赐伏金酒卮。后以为岷州刺史，寻卒。

齐军晋州败后，兵将罕有全节者。其杀身成仁者，有仪同叱于苟生，镇南兖州，周帝破邺，赦书至，苟生自缢死。

又有开府、中侍中官者田敬宣，本字鹏，蛮人也。年十四五，便好读书。既为阉寺，伺隙便周章询请，每至文林馆，气喘汗流，问书之外，不暇他语。及视古人节义事，未尝不感激沉吟。颜之推重其勤学，甚加开奖，后遂通显。后主之奔青州，遣其西出，参伺动静，为周军所获。问齐主何在，绐云已去。殴捶服之，每折一支，辞色愈厉，竟断四体而卒。

又有雷显和，晋州败后，为建州道行台左仆射。周帝使其子招焉，显和禁其子而不受。闻邺城败乃降。

后主失并州，使开府纥奚永安告急于突厥他钵略可汗。及闻齐灭，他钵处永安于吐谷浑使下。永安抗言曰："本国既败，永安岂惜贱命，欲闭气自绝，恐天下不知大齐有死节臣，唯乞一刀，以显示远近。"他钵嘉其壮烈，赠马七十匹而归。

高宝宁，代人也，不知其所从来。武平末，为营州刺史，镇黄龙，夷夏重其威信。周师将至邺，幽州行台潘子晃征黄龙兵，宝宁率骁锐并契丹、靺羯万余骑将赴救。至北平，知子晃已发蓟，又闻邺都不守，便归营。周帝遣使招慰，不受敕书。范阳王绍信在突厥中，上表劝进，范阳署保宁为丞相。及卢昌期据范阳城起兵，保宁引绍信集夷夏兵数万骑来救之。至潞河，知周将宇文神举已屠范阳，还据黄龙，竟不臣周。

史臣曰：皮景和等爰自霸基，策名戎幕，间关夷险，迄于末运，位高任重，咸遂本诚，亦各遇其时也。傅伏之徒，俱表忠节，不然则丹青简册安可贵乎？

　　赞曰：唯此诸将，荣名是保，不愆不忘，以斯终老。傅子之辈，逢兹不造，未遇烈风，谁知劲草。

北齐书卷四二
列传第三四

阳斐　卢潜　崔劼　卢叔武
阳休之　袁聿修

　　阳斐，字叔鸾，北平渔阳人也。父藻，魏建德太守，赠幽州刺史。孝庄时，斐于西兖督护流民有功，赐爵方城伯。历侍御史，兼都官郎中、广平王开府中郎，修《起居注》。

　　兴和中，除起部郎中，兼通直散骑常侍，聘于梁。梁尚书羊侃，魏之叛人也，与斐有旧，欲请斐至宅，三致书，斐不答。梁人曰：“羊来已久，经贵朝迁革，李、卢亦诣宅相见，卿何致难？”斐曰：“柳下惠则可，吾不可。”梁主乃亲谓斐曰：“羊侃极愿相见，今二国和好，天下一家。安得复论彼此？”斐终辞焉。使还，除廷尉少卿。

　　石济河溢，桥坏，斐修治之。又移津于白马，中河起石洴，两岸造关城，累年乃就。东郡太守陆士佩以黎阳关河形胜，欲因山即墅以为公家苑囿。遗斐书曰：“当谘大将军以足下为匠者。”斐答书拒曰：“当今殷夏启圣，运遭昌历。故大丞相天启霸功，再造太极；大将军光承先构，嗣绩丕显。国步始康，民劳未息。诚宜轻徭薄赋，勤恤民隐，《诗》不云乎：‘民亦劳止，迄可小康，惠此中国，以绥四方。’古之帝玉亦有表山刊树，未足尽其意；下辇成宴，讵能穷其情。正足以靡天地之财用，刘生民之髓脑。是故孔子对叶公以来远，酬哀公以临民，所问虽同，所急异务故也。相如壮上林之观，扬雄骋羽猎之辞，虽系以颓墙填堑，乱以收罝落网，而言无补于风规，只足昭其愆戾也。”

寻转尚书右丞。天保初，除镇南将军、尚书吏部郎中。以公事免，久之，除都水使者。显祖亲御六军，北攘突厥，仍诏斐监筑长城，作罢，行南谯州事。加通直散骑常侍，寿阳道行台左丞。迁散骑常侍，食陈留郡干。未几，除徐州刺史，带东南道行台左丞。乾明元年，征拜廷尉卿，迁卫大将军。兼都官尚书，行太子少傅，徙殿中尚书，以本官监瀛州事。抗表致仕，优诏不许。顷之，拜仪同三司，食广阿县干。卒于位。赠使持节、都督北豫光二州诸军事、骠骑大将军、仪同三司、中书监、北豫州刺史，谥曰敬简。子师孝，中书舍人。

卢潜，范阳涿人也。祖尚之，魏济州刺史。父文符，通直侍郎。潜容貌瑰伟，善言谈，少有成人志尚。仪同贺拔胜辟开府行参军，补侍御史。世宗引为大将军西阁祭酒，转中外府中兵参军，机事强济，为世宗所知，言其终可大用。王思政见获于颍川，世宗重其才识。潜曾从容白世宗云：“思政不能死节，何足可重！”世宗谓左右曰：“我有卢潜，便是更得一王思政。”天保初，除中书舍人，以奏事忤旨免。寻除左民郎中，坐讥议《魏书》，与王松年、李庶等俱被禁止。会清河王岳将救江陵，特赦潜以为岳行台郎。还，迁中书侍郎，寻迁黄门侍郎。黄门郑子默奏言，潜从清河王南讨，清河王令潜说梁将侯瑱，大纳赂遗，还不奏闻。显祖杖潜一百，仍截其须，左迁魏尹丞。寻除司州别驾，出为江州刺史，所在有治方。肃宗作相，以潜为扬州道行台左丞。先是梁将王琳为陈兵所败，拥其主萧庄归寿阳，朝廷以琳为扬州刺史，敕潜与琳为南讨经略。琳部曲故义多在扬州，与陈寇邻接。潜辑谐内外，甚得边俗之和。陈泰、谯二州刺史王奉国、合州刺史周令珍前后入寇，潜辄破平之，以功加散骑常侍，食彭城郡干。迁合州刺史，左丞如故。又除行台尚书，寻授仪同三司。王琳锐意图南，潜以为时事未可。属陈遣移书至寿阳，请与国家和好。潜为奏闻，仍上启且愿息兵。依所请。由是与琳有隙，更相表列。世祖追琳入京，除潜扬州刺史，领行台尚书。

潜在淮南十三年，任总军民，大树风绩，甚为陈人所惮。陈主与其边将书云："卢潜犹在寿阳，闻其何当还北，此虏不死，方为国患，卿宜深备之。"显祖初平淮南，给十年优复。年满之后，逮天统、武平中，征税烦杂。又高元海执政，断渔猎，人家无以自资。诸商胡负官责息者，宦者陈德信纵其妄注淮南富家，令州县征责。又敕送突厥马数千疋于扬州管内，令土豪买之。钱直始入，便出敕括江、淮间马，并送官厩。由是百姓骚扰，切齿嗟怨。潜随事抚慰，兼行权略，故得宁靖。

武平三年，征为五兵尚书。扬州吏民以潜戒断酒肉，笃信释氏，大设僧会，以香华缘道，流涕送之。潜叹曰："正恐不久复来耳。"至邺未几，陈将吴明彻渡江侵掠，复以潜为扬州道行台尚书。五年，与王琳等同陷。寻死建业，年五十七，其家购尸归葬。赠开府仪同三司、尚书右仆射、兖州刺史。无子，以弟士邃子元孝为嗣。

士邃，字子淹，少为崔昂所知，昂云："此昆季足为后生之俊，但恨其俱不读书耳。"历侍御史、司徒祭酒、尚书郎、邺县令、尚书左右丞、吏部郎中，出为中山太守，带定州长史。齐亡后卒。

潜从祖兄怀仁，字子友，魏司徒司马道将之子。怀仁涉学有文辞，情性恬靖，常萧然有闲放之致。历太尉记室、弘农郡守，不之任，卜居陈留界。所著诗赋铭颂二万余言，又撰《中表实录》二十卷。怀仁有行检，善与人交，与琅邪王衍、陇西李寿之情好相得。曾语衍云："昔太丘道广，许劭知而不顾；嵇生性惰，钟会过而绝言。吾处季、孟之间，去其泰甚。"衍以为然。武平末卒。

怀仁兄子庄之，少有名望。官历太子舍人、定州别驾，东平太守。武平中都水使者，卒官。

怀仁从父弟昌衡，魏尚书左仆射道虔之子。武平末尚书郎。沈靖有才识，风仪蕴籍，容止可观。天保中，尚书王昕以雅谈获罪，诸弟尚守而不坠，自兹以后，此道顿微。昌衡与顺丘李若、彭城刘泰珉、河南陆彦师、陇西辛德源、太原王修并为后进风流之士。

昌衡从父弟思道，魏处士道亮之子，神情俊发，少以才学有盛名。武平末，黄门侍郎。待诏文林馆。

思道父兄正达、正思、正山，魏右光禄大夫道幼之子。正达尚书郎，正思北徐州刺史、太子詹事，仪同三司，正山永昌郡守。兄弟以后舅，武平中并得优赠。

正山子公顺，早以文学见知。武平中符玺郎，待诏文林馆。与博陵崔君洽、陇西李师上同志友善，从驾晋阳，寓居僧寺，朝士谓"康寺三少"，为物论推许。

正达从父弟熙裕，父道舒。为长兄道将让爵，由是熙裕袭固安伯。虚淡守道，有古人之风，为亲表所敬重。

潜从祖兄逊之，魏尚书义僖之子。清靖寡欲，卒于司徒记室参军。

崔劼，字彦玄，本清河人，曾祖旷，南渡河，居青州之东，时宋氏于河南立冀州，置郡县，即为东清河郡人。南县分易，更为南平原贝丘人也。世为三齐大族。祖灵延，宋长广太守。父光，魏太保。劼少而清虚寡欲，好学有家风。魏末，自开府行参军历尚书仪曹郎、秘书丞，修起居注，中书侍郎。兴和三年，兼通直散骑常侍，使于梁。天保初，以议禅代，除给事黄门侍郎，加国子祭酒，直内省，典机密。清俭勤慎，甚为显祖所知。拜南青州刺史，在任有政绩。皇建中，入为秘书监、齐州大中正，转鸿胪卿，迁并省度支尚书，俄授京省，寻转五兵尚书，监国史，在台阁之中，见称简正。世祖之将禅后主，先以问劼，劼谏以为不可，由是忤意，出为南兖州刺史。代还，重为度支尚书，仪同三司，食文登县干。寻除中书令。加开府，待诏文林馆，监撰新书。遇病卒，时年六十六。赠齐州刺史、尚书右仆射，谥曰文贞。

初和士开擅朝，曲求物誉，诸公因此颇为子弟干禄，世门之胄，多处京官，而劼二子拱、㧑并为外任。弟廓之从容谓劼曰："拱㧑幸得不凡，何为不在省府之中、清华之所，而并出外藩，有损家代。"劼曰："立身以来，耻以一言自达，今若进儿，与身何异。"卒无所求。闻者莫不叹服。

拱，天统中任城王潜丞相谘议参军、管记室。扬，扬州录事参军。廓之沉稳有识量，以学业见称。自临水令为琅邪王俨大司马西阁祭酒，迁领军功曹参军。武平中卒。

卢叔武，范阳涿人，青州刺史文伟从子也。父光宗，有志尚。叔武两兄观、仲并以文章显于洛下。叔武少机悟，豪率轻侠，好奇策，慕诸葛亮之为人。为贺拔胜荆州开府长史。胜不用其计，弃城奔梁。叔武归本县，筑室临陂，优游自适。世宗降辟书，辞疾不到。天保初，复征，不得已，布裘乘露车至邺。杨愔往候之，以为司徒谘议，称疾不受。

肃宗即位，召为太子中庶子，加银青光禄大夫。问以世事，叔武劝讨关西，画地陈兵势曰："人众敌者当任智谋，钧者当任势力，故强者所以制弱，富者所以兼贫。今大齐之比关西，强弱不同，贫富有异，而戎马不息，未能吞并，此失于不用强富也。轻兵野战，胜负难必，是胡骑之法，非深谋远算万全之术也。宜立重镇于平阳，与彼蒲州相对，深沟高垒，运粮积甲，筑城戍以属之。彼若闭关不出，则取其黄河以东，长安穷戚，自然困死。如彼出兵，非十万以上，不为我敌，所供粮食，皆出关内。我兵士相代，年别一番，谷食丰饶，运送不绝。彼来求战，我不应之，彼若退军，即乘其弊。自长安以西，民疏城远，敌兵来往，实有艰难，与我相持，农作且废，不过三年，彼自破矣。"帝深纳之。又愿自居平阳，成此谋略。上令元文遥与叔武参谋，撰《平西策》一卷。未几帝崩，事遂寝。

世祖践阼，拜仪同三司、都官尚书，出为合州刺史。武平中，迁太子詹事、右光禄大夫。叔武在乡时有粟千石，每至春夏，乡人无食者令自载取，至秋，任其偿，都不计校。然而岁岁常得倍余。既在朝通贵，自以年老，儿子又多，遂营一大屋，曰："歌于斯，哭于斯。"魏收曾来诣之，访以洛京旧事，不待食而起，云："难为子费。"叔武留之，良久食至，但有粟飧葵菜，木碗盛之，片脯而已。所将仆从，亦尽设食，一与此同。齐灭，归范阳，遭乱城陷，叔武与族弟士遂皆以寒馁致毙。周将宇文神举以其有名德，收而葬之。

叔武族孙臣客，父子规，魏尚书郎、林虑郡守。臣客风仪甚美，少有志尚，雅有法度，好道家之言。其姊为任城王妃。天保末，任城王致之于朝廷，由是擢拜太子舍人。迁司徒记室，请归侍祖母李。李强之令仕，不得已而顺命，除太子舍人、太子中庶子。武平中，兼散骑常侍聘陈，还，卒于路。赠郑州刺史、鸿胪卿。

阳休之，字子烈，右北平无终人也。父固，魏洛阳令，赠太常少卿。休之俊爽有风概，少勤学，爱文藻，弱冠擅声，为后来之秀。幽州刺史常景、王延年并召为州主簿。

魏孝昌中，杜洛周破城，休之与宗室及乡人数千家南奔章武，转至青州。是时葛荣寇乱，河北流民多凑青部。休之知将有变，乃请其族叔伯彦等曰："客主势异，竞相凌侮，祸难将作。如鄙情所见，宜潜归京师避之。"诸人多不能从。休之垂涕别去。俄而邢杲作乱，伯彦等咸为士民所杀，一时遇害，诸房死者数十人，唯休之兄弟获免。庄帝立，解褐员外散骑侍郎，寻以本官领御史，迁给事中、太尉记室参军，加轻车将军。李神俊监起居注，启休之与河东裴伯茂、范阳卢元明、河间邢子明等俱入撰次。永安末，洛州刺史李海启除冠军长史。普泰中，兼通直散骑侍郎。加镇远将军。寻为太保长孙稚府属，寻敕与魏收、李同轨等修国史。太昌初，除尚书祠部郎中，寻进征虏将军、中散大夫。

贺拔胜出为荆州刺史，启补骠骑长史。胜为行台，又请为右丞。胜略樊、沔，又请为南道军司。俄而魏武帝入关，胜令休之奉表诣长安参谒。时高祖亦启除休之太常少卿。寻属胜南奔，仍随至建业。休之闻高祖推奉静帝，乃白胜启梁武求还，以天平二年达邺，仍奉高祖命赴晋阳。其年冬，授世宗开府主簿。明年春，世宗为大行台，复引为行台郎中。四年，高祖幸汾阳之天池，于池边得一石，上有隐起，其文曰："六王三川"。高祖独帐中间之，此文字何义。对曰："六者是大王之字,王者当王有天下,此乃大王符瑞受命之征。既于天池得此石,可谓天意命王也,吉不可言。"高祖又问三川何义。休之曰:"河、洛、伊为三川,亦云泾、渭、洛为三川。河、洛、伊,洛阳也;泾、渭、洛,今雍州也。大王若受天命,终应统有关右。"高祖曰:"世人无事常道我欲反,今闻此,更致纷纭,慎莫妄言也。"

元象初,录荆州军功,封新泰县开国伯,食邑六百户,除平东将军、太中大夫、尚书左民郎中。兴和二年,兼通直散骑常侍,副清河崔长谦使于梁。武定二年,除中书侍郎。时有人士戏嘲休之云:"有触蕃之羝羊,乘连钱之骢马,从晋阳而向邺,怀属书而盈把。"尚书左丞卢斐以其文书请谒,启高祖禁止,会赦不治。五年,兼尚食典御。七年,除太子中庶子,迁给事黄门侍郎。进号中军将军、幽州大中正。八年,兼侍中,持节奉玺书诣并州,敦喻显祖为相国、齐王。是时,显祖将受魏禅,发晋阳,至平阳郡,为人心未一,且还并州,恐漏泄,仍断行人。休之性疏放,使还,遂说其事,邺中悉知。于后高德政以闻,显祖愤之而未发。齐受禅,除散骑常侍,修起居注。顷之,坐诏书脱误,左迁骁骑将军,积前事也。寻以禅让之际,参定礼仪,别封始平县开国男,以本官兼领军司马。后除都水使者,历司徒掾、中书侍郎,寻除中山太守。显祖崩,征休之至晋阳,经纪丧礼。乾明元年,兼侍中,巡省京邑。仍拜大鸿胪卿,领中书侍郎。皇建初,以本官兼度支尚书,加骠骑大将军,领幽州大中正。肃宗留心政道,每访休之治术。休之答以明赏罚,慎官方,禁淫侈,恤民患为政治之先。帝深纳之。大宁中,除都官尚书,转七兵、祠部。河清三年,出为西兖州刺史。天统初,征为光禄卿,监国史,休之在中山及治西兖,俱有惠政,为吏民所怀。去官之后,百姓树碑颂德。寻除吏部尚书,食阳武县干,除仪同三司,又加开府。休之多识故事,悉氏族,凡所选用,莫不才地俱允。加金紫光禄大夫。武平元年,除中书监,寻以本官兼尚书右仆射。二年,加左光禄大夫,兼中书监。三年,加特进。五年,正中书监,余并如故。寻以年老致仕,抗表辞位,帝优答不许。六年,除正尚书右仆射。未几,又领中书监。

休之本怀平坦,为士友所称。晚节说祖珽撰《御览》,书成,加特进,及珽被黜,便布言于朝廷,云先有嫌隙。及邓长颙、颜之推奏立文林馆,之推本意不欲令耆旧贵人居之,休之便相附会,与少年朝请、参军之徒同入待诏。又魏收监史之日,立《高祖本纪》,取平四胡之岁为齐元。收在齐州,恐史官改夺其意,上表论之。武平中,收还朝,敕集朝贤议其事。休之立议从天保为限断。魏收存日,犹两议未决。收死后,便动作内外,发诏从其议。后领中书监,便谓人云:"我已三为中书监,用此何为?"隆化还邺,与朝多有迁授,封休之燕郡王。又谓其所亲云:"我非奴,何意忽有此授"。凡此诸事,深为时论所鄙。

休之好学不倦,博综经史,文章虽不华靡,亦为典正。邢、魏殂后,以先达见推。位望虽高,虚怀接物,为搢绅所爱重。周武平齐,与吏部尚书袁聿修、卫尉卿李祖钦、度支尚书元修伯、大理卿司马幼之、司农卿崔达拏、秘书监源文宗、散骑常侍兼中书侍郎李若、散骑常侍给事黄门侍郎李孝贞、给事黄门侍郎卢思道,给事黄门侍郎颜之推,道直散骑常侍兼中书侍郎李德林、通直散骑常侍兼中书舍人陆乂、中书侍郎薛道衡、中书舍人高行恭、辛德源、王劭、陆开明十八人同征,令随驾后赴长安。卢思道有所撰录,止云休之与孝贞、思道同被召者,是其诬罔焉。寻除开府仪同,历纳言中大夫、太子少保。大象末,进位上开府,除和州刺史。隋开皇二年,罢任,终于洛阳,年七十四。所著文集三十卷,又撰《幽州人物志》并行于世。

子辟强,武平末尚书水部郎中。辟强悦,无文艺。休之亦引入文林馆,为时人嗤鄙焉。

袁聿修,字叔德,陈郡阳夏人。魏中书令翻之子也,出后叔父跃。七岁遭丧,居处礼度,有若成人。九岁,州辟主簿。性深沉有鉴识,清净寡欲,与物无竞,深为尚书崔休所知赏。魏太昌中,释褐太保开府西阁祭酒。年十八,领本州中正。寻兼尚书度支郎,仍历五兵左民郎中。武定末,太子中舍人。天保初,除太子庶子,以本官行博陵太守。数年,大有声绩,远近称之。八年,兼太府少卿,寻转大司农少卿,又除太常少卿。皇建二年,遭母忧去职,寻诏复前官,加冠军、辅国将军,除吏部郎中。未几,迁司徒左长史,加骠骑大将军,领兼御史中丞。司徒录事参军卢思道私贷库钱四十万聘太原王义女为妻,而王氏已先纳陆孔文礼聘为定,聿修坐为首僚,又是国之司宪,知而不劾,被责免中丞。寻迁秘书监。

天统中,诏与赵郡王睿等议定五礼。出除信州刺史,即其本乡也,时人荣之。为政清靖,不言而治,长史以下,爰逮鳏寡孤幼,皆得其欢心。武平初,御史普出过诣诸州,梁、郑、兖疆境连接,州之四面,悉有举劾,御史竟不到信州,其见知如此。及解代还京,民庶道俗,追别满道,或将酒脯,涕泣留连,意欲远送。既盛暑,恐其劳弊,往往为之驻马,随举一酹,示领其意,辞谢令还。还京后,州民郑播宗等七百余人请为立碑,敛缣布数百疋,托中书侍郎李德林为文以纪功德。府省为奏,敕报许之。寻除都官尚书,仍领本州中正,转兼吏部尚书、仪同三司,尚书寻即真。

聿修少平和温润,素流之中,最有规检。以名家子历任清华,时望多相器待,许其风监,在郎署之日,值赵彦深为水部郎中,同在一院,因成交友。彦深后被沙汰停秩,门生黎藿,聿修犹以故情,存问来往。彦深任用,铭戢甚深,虽人才无愧,盖亦由其接引。为吏部尚书以后,自以物望得之。初冯子琮以仆射摄选,婚嫁相寻,聿修常非笑之。语人云:“冯公营婚,日不暇给。”及自居选曹,亦不能免,时论以为地势然也。在官廉谨,当时少匹。魏、齐世,台郎多不免交通馈遗,聿修在尚书十年,未曾受升酒之馈。尚书邢邵与聿修旧款,每于省中语戏,常呼聿修为清郎。大宁初,聿修以太常少卿出使巡省,仍命考校官人得失。经历兖州,时邢邵为兖州刺史,别后,遣送白䌷为信。聿修退䌷不受,与邢书云:“今日仰遇,有异常行,瓜田李下,古人所慎,多言可畏,譬之防川,愿得此心,不贻厚责。”邢亦忻然领解,报书云:“一日之赠,率尔不思,老夫忽忽意不及此,敬承来旨,吾无间然。弟昔为清郎,今日复作清卿矣。”及在吏部,属政塞道丧,若违忤要势，即恐祸不旋踵，虽以清白自守，犹不免请谒之累。

齐亡入周，授仪同大将军、吏部下大夫。大象末，除东京司宗中大夫。隋开皇初，加上仪同，迁东京都官尚书。东京废，入朝，又除都官尚书。二年，出为熊州刺史。寻卒，年七十二。

子知礼，武平末仪同开府参军事。隋开皇中，侍御史，历尚书民部考功侍郎。大业初，卒于太子中舍人。

史臣曰：崔彦玄弈世载德，不忝其先，卢詹事任侠好谋，志尚宏远；阳仆射位高望重，郁为时宗；袁尚书清明在躬，以器能见任；与阳斐、卢潜并朝之良也。有齐季世，权归佞幸，赖诸君维持名教，不然则拔本塞源，裂冠毁冕，安可道哉。

赞曰：惟兹数公，心安宠辱，不夷不惠，坐镇流俗。

北齐书卷四三
列传第三五

李稚廉　封述　许惇　羊烈
源彪

　　李稚廉,赵郡高邑人也。齐州刺史义深之弟。稚廉少而寡欲,为儿童时,初不从家人有所求请。尝故以金宝授之,终不取,强付,辄掷之于地。州牧以其蒙稚而廉,故名曰稚廉。聪敏好学,年十五,颇寻览五经章句。属葛荣作乱,本郡纷扰,违难赴京。永安中,释褐奉朝请。普泰初,开府记室、龙骧将军、广州征南府录事参军,不行。寻转开府谘议参军事、前将军。

　　天平中,高祖擢为泰州开府长史、平北将军。稚廉缉谐将士,军民乐悦。高祖频幸河东,大相嗟赏。转为世宗骠骑府长史。诏以济州控带川陆,接对梁使,尤须得人,世宗荐之,除济州仪同长史。又迁瀛州长史。高祖经冀州,总合河北六州文籍,商校户口增损。高祖亲自部分,多在马上,征责文簿,指景取备,事绪非一。稚廉每应立成,恒先期会,莫不雅合深旨,为诸州准的。高祖顾谓司马子如曰:“观稚廉处分,快人意也。”因集文武数万人,令郎中杜弼宣旨慰劳,仍诘诸州长史、守令等,诸人并谢罪,稚廉独前拜恩,观者咸叹美之。其日,赐以牛酒。高祖还并,以其事告世宗。世宗喜而语人曰:“吾足知人矣。”

　　世宗嗣事,召诣晋阳,除霸府掾。谓杜弼曰:“并州王者之基,须好长史,各举所知。”时互有所称,皆不允。众人未答。世宗乃谓陈元康曰："我教君好长史处，李稚廉即其人也。"遂命为并州长史。常在世宗第内，与陇西辛术等六人号为馆客，待以上宾之礼。

天保初，除安南将军、太原郡守。显祖尝召见，问以治方，语及政刑宽猛，帝意深文峻法，稚廉固以为非，帝意不悦。语及杨愔，误称为杨公。以应对失宜，除济阴郡守，带西兖州刺史。征拜太府少卿，寻转廷尉少卿，迁太尉长史。肃宗即位，兼散骑常侍、省方大使。行还，所奏多见纳用。除合州刺史，亦有政绩，未满，行怀州刺史。还朝，授兼太仆卿，转大司农卿、赵州大中正。天统元年，加骠骑大将军、大理卿，世称平直。为南青州刺史。未几，征为并省都官尚书。武平五年三月。卒于晋阳，年六十七。赠仪同三司、信义二州刺史、吏部尚书。

封述，字君义，渤海蓨人也。父轨，廷尉卿、济州刺史。述有干用，年十八为济州征东府铠曹参军。高道穆为御史中尉，启为御史。迁大司马清河王开府记室参军，兼司徒主簿。太昌中，除尚书三公郎中，以平干称。天平中，增损旧事为《麟趾新格》，其名法科条，皆述删定。梁散骑常侍陆晏子、沈警来聘，以述兼通直郎使梁。还，迁世宗大将军府从事中郎，监京畿事。武定五年，除彭城太守、当郡督，再行东徐州刺史。武定七年，除廷尉少卿。八年，兼给事黄门侍郎，齐受禅，与李奖等八人充大使，巡省方俗，问民疾苦。天保三年，除清河太守，迁司徒左长史，行东都事，寻除海州刺史。大宁元年，征授大理卿。河清三年，敕与录尚书赵彦深、仆射魏收、尚书阳休之、国子祭酒马敬德等议定律令。天统元年，迁度支尚书。三年，转五兵尚书，加仪同三司。武平元年，除南兖州刺史，更满还朝，除左光禄大夫，又除殿中尚书。

述久为法官，明解律令，议断平允，深为时人所称。而厚积财产，一无馈遗，虽至亲密友贫病困笃，亦绝于拯济，朝野物论甚鄙之。外貌方整而不免请谒，回避进趋，颇致嗤骇。前妻河内司马氏。一息，为娶陇西李士元女，大输财聘，及将成礼，犹竞悬违。述忽取供养像对士元打像作誓，士元笑曰："封公何处常得应急像，须誓便用。"一息娶范阳卢庄之女。述又迳府诉云："送骡乃嫌脚跛，评田则云咸薄，铜器又嫌古废。"皆为吝啬所及，每致纷纭。子元，武平末太子舍人。

述弟询，字景文。魏员外郎，武定中永安公开府法曹，稍迁尚书起部郎中，转三公郎，出为东平原郡太守，迁定州长史，又除河间郡守，入为尚书左丞，又为济南太守。隋开皇中卒。询窥涉经史，清素自持，历官皆有干局才具，治郡甚著声绩，民吏敬而爱之。

许惇，字季良，高阳新城人也。父护，魏高阳、章武二太守。惇清识敏速，达于从政，任司徒主簿，以能判断，见知时人，号为入铁主簿。稍迁阳平太守。当时迁都邺，阳平即是畿郡，军国责办，赋敛无准，又勋贵属请，朝夕征求，征并御之以道，上下无怨。治为天下第一，特加赏异，图形于阙，诏颁天下。迁魏尹，出拜齐州刺史，转梁州刺史，治并有声。迁大司农。会侯景背叛，王思政入据颍城，王师出讨，惇常督漕，军无乏绝。引洧水灌城，惇之策也。迁殿中尚书。惇美须髯，下垂至带，省中号为长髯公。显祖尝因酒酣，握惇须髯称美，遂以刀截之。唯留一握。惇惧，因不复敢长，时人又号为齐须公。世祖践阼，领御史中丞，为胶州刺史。寻追为司农卿，又迁大理卿，再为度支尚书，历太子少保、少师、光禄大夫、开府仪同三司、尚书右仆射、持进，赐爵万年县子，食下邳郡干。以年老致仕于家，三年卒。

惇少纯直，晚更浮动。齐朝体式，本州大中正以京官为之。同郡邢邵为中书监，德望甚高，惇与邵竞中正，遂冯附宋钦道，出邵为刺史，朝议甚鄙薄之。虽久处朝行，历官清显，与邢邵、魏收、阳休之、崔劼、徐之才之徒比肩同列，诸人或谈说经史，或吟咏诗赋，更相嘲戏，欣笑满堂，惇不解剧谈，又无学术，或竟坐杜口，或隐几而睡，深为胜流所轻。

子文纪，武平末度支郎中。文纪弟文经，勤学方雅，身无择行，口无戏言。武平末，殿中侍御史。隋开皇初，侍御史，兼通直散骑常侍，聘陈使副，主爵侍郎。卒于相州长史。

　　悖兄逊，字仲让，有干局，乾明中平原太守，卒，赠信州刺史。逊子文高，司徒掾。

　　羊烈，字信卿，太山钜平人也。晋太仆卿琇之八世孙，魏梁州刺史祉之弟子。父灵珍，魏兖州别驾。烈少通敏，自修立，有成人之风。好读书，能言名理，以玄学知名。魏孝昌中，烈从兄侃为太守，据郡起兵外叛。烈潜知其谋，深惧家祸，与从兄广平太守敦驰赴洛阳告难。朝廷将加厚赏，烈告人云：“譬如斩手全躯，所存者大尔，岂有幸从兄之败以为己利乎？”卒无所受。

　　弱冠，州辟主簿，又兼治中从事。刺史方以吏事为意，以干济见知。释巾太师咸阳王行参军，迁秘书郎。显祖初为仪同三司，开府。仓曹参军事。天保初，授太子步兵校尉、轻车将军，寻迁并省比部郎中，除司徒属，频历尚书祠部、左、右民郎中，所在咸为称职。九年，除阳平太守，治有能名。是时，频有灾蝗，犬牙不入阳平境，敕书褒美焉。皇建二年，迁光禄少卿，加龙骧将军、兖州大中正，又进号平南将军。天统中，除大中大夫，兼光禄少卿。武平初，除骠骑将军、义州刺史，寻以老疾还乡。周大象中卒。

　　烈家传素业，闺门修饰，为世所称，一门女不再醮。魏太和中，于兖州造一尼寺，女寡居无子者并出家为尼，咸存戒行。烈天统中与尚书毕义云争兖州大中正。义云盛称门阀，云我累世本州刺史，卿世为我家故吏。烈答云：“卿自毕轨被诛以还，寂无人物，近日刺史，皆是疆场之上彼此而得，何足为言。岂若我汉之河南尹，晋之太傅，名德学行，百代传美。且男清女贞，足以相冠，自外多可称也。”盖讥义云之帷薄焉。

　　祉子深，魏中书令。深子肃，以学尚知名，世宗大将军府东阁祭酒。乾明初，冀州治中。赵郡王为巡省大使，肃以迟缓不任职解，朝议以肃无罪，寻复之。天统初，迁南兖州长史。武平中，入文林馆撰书，寻出为武德郡守。

烈弟修，有才干，大宁中卒于尚书左丞。子玄正，武平末将作丞。隋开皇中民部侍郎。卒于陇西郡赞治。

源彪，字文宗，西平乐都人也。父子恭，魏中书监、司空，文献公。文宗学涉机警，少有名誉。魏孝庄永安中，以父功赐爵临颍县伯，员外散骑常侍。天中四年，凉州大中正。遭父忧去职。武定初，服阕，吏部召领司徒记室，加平东将军。世宗摄选，沙汰台郎，以文宗为尚书祠部郎中，仍领记室。转太子洗马。天保元年，除太子中舍人。乾明初，出为范阳郡守。皇建二年，拜泾州刺史。文宗以恩信待物，甚得边境之和，为邻人所钦服，前政被抄掠者，多得放还。天统初，入为吏部郎中，议迁御史中丞，典选如故。寻除散骑常侍，仍摄吏部，加骠骑大将军。属秦州刺史宋嵩卒，朝廷以州在边垂，以文宗往莅泾州，颇著声绩，除秦州刺史，乘传之府，特给后部鼓吹。文宗为治如在泾州时。李孝贞聘陈，陈主谓孝贞曰："齐朝还遣源泾州来瓜步，直可谓和通矣。"寻加仪同三司。武平二年，征领国子祭酒。三年，秘书监。

陈将吴明彻寇江南，历阳瓜步相寻失守。赵彦深于起居省密访文宗曰："吴贼侜张，遂至于此，仆妨贤既久，忧惧交深，今者之势，计将安出？弟往在泾州，甚悉江、淮间情事，今将何以御之？"对曰："荷国厚恩，无由报效，有所闻见，敢不尽言。但朝廷精兵必不肯多付诸将，数千已下，复不得与吴楚争锋，命将出军，反为彼饵。尉破胡人品，王之所知。进既不得，退又未可，败绩之事，匪朝伊夕。王出而能入，朝野倾心，脱一日参差，悔无所及。以今日之计，不可再三。国家待遇淮南，失之同于蒿箭。如文宗计者，不过专委王琳，淮南招募三四万人，风俗相通，能得死力，兼令旧将淮北捉兵，足堪固守。且琳之于昙顼，不肯北面事之明矣，窃谓计之上者。若不推赤心于琳，别遣余人掣肘，复成速祸，弥不可为。"彦深叹曰："弟此良图，足为制胜千里，但口舌争来十日，已不见从。时事至此，安可尽言。"因相顾流涕。

武平七年，周武平齐，与阳休之、袁聿修等十八人同敕入京，授仪同大将军、司成下大夫。隋开皇初，授莒州刺史，至州，遇疾去官。开皇六年卒，年六十六。文宗以贵游子弟升朝列，才识敏赡，以干局见知。然好游诣贵要之门，故时论以为善于附会。

子师，少好学，明辨有识悟，尤以吏事知名。河清初，司空参军事。历侍御史、太常丞、尚书左外兵郎中。隋开皇中，尚书比部、考功侍郎。大业初，卒于大理少卿。

文宗弟文举，亦有才干，历尚书比部、二千石郎中，定州长史，带中山郡守。卒于太尉长史。

文宗从父兄楷，字那延，有器干，善草隶书。历尚书左民部郎中、治书侍御史、长乐、中山郡守、京畿长史、黄门郎、假仪同三司。

齐灭，朝贵知名入周京者，度支尚书元修伯，魏文成皇帝之后，清素寡欲，明识理体。少历显职，尚书郎、治书侍御史，司徒左长史、数郡太守、光州刺史，所在皆著声绩。及为度支，属政荒国蹙，储藏虚竭，赋役繁兴。修伯忧国如家，恤民之劳，兼济时事，询谋宰相，朝夕孜孜，与录尚书唐邕回换取舍，颇有裨益。周朝授仪同大将军、载师大夫。其事行史阙，故不列于传。齐末又有并省尚书陇西辛惪、散骑常侍长乐潘子义，并以才干知名。入仕周、隋，位官通显云。

论曰：李稚廉等以材能器干，所在咸著声名，封述聚积财贿，敝于鄙吝，季良以学浅为累，文宗以附会见称。然则羊、李二贤足为具美，士人君子可不慎与？

赞曰：惟兹数贤，干事贞固，生被雌黄，殁存缣素。封及源、许，终为身蠹。

北齐书卷四四
列传第三六

儒　林

李铉　刁柔　冯伟　张买奴
刘轨思　鲍季详　邢峙　刘昼
马敬德　张景仁　权会　张思伯
张雕　孙灵晖　石曜

　　班固称"儒家者流，盖出于司徒之官，助人君顺阴阳，行教化"者也。圣人所以明天道，正人伦，是以古先哲王率由斯道。

　　高祖生于边朔，长于戎马之间，因魏氏丧乱之余，属尔朱残酷之举，文章咸荡，礼乐同奔，弦歌之音且绝，俎豆之容将尽。及仗义建旗，扫清区县，以正君臣，以齐上下；至乎一人播越，九鼎潜移，文武神器，顾眄斯在；犹且援立宗支，重安社稷，岂非跼名教之地，渐仁义之风与？

　　属疆埸多虞，戎车岁驾，虽庠序之制有所未遑，而儒雅之道遽形心虑。魏天平中，范阳卢景裕同从兄礼于本郡起逆，高祖免其罪，置之宾馆，以经教授太原公以下。及景裕卒，又以赵郡李同轨继之。二贤并大蒙恩遇，待以殊礼。同轨之亡，复征中山张雕、渤海李铉、刁柔、中山石曜等递为诸子师友。及天保、大宁、武平之朝，亦引进名儒，授皇太子诸王经术。

然爱自始基,既于季世,唯济南之在储宫,性识聪敏,颇自砥砺,以成其美,自余多骄恣傲狠,动违礼度,日就月将,无闻焉尔。镂冰雕朽,迄用无成,盖有由也。夫帝子王孙,禀性淫逸,况义方之情不笃,邪僻之路竞开,自非得自生知,体包上智,而内有声色之娱,外多犬马之好,安能入便笃行,出则友贤者也。徒有师傅之资,终无琢磨之实。下之从化,如风靡草,是以世胄之门,罕闻强学。若使贵游之辈,饰以明经,可谓稽山竹箭,加之以括羽,俯拾青紫,断可知焉。而齐氏司存,或失其守,师、保、疑、丞皆赏勋旧,国学博士徒有虚名,唯国子一学,生徒数十人耳。欲求官正国治,其可得乎?胄子以通经仕者唯博陵崔子发、广平宋游卿而已,自外莫见其人。

幸朝章宽简,政纲疏阔,游手浮惰,十室而九。故横经受业之侣,遍于乡邑;负笈从官之徒,不远千里。伏膺无怠,善诱不倦。入闾里之内,乞食为资;憩桑梓之阴,动逾千数。燕、赵之俗,北众尤甚。齐制诸郡并立学,置博士助教授经,学生俱差逼充员,士流及豪富之家皆不从调。备员既非所好,坟籍固不关怀,又多被州郡官人驱使。纵有游惰,亦不检治,皆由上非所好之所致也。诸郡俱得察孝廉,其博士、助教及游学之徒通经者,推择充举。射策十条,通八以上,听九品出身,其尤异者亦蒙抽擢。

凡是经学诸生,多出自魏末大儒徐遵明门下。河北讲郑康成所注《周易》。遵明以传卢景裕及清河崔瑾,景裕传权会,权会传郭茂。权会早入京都,郭茂恒在门下教授,其后能言《易》者多出郭茂之门。河南及青、齐之间儒生多讲王辅嗣所注《周易》,师训盖寡。齐时儒士,罕传《尚书》之业,徐遵明兼通之。遵明受业于屯留王总,传授浮阳李周仁及渤海张文敬及李铉、权会,并郑康成所注,非古文也。下里诸生,略不见孔氏注解。武平末,河间刘光伯、信都刘士元始得费甝《义疏》,乃留意焉。其《诗》、《礼》、《春秋》尤为当时所尚,诸生多兼通之。《三礼》并出遵明之门。徐传业于李铉、沮俊、田元凤、冯伟、纪显敬、吕黄龙、夏怀敬。李铉又传授刁柔、张买奴、鲍季详、邢峙、刘昼、熊安生。安生又传孙灵晖、郭仲坚、丁恃德。其后生能通《礼经》者，多是安生门人。诸生尽通《小戴礼》，于《周》、《仪礼》兼通者十二三焉。通《毛诗》者多出于魏朝博陵刘献之。献之传李周仁，周仁传董令度、程归则，归则传刘敬和、张思伯、刘轨思。其后能言《诗》者多出二刘之门。河北诸儒能通《春秋》者，并服之慎所注，亦出徐生之门。张买奴、马敬德、邢峙、张思伯、张雕、刘昼、鲍长暄、王元则并得服氏之精微。又有卫觊、陈达、潘叔度难虽不传徐氏之门，亦为通解。又有姚文安、秦道静初亦学服氏，后更兼杜元凯所注。其河外儒生俱伏膺杜氏。其《公羊》、《谷梁》二传，儒者多不错怀。《论语》、《孝经》，诸学徒莫不通讲。诸儒如权会、李铉、刁柔、熊安生、刘轨思、马敬德之徒多自出义疏。虽曰专门，亦皆粗习也。

今序所录诸生，或终于魏朝，或名宦不达，纵能名家，又阙其由来及所出郡国，并略存其姓名而已。是取其尤通显者列于《儒林》云。熊安生名在周史，光伯、士元著于《隋书》，不重述。

李铉，字宝鼎，渤海南皮人也。九岁入学，书《急就篇》，月余便通。家素贫苦，常春夏务农，冬乃入学。年十六，从浮阳李周仁受《毛诗》、《尚书》，章武刘子猛受《礼记》，常山房虬受《周官》、《仪礼》，渔阳鲜于灵馥受《左氏春秋》。铉以乡里无可师者，遂与州里杨元懿、河间宗惠振等结侣诣大儒徐遵明受业。居徐门下五年，常称高第。二十三，便自潜居，讨论是非，撰定《孝经》、《论语》、《毛诗》、《三礼义疏》及《三传异同》、《周易义例》合三十余卷。用心精苦，曾三冬不畜枕，每至睡时，假寐而已。年二十七。归养二亲，因教授乡里，生徒恒至数百。燕、赵间能言经者，多出其门。

年三十六，丁父丧。服阕，以乡里寡文籍，来游京师，读所未见书。州举秀才，除太学博士。武定中，李同轨卒，后高祖令世宗在京妙简硕学，以教诸子。世宗以铉应旨，征诣晋阳。时中山石曜、北平阳绚、北海王晞、清河崔瞻、广平宋钦道及工书人韩毅同在东馆，师友诸王。铉以去圣久远，文字多有乖谬，感孔子"必也正名"之言，乃喟然有刊正之意。于讲授之暇，遂览《说文》，爰及《仓》、《雅》，删正六艺经注中谬字，名曰《字辨》。显祖受禅，从驾还都。天保初，诏铉与殿中尚书邢邵、中书令魏收等参议礼律，仍兼国子博士。时诏北平太守景业、西河太守綦母怀文等草定新历，录尚书平原王高隆之令铉与通直常侍房延佑、国子博士刁柔参考得失。寻正国子博士。废帝之在东宫，显祖诏铉以经入授，甚见优礼。数年，病卒。特赠廷尉少卿。及还葬故郡，太子致祭奠之礼，并使王人将送，儒者荣之。阳元懿、宋惠振官亦俱至国子博士。

刁柔，字子温，渤海人也。父整，魏车骑将军、赠司空。柔少好学。综习经史，尤留心礼仪。性强记，至于氏族内外，多所谙悉。初为世宗挽郎，出身司空行参军。丧母，居丧以孝闻。永安中，除中坚将军、奉车都尉，加冠军将军、中散大夫。元象中，随例到晋阳，高祖以为永安公府长流参军，又令教授诸子。天保初，除国子博士、中书舍人。魏收撰魏史，启柔等与同其事。柔性颇专固，自是所闻，收常所嫌惮。

又参议律令。时议者以为立五等爵邑，承袭者无嫡子，立嫡孙，无嫡孙，立嫡子弟，无嫡子弟，立嫡孙弟。柔以为无嫡子，立嫡孙，不应立嫡子弟。议曰：

适柔案《礼》立嫡以长，故谓长子为嫡子。嫡子死，以嫡子之子为嫡孙，死则曾、玄亦然。然则嫡子之名，本为传重。故《丧服》曰："庶子不为长子三年，不继祖与祢也。"《礼记》公仪仲子之丧："《檀弓》曰：'何居，我未之前闻。仲子舍其孙而立其弟何也？'子服伯子曰：'仲子亦犹行古人之道也，昔者文王舍伯邑考而立武王发，微子舍其孙盾而立弟衍，仲子亦犹行古之道也。'"郑注曰："仲子为亲者讳耳，立子非也。文王之后武王，权也。微子嫡子死，立其弟衍，殷礼也。""子游问诸孔子，曰：'不，立孙。'"注曰："据《周礼》。"然则商以嫡子死，立嫡子之母弟，周以嫡子死，立嫡子之子为嫡孙。故《春秋公羊》之义，嫡子有孙而死，质家亲亲先立弟，文家尊尊先立孙。《丧服》云："为父后者出母无服。"《小记》云："祖父卒而后为祖母后者三年。"
为出母无服者,丧者不祭故也。为祖母三年者,大宗传重故也。
今议以嫡子孙死而立嫡子母弟,嫡子母弟者则为父后矣。嫡子
母弟本非承嫡,以无嫡,故得为父后。则嫡孙之弟,理亦应得为
父后。则是父卒然后为祖后者服斩,既得为祖服斩,而不得为
传重者,未之闻也。若用商家亲亲之义,本不应嫡子死而立嫡
子孙。若从周家尊尊之文,岂宜舍其孙而立其弟?或文或质,
愚用惑焉。《小记》复云："嫡妇不为舅后者则姑为之小功。"注
云："谓夫有废疾他故若死无子不受重者。小功,庶妇之服。凡
父母于子,舅姑于妇,将不传重于嫡,及将所传重者非嫡,服之
皆如众子庶妇也。"言死无子者,谓绝世无子,非谓无嫡子。如
其有子,焉得云无后?夫虽废疾无子,妇犹以嫡为名。嫡名既
在,而欲废其子者,其如礼何!礼有损益,代相沿革,必谓宗嫡
可得而变者,则为后服斩,亦宜有因而改。

七年夏卒,时年五十六。柔在史馆未久,逢勒成之际,志存偏
党。《魏书》中与其内外通亲者并虚美过实,深为时论所讥焉。

冯伟,字伟节,中山安喜人也。身长八尺,衣冠甚伟,见者肃然
敬惮。少从李宝鼎游学,李重其聪敏,恒别意试问之。多所通解,尤
明《礼传》。后还乡里,闭门不出将三十年,不问生产,不交宾客,专
精覃思,无所不通。

赵郡王出镇定州,以礼迎接,命书三至,县令亲至其门,犹辞疾
不起。王将命驾致请,佐史前后星驰报之,县令又自为其整冠履,不
得已而出。王下厅事迎之,止其拜伏,分阶而上,留之宾馆,甚见礼
重。王将举充秀才,固辞不就。岁余请还。王知其不愿拘束,以礼
发遣,赠遗甚厚,一无所纳,唯受时服而已。及还,终不交人事,郡守
县令每亲至其门。岁时或置羊酒,亦辞不纳。门徒束修,一毫不受。
耕而饭,蚕而衣,箪食瓢饮,不改其乐,竟以寿终。

张买奴，平原人也。经义该博，门徒千余人。诸儒咸推重之。名声甚盛。历太学博士、国子助教，天保中卒。

刘轨思，渤海人也。说《诗》甚精。少事同郡刘敬和，敬和事同郡程归则，故其乡曲多为《诗》者。轨思，天统中任国子博士。

鲍季详，渤海人也。甚明《礼》，听其离文析句，自然大略可解。兼通《左氏春秋》，少时恒为李宝鼎都讲，后亦自有徒众，诸儒称之。天统中，卒于太学博士。从弟长暄，兼通《礼传》。武平末，为任城王湝丞相掾，恒在京教授贵游子弟。齐亡后，归乡里讲经，卒于家。

邢峙，字士峻，河间鄚人也。少好学，耽玩坟典，游学燕、赵之间，通《三礼》、《左氏春秋》。天保初，郡举孝廉，授四门博士，迁国子助教，以经入授皇太子。峙方正纯厚，有儒者之风。厨宰进太子食，有菜曰"邪蒿"，峙命去之，曰："此菜有不正之名，非殿下所宜食。"显祖闻而嘉之，赐以被褥缣纩，拜国子博士。皇建初，除清河太守，有惠政，民吏爱之。以年老谢病归，卒于家。

刘昼，字孔昭，渤海阜城人也。少孤贫，爱学，负笈从师，伏膺无倦。与儒者李宝鼎同乡里，甚相亲爱，受其《三礼》。又就马敬德习《服氏春秋》，俱通大义。恨下里少坟籍，便杖策入都。知太府少卿宋世良家多书，乃造焉。世良纳之。恣意披览，昼夜不息。

河清初，还冀州，举秀才入京，考策不第。乃恨不学属文，方复缉缀辞藻，言甚古拙。制一首赋，以《六合》为名，自谓绝伦，吟讽不辍。乃叹曰："儒者劳而少工，见于斯矣。我读儒书二十余年而答策不第，始学作文，便得如是。"曾以此赋呈魏收，收谓人曰："赋名六合，其愚已甚，及见其赋，又愚于名。"

昼又撰《高才不遇传》三篇。在皇建、大宁之朝，又频上书，言亦切直，多非世要，终不见收采。自谓博物奇才，言好矜大，每云："使我数十卷书行于后世，不易齐景之千驷也。"而容止舒缓，举动不伦，由是竟无仕进。天统中，卒于家，年五十二。

马敬德，河间人也。少好儒术，负笈随大儒徐遵明学《诗》、《礼》略通大义而不能精。遂留意于《春秋左氏》，沈思研求，昼夜不倦，解义为诸儒所称。教授于燕、赵间，生徒随之者众。河间郡王每于教学追之，将举为孝廉，固辞不就。乃诣州求举秀才，举秀才例取文士，州将以其纯儒，无意推荐。敬德请试方略，乃策问之，所答五条，皆有文理。乃欣然举送至京。依秀才策问，唯得中第，乃请试经业，问十条并通。擢授国子助教，迁太学博士。天统初，除国子博士。世祖为后主择师傅，赵彦深进之，入为侍讲。其妻梦猛兽将来向之，敬德走超丛棘，妻伏地不敢动。敬德占之曰："吾当得大官。超棘，过九卿也。尔伏地，夫人也。"后主既不好学，敬德侍讲甚疏，时时以《春秋》入授。武平初，犹以师傅之恩，超拜国子祭酒，加仪同三司、金紫光禄大夫，领瀛州大中正，卒。赠开府、瀛沧安州诸军事、瀛州刺史。其后侍书张景仁封王。赵彦深云："何容侍书封王，侍讲翻无封爵。"于是亦封敬德广汉郡王。子元熙袭。

元熙字长明，少传父业，兼事文藻。以父故，自青州集曹参军超迁通直侍郎，待诏文林馆，转正员。武平中，皇太子将讲《孝经》，有司请择师友。帝曰："马元熙朕师之子，文学不恶，可令教儿。"于是以《孝经》入授皇太子，儒者荣其世载。性和厚，在内甚得名誉，皇太子亦亲敬之。隋开皇中，卒于秦王文学。

张景仁者，济北人也。幼孤家贫，以学书为业，遂工草隶，选补内书生。与魏郡姚元标、颍川韩毅、同郡袁买奴、荥阳李超等齐名，世宗并引为宾客。天保八年，敕授太原王绍德书，除开府参军。后主在东宫，世祖选善书人性行淳谨者令侍书，景仁遂被引擢。小心恭慎，后主爱之，呼为博士。历太子门大夫、员外散骑常侍、谏议大夫。后主登祚，除通直散骑常侍。及奏，御笔点除通字，遂正常侍。

左右与语，犹称博士。

胡人何洪珍有宠于后主，欲得通婚朝士，景仁在内官位稍高，遂为其兄子取景仁第二息子瑜之女。因此表里，恩遇日隆。景仁多疾，每遣徐之范等治疗，给药物珍羞，中使问疾，相望于道。是后，敕有司恒就宅送御食。

迁假仪同三司、银青光禄大夫，食恒山县干。车驾或有行幸，在道宿处，每送步障为遮风寒。进位仪同三司，寻加开府，侍书、余官并如故。每旦须参，即在东宫停止。及立文林馆，中人邓长颙希旨，奏令总制馆事，除侍中。四年，封建安王。洪珍死后，长颙犹存旧款，更相弥缝，得无除退。除中书监，以疾卒。赠侍中、齐济等五州刺史、司空公。

景仁出自寒微，本无识见，一旦开府、侍中、封王。其妻姓奇，莫知氏族所出，容制音辞，事事庸俚。既诏除王妃，与诸公主、郡君同在朝谒之例，见者为其惭悚。子瑜，薄传父业，更无余伎，以洪珍故，擢授中书舍人，转给事黄门侍郎。长息子玉，起家员外散孙侍郎。

景仁性本卑谦，及用胡人、巷伯之势，坐致通显，志操颇改，渐成骄傲。良马轻裘，徒从拥冗，高门广宇，当衢向街。诸子不思其本，自许贵游。自苍颉以来，八体取进，一人而已。

权会，字正理，河间鄚人也。志尚沉雅，动遵礼则。少受《郑易》，探颐索隐，妙尽幽微，《诗》、《书》、《三礼》，文义该洽，兼明风角，妙识玄象。魏定初，本郡贡孝廉，策居上第，解褐四门博士。仆射崔暹引为馆客，甚敬重焉，命世子达孥尽师傅之礼，会因此闻达。暹欲荐会与马敬德等为诸王师，会性恬静，不慕荣势，耻于左宦，固辞。暹亦识其意，遂罢荐举。寻被尚书符追著作，修国史，监知太史局事。皇建中，转加中散大夫，余并如故。

会参掌虽繁，教授不阙。性甚懦弱，似不能言，及临机答难，酬报如响，动必稽古，辞不虚发，由是为儒宗所推。而贵游子弟慕其德义者，或就其宅，或寄宿邻家，昼夜承闲，受其学业。会欣然演说，未尝懈怠。

虽明风角，解玄象，至于私室，辄不及言，学徒有请问者，终无所说。每云："此学可知不可言。诸君并贵游子弟，不由此进，何烦问也。"会唯有一子。亦不以此术教之。其谨密也如此。曾令家人远行，久而不及。其行还，垂欲至宅，乃逢寒雪，寄息他舍。会方处学堂请说，忽有旋风瞥然，吹雪入户。会乃笑曰："行人至，何意中停。"遂命使人令诣某处追寻，果如其语。每为人占筮，小大必中。但用爻辞、彖象以辩吉凶，易占之属，都不经口。

会本贫生，无仆隶，初任助教之日，恒乘驴上下。且其职事处多，每须经历，及其退食，非晚不归。曾夜出城东门，钟漏已尽，会唯独乘驴。忽有二人，牵头，一人随后，有似相助，其回动轻漂，有异生人。渐渐失路，不由本道。会心甚怪之，遂诵《易经》上篇，一卷不尽，前后二人，忽然离散。会亦不觉坠驴，因而迷闷，至明始觉，方知坠驴之处，乃是郭外，才去家数里。

有一子，字子袭，聪敏精勤，幼有成人之量。不幸先亡，临送者为其伤，会唯一哭而罢，时人尚其达命。

武平年，自府还第，在路无故马倒，遂不得语，因尔暴亡，时年七十六。注《易》一部，行于世。会生畏马，位望所至，不得不乘，果以此终。

张思伯，河间乐城人也。善说《左氏传》，为马敬德之次。撰《刊例》十卷，行于时。亦治《毛诗》章句，以二经教齐安王廓。武平初，国子博士。

张雕，中山北平人也。家世贫贱，而慷慨有志节，雅好古学。精力绝人，负箧从师，不远千里。遍通《五经》，尤明《三传》，弟子远方就业者以百数，诸儒服其强辨。

魏末，以明经召入霸府，高祖令与诸子讲读。起家殄寇将军。稍迁太尉长流参军、定州主簿。从世宗赴并，除常山府长流参军。天保中，为永安王府参军事。显祖崩于晋阳，擢兼祠部郎中，典丧事，从梓宫还邺。乾明初，除国子博士。迁平原太守，坐赃贿失官。世祖即位，以旧恩除通直散骑侍郎。琅邪王俨求博士精儒学，有司以雕应选，时号得人。寻为泾州刺史。未几，拜散骑常侍，复为俨讲。值帝侍讲马敬德卒，乃入授经书。帝甚重之，以为侍读，与张景仁并被尊礼，同入华光殿，共读《春秋》。加国子祭酒，假仪同三司，待诏文林馆。

胡人何洪珍大蒙主上亲宠，与张景仁结为婚媾。雕以景仁宗室，自托于洪珍，倾心相礼，情好日密，公私之事，雕常为其指南。时穆提婆、韩长鸾与洪珍同侍帷幄，知雕为洪珍谋主，甚忌恶之。洪珍又奏雕监国史。寻除侍中，加开府，奏度支事，大被委任，言多见从。特敕奏事不趋，呼为博士。雕自以出于微贱，致位大臣，励精在公，有匪躬之节，欲立功效，以报朝恩，论议抑扬，无所回避。宫掖不急之费，大存减省，左右纵恣之徒，必加禁约，数讥切宠要，献替帷扆。上亦深倚仗之，方委以朝政。雕便以澄清为己任，意气甚高，尝在朝堂谓郑子信曰："向入省中，见贤家唐令处分极无所以，若作数行兵帐，雕不如邕，若致主尧、舜，身居稷、契，则邕不如我。"其矜诞如此。

长鸾等虑其干政不已，阴图之。会雕与侍中崔季舒等谏帝幸晋阳，长鸾因谮之，故俱诛死。临刑，帝令段孝言诘之。雕致对曰："臣起自诸生，谬被抽擢，接事累世，常蒙恩遇，位至开府、侍中，光宠隆洽。每思尘露，微益山海，今者之谏，臣实首谋，意善功恶，无所逃死。伏愿陛下珍爱金玉，开发神明，数引贾谊之伦，论说治道，令听览之间，无所拥蔽，则臣虽死之日，犹生之年。"欻欷流涕，俯而就戮，侍卫左右莫不怜而壮之，时年五十五。子德冲等徙于北边，南安之反，德冲及弟德揭俱死。

德冲和谨谦让，善于人伦，聪敏好学，颇涉文史。以帝师之子，早见旌擢。历员外散骑侍郎、太师府掾，入为中书舍人，随例待诏。其父之戮也，德冲在殿庭执事，目见冤酷，号哭殒绝于地，久之乃苏。

孙灵晖，长乐武强人也。魏大儒秘书监惠蔚，灵晖之族曾王父也。灵晖少明敏，有器度。惠蔚一子早卒，其家书籍多在焉。灵晖年七岁，便好学，日诵数千言，唯寻讨惠蔚手录章疏，不求师友。《三礼》及《三传》皆通宗旨，然始就鲍季详、熊安生质问疑滞，其所发明，熊、鲍无以异也。举冀州刺史秀才，射策高第，授员外将军。后以儒术甄明，擢授太学博士。迁北徐州治中，转潼郡太守。

天统中，敕令朝臣推举可为南阳王绰师者，吏部尚书尉瑾表荐之，征为国子博士，授南阳王经。王虽不好文学，亦甚相敬重，启除其府谘议参军。绰除定州刺史，仍随之镇。绰所为猖蹶，灵晖唯默默忧悴，不能谏止。绰欲以管记马子结为谘议参军。乃表请转灵晖为王师，以子结为谘议。朝廷以王师三品，启奏不合。后主于启下手答，云"但用之"，仍手报南阳书，并依所奏。儒者甚以为荣。绰除大将军。灵晖以王师领大将军司马。绰诛，停废。从绰死后，每至七日及百日终，灵晖恒为绰请僧设斋，转经行道。齐亡后数年卒。

子万寿，聪识机警，博涉群书，《礼》《传》俱通大义，有辞藻，尤甚诗咏。齐末，阳休之辟为开府行参军。随奉朝请、滕王文学、豫章长史。卒于大理司直。

马子结者，其先扶风人也。世居凉土，太和中入洛。父祖俱清官。子结兄弟三人，皆涉文学。阳休之牧西兖，子廉、子尚、子结与诸朝士各有诗言赠，阳总为一篇酬答，即诗云"三马俱白眉"者也。子结以开府行参军擢为南阳王管记，随绰定州。绰每出游猎，必令子结走马从禽。子结既儒缓，衣垂帽落，或嗷或啼，令骑驱之，非坠马不止，绰以为欢笑。由是渐见亲狎，启为谘议云。

石曜，字白曜，中山安喜人，亦以儒学进。居官至清俭。武平中黎阳郡守，值斛律武都出为兖州刺史，武都即丞相咸阳王世子，皇后之兄，性甚贪暴。先过卫县，令丞以下聚敛绢数千匹以遗之。及至黎阳，令左右讽动暹及郡治下县官。暹手持一缣而谓武都曰："此是老石机杼，聊以奉赠。自此来并须出于吏民，吏民之物，一毫不敢辄犯。"武都亦知暹清素纯儒，笑而不责。著《石子》十卷，言甚浅俗。后终于谯州刺史。此外行事史阙焉。

　　赞曰：大道既隐，名教是遵，以斯建国，以此立身。帝图杂霸，儒风未纯，何以不坠，弘之在人。

北齐书卷四五
列传第三七

文　苑

祖鸿勋　李广　樊逊　刘逖
荀士逊　颜之推　袁奭　韦道逊　江旰
睦豫　朱才　荀仲举　萧悫　古道子

　　夫玄象著明，以察时变，天文也；圣达立言，化成天下，人文也；达幽显之情，明天人之际，其在文乎。逖听三古，弥纶百代，制礼作乐，腾实飞声，若或言之不文，岂能行之远也。子曰："文王既没，文不在兹？"大圣踵武，邈将千载，其间英贤卓荦，不可胜纪，咸宜韬笔寝牍，未可言文，斯固才难不其然也。至夫游、夏以文词擅美，颜回则庶几将圣，屈、宋所以后尘，卿云未能辍简。于是辞人才子，波骇云属，振鹓鹭之羽仪，纵雕龙之符采，人谓得玄珠于赤水，策奔电于昆丘，开四照于春华，成万宝于秋实。

　　然文之所起，情发于中。人有六情，禀五常之秀，情感六气，顺四时之序。其有帝资悬解，天纵多能，摛黼黻于生知，问珪璋于先觉，譬雕云之自成五色，犹仪凤之冥会八音，斯固感英灵以特达，非劳心所能致也。纵其情思底滞，关键不通，但伏膺无怠，钻仰斯切，驰骛胜流，周旋益友，强学广其闻见，专屏□于涉求，书缋饰以丹青，雕琢成其器用，是□学而知之，犹足贤乎己也。谓石为兽，射之洞开，精之至也。积岁解牛，恕然游刃，习之久也。自非浑沌无可凿之姿,穷奇怀不移之情,安有至精久习而不成功者焉。善乎魏文之著论也:"人多不强力,贫贱则慑于饥寒,富贵则流于逸乐,遂营目前之务,而遗千载之功,日月逝于上,体貌衰于下,忽然与万物迁化,斯志士大痛也。"

沈休文云:"自汉至魏,四百余年,辞人才子,文体三变。"然自兹厥后,轨辙尤多。江左梁末,弥尚轻险,始自储宫,刑乎流俗,杂沓滞以成音,故虽悲而不雅。爰逮武平,政乖时蠹,唯藻思之美,雅道犹存,履柔顺以成文,蒙大难而能正。原夫两朝叔世,俱肆淫声,而齐氏变风,属诸弦管,梁时变雅,在夫篇什。莫非易俗所致,并为亡国之音,而应变不殊,感物或异,何哉?盖随君上之情欲也。

有齐自霸图云启,广延髦俊,开四门以纳之,举八纮以掩之,邺京之下,烟霏雾集,河间邢子才、钜鹿魏伯起、范阳卢元明、钜鹿魏季景、清河崔长儒、河间邢子明、范阳祖孝徵、乐安孙彦举、中山杜辅畜、北平阳子烈并其流也。复有范阳祖鸿勋亦参文士之列。天保中,季愔、陆卬、崔瞻、陆元规并在中书,参掌纶诰。其李广、樊逊、李德林、卢询祖、卢思道始以文章著名。皇建之朝,常侍王晞独擅其美。河清、天统之辰,杜台卿、刘逖、魏骞亦参知诏敕。自愔以下,在省唯撰述除官诏旨,其关涉军国文翰,多是魏收作之。及在武平,李若、荀士逊、李德林、薛道衡为中书侍郎,诸军国文书及大诏诰俱是德林之笔,道衡诸人皆不预也。

后主虽溺于群小,然颇好讽咏,幼稚时,曾读诗赋,语人云:"终有解作此理不?"及长亦少留意。初因画屏风,敕通直郎兰陵萧放及晋陵王孝式录古名贤烈士及近代轻艳诸诗以充图画,帝弥重之。后复追齐州录事参军萧悫、赵州功曹参军颜之推同入撰次,犹依霸朝,谓之馆客,放及之推意欲更广其事,又祖珽辅政,爱重之推,又托邓长颙渐说后主,属意斯文。三年,祖珽奏立文林馆,于是更召引学士,谓之待诏文林馆焉。珽又奏撰《御览》,诏珽及特进魏收、太子太师徐之才、中书令崔劼、散骑常侍张雕、中书监阳休之监撰。珽等奏追通直散骑侍郎韦道孙、陆乂、太子舍人王邵、卫尉丞李孝基、殿中侍御史魏澹、中散大夫刘仲威、袁奭、国子博士朱才、奉车都尉睦道闲、考功郎中崔子枢、左外兵郎薛道衡、并省主客郎中卢思道、司空东阁祭酒崔德、太学博士诸葛汉、奉朝请郑公超、殿中侍御史郑子信等入馆撰书，并敕放、悫之推等同入撰例。复令散骑常侍封孝琰、前乐陵太守郑元礼、卫尉少卿杜台卿、通直散骑常侍王训、前兖州长史羊肃、通直散骑常侍马元熙、并省三公郎中刘珉、开府行参军李师正、温君悠入馆，亦令撰书。复命特进崔季舒、前仁州刺史刘逖、散骑常侍李孝贞、中书侍郎李德林续入待诏。寻又诏诸人各举所知，又有前济州长史李𪏛、前广武太守魏骞、前西兖州司马萧溉、前幽州长史陆仁惠、郑州司马江旰、前通直散骑侍郎辛德源、陆开明、通直郎封孝謇、太尉掾张德冲、并省右民郎高行恭、司徒户曹参军古道子、前司空功曹参军刘颙、获嘉令崔德儒、给事李元楷、晋州治中阳师孝、太尉中兵参军刘儒行、司空祭酒阳辟强、司空士曹参军卢公顺、司徒中兵参军周子深、开府参军王友伯、崔君洽、魏师謇并入馆待诏，又敕右仆射段孝言亦入焉。《御览》成后，所撰录人亦有不时待诏，付所司处分者，凡此诸人，亦有文学肤浅，附会亲识，妄相推荐者十三四焉。虽然，当时操笔之徒，搜求略尽。其外如广平宋孝王、信都刘善经辈三数人。论其才性，入馆诸贤亦十三四不逮之也。待诏文林，亦是一时盛事，故存录其姓名。

自邢子才以还，或身终魏朝，已入前史；或名位既重，自有列传；或附其家世；或名存后书。辄略而不载。今缀序祖鸿勋等列于《文苑》者焉。自外有可录者，存之篇末。

祖鸿勋，涿郡范阳人也。父慎，仕魏历雁门、咸阳太守，治有能名。卒于金紫光禄大夫，赠中书监、幽州刺史，谥惠侯。鸿勋弱冠与同郡卢文符并为州主簿。仆射临淮王彧表荐鸿勋有文学，宜试以一官，敕除奉朝请。人谓之曰："临淮举卿，便以得调，竟不相谢，恐非其宜。"鸿勋曰："为国举才，临淮之务，祖勋何事从而谢之。"或闻而喜曰："吾得其人矣。"及葛荣南逼，出为防河别将，守滑台。永安初，元罗为东道大使，署封隆之、邢邵、李浑、李象、鸿勋并为子使。除东齐北太守，以父老疾为请，竟不之官。后城阳王徽奏鸿勋为司徒法曹参军事，赴洛，徽谓之曰："吾闻临淮相举，竟不到门，今来何也？"鸿勋曰："今来赴职，非为谢恩。"转廷尉正。

后去官归乡里。与阳休之书曰：

阳生大弟：吾比以家贫亲老，时还故郡。在本县之西界，有雕山焉。其处闲远，水石清丽，高岩四匝，良田数顷，家先有野舍于斯，而遭乱荒废，今复经始。即石成基，凭林起栋。萝生映宇，泉流绕阶。月松风草，缘庭绮合；日华云实，傍沼星罗。檐下流烟，共霄气而舒卷；园中桃李，杂椿柏而葱蒨。时一褰裳涉涧，负杖登峰，心悠悠以孤上，身飘飘而将逝，杳然不复自知在天地间矣。若此者久之，乃还所住。孤坐危石，抚琴对水，独咏山阿，举酒望月，听风声以兴思，闻鹤唳以动怀。企庄生之逍遥，慕尚子之清旷。首戴萌蒲，身衣缊被，出艺梁稻，归奉慈亲，缓步当车，无事为贵，斯已适矣，岂必抚尘哉。

而吾生既系名声之缰锁，就良工之剞劂。振佩紫台之上，鼓袖丹墀之下。采金匮之漏简，访玉山之遗文。敝精神于丘坟，尽心力于河汉。摛藻期之鞶绣，发议必在芬香，兹自美耳，吾无取焉。

尝试论之。夫昆峰积玉，光泽者前毁；瑶山丛桂，芳茂者先折。是以东都有挂冕之臣，南国见捐情之士。斯岂恶粱锦，好蔬布哉？盖欲保其七尺，终其百年耳。今弟官位既达，声华已远，象由齿毙，膏用明煎，既览老氏谷神之谈，应体留侯止足之逸。若能翻然清尚，解佩捐簪，则吾于兹山，庄可办一。得把臂入林，挂巾垂枝，携酒登巘，舒席平山，道素志，论旧款，访丹法，语玄书，斯亦乐矣，何必富贵乎？去矣阳子，途乖趣别，缅寻此旨，杳若天汉。已矣哉，书不尽意。

梁使将至，敕鸿勋对客。高祖曾征至并州，作《晋祠记》，好事者玩其文。位至高阳太守,在官清素,妻子不免寒馁,时议高之。天保初,卒官。

李广,字弘基,范阳人也,其先自辽东徙焉。广博涉群书,有才思文议之美,少与赵郡李骞齐名,为邢、魏之亚。而讷于言,敏于行。魏安丰王延明镇徐州,署广长流参军。释褐荡逆将军。尔朱仲远牒为大将军记室,加谏议大夫。荆州行台辛纂上为行台郎中,寻为车骑府录事参军。中尉崔暹精选御史,皆是世胄,广独以才学兼御史,修国史,南台文奏,多其辞也。平阳公淹祖为中尉,转侍御史。显祖初嗣霸业,命掌书记。天保初,欲以为中书郎,遇其病笃而止。

广曾欲早朝,未明假寐,忽惊觉,谓其妻云:"吾向似睡,忽见一人出吾身中,语云:'君用心过苦,非精神所堪,今辞君去。'"因而惚悦不乐,数日便遇疾,积年不起,资产屡空,药石无继。广雅有鉴识,度量弘远,坦平无私,为士流所爱,岁时共赡遗之,赖以自给,竟以疾终。曾荐毕义云于崔暹,广卒后,义云集其文笔十卷,托魏收为之叙。其族人子道亦有文章。

樊逊,字孝谦,河东北猗氏人也。祖琰,父衡,并无官宦。而衡性至孝,丧父,负土成坟,植柏方数十亩,朝夕号慕。逊少学,常为兄仲优饶。既而自责曰:"名为人弟,独受安逸,可不愧于心乎?"欲同勤事业。母冯氏谓之曰:"汝欲谨小行耶?"逊感母言,遂专心典籍,恒书壁作"见贤思齐"四字,以自劝勉。属本州沦陷,寓居邺中,为临漳小史。县令裴鉴莅官清苦,致白雀等瑞,上《清德颂》十首。鉴大加赏重,擢为主簿,仍荐之于右仆射崔暹,与辽东李广、渤海封孝琰等为暹宾客。人有讥其靖默不能趣时者,逊常服东方朔之言,陆沉世俗,避世金马,何必深山蒿庐之下,遂借陆沉公子为主人,似《客难》制《客诲》以自广。后崔暹大会宾客,大司马、襄城王元旭时亦在坐,论欲命府僚。暹指逊曰:"此人学富才高,佳行参军也。旭目之曰:"岂能就耶?"逊曰:"家无荫第,不敢当此。"武定七年,世宗崩,遏徙于边裔，宾客咸散，逊遂往陈留而居之。

梁州刺刘杀鬼以逊兼录事参军，仍举秀才。尚书案旧令，下州三载一举秀才，为五年已贡开封人郑祖献。计至此年未合。兼别驾王聪抗议，右丞阳斐不能却。尚书令高隆之曰："虽逊才学优异，待明年仕非远。"逊竟还本州。八年，转兼长史，从军南讨。军还，杀鬼移任颍川，又引逊兼颍州长史。天保元年，本州复召举秀才。二年春，会朝堂对策罢，中书郎张子融奏入。至四年五月，逊与定州秀才李子宣等以对策三年不调，被付外，上书请从闻罢，诏不报。

梁州重表举逊为秀才。五年正月制昭问升中纪号，孝谦对曰：

　　臣闻巡岳之礼，勒在《虞书》，省方之义，著于《易象》。往帝前王，匪唯一姓，封金刊玉，亿有余人。仲尼之观梁甫，不能尽识；夷吾之对齐桓，所存未几。然盛德之事，必待太平，苟非其人，更贻灵谴。秦皇无道，致雨风之灾；汉武奢淫，有奉车之害。及文叔受命，炎精更辉，四海安流，天下辑睦，剑赐骑士，马驾鼓车，乃用张纯之文，始从伯阳之说，至于魏、晋，虽各有君，量德而处，莫能似议，蒋济上言于前，徒秽纸墨；袁准发论于后，终未施行。世历三朝，年将十祀，启圣之期，兹为昌会。然自水德不竞，函谷封途，天马息歌，苞芽绝贡。我太祖收宝鸡之瑞，握凤皇之书，体一德以匡朝，屈三分而事主，荡此妖寇，易如沃雪。但昌既受命，发乃行诛，虽太白出高，中国宜战，置之外度，望其迁善。伏惟陛下以神武之姿，天然之略，马多冀北，将异山西，凉风至，白露下，北上太行，东临碣石，方欲吞巴蜀而扫崤函，苑长洲而池江汉。复恐迎风纵火，芝艾共焚，按此六军，未申九伐。夫周发牙璋，汉驰竹使，义在济民，非闻好战，至如投鼠忌器之说，盖是常谈；文德怀远之言，岂识权道。今三台令子，六郡良家，蓄锐须时，裹粮待诏。未若龙驾虎服，先收陇右之民，电转雷惊，因取荆南之地。昔秦举长平，金精食昴，楚攻钜鹿，枉矢宵流，况我威灵，能无协赞。但使彼之百姓一睹六军，似见周王，若逢司隶。然后除其苛令，与其约法，振旅而还，止戈为武，标金南海，勒石东山，纪天地之奇功，被风声于千载。若令马儿不死，子阳尚在，便欲案明堂之图，草射牛之礼，比德论功，多惭往列，升中告禅，臣用有疑。

又问求才审官，孝谦对曰：

臣闻雕兽画龙，徒有风云之势。金舟玉马，终无水陆之功。三驾礼贤，将收实用，一毛不拔，复何足取。是以尧作虞宾，遂全箕山之操；周移商鼎，不纳孤竹之言。但处士盗名，虽云久矣；朝臣窃位，盖亦实多。汉拜丞相，便有钟鼓之妖；魏用三公，乃致孙权之笑。故山林之与朝廷，得容非毁；肥遁之与宾王，翻有优劣。至于时非蹈海，而曰羞作秦民；事异出关，而言耻从卫乱。虽复星干帝座，不易高尚之心；月犯少微，终存耿介之志。

自我太岳之后，克广洪业，禹至神宗，舜格文祖。陛下受天明之命，光华日月，爰自纳麓，乃格文祖，仪天地以设官，象星辰而布职。汉家神凤，惭用纪年，魏氏青龙，羞将改号。上膺列宿，咸是异人；下法山川，莫非奇士。所以画堂甲观，修德日新，庙鼎歌钟，王勋岁委。循名责实，选众举能，朝无铜臭之公，世绝《钱神》之论。昔百里相秦，名存《雀录》；萧、张辅沛，姓在《河书》。今日公卿，抑亦天授，与之为治，何欲□□。未必稽首天师，方闻牧马之术；膝行山上，□得治身之道。且使帝德休明，自强不息，甲夜观书，支日通奏。周昌桀、纣之论，欣然开纳；刘毅桓、灵之比，终自含弘。高悬王爵，唯能是与，管库靡遗，渔盐毕录。无令桓谭非谶，官止于郡丞；赵壹负才，位终于计掾。则天下宅心，幽明知感，岁精仕汉，风伯朝周，真人去而复归，台星坼而还敛，《诗》称多士，《易》载群龙，从此而言，可以无愧。

又问释道两教，孝谦对曰：

臣闻天道性命，圣人所不言，盖以理绝涉求，难为称谓。伯阳道德之论，庄周逍遥之旨，遗言取意，犹有可寻。至若玉简金书，神经秘录，三尺九转之奇，绛雪玄霜之异，淮南成道，犬吠云中，子乔得仙，剑飞天上，皆是凭虚之说，海枣之谈，求之如系风,学之如捕影。而燕君、齐后、秦皇、汉帝,信彼方士,冀遇其真,徐福去而不归,栾大往而无获。犹谓升遐倒影,抵掌可期;祭鬼求神,庶或不死。江璧既返,还入骊山之墓;龙媒已至,终下茂陵之坟。方知刘向之信洪宝,没有余责;王充之非黄帝,比为不相。又末叶已来,大存佛教,写经西土,画像南宫。昆池地黑,以为劫烧之灰;春秋夜明,谓是降神之日。法王自在,变化无穷,置世界于微尘,纳须弥于黍米。盖理本虚无,示诸方便。而妖妄之辈,苟家出家,药王燔躯,波论洒血,假未能然,犹当克命。宁有改形易貌,有异生人,恣意放情,还同俗物。龙宫余论,鹿野前言,此而得容,道风前坠。

伏惟陛下受天明命,屈己济民,山鬼效灵,海神率职。湘中石燕,沐时雨而群飞;台上铜乌,朔和风而杓转。以周都洛邑,治在镐京,汉宅咸阳,魂归丰、沛,汾、晋之地,王迹维始,眷言缚幸,且劳经略。犹复降情文苑,斟酌百家,想执玉于瑶池,念求珠于赤水。窃以王母献环,由感周德;上天锡佩,实报禹功。二班勒史,两马制书,未见三世之辞,无闻一乘之旨。帝乐王礼,尚有时而沿革;左道怪民,亦何疑于沙汰。

又问刑罚宽猛,孝谦对曰:

臣闻惟王建国,刑以助礼,犹寒暑之赞阴阳,山川之通天地。爰自末叶,法令稍滋,秦篆无以穷书,楚竹不能尽载。有司因此,开以二门,高下在心,寒热随意。《周官》三典,弃之若吹毛;汉律九章,违之如覆手。遂使长平狱气,得酒而后消;东海孝妇,因灾而方雪。诏书挂壁,有善而莫遵;奸吏到门,无求而不可。皆由上失其道,民不见德。而议者守迷,不寻其本。钟繇、王朗追怨张苍,祖讷、梅陶共尤文帝。便谓化尸起偃,在复肉刑;致治兴邦,无阙周礼。伏惟陛下昧三坐朝,留心政术,明罚以纠诸侯,申恩以孩百姓。黄旗紫盖,已绝东南;白马素车,将降轵道。若复峻典深文,臣实未悟。何则?人肖天地,俱禀阴阳,安则愿存,扰则图死。故王者之治,务先礼乐,如有未从,刑书乃用,宽猛兼设,水火俱陈,未有专任商、韩而能长久。昔秦归士会,晋盗来奔;舜举皋陶,不仁自远。但令释之、定国迭作理官,龚遂、文翁继为郡守,科闲律令,一此宪章,欣闻汲黯之言,泣断昭平之罪。则天下自治,大道公行,乳兽含牙,苍鹰垂翅,楚王钱府,不复须封,汉狱冤囚,自然蒙理。后服之徒,既承风而慕化;有截之内,皆蹈德而咏仁。号以成、康,何难之有?

又问祸福报应,孝谦对曰:

臣闻五方易辨,尚待指南;百世可知,犹须吹律。况复天道秘远,神迹难源,不有通灵,孰能尽临。乘查至于河汉,唯观牵牛;假寐游于上玄,止逢翟火。造化之理,既寂寞而无传;报应之来,固难得而妄说。但秦穆有道,勾甚锡手,虢公凉德,蓐收降祸。高明在上,定自有知,不可谓神冥昧难信。若夫仲尼厄于陈、蔡,孟轲困于齐、梁,自是不遇其时,宁关性命之理。子胥无首,马迁附下,受诛取辱,何可尤人。至如协律见亲,擢船得幸,从此而言,更不足怪。周王漂杵,致天之罚;白起诛降,行己之意。是以七百之祚,仍加姬氏;杜邮之戮,还属武安。

昔汉问上计,不过日蚀;晋策秀才,止于寒火。前贤往士,咸用为难。推古比今,臣见其易。然草莱百姓,过荷恩私,三折寒胶,再游金马,王言昭贲,恩若有神,占对失图,伏深悚惧。

尚书擢第,以逊为当时第一。

十二月,清河王岳为大行台率众南讨,以逊从军。明年,显祖纳贞阳侯为梁主,岳假逊大行台郎中,使于南,与萧修、侯瑱和解。逊往来五日,得修等报书,岳因与修盟于江上。大军还邺,逊仍被都官尚书崔昂举荐。诏付尚书,考为清平勤干,送吏部。

七年,诏令校定群书,供皇太子。逊与冀州秀才高乾和、瀛州秀才马敬德、许散愁、韩同宝、洛州秀才傅怀德、怀州秀才古道子、广平郡孝廉李汉子、渤海郡孝廉鲍长暄、阳平郡孝廉景孙、前梁州府主簿王九元、前开府水曹参军周子深等十一人同被尚书召共刊定。时秘府书籍纰缪者多,逊乃议曰:"按汉中垒校尉刘向受诏校书,每一书竟，表上，辄言：臣向书、长水校尉臣参书，大夫公、太常博士书、中外书合若干本以相比，然后校杀青。今所雠校，供拟极重，出自兰台，御诸甲馆。向之故事，见存府阁，即欲刊定，必籍众本。太常卿邢子才、太子少傅魏收、吏部尚书辛术、司农少卿穆子容、前黄门郎司马子瑞、故国子祭酒李业兴并是多书之家，请牒借本参校得失。"秘书监尉瑾移尚书都坐，凡得别本三千余卷，《五经》诸史，殆无遗阙。八年，诏尚书开东西二省官选，所司策问，逊为当时第一。左仆射杨愔辟逊为其府佐。逊辞曰："门族寒陋，访第必不成，乞补员外司马督。"愔曰："才高不依常例。"特奏用之。九年，有诏超除员外将军。后世祖镇邺，召入司徒府管书记。及登祚，转授主书，迁员外散骑侍郎。天保初，病卒。

刘逖，字子长，彭城丛亭里人也。祖芳，魏太常卿。父毓，金紫光禄大夫。少而聪敏，好弋猎骑射，以行乐为事，爱交游，善戏谑。郡辟功曹，州命主簿。魏末征诣霸府，世宗以为永安公浚开府行参军。逖远离乡家，倦于羁旅，发愤自励，专精读书。晋阳都会之所，霸朝人士攸集，咸务于宴集。逖在游宴之中，卷不离手，值有文籍所未见者，则终日讽诵，或通夜不归，其好学如此。亦留心文藻，颇工诗咏。天保初，行平陶县令，坐奸事免，十余年不得调。乾明年，兼员外散骑常侍，使于梁主萧庄，还，兼三公郎中，皇建元年，除太子洗马。

肃宗崩，从世祖赴晋阳，除散骑侍郎，兼仪曹郎中。久之，兼中书侍郎。和士开宠要，逖附之，正授中书侍郎，入典机密。兼散骑常侍，聘陈使主，还，除通直散骑常侍。寻迁给部黄门侍郎，修国史，加散骑常侍。又除假仪同三司，聘周使副。二国始通，礼仪未定，逖与周朝议论往复，斟酌古今，事多合礼，仪兼文辞可观，甚得名誉。使还，拜仪同三司。世祖崩，出为江州刺史。祖珽执政，徙为仁州刺史。祖珽既出，征还，待诏文林馆，重除散骑常侍，奏门下事。未几，与崔季舒等同时被戮，时年四十九。

初逖与祖以文义相得，结雷、陈之契，又为弟俊聘珽之女。珽之将免赵彦深等也。先以告逖，仍付密启，令其奏闻。彦深等颇知之，先自申理，斑由此疑逖告其所为。及斑被出，逖遂遣弟离婚，其轻交易绝如此。所制诗赋及杂文文笔三十卷。子逸民，开府行参军。

逖弟誉，少聪明，好文学。天统、武平之间，历殿中侍御史，兼散骑侍郎，迎劳陈使，尚书仪曹郎。周大象末，卒于黎州治中。子玄道，有人品识用，定州骑兵参军。

逖从子颙，字君卿。祖庣，魏尚书，为高祖所杀。颙父济及济弟珫俱奔江南。颙出后。武定中从珫还北。珫赐爵临颍子，大宁中卒于司徒司马。颙好文学，工草书，风仪甚美。历瀛州外兵参军、司空功曹，待诏文林馆，除大理司直。隋开皇中鄜州司马，卒。

荀士逊，广平人也。好学有思理，为文清典，见赏知音。武定末，举司马秀才，迄天保十年不调。皇建中，马敬德荐为主书。世祖时，转中书舍人。状貌甚丑，以文辞见用。曾有事须奏，值世祖在后庭，因左右转通者不得士逊姓名，乃云丑舍人。世祖曰："必士逊也。"看封题果是，内人莫不忻笑。后主即位，累迁中书侍郎，号为称职。与李若等撰《典言》行于世。齐灭年卒。

颜之推，字介，琅邪临沂人也。九世祖含，从晋元东渡，官至侍中、右光禄、西平侯。父勰，梁湘东王绎镇西府谘议参军。世善《周官》、《左氏》。之推早传家业。年十二，值绎自讲《庄》、《老》，便预门徒。虚谈非其所好，还习《礼》、《传》，博览群书，无不该洽，词情典丽，甚为西府所称。绎以为其国左常侍，加镇西墨曹参军。好饮酒，多任纵，不修边幅，时论以此少之。绎遣世子方诸出镇郢州，以之推掌管记。值侯景陷郢州，频欲杀之，赖其行台郎中王则以获免。屡被免囚送建业。景平，还江陵。江绎已自立，以之推为散骑侍郎，奏舍人事。后为周军所破。大将军李显重之，荐往弘农，令掌其兄平阳王庆远书干。值河水暴长，具船将妻子来奔，经砥柱之险，时人称其勇决。显祖见而悦之，即除奉朝请，引于内馆中，侍从左右，颇被顾眄。天保末，从至天池，以为中书舍人，令中书郎段孝信将敕书出示之推。之推营外饮酒，孝信还以状言，显祖乃曰："且停。"由是遂寝。河清末，被举为赵州功曹参军·寻待诏文林馆，司徒录事参军。

之推聪颖机悟。博识有才辩，工尺牍，应对闲明，大为祖珽所重，令掌知馆事，判署文书。寻迁通直散骑常侍，俄领中书舍人。帝时有取索，恒令中使传旨，之推禀承宣告，馆中皆受进止。所进文章，皆是其封署，于进贤门奏之，待报方出。兼善于文字，监校缮写，处事勤敏，号为称职。帝甚加恩接，顾遇逾厚，为勋要者所嫉，常欲害之。崔季舒等将谏也，之推取急还宅，故不连署。及召集谏人，之推亦被唤入，勘无其名，方得免祸。寻除黄门侍郎。

及周兵陷晋阳，帝轻骑还邺，窘急计无所从，之推因宦者侍中邓长颙进奔陈之策，仍劝募吴士千余人以为左右，取青、徐路共投陈国。帝甚纳之，以告丞相高阿那肱等。不愿入陈，乃云吴士难信，不须募之。劝帝送珍宝累重向青州，且守三齐之地，若不可保，徐浮海南渡。虽不从之推计策，然犹以为平原太守，令守河津。齐亡入周，大象末为御史上士。隋开皇中，太子召为学士。甚见礼重。寻以疾终。有文三十卷、撰《家训》二十篇，并行于世，曾撰《观我生赋》，文致清远，其词曰：

仰浮清之藐藐，俯沉奥之茫茫，已生民而立教，乃司牧以分疆，内诸夏而外夷狄，骤五帝而驰三王。大道寝而日隐，《小雅》摧以云亡，哀赵武之作孽，怪汉灵之不祥，旄头玩其金鼎，典午失其珠囊，濡洇鞠成沙漠，神华泯为龙荒，吾王所以东运，我祖于是南翔。晋中宗以琅邪王南渡，之推琅邪人，故称吾王。去琅邪之迁越，宅金陵之旧章，作羽仪于新邑，树杞梓于水乡，传清白而勿替，守法度而不忘。

逮微躬之九叶，颀世济之声芳。问我良之安在，钟厌恶于有梁，养傅翼之飞兽，梁武帝纳亡人侯景，授其命，遂为反叛之基。子贪心之野狼。武帝初养临川王子正德为嗣，生昭明后，正德还本，特封临贺王。犹怀怨恨。经叛入北而还，积财养士，每有异志也。初召祸于绝域，重发衅于萧墙。正德求征侯景，至新林，叛投景，景立为主，以攻台城。虽万里而作限，聊一苇而可航，指金阙以长铩，向王路而蹶张。勤王逾于十万，曾不解其扼吭，嗟将相之骨鲠，皆屈体于犬羊。台城陷，援军并问讯二官，至敬于侯景也。武皇忽以厌世，白日暗而无光，既飨国而五十，何克终之弗康。嗣君听于巨猾，每凛然而负芒。自东晋之违难，寓礼乐于江湘，迄此几于三百，左衽浃于四方，咏苦胡而永叹，吟微管而增伤。

世祖赫其斯怒，奋大义于沮漳。孝元帝时为荆州刺史。授犀函与鹤膝，建飞云及艅艎，北征兵于汉曲，南发镩于衡阳，湘州刺史河东王誉、雍州刺史岳阳王詧并隶荆州都督府。昔承华之宾帝，实兄亡而弟及，昭明太子薨，乃立晋安王为太子。逮皇孙之失宠，叹扶车不立。娇皇孙欢出封豫章王而薨。间王道之多难，各私求于京邑，襄阳阻其铜符，长沙闭其玉粒。河东、岳阳皆昭明子。遂自战于其地，岂大勋之暇集，子既殒而侄攻，昆亦围而叔袭，褚乘城而宵下，杜倒戈而夜入，孝元以河东不供船艎，乃遣世子方等为刺史。大军掩至，河东不暇遣拒。世子信用群小，贪其子女玉帛，遂欲攻之，故河东急而逆战，世子为乱兵所害。孝元发怒，又使鲍泉围河东。而岳阳宣言大猎，即拥众袭荆州，求解湘州之围。时襄阳杜岸兄弟怨其见劫，不以实告，又不义此行，率兵八千夜降，岳阳于是遁走。河东苻褚显族据投岳阳。所以湘州见陷也。行路弯弓而含笑，骨肉相诛而涕泣，周旦其犹病诸，孝武悔而焉及。

方幕府之事殷，谬见择于人群，未成冠而登仕，财解履以从军。时年十九，释褐湘东国右常侍，以军功加镇西墨曹参军。非社稷之能卫。童注锜。仅书记于阶闼，罕羽翼于风云。及荆王之定霸，始仇耻而图雪，舟师次乎武昌，抚军镇于夏汭。时遣徐州刺史徐文盛领二万人屯武昌芦州拒侯景将任约，又第二子绥宁度方诸为世子，拜中抚军将军、郢州刺史以盛声势。滥充选于多士，在参戎之盛列，惭四白之调护，厕六友之谈说，时迁中抚军外兵参军，掌管记，与文圭、刘民英等与世子游处。虽形就而心和，匪余怀之所说。繄深宫之生贵，矧垂堂与倚衡，欲推心以万物，树幼齿以先声。

中抚军时年十五。忼敷求之不器，乃画地而取名，仗御武于文吏，以虞预为郢州司马，领城防事。委军政于儒生。以鲍泉为郢州行事，总摄州府也。值白波之猝骇，逢赤舌之烧城，王凝坐而对寇，白诩拱以临兵。任约为文盛所困，侯景自上救之。舟舰弊漏，军饥卒疲，数战失利，乃令宋子仙、任约步道偷郢州城，预无备，故陷贼。莫不变螮而化鹄皆自取首以破脑。将睥睨于渚宫，先凭凌于他道，景欲攻荆州，路由巴陵。懿永宁之龙蟠，永宁公王僧辩据巴陵城，善于守御，景不能进。奇护军之电扫。护军将军陆法和破任约于赤亭湖，景退走，大溃。奔虏快其余毒，缧囚膏乎野草，幸先生之无劝，赖滕公之我保，之推执在景军，例当见杀。景行台郎中王则初无旧识，再三救护，获免，囚以还都。剸鬼录于岱宗，招归魂于苍昊，时解衣讫而获全。荷性命之重赐，衔若人以终老。

贼弃甲而来复，肆觜距之雕鸢，积假履而弑帝，凭衣雾以上天，用速灾于四月，奚闻道之十年。台城陷后，梁武曾独坐叹曰："侯景于文为小人百日天子。"及景以大宝二年十一月十九日僭位，至明年三月十九日弃城逃窜，是一百二十日，芊天道纪大数，故文为百日。言与公孙述但裹十二，而旬岁不同。就狄俘于旧壤，陷戎俗于来旋，□黍离于清庙，怆麦秀于空廛，蘁鼓而不考，景钟毁而莫悬，野萧条以横骨，邑闲寂而无烟。畴百家之或在，中原冠带随晋渡江者百家，故江东有《百谱》，至是在都者覆灭略尽。覆五宗而剪焉。独昭君之哀奏，唯翁主之悲弦。公主子女见辱见仇。经长干以掩抑，长干旧颜家巷展白下以流连，靖侯以下七世坟茔皆在白下。深燕雀之余思，感桑梓之遗虔，得此心于尼甫，信兹言乎仲宣。逖西土之有众，资方叔以薄伐，永宁公以司徒为大都督。抚鸣剑而雷咤，振雄旗而云窣，千里追其飞走，三载穷于巢窟，屠蚩尤于东郡，挂郅支于北阙。既斩侯景，烹尸于建业市，百姓食之，至于肉尽龁骨，传首荆州，悬于都街。吊幽魂之冤枉，扫园陵之芜没，殷道是以再兴，夏祀于焉不忽，但遗恨于炎昆，火延宫而累月。侯景既走，义师采樵失火，烧宫殿荡尽也。

指余棹于两东，俟升坛之五让，钦汉官之复睹，赴楚民之有望。摄绛衣以奏言，忝黄散于官谤，时为散骑侍郎，奏舍人事也。或校石渠之文，王司徒表送秘阁旧事八万卷，乃诏比校，部分为正御、副御、重杂三本。左民尚书周弘正、黄门郎彭僧朗、直省学士王珪、戴陵校经部，左仆射王褒、吏部尚书宗怀正、员外郎颜之推、直学士刘仁英校史部，廷尉卿殷不害、御史中丞王孝纪、中书郎邓荩、金部郎中徐报校子部，右卫将军庾信、中书郎王固、晋安王文学宗善业、直省学士周确校集部也。时参柏梁之唱。顾甂瓯之不算，濯波涛而无量，属潇湘之负罪，陆纳。兼岷峨之自王。武陵王。既定以鸣鸾，修东都之大壮。诏司农卿黄文超营殿。

惊北风之复起，惨南歌之不畅。秦兵继来。守金城之汤池，转绛宫之玉帐。孝元自晓阴阳兵法，初闻贼来，颇为厌胜，被围之后，每叹息，知必败。徒有道而师直，翻无名之不抗。孝元与宇文丞相断金结和，无何见灭，是师出无名。民百万而囚虏。书千两而烟炀，溥天之下，斯文尽丧。北于坟籍少于江东三分之一，梁氏剥乱，散逸湮亡。唯孝元鸠合，通重十余万，史籍以来，未之有也。兵败悉焚之，海内无复书府。怜婴孺之何辜，矜老疾之无状，夺诸怀而弃草，踣于途而受掠。冤乘舆之残酷，轸人神之无状，载下车以黜丧，揪桐棺之藁葬。云无心以容与，风怀愤而慺悢。井伯饮牛于秦中，子卿牧羊于海上。留钏之妻，人衔其断绝；击磬之子，家缠其悲怆。

小臣耻其独死，实有愧于胡颜，牵痾痫而就路。时患脚气。策驽蹇以入关。官疲驴瘦马。下无景而属蹐，上有寻而亟搴，嗟飞蓬之日永，恨流梗之无还。若乃玄牛之旌，九龙之路，土圭测影，璇玑审度，或先圣之规模，乍前王之典故，与神鼎而偕没，切仙弓之永慕。尔其十六国之风教，七十代之州壤，接耳目而不通，咏图书而可想，何黎氓之匪昔，徒山川之犹曩。每结思于江湖，将取弊于罗网，聆代竹之哀怨，听出塞之嘹朗，对皓月以增愁，临芳樽而无赏。

自太清之内衅，彼天齐而外侵，始蠹国于淮浒，遂压境于江浔。侯景之乱，齐氏深斥梁家土宇，江北、淮北唯余庐江、晋熙、高唐、新蔡，西阳、齐昌数郡。至孝元之败，于是尽矣，以江为界也。获仁厚之麟角，克俊秀之南金，爰众旅而纳主，车五百以琼临，齐遣上党王涣率兵数万纳梁贞阳侯明为主。返季子之观乐，释钟仪之鼓琴。梁武聘使谢挺、徐陵始得还南，凡厥梁臣，皆以礼遣。窃闻风而清耳，倾见日之归心，试拂著以贞筮，遇交泰之吉林。之推闻梁人返国，故有奔齐之心。以丙子岁旦筮东行吉不，遇《泰》之《坎》，乃喜曰："天地交泰而更习，坎重险，行而不失其信，此吉卦也，但恨小往大来耳。"后遂吉也。譬欲秦而更楚，假南路于东寻，乘龙门之一曲，历砥柱之双岑。冰夷风溥而雷吼，阳度山载而谷沉，伻掣龟以凭浚，类斩蛟而赴深，昏扬舲于分陕，曙结缆于河阴。水路七百里，一夜而至。追风飚之逸气，从忠信以行吟。

遭□命而事旋，旧国从于采芑，先废君而诛相，讫变朝而易市。至邺，便值陈兴而梁灭，故不得还南。遂留滞于漳滨，私自其何已。谢黄鹄之回集，恶翠凤之高峙，曾微令思之对，空窃彦先之仕，纂书盛化之旁，待诏崇文之里，齐武平中，署文林馆待诏者仆射阳休之、祖孝徵以下三十余人，之推专掌，其撰《修文殿御览》、《续文章流别》等皆诣进贤门奏之。珥貂蝉而就列，执麾盖以入齿。时以通直散骑常侍迁黄门郎也。款一相之故人，故人祖仆射掌机密，吐纳帝令也。贺万乘之知己，秪夜语之见忌，宁怀敝之足恃。谏潜言之矛戟，惕险情之山水，由重袭以寒胜，用去薪而沸止，时武职疾文人，之推蒙礼遇，每构创痏。故侍中崔季舒等六人以获诛之，推尔日邻祸，而侪流或有毁之推于祖仆射者，仆射察之无实，所知如旧不忘。

予武成之燕翼，遵春坊而原始，唯骄奢之是修，亦佞臣之云使。武成奢侈，后宫御者数百人，食于水陆贡献珍异，至乃厌饱，弃于厕中。裤衣悉罗缬锦绣珍玉，织成五百一段。尔后宫披遂为旧事。后主之在宫，及使骆提婆母陆氏为之，又胡人何洪珍等为左右，后皆预政乱国焉。惜染丝之良质，惰琢玉之遗祉，用夷吾而治臻，昵狄牙而乱起。祖孝徵用事，则朝野翕然，政刑有纲纪矣。骆提婆等苦孝徵以法绳己，谮而出之。于是教令昏僻，至于灭亡。诚怠荒于度政，惋驱除之神速，肇平阳之烂鱼，次太原之破竹。晋州小失利，便弃军还并，又不守并州，奔走向邺。实未改于弦望，遂□□□□□，及都□而升降，怀填墓之沦覆。迷识主而状人，竞已楼而择木，六马纷其颠沛，千官散于奔逐，无寒瓜以疗饥，靡秋萤而照宿，时在季冬，故无此物。仇敌起于舟中，胡、越生于辇毂。壮安德之一战，邀文武之余福，尸狼藉其如莽，血玄黄以成谷，后主奔后，安德王延宗收合余烬，于并州夜战，杀数千人。周主欲退，齐将之降周者告以虚实，故留至明而安德败也。天命纵不可再来，犹贤死庙而恸哭。乃诏余以典郡，据要路而问津，除之推为平原郡，据河津，以为奔之计。斯呼航而济水，郊乡道于善邻，约主以邺下一战不克，当与之推入陈。不羞寄公之礼，愿为式微之宾。忽成言而中悔，矫阴疏而阳亲，信诎谋于公主，竞受陷于奸臣。丞相高阿那肱等不愿入南，又惧失齐主则得罪于周朝，故疏间之推。所以齐主留之推守平原城，而索虹渡济向青州。阿那肱求自镇济州，乃启报应齐主云：“无贼，勿匆匆。”遂道周军迫齐主而及之。襄九围以制命，今八尺而由人，四七之期必尽，百六之数溢屯。赵郡李穆叔调妙占天文算术，齐初践祚计止于二十八年。至是如期而灭。

　　予一生而三化，备荼苦而蓼辛，在阳都值侯景杀简文而篡位，于江陵逢孝元覆灭，至此而三为亡国之人。鸟焚林而铩翮，鱼夺水而暴鳞，嗟宇宙之辽旷，愧无所而容身。夫有过而自讼，始发蒙于天真，远绝圣而弃智，妄锁义以羁仁，举世溺而欲拯，王道郁以求申。既衔石以填海，终荷戟以入秦，亡寿陵之故步，临大行以逡巡。向使潜于草茅之下，甘为畎亩之人，无读书而学剑，莫抵掌以膏身，委明珠而乐贱，辞白璧以安贫，尧、舜不能荣其素朴，桀、纣无以污其清尘，此穷何由而至，兹辱安所自臻。而今而后，不敢怨天而泣麟也。

　　之推在齐有二子，长曰思鲁，次曰敏楚，不忘本也。《之推集》在，思鲁自为序录。

袁奭,字元明,陈郡人,梁司空昂之孙也。父君方,梁侍中。奭,萧庄时以侍中奉使贡。庄败,除琅邪王俨大将军谘议,入馆,迁太中大夫。

韦道逊,京兆杜陵入。曾祖萧,随刘义真渡江。祖儒,自宋入魏,寓居河南洛阳,官至华山太守。道逊与兄道密、道建、道儒并早以文学知名。道密,魏永熙中开府祭酒。因患恍惚,沉废于家。道建,天保末卒司农少卿。道儒,历中书黄门侍郎。道逊,武平初尚书左中兵,加通直散骑侍郎,入馆,加通直常侍。

江旰,字季,阳济人也。祖柔之,萧齐尚书右丞。叔父革,梁都官尚书。旰,梁末给事黄门郎,因使至淮南,为边将所执。送邺。稍迁郑州司马,入馆,除太尉从事中郎,转太子家令。齐亡,逃还建业。终于都官尚书。

睦豫,字道闲,赵郡高邑人。父寂,梁北平太守。道闲弱冠,州举秀才。天保中,参议礼令,历晋州道行台郎、大理正、奉车都尉。入馆,迁员外散骑常侍,寻兼祠部郎中。隋开皇中,卒于洛州司马。豫宗人仲让,天保时尚书左丞。

朱才,字待问,吴都人。萧庄在淮南,以才兼散骑常侍,副袁奭入朝。庄败,留邺。稍迁国子博士、谏议大夫。齐亡,客游信都而卒。

荀仲举,字士高,颍川人,世江南。仕梁为南沙令,从萧明于寒山被执。长乐王尉粲甚礼之。与粲剧饮,齿粲指至骨。显祖知之,杖仲举一百。或问其故,答云:“我那知许,当是正疑是麈尾耳。”入馆,除符玺郎。后以年老家贫,出为义宁太守。仲举与赵郡李概交款,概死,仲举因至其宅,为五言诗十六韵以伤之,词甚悲切,世称其美。

萧愨，字仁祖，梁上黄侯晔之子。天保中，入国，武平中太子洗马。

古道子，河内人。父起，魏太中大夫。道子有干局。当官以强济知名，历检校御史、司空田曹参军。自袁奭等俱涉学有文词。荀仲举、萧愨工于诗咏。愨曾秋夜赋诗，其两句云"芙蓉露下落，杨柳月中疏"，为知音所赏。

赞曰：九流百氏，立言立德，不有斯文，宁资刊勒。乃眷淫靡，永言丽则，雅以正邦，哀以亡国。

北齐书卷四六
列传第三八

循　吏

张华原　宋世良 <small>弟世轨</small>　郎基
孟业　崔伯谦　苏琼　房豹
路去病

先王疆理天下,司牧黎元,刑法以禁其奸,礼教以防其欲。故分职命官,共理天下。《书》云:"知人则哲,能官人安人则惠。"睿哲之君,必致清明之臣,昏乱之朝,多有贪残之吏。高祖拨乱反正,以恤隐为怀,故守令之徒,才多称职,仍以战功诸将,出牧外藩,不识治体,无闻政术。非唯暗于前言往行,乃至始学依判付曹,聚敛无厌,淫虐不已,虽或直绳,终无悛革。於戏!此朝廷之大失。大宁以后,风雅俱缺,卖官鬻狱,上下相蒙,降及末年,黩货滋甚。齐氏循良,如辛术之徒非一,多以官爵通显,别有列传。如房仲干之属,在武平之末能卓尔不群,斯固可嘉也。今掇张华原等列于《循吏》云。

张华原,字国满,代郡人也。少明敏,有器度。高祖开骠骑府,引为法曹参军。迁大丞相府属,仍待左右,从于信都,深为高祖所亲待,高祖每号令三军,常令宣谕意旨。

周文帝始据雍州也,高祖犹欲以逆顺晓之。使华原入关说焉。

周文密有拘留之意,谓华原曰:"若能屈骥足于此,当共享富贵,不尔命悬今日。"华原曰:"渤海王命世诞生,殆天所纵,以明公蕞尔关右,便自隔绝,故使华原衔喻公旨。明公不以此日改图,转祸为福,乃欲赐胁,有死而已。"周文嘉其亮正,乃使东还。高祖以华原久而不返,每叹惜之,及闻其来,喜见于色。累迁兖州刺史,人怀感附,寇盗寝息。州狱先有囚千余人,华原皆决遣。至年暮,唯有重罪者数十人,华原亦遣归家申贺,依期至狱。先是州境数有猛兽为暴,自华原临州,忽有六驳食之,咸以化感所致。后卒官,州人大小莫不号慕。

宋世良,字元友,广平人。年十五,便有胆气,应募从军北讨,屡有战功。寻为殿中侍御史,诣河北括户,大获浮惰。还见汲郡城旁多骸骨,移书州郡,令悉收瘗。其夜,甘雨滂沱。还,孝庄劳之曰:"知卿所括得丁倍于本帐,若官人皆如此用心,便是更出一天下也。"

出除清河太守。世良才识闲明,尤善治术,在郡未几,声问甚高。郡东南有曲堤,成公一姓阻而居之。群盗多萃于此。人为之语曰:"宁度东吴、会稽,不历成公曲堤。"世良施八条之制,盗奔他境。民又谣曰:"曲堤虽险贼何益,但有宋公自屏迹。"后齐天禄中大赦,郡先无一囚,群吏拜诏而已。狱内租生,桃树、蓬蒿亦满。每日衙门虚寂,无复诉讼者。其冬,醴泉出于界内。及代至,倾城祖道。有老人丁金刚泣而前,谢曰:"已年九十。记三十五政,君非唯善治,清亦彻底。今失贤君,民何济矣。"莫不攀援涕泣。除东郡太守,卒官。世良强学,好属文,撰《字略》五篇、《宋氏别录》十卷。与弟世轨俱有孝友之誉。

世轨,幼自严整。好法律,稍迁廷尉卿。洛州民聚结欲劫河桥,吏捕案之,连诸元徒党千七百人。崔逞为廷尉,以之为反,数年不断。及世轨为少卿,判其事为劫。于是杀魁首,余从坐悉舍焉。时大理正苏珍之亦以平干知名。寺中为之语曰："决定嫌疑苏珍之,视表见里宋世轨。"时人以为寺中二绝。南台囚到廷尉,世轨多雪之。仍移摄御史,将问其滥状,中尉毕义云不送,移往复不止。世轨遂上书,极言义云酷擅。显祖引见二人,亲敕世轨曰:"我知台欺寺久,卿能执理与之抗衡,但守此心,勿虑不富贵。"敕义云曰:"卿比所为诚合死,以志在疾恶,故且一恕。"仍顾谓朝臣曰:"此二人并我骨鲠臣也。"及疾卒,廷尉、御史诸系囚闻世轨死,皆哭曰:"宋廷尉死,我等岂有生路!"

世良从子孝王,学涉,亦好缉缀文藻。形貌短陋而好臧否人物,时论甚疾之。为段孝言开府参军,又荐为北平王文学。求入文林馆不遂,因非毁朝士,撰《别录》二十卷,会平齐,改为《关东风俗传》,更广见闻。勒成三十卷上之。言多妄谬,篇第冗杂,无著述体。

郎基,字世业,中山人。身长八尺,美须髯,泛涉坟典,尤长吏事。起家奉朝请,累迁海西镇将。梁吴明彻率众攻围海西。基奖励兵民,固守百余日,军粮且罄,戎仗亦尽,乃至削木为箭,剪纸为羽。围解还朝,仆射杨愔迎劳之曰:"卿本文吏,遂有武略,削木剪纸,皆无故事,班、墨之思,何以相过。"

后带颍川郡,积年留滞,数日之中,剖判咸尽,而台报下,并允基所陈。条纲既疏,狱讼清息,官民遐迩,皆相庆悦。基性清慎,无所营求,曾语人云:"任官之所,木枕亦不须作,况重于此事。"唯颇令写书。潘子义曾遗之书曰:"在官写书,亦是风流罪过。"基答书曰:"观过知仁,斯亦可矣。"后卒官。柩将还,远近将送,莫不攀辕悲哭。

孟业,字敬业,钜鹿安国人。家本寒微,少为州吏,性廉谨,同寮诸人侵盗官绢,三十疋与之,拒而不受。魏彭城王韶拜定州,除典签。长史刘仁之谓业曰:"我处其外,君居其内,同心戮力,庶有济乎。"未几仁之征入为中书令,临路启韶云:"殿下左右可信任者唯有孟业，愿专任之。余人不可信也。"又与业别，执手曰："今我出都，君便失援，恐君在后，不自保全。唯正与直，愿君自勉。"业唯有一马。因瘦而死。韶以业家贫，令州府官人同食马肉，欲令厚偿，业固辞不敢。韶乃戏业曰："卿邀名人也。"对曰："业以微细，伏事节下。既不能裨益，宁可损败清风。"后高祖书与韶云："典签姓孟者极能用心，何不置之目前。"韶，高祖之婿也。仁之后为兖州，临别谓吏部崔暹曰："贵州人士，唯有孟业，宜铨举之，他人不可信也。"崔暹问业曰："君往在定州，有何政绩，使刘西兖如此钦叹？"答曰："禀性愚直，唯知自修，无他。"

天保初，清河王岳拜司州牧，闻业名行，复召为法曹。业形貌短小，及谒见，岳心鄙其眇小，笑而不言。后寻业断决之处。乃谓业曰："卿断决之明，可谓有过躯貌之用。"寻迁东郡守，以宽惠著。其年，麦一茎五穗，其余三穗四穗共一茎，合郡人以为政化所感。寻以病卒。

崔伯谦，字士逊，博陵人。父文业，钜鹿守。伯廉少孤贫，善养母。高祖召赴晋阳，补相府功曹，称之曰："清直奉公，真良佐也。"迁瀛州别驾。世宗以为京畿司马。劳之曰："卿骋足瀛部，已著康歌，督府务殷，是用相授。"族弟暹，当时宠要，谦与之僚旧同门，非吉凶，未曾造请。

后除济北太守，恩信大行，乃改鞭用熟皮为之，不忍见血，示耻而已。有朝贵行过郡境，问人太守治政何如。对曰："府君恩化，古者所无。因诵民为歌曰：'崔府君，能治政，易鞭鞭，布威德，民无争。'"客曰："既称恩化，何由复威？"曰："长吏惮威，民庶蒙惠。"征赴邺，百姓号泣遮道。以弟让在关中，不复居内任。除南钜鹿守。事无巨细，必自亲览。民有贫弱未理者，皆曰："我自有白须公，不虑不决。"后为银青光禄大夫，卒。

苏琼，字珍之，武强人也。父备，仕魏至卫尉少卿。琼幼时随父在边，尝谒东荆州刺史曹芝。芝戏问曰："卿欲官否？"对曰："设官求人，非人求官。"芝异其对，署为府长流参军。文襄以仪同开府，引为刑狱参军，每加勉劳。并州尝有强盗，长流参军推其事，所疑贼并已拷伏，失物家并认识，唯不获盗赃。文襄付琼更令审，乃别推得元景融等十余人，并获赃验。文襄大笑，语前妄引贼者曰："尔辈若不遇我好参军，几致枉死。"

除琼累迁南清河太守，其郡多盗，及琼至，民吏肃然，奸盗止息。或外境奸非，辄从界中行过者，无不捉送。零陵县民魏双成失牛，疑其村人魏子宾，送至郡，一经穷问，知宾非盗者，即便放之。双成诉云："府君放贼去，百姓牛何处可得？"琼不理，密走私访，别获盗者。从此畜牧不收，多放散，云："但付府君。"有邻郡富豪将财物寄置界内曰："我物已寄苏公矣。"贼遂去。

平原郡有妖贼刘黑狗，构结徒侣，通于沧海。所部人连接村居，无相染累。邻邑于此伏其德。郡中旧贼一百余人，悉充左右，人间善恶，及长吏饮人一杯酒，无不即知。琼性清慎，不发私书。道人研为济州沙门统，资产巨富，在郡多有出息，常得郡县为征。及欲求谒，度知其意，每见则谈问玄理，应对肃敬，研虽为债数来，无由启口。其弟子问其故，研曰："每见府君，径将我入青云间，何由得论地上事。"郡民赵颍曾为乐陵太守，八十致事归。五月初，得新瓜一双自来送。颍恃年老，苦请，遂便为留，仍致于听事梁上，竟不剖。人遂竞贡新果，至门间，知颍瓜犹在，相顾而去。有百姓乙普明兄弟争田，积年不断，各相援引，乃至百人。琼召普明兄弟对众人谕之曰："天下难得者兄弟，易求者田地，假令得地失兄弟，心如何？"因而下泪，众人莫不洒泣。普明弟史叩头乞外更思，分异十年，遂还同住。每年春，总集大儒卫颙隆、田元凤等请于郡学，朝吏文案之暇，悉令受书，时人指吏曹为学生屋。禁断淫祠，婚姻丧葬皆教令俭而中礼。又蚕月预下绵绢度样于部内，其兵赋次第并立明式，至于调役，事必先办，郡县长吏常无十杖稽失。当时州郡无不遣人至境，访其政术。

天保中，郡界大水，人灾，绝食者千余家。琼普集部中有粟家，自从贷粟以给付饥者。州计户征租，复欲推其贷粟。纲纪谓琼曰："虽矜饥馁，恐罪累府君。"琼曰："一身获罪，且活千室，何所怨乎？"遂上表陈状，使检皆免，人户保安。此等相抚儿子，咸言府君生汝。在郡六年，人庶怀之，遂无一人经州。前后四表，列为尤最。遭尤解职，故人赠遗，一无所受。寻起为日直、廷尉正，朝士嗟其屈。尚书辛述曰："既直且正，名以定体，不恋不申。"

初琼任清河太守，裴献伯为济州刺史，酷于用法，琼恩于养人。房延佑为乐陵郡，过州，裴问其外声，佑云："唯闻太守善，刺史恶。"裴云："得民誉者非至公。"佑答言："若尔，黄霸、龚遂君之罪人也。"后有敕，州各举清能。裴以前言，恐为琼陷，琼申其枉滞，议者尚其公平。毕义云为御史中丞，以猛暴任职，理官忌惮莫敢有违。琼推察务在公平，得雪者甚众，寺署台案，始自于琼。迁三公郎中。赵州及河，南中有人频告谋反，前后皆付琼推捡，事多申雪。尚书崔昂谓琼曰："若欲立功名，当更思余理，仍数雪反逆，身命何轻？"琼正色曰："所雪者怨枉，不放反逆。"昂大惭。京师为之语曰："断决无疑苏珍之。"

迁左丞，行徐州事。徐州城中五级寺忽盗铜像一百躯，有司微检，四邻防宿及踪迹所疑，逮系数十人，琼一时放遣。寺僧怨诉不为推贼，琼遣僧，谢曰："但且还寺，得像自送。"尔后十日，抄贼姓名及赃处所，径收掩，悉获实验，贼徒款引，道俗叹伏。旧制以淮禁不听商贩辄度。淮南岁俭，启听淮北取籴。后北人饥，请通籴淮南，得商估往还，彼此兼济，水陆之利，通于河北。后为大理卿而齐亡，仕周为博陵太守。

房豹，字仲干，清河人。祖法寿，《魏书》有传。父翼宗。豹体貌魁岸，美音仪。释褐开府参军。兼行台郎中，随慕容绍宗。绍宗自云有水厄，遂于战舰中浴，并自投于水，冀以厌当之。豹曰："夫命也在天，岂人理所能延促。公若实有灾生，恐非禳所能加，若其实无，何襄之有。"绍宗笑曰："不能免俗，为复尔耳。"未几而绍宗遇溺，时论以为知微。迁乐陵太守，镇以凝重，哀矜贫弱，豹阶庭简静，囹圄空虚。郡治濒海，水味多咸苦，豹命凿一井，遂得甘泉，远迩以为政化所致。豹罢归后，井味复咸。齐灭，还乡园自养，频征辞疾。终于家。

　　路去病，阳平人也。风神疏朗，仪表瑰异。释褐开府参军。敕用土人为县宰，以去病为定州饶阳令。去病明闲时务，性颇严毅，人不敢欺，然至廉平，为吏民叹服。擢为成安令。京城下有邺、临漳、成安三县，辇毂之下，旧号难治，重以政乱时难，纲维不立，功臣内戚，请嘱百端。去病消息事宜，以理抗答，势要之徒，虽厮养小人莫不惮其风格，亦不至嫌恨。自迁邺以还，三县令治术，去病独为称首。周武平齐，重其能官，与济阴郡守公孙景茂二人不被替代，发诏褒扬。隋大业中，卒于冀氏县令。

北齐书卷四七
列传第三九

酷　吏

邸珍　宋游道　卢斐　毕义云

　　夫人之性灵，禀受或异，刚柔区别，缓急相形，未有深察是非，莫不肆其情欲。至于详观水火，更佩韦弦者鲜矣。狱吏为患，其所从来久矣。自魏途不竞，网漏寰区，高祖惩其宽怠，颇亦威严驭物，使内外群官，咸知禁网。今录邸珍等以存《酷吏》。惩示劝励云。

　　邸珍，字宝安，本中山上曲阳人也。从高祖起义，拜为长史，性严暴，求取无厌。后兼尚书右仆射、大行台，节度诸军事。珍御下残酷，众士离心，为民所害。后赠定州刺史。

　　宋游道，广平人，其先自敦煌徙焉。父季预，为渤海太守。弱冠随父在郡，父亡，吏人赠遗，一无所受，事母以孝闻。与叔父别居，叔父为奴诬以逆，游道诱令返，雪而杀之。魏广阳王深北伐，请为铠曹，及为定州刺史，又以为府佐。广阳王为葛荣所杀，元徽诬其降贼，收录妻子，游道为诉得释，与广阳王子迎丧返葬。中尉郦善长嘉其气节，引为殿中侍御史，台中语曰："见贼能讨宋游道。"

　　孝庄即位，除左中兵郎，又为尚书令临淮王彧谴责，游道乃执版长揖曰："下官谢王瞋，不谢王理。"即日诣阙上书曰："徐州刺元孚频有表云："伪梁广发士卒，来图彭城，乞增羽林二千。'以孚宗室重臣，告请应实，所以量奏给武官千人。孚今代下，以路阻自防，遂纳在防羽林八百人，辞云：'疆境无事，乞将还家。'臣忝局司，深知不可。尚书令临淮王彧即孚之兄子，遣省事谢远三日之中八度逼迫，云宜依判许。臣不敢附下罔上，孤负圣明。但孚身在任，乞师相继，及其代下，便请放还，进退为身，无忧国之意。所请不合，其罪下科。彧乃召臣于尚书都堂云：'卿一小郎，忧国之心，岂厚于我？'丑骂溢口，不顾朝章，右仆射臣世隆、吏部郎中臣薛琡已下百余人并皆闻见。臣实献直言，云：'臣奉国，事在其心，亦复何简贵贱。比自北海入洛，王不能致身死难，方清宫以迎暴贼。郑先护立义广州，王复建旗往讨。趋恶如流，伐善何速。今得冠冕百僚，乃欲为私害政。'为臣此言，彧赐怒更甚。臣既不佞，干犯贵臣，乞解郎中。"帝召见游道嘉劳之。彧亦奏言："臣冠百僚，遂使一郎攘袂高声，肆言顿挫，乞解尚书令。"帝乃下敕听解台郎。

　　后除司州中从事。时将还邺，会霖雨，行旅拥于河桥。游道于幕下朝夕宴歌，行者曰："何时节作此声也。固大痴。"后神武自太原来朝，见之曰："此人宋游道耶？常闻其名，今日始识其面。"迁游道别驾。后日，神武之司州，飨朝士，举觞属游道曰："饮高欢手中酒者大丈夫，卿之为人，合饮此酒。"及还晋阳，百官辞于紫陌。神武执游道手曰："甚知朝贵中有憎忌卿者，但用心，莫怀畏虑，当使卿位与之相似。"于是启以游道为中尉。文襄执请，乃以吏部郎中崔暹为御史中尉，以游道为尚书左丞。文襄谓暹、游道曰："卿一人处南台，一人处北省，当使天下肃然。"游道入省，劾太师咸阳王坦、太保孙腾、司徒高隆之、司空侯景、录尚书元弼、尚书令司马子如官贷金银，催征酬价，虽非指事赃贿，终是不避权豪。又奏驳尚书违失数百条，省中豪吏王儒之徒并鞭斥之。始依故事，于尚书省立门名，以记出入早晚，令仆已下皆侧目。

　　魏安平王坐事亡，章武二王及诸王妃、太妃是其近亲者，皆被征责。都官郎中毕义云主其事，有奏而禁，有不奏辄禁者。游道判下廷尉科罪，高隆之不同。于是反诬游道厉色挫辱己，遂枉考群令史证成之，与左仆射襄城王旭、尚书郑述祖等上言曰："饰伪乱真，国法所必去；附下罔上，王政所不容。谨案尚书左丞宋游道名望本阙，功绩何纪。属永安之始，朝士亡散，乏人之际，叨窃台郎。躁行诡言，肆其奸诈，罕识名义，不顾典文，人鄙其心，众畏其口。出州入省，历忝清资，而长恶不悛，曾无忌讳，毁誉由己，憎恶任情。比因安平王事，遂肆其褊心，因报隙，与郎中毕义云递相纠举。又左外兵郎中魏叔道牒云：'局内降人左泽等为京畿送省，令取保放出。'大将军在省日，判'听'。游道发怒曰：'往日官府何物官府，将此例！'又云：'乘前旨格，成何物旨格！'依事请问，游道并皆丞引。案律：'对捍诏使，无人臣之礼，大不敬者死。'对捍使者尚得死坐，况游道吐不臣之言，犯慢上之罪，口称夷、齐，心怀盗跖，欺公卖法，受纳苞苴，产随官厚，财与位积，虽赃污未露，而奸诈如是。举此一隅，余诈可验。今依礼据律处游道死罪。"是时朝士皆分为游道不济。而文襄闻其与隆之相抗之言，谓杨遵彦曰："此真是鲠直大刚恶人。"遵彦曰："譬之畜狗，本取其吠，今以数吠杀之，恐将来无复吠狗。"诏付廷尉，游道坐除名。文襄使元景康谓曰："卿早逐我向并州，不尔，他经略杀卿。"游道从至晋阳，以为大行台吏部，又以为太原公开府谘议。及平阳公为中尉，游道以议领书侍御史。寻以本官兼司徒左长史。

及文襄疑黄门郎温子升知元瑾之谋，系之狱而饿之，食弊襦而死。弃尸路隅，游道收而葬之。文襄谓曰："吾近书与京师诸贵，论及朝士，卿僻于朋党，将为一病。今卿真是重旧节义人，此情不可夺。子升吾本不杀之，卿葬之何所惮。天下人代卿怖者，是不知吾心也。"寻除御史中尉。

东莱王道习参御史选，限外投状，道习与游道有旧，使令史受之。文襄怒，杖游道而判之曰："游道禀性遒悍，是非肆己，吹毛洗垢，疵疵人物。往与郎中兰景云忿竞，列事十条。及加推穷，便是虚妄。方共道习凌侮朝典，法官而犯，特是难原，宜付省科。"游道被禁，狱吏欲为脱枷，游道不肯曰："此令命所着，不可辄脱。"文襄闻而免之。游道抗志不改。天保元年，以游道兼太府卿，乃于少府覆检主司盗截，得钜万计。奸吏返诬奏之，下狱。寻得出，不归家，径之府理事。卒，遗令薄葬，不立碑表，不求赠谥，赠瓜州刺史。武平中，以子士素久典机密，重赠仪同三司，谥曰贞惠。

游道刚直，疾恶如仇，见人犯罪，皆欲致之极法。弹纠见事，又好察阴私。问狱察情，捶挞严酷。兖州刺史李子贞在州贪暴，游道案之。文襄以贞预建义勋，意将含忍。游道疑陈元康为其内，密启云："子贞、元康交游，恐其别有请嘱。"文襄怒，于尚书都堂集百僚，扑杀子贞。又兖州人为游道生立祠堂焉，题曰"忠清君"。游道别劾吉宁等五人同死，有欣悦色。朝士甚鄙之。

然重交游，存然诺之分。历官严整，而时大纳贿，分及亲故之艰匮者，其男女孤弱为嫁娶之，临丧必哀，躬亲襄事。为司州纲纪与牧乐昌、河西二王乖忤，及二王薨，每事经恤之。与顿丘李奖一面，便定死交。奖曰："我年位已高，会用弟为佐史，令弟北面于我足矣。"游道曰："不能。"既而奖为河南尹，辟游道为中正，使者相属，以衣帕待之，握手欢谑。元颢入洛，将受其命，出使徐州，都督元孚与城人赵绍兵杀之。游道为奖讼冤，得雪，又表为请赠，回已考一泛阶以益之。又与尉厥结交，托厥弟粹于徐州杀赵绍。后平之，枭粹首于邺市。孙腾使客告市司，得钱五百万后听收。游道时为司州中从事，令家人作尉粹所亲，于州陈诉，依律判"许"而奏之。敕至，市司犹不许。游道杖市司，勒使速付。腾闻大怒。时李奖二子构、训居贫，游道后令求三富人死事，判免之，凡得钱百五十万，尽以入构、训。其使气党侠如此。时人语曰："游道猕猴面，陆操科斗形，意识不关貌，何谓丑者必无情。"构尝因游道会客，因戏之曰："贤从在门外，大好人，宜自迎接。"为通名称"族弟游山"。游道出见之，乃猕猴衣帽也。奖与构，谢之，豁然如旧。游道死后，构为定州长史，游道第三子士逊为墨曹、博陵王管记，与典签共诬奏构。构于禁所祭游道而诉焉。士逊昼卧如梦者，见游道怒己曰："我与构恩义，汝岂不知，何共小人谋陷清直之士！"士逊惊跪曰："不敢、不敢。"旬日而卒。

游道每戒其子："屯蹇，性自如此，子孙不足以师之。"诸子奉父言，柔和谦逊。

士素沉密少言，有才识。中书、黄门侍郎，迁仪同三司、散骑常侍，常领黄门侍郎。自处机要近二十年，周慎温恭，甚为彦深所重。初祖珽知朝政，出彦深为刺史。珽奏以士素为东都，中书侍郎李德林白珽留之，由是还除黄门侍郎，共参机密。士约亦为善士，官尚书左丞。

卢斐，字子章，范阳涿人也。父同，魏殿中尚书。斐性残忍，以强断知名。世宗引为相府刑狱参军，谓之云："狂简，斐然成章，非佳名字。"天保中，稍迁尚书左丞，别典京畿诏狱，酷滥非人情所为。无问事之大小，拷掠过度，于大棒车辐下死者非一。或严冬至寒，置囚于冰雪之上；或盛夏酷热，暴之日下。枉陷人致死者，前后百数。又伺察官人罪失，动即奏闻，朝士见之，莫不重迹屏气，皆目之为卢校书。斐后以谤史，与李庶俱病鞭死狱中。

毕义云，小字陀儿。少粗侠，家在兖州北境，常劫掠行旅，州里患之。晚方折节从官，累迁尚书都官郎中。性严酷，事多干了。齐文襄作相，以为称职，令普勾伪官，专以车辐考掠，所获甚多。然大起怨谤。曾为司州吏所讼，云其所减截，并改换文书。文襄以其推伪，众人怨望，并无所问，乃拘吏数人而斩之。因此锐情讯鞫，威名日盛。

文宣受禅，除治书侍御史，弹射不避勋亲。累迁御史中丞，绳劾更切。然豪横不平，频被怨讼。前为汲郡太守翟嵩启列：义云从父兄僧明负官债，先任京畿长吏，不受其属，立限切征，由此挟嫌，数遣御史过郡访察，欲相推绳。又坐私藏工匠，家有十余机织锦，并造金银器物。乃被禁止。寻见释，以为司徒左长史。尚书左丞司马子瑞奏弹义云，称："天保元年四月，窦氏皇后姨祖载日，内外百官赴第吊省，义云唯遣御史投名，身遂不赴。又义云启云：'丧妇孤贫，后娶季世安女为妻。世安身虽父服未终，其女为祖已就平吉，特乞暗迎，不敢备礼。'及义云成婚之夕，众储备设，克日拜阁，鸣驺清路，盛列羽仪，兼差台吏二十人，责其鲜服侍从车后。直是苟求成婚，诬罔干上。义云资产宅宇足称豪室，忽道孤贫，亦为矫诈。法官如此，直绳焉寄。又驾幸晋阳，都坐判：'拜起居表，四品五品已上令预前一日赴南都署表，三品以上临日署乞。'义云乃乖例，署表之日，索表就家先署，临日遂称私忌不来。"于是诏付廷尉科罪，寻敕免推。子瑞又奏弹义云事十余条，多烦碎，罪止罚金，不至除免。子瑞从兄消难为北豫州刺史，义云遣御史张子阶诣州采风闻，先禁其典签家客等，消难危惧，遂叛入周。时论归罪义云，云其覆执子瑞，事亦上闻。尔前宴赏，义云常预，从此后集见稍疏，声望大损。

乾明初，子瑞迁御史中丞。郑子默正被任用，义云之姑即子默祖母，遂除度支尚书，摄左丞。子默诛后，左丞便解。孝昭赴晋阳，高元海留邺，义云深相依附。知其信向释氏，常随之听讲，为此款密，相所不至，及孝昭大渐，顾命武成。高归彦至都，武成犹致疑惑。元海遣犊车迎义云入北宫参审，遂与元海等劝进，仍从幸晋阳，参预时政。寻除兖州刺史，给后部鼓吹，即起本州，轩昂自得，意望铨衡之举。见诸人自陈，逆许引接。又言离别暂时，非久在州。先有铙吹，至于案部行游，遂两部并用。犹作书与元海，论叙时事。元海入内，不觉遗落，给事中李孝贞得而奏之，为此元海渐疏，孝贞因是兼中书舍人。又高归彦起逆，义云在州私集人马，并聚甲仗，将以自防，实无他意。为人所启，及归彦被擒，又列其朋党专擅，为此追还。武成犹录其往诚，竟不加罪，除兼七兵尚书。

义云性豪纵，颇以施惠为心，累世本州刺史，家富于财，士之匮乏者，多有拯济。及贵，恣情骄侈，营造第宅宏壮，未几而成。闺门秽杂，声遍朝野。为郎，与左丞宋游道因公事忿竞，游道廷辱之云："《雄狐》之诗，千载为汝。"义云一无所答。然酷暴残忍，非人理所及，为家尤甚，子孙仆隶，常疮痍被体。有孽子善昭，性至凶顽，与义云侍婢奸通，捞掠无数，为其着笼头，系之庭树，食以刍秣，十余日乃释之。夜中，义云被贼害，即善昭所佩刀也，遗之于义云庭中。善昭闻难奔哭，家人得佩刀，善昭怖，走出，投平恩墅舍。旦日，世祖令舍人兰子畅就宅推之。尔前，义云新纳少室范阳卢氏，有色貌。子畅疑卢奸人所为，将加拷掠。卢具列善昭云尔，乃收捕系临漳狱，将斩之。邢邵上言，此乃大逆，义云又是朝贵，不可发。乃斩之于狱，弃尸漳水。

北齐书卷四八
列传第四〇

外　戚

赵猛　娄叡　尔朱文畅　郑仲礼
李祖昇　元蛮　胡长仁

自两汉以来，外戚之家罕有全者，其倾覆之迹，逆乱之机，皆详诸前史。齐氏后妃之族，多自保全，唯胡长仁以谮诉贻祸，斛律光以地势被戮，俱非女谒盛衰之所致也。今依前代史官，述《外戚》云尔。

赵猛，太安狄那人。姊为文穆皇帝继室，生赵郡公琛。猛性方直，颇有器干。高祖举义，迁南营州刺史，卒。

娄叡，字佛仁，武明皇后兄子也。父壮，魏南部尚书。叡少好弓马，有武干，为高祖帐内都督。从破尔朱于韩陵，累迁开府仪同、骠骑大将军。叡无器干，唯以外戚贵幸，而纵情财色，为时论所鄙。皇建初，封东安王。高归彦反于冀州，诏叡往平之。还，拜司徒公。周兵寇东关，叡率军赴援，频战有功，擒周将杨檦等。进大司马，出总偏师，赴悬瓠。叡在豫境，留停百余日，侵削官私，专行非法，坐免官。寻授太尉。薨。

尔朱文畅，荣第四子也。初封昌乐王。其姊魏孝庄皇后，及四胡败灭,高祖纳之,待其家甚厚,文畅由是拜肆州刺史。家富于财,招至宾客,既藉门地,穷极豪侈。与丞相司马任胄、主簿李世林、都督郑仲礼、房子建等深相爱狎,外示杯酒之交,而潜谋逆乱。自魏氏旧俗,以正月十五日夜为打竹簇之戏,有能中者,即时赏帛。任胄令仲礼藏刀于绔中。因高祖临观,谋为窃发,事捷之后,共奉文畅为主。为任氏家客薛季孝告高祖,问皆具伏。以其姊宠故,止坐文畅一房。

弟文略,以兄文罗卒无后,袭梁王。以兄文畅事,当从坐,高祖特加宽贷。文略聪明俊爽,多所通习。世宗尝令音永兴于马上弹胡琵琶,奏十余曲,试使文略写之,遂得其八。世宗戏之曰:"聪明人多不老寿,梁郡其慎之。"文略对曰:"命之修短,皆在明公。"世宗怆然曰:"此不足虑也。"初高祖遗令恕文略十死,恃此益横,多所凌忽。平秦王有七百里马,文略敌以好婢,赌而取之。明日,平秦使文略弹琵琶,吹横笛,谣咏,倦极使卧唱挽歌。居数月,夺防者弓矢以射人曰:"不然,天子不忆我。"有司奏之,伏法。文略尝大遗魏收,请为其父作佳传,收论尔朱荣比韩、彭、伊、霍,盖由是也。

郑仲礼,荥阳开封人,魏鸿胪严庶子也。少轻险,有膂力。高祖嬖宠其姊,以亲戚被昵,擢帐内都督。尝执高祖弓刀,出入随从。任胄为好酒不忧公事,高祖责之,胄惧,谋为逆。赖武明娄后为请,故仲礼死,不及其家。

李祖昇,赵国平棘人,显祖李皇后之长兄。父希宗,上党守。祖昇仪容瑰丽,垂手过膝,睦姻好施,文学足以自通。仕至齐州刺史,为徒兵所害。

弟祖勋。显祖受禅,除秘书丞。及女为济南王妃,除侍中,封丹阳王。济南废,为光州刺史。祖勋性贪慢,兼妻崔氏骄豪干政,时论鄙之。以数坐赃,免官。无才干,自少及长,居官皆因宠,无可称述,卒。

　　元蛮,魏太师江阳王继子,肃元蛮后之父也。历光禄卿。天保十年,大诛元氏,肃元为蛮苦请,因是追原之,赐姓步六孤氏。寻病卒。

　　胡长仁,字孝隆,安定临泾人,武成皇后之兄。父延之,魏中书令。长仁累迁右仆射及尚书令。世祖崩,预参朝政,封陇东王。左丞邹孝裕、郎中陆仁惠、卢元亮厚相结托。长仁每上省,孝裕必方驾而来。省务既繁,簿案堆积,令史欲谘都座,日有百数。孝裕屏人私话,朝退亦相随,仁惠、元亮又伺间而往,停断公事,时人号为三佞,长仁私游密席,处处追寻。孝裕劝其求进,和士开深疾之,于是奏除孝裕为章武守,元亮等皆出。孝裕又说长仁曰:“王阳卧疾,士开必来,因而杀之。入见太后,不过百日失官,便代其处。”士开知其谋,徙孝裕为北营建德守。后长仁倚亲,骄豪无畏惮。士开出为齐州刺史。长仁怨愤,谋令刺士开,事觉,遂赐死。寻而后主纳长仁女为后,重加赠谥,长仁弟等前后七人并赐王爵,合门贵盛。

　　从祖兄长粲。父僧敬,即魏孝静帝之舅,位至司空。长粲少而敏悟,以外戚起家给事中,迁黄门侍郎。后主践祚,长粲被敕与黄门冯子琮出入禁中,专典敷奏。世祖崩,与领军娄定远、录尚书赵彦深、和士开、高文遥、领军綦连猛、高阿那肱、仆射唐邕同知朝政,时人号为八贵。于后,定远、文遥并出,唐邕专典外兵,綦连猛、高阿那肱别总武任,长粲常在左右,兼宣诏令,从幸晋阳。后主即位,富于春秋,庶事皆归委长粲,长粲尽心毗奉,甚得名誉。又为侍中。长仁心欲入处机要之地,为执政不许,长仁疑长粲通谋,大以为恨。遂言于太后,发其阴私,请出为州,后主不得已从焉。除赵州刺史。及辞,长粲流涕,后主亦悯默。至州,因沐发手不得举,失音,卒。

北齐书卷四九
列传第四一

方　伎

由吾道荣　王春　信都芳　宋景业
许遵　吴遵世　赵辅和　皇甫玉
解法选　魏宁　綦母怀文　张子信
马嗣明

　　《易》曰：定天下之吉凶，成天下之亹亹，莫善于蓍龟。是故天生神物，圣人则之。又神农、桐君论《本草》药性，黄帝、岐伯说病候治方，皆圣人之所重也。故太史公著《龟策》、《日者》及《扁鹊仓公传》，皆所以广其闻见，昭示后昆。齐氏作霸以来，招引英俊，但有艺能，无不毕策，今并录之以备《方伎》云。

　　由吾道荣，琅邪人。少好道法，与其同类相求入长、太山潜隐，具闻道术。仍游邹、鲁之间，习儒业。晋阳人某，大明法术，乃寻之，是人为其家庸力，无识之者，久乃访知。其人道家符水、咒禁、阴阳历数、天文、药性无不通解，以道荣好尚，乃悉授之。是人谓道荣云：“我本恒岳仙人，有少罪过，为大官所谪。今限满将归，卿宜送吾至汾水。”及河，值水暴长，桥坏船渡艰难。是人乃临水禹步，以一符投水中，流便绝。俄顷水积将至天，是人徐自沙石上渡。唯道荣见其如是,傍人咸云水如此长,此人能浮过,共惊异之。道荣仍归本部,隐于琅邪山,辟谷,饵松术茯苓,求长生之秘。寻为显祖追往晋阳。至辽山中,有猛兽去马十步,所追人惊怖将走。道荣以杖画地成火坑,猛兽遽走。俄值国废,道荣归周。隋初乃卒。又有张远游者,显祖时令与诸术士合九转金丹。及成,显祖置之玉匣,云:"我贪世间作乐,不能即飞上天,待临死时取服。"

王春,河东人。少好易占,明风角,游于赵、魏之间,飞符上天。高祖起于信都,引为馆客。韩陵之战,四面受敌,从寅至午,三合三离。高祖将退军。春叩马谏曰:"比未时,必当大捷。"遽缚其子诣王为质,不胜请斩之。俄而贼大败。其后每从征讨,其言多中,位徐州刺史,卒。

信都芳,河间人。少明算术,为州里所称。有巧思,每精研究,忘寝与食,或坠坑坎。尝语人云:"算之妙,机巧精微,我每一沉思,不闻雷霆之声也。"其用心如此。以术数干高祖为馆客,授参军。丞相仓曹祖珽谓芳曰:"律管吹灰,术甚微妙,绝来既久,吾思所不至,卿试思之。"芳遂留意,十数日,便云:"吾得之矣,然终须河内葭莩灰。"后得河内葭莩,用其术,应节便飞,余灰即不动也。不为时所重,竟不行,故此法遂绝云。芳又撰次古来浑天、地动、欹器、漏刻诸巧事,并画图,名曰《器准》。又著《乐书》、《遁甲经四术》、《周髀宗》。芳又私撰历书,名为《灵宪历》,算月有频大频小,食必以朔,证据甚甄明。每云:"何承天亦为此法,不能精,灵宪若成,必当百代无异议。"书未就而卒。

宋景业,广宗人。明《周易》,为阴阳、纬候之学,兼明历数。魏末,任北平守。显祖作相,在晋阳,景业因高德政上言:"《易稽览图》曰:"《鼎》,五月,圣人君,天与延年齿,东北水中,庶人王,高得之。谨案东北水谓渤海也,高得之,明高氏得天下也。"是时,魏武定八年五月也。高德政、徐之才并劝显祖应天受禅,乃之邺。至平城都,诸大臣沮计,将还。贺拔仁等又云:"景业误王,宜斩之以谢天下。"显祖曰:"景业当为帝王师,何可杀也。"还至并,显祖令景业筮,遇乾之《鼎》,景业曰:"《乾》为君,天也。《易》曰:'时乘六龙以御天。'《鼎》,五月卦也。宜以仲夏吉辰御天受禅。"或曰:"阴阳书,五月不可入官,犯之卒于其位。"景业曰:"此乃大吉,王为天子,无复下期,岂得不终于其位。"显祖大悦。天保初,授散骑侍郎。

又有荆次德,有术数,预知尔朱荣成败,又言代魏者齐。葛荣闻之,故自号齐王。待次德以殊礼,问其天人之事。对曰:"齐当兴,东海出天子,今王据渤海,是齐地。又太白与月并,宜速用兵,迟则不吉。"荣不从也。

许遵,高阳人。明《易》,善筮,兼晓天文、风角、占相、逆刺,其验若神。高祖引为馆客,自言禄命不富贵,不横死,是以任性疏诞,多所犯忤,高祖常容惜之。邙阴之役,遵谓李业兴曰:"彼为火阵,我木阵,火胜木,我必败。"果如其言。清河王岳以遵为开府田曹记室。岳封王,以告遵,遵曰:"蜜蜂亦作王。"岳后将救江陵,遵曰:"此行致后凶,宜辞疾勿去。"岳曰:"势不免去,正当与君同行。"遵曰:"好与生人相随,不欲共死人同路。"还。岳至京寻丧。显祖无道日甚,遵语人曰:"多折算来,吾筮此狂夫何时当死。"遂布算满床,大言曰:"不出冬初,我乃不见。"显祖以十月崩,遵果以九月死。

吴遵世,字季绪,渤海人。少学《易》,入恒山从隐居道士游处。数年,忽见一老翁谓之云:"授君开心符。"遵世跪取吞之,遂明占候。后出游京洛,以易筮知名。魏武帝之将即位也,使遵世筮之,遇《明夷》之《贲》曰:"初登于天,后入于地。"帝曰:"何谓也?"遵世曰:"初登于天,当作天子。后入于地,不得久也。"终如其言。世祖以丞相在京师居守,自致猜疑,甚怀忧惧,谋将起兵,每宿著令遵世筮之,遵世云:"不须起动,自有大庆。"俄而赵郡王奉太后令以遗诏追世祖。及即祚,授其中书舍人,固辞疾。

赵辅和,清都人。少以明《易》善筮为馆客。高祖崩于晋阳,葬有日矣,世宗书令显祖亲卜宅兆相于邺西北漳水北原。显祖与吴遵世择地,频卜不吉,又至一所,命遵世筮之,遇《革》,遵世等数十人咸云不可用。辅和少年,在众人之后,进云:"《革卦》于天下人皆凶,唯王家用之大吉。《革录辞》云:'汤武革命,应天顺民。'显祖遽登车,顾云:"即以此地为定。"即义平陵也。有一人父疾,是人诣馆别托相知者筮之,遇《泰》,筮者云:"此卦甚吉,疾愈。"是人喜。出后,和谓筮者云:"《泰》卦《乾》下《坤》上,然则入土矣,岂得言吉?"果以凶问至。和大宁、武平中筮后宫诞男女及时日多中,遂授通直常侍。

皇甫玉,不知何许人。善相人,常游王侯家。世宗自颍川振旅而还,显祖从后,玉于道旁纵观,谓人曰:"大将军不作物,会是道北垂鼻涕者。"显祖既即位,试玉相术,故以帛巾袜其眼,而使历摸诸人。至于显祖,曰:"此是最大达官。"于任城王,曰:"当至丞相。"于常山、长广二王,并亦贵,而各私掐之。至石动统,曰:"此弄痴人。"至供膳,曰:"正得好饮食而已。"玉尝为高归彦相,曰:"位极人臣,但莫反。"归彦曰:"我何为反?"玉曰:"不然,公有反骨。"玉谓其妻曰:"殿上者不过二年。"妻以告仆人斛斯庆,庆以启帝,帝怒召之。玉每照镜,自言当兵死,及被召,谓其妻曰:"我今去不回,若得过日午时,或当得活。"既至正中,遂斩之。

世宗时有吴士,双盲而妙于声相,世宗历试之。闻刘桃枝之声,曰:"有所系属,然当大富贵,王侯将相多死其手,譬如鹰犬为人所使。"闻赵道德之声,曰:"亦系属人,富贵翕赫,不及前人。"闻太原公之声,曰:"当为人主。"闻世宗之声,不动,崔遏私掐之,乃谬言:"亦国主也。"世宗以为我群奴犹当极贵,况吾身也。

解法选,河内人。少明相术,鉴照人物,皆如其言。频为和士开相中,士开牒为府参军。

魏宁,钜鹿人。以善推禄命征为馆客。武成亲试之,皆中。乃以己生年月托为异人而问之。宁曰:"极富贵,今年入墓。"武成惊曰:"是我!"宁变辞曰:"若帝王自有法。"又有阳子术,语人曰:"谣言:'卢十六,稚十四,犍子拍头三十二。'且四八天之大数,太上之祚,恐不过此。"既而武成崩,年三十二也。

綦母怀文,不知何郡人。以道术事高祖。武定初,官军与周文战于邙山。是时官军旗帜尽赤,西军尽黑。怀文言于高祖曰:"赤火色,黑水色,水能灭火,不宜以赤对黑。土胜水,宜改为黄。"高祖遂改为赭黄,所谓河阳幡者。

又造宿铁精以重柔铤,数宿则成刚。以柔铁为刀脊,浴以五牲之溺,淬以五牲之脂,斩甲过三十札。今襄国冶家所铸宿柔铤,乃其遗法,作刀犹甚快利,不能截三十札也。怀文云:"广平郡南干子城是干将铸剑处,其土可以莹刀。"怀文官至信州刺史。

又有孙正言,谓人曰:"我昔武定中为广州士曹,闻城人曹普演言:'高王诸儿,阿保当为天子,至高德之承之,当灭。'"阿保谓天保,德之谓德昌也,灭年号承光,即承之也。

张子信,河内人也。性清净,颇涉文学。少以医术知名,恒隐于白鹿山。时游京邑,甚为魏收、崔季舒等所礼,有赠答子信诗数篇。后魏以太中大夫征之,听其时还山,不常在邺。

又善易卜风角。武卫奚永洛与子信对坐,有鹊鸣于庭树,斗而坠焉。子信曰:"鹊言不善,向夕若有风从西南来,历此树,拂堂角,则有口舌事。今夜有人唤,必不得往,虽敕,亦以病辞。"子信去后,果有风如其言。是夜,琅邪王五使切召永洛,且云敕唤。永洛欲起,其妻苦留之,称坠马腰折。诘朝而难作。子信,齐亡卒。

马嗣明，河内人。少明医术，博综经方，《甲乙》、《素问》、《明堂》、《本草》莫不咸诵。为人诊候，一年前知其生死。邢邵子患伤寒，嗣明为之诊，候脉，退告杨愔云："邢公子伤寒不治自差，然脉候不出一年便死，觉之晚，不可治。"邢并侍宴内殿，显祖云："子才儿，我欲乞其随近一郡。"勿以子年少，未合剖符。宴罢，奏云："马嗣明称大宝脉恶，一年内恐死，若其出郡，医药难求。"遂寝。大宝未期而卒。

杨令患背肿，嗣明以练石涂之便差。作练石法：以粗黄色石鹅鸭卵大，猛火烧令赤，内淳醋中，自屑，频烧至石尽，取石屑曝干，捣下筛。和醋以涂肿上，无不愈。后通直散骑常侍。针灸孔穴，往往与《明堂》不同。

从驾往晋阳，至辽阳山中，数处见榜，云有人家女病，若有能治差者，购钱十万。诸名医多寻榜至，问病状，不下手。唯嗣明独治之。其病由云，曾以手将一麦穗，即见一赤物长二寸似蛇，入其手指中，因惊怖倒地，即觉手臂疼肿，渐及半身俱肿，痛不可忍，呻吟昼夜不绝。嗣明为处方服汤。比嗣明从驾还，女平复。嗣明，隋初卒。

北齐书卷五〇
列传第四二

恩　倖

郭秀　和士开　穆提婆　高阿那肱
韩凤　韩宝业等

甚哉齐末之嬖幸也，盖书契以降未之有焉。心利锥刀，居台鼎之任；智昏菽麦，当机衡之重。刑残阉宦、苍头卢儿、西域丑胡、龟兹杂伎，封王者接武，开府者比肩。非直独守弄臣，且复多干朝政。赐予之费，帑藏以虚；杼轴之资，剥掠将尽。纵龟鼎之祚，卜世灵长，属此淫昏，无不亡之理，齐运短促，固其宜哉。高祖、世宗情存庶政，文武任寄，多贞干之臣，唯郭秀小人，有累明德。天保五年之后，虽罔念作狂，所幸之徒唯左右驱驰，内外亵狎，其朝廷之事一不与闻。大宁之后，奸佞浸繁，盛业鸿基，以之颠覆。生民免夫被发左衽，非不幸也。今辑诸凶族为《佞幸传》云。其宦者之徒，尤是亡齐之一物。丑声秽迹，千端万绪，其事阙而不书，仍略存姓名附之此《传》之末。其帝家诸奴及胡人乐工，叨窃贵幸，今亦出焉。

郭秀，范阳涿郡人。事高祖为行台右丞，亲宠日隆，多受赂遗。秀遇疾，高祖亲临视之，问所欲官。乃启为七兵尚书，除未至而卒。家无成人子弟，高祖自至其宅，亲使录知其家资粟帛多少，然后去。命其子孝义与太原公已下同学读书。初秀忌杨愔，诳胁令其逃亡。

秀死后，憎还，高祖追忿秀，即日斥孝义，终身不齿。

和士开，字彦通，清都临漳人也。其先西域商胡，本姓素和氏。父安，恭敏善事人，稍迁中书舍人。魏孝靖尝夜中与朝贤讲集，命安看斗柄所指，安答曰：“臣不识北斗。”高祖闻之，以为淳直。后为仪州刺史。

士开幼而聪慧，选为国子学生，解悟捷疾，为同业所尚。天保初，世祖封长广王，辟士开府行参军。世祖性好握槊，士开善于此戏，由是遂有斯举。加以倾巧便僻，又能弹胡琵琶，因此亲狎。尝谓王曰：“殿下非天人也，是天帝也。”王曰：“卿非世人也，是世神也。”其深相爱如此。显祖知其轻薄，不令王与小人相亲善，责其戏狎过度，徙长城。后除京畿士曹参军，长广王请之也。

世祖践祚，累除侍中，加开府。遭母刘氏忧，帝闻而悲怨，遣武卫将军吕芬诣宅，昼夜扶侍，成服后方还。其日，帝又遣以轺车迎士开入内，帝见，亲自握手，怆恻下泣，晓喻良久，然后遣还，并诸弟四人并起复本官。其见亲重如此。除右仆射。帝先患气，因饮辄大发动，士开每谏不从。属帝气疾发，又欲饮，士开泪下歔欷不能言。帝曰：“卿此是不言之谏。”因不复饮。言辞容止，极诸鄙亵，以夜继昼，无复君臣之礼。至说世祖云：“自古帝王，尽为灰烬，尧、舜、桀、纣，竟复何异。陛下宜及少壮，恣意作乐，纵横行之，即是一日快活敌千年。国事分付大臣，何虑不办，无为自勤苦也。”世祖大悦。其年十二月，世祖寝疾于乾寿殿，士开入侍医药。世祖谓士开有伊、霍之才，殷勤属以后事，临崩。握士开之手曰：“勿负我也。”仍绝于士开之手。

后主以世祖顾托，深委仗之。又先得幸于胡太后，是以弥见亲密。赵郡王睿与娄定远等谋出士开，引诸贵人共为计策。属太后觞朝贵于前殿，睿面陈士开罪失，云：“士开先帝弄臣，城狐社鼠，受纳货贿，秽乱宫掖，臣等义无杜口，冒死以陈。”太后曰：“先帝在时，王等何不道，今日欲欺孤寡耶！但饮酒，勿多言。”睿词色愈厉。或曰：

"不出士开,朝野不定。"睿等或投冠于地,或拂衣而起,言词咆勃,无所不至。明日,睿等诣云龙门,令文遥入奏之,太后不听。段韶呼胡长粲传言,太后曰:"梓宫在殡,事大匆速,欲王等更思量。"赵郡王等遂并拜谢,更无余言。太后及后主召见问士开,士开曰:"先帝群官之中,待臣最重,陛下谅闇始尔,大臣皆有觊觎心,若出臣,正是剪陛下羽翼。宜谓睿等云:'令士开为州,待过山陵,然后发遣。'睿等谓臣真出,必心喜之。"后主及太后然之。告睿等如士开旨,以士开为兖州刺史。山陵毕,睿等促士开就路。士开戴美女珠簾及条诸宝玩以诣定远,谢曰:"诸贵欲杀士开,蒙王特赐性命,用作方伯。今欲奉别,谨具上二女子、一珠帘。"定远喜,谓士开曰:"欲得还入不?"士开曰:"在内久,常不自安,今得出,实称本意,不顾更入,但乞王保护,长作大州刺史。今日远出,愿得一辞觐二宫。"定远许之。士开由是得见太后及后主,进说曰:"先帝一旦登遐,臣愧不能自死。观朝贵势欲以陛下为乾明。臣出之后,必有大变,复何面见先帝于地下。"因恸哭。帝后皆泣,问计将安出。士开曰:"臣已得入,复何所虑,正须数行诏书耳。"于是诏出定远青州刺史,责赵郡王睿以不臣之罪,召入而杀之。复除士开侍中、右仆射。定远归士开所遗,加以余珍赂之。武平元年,封淮阳王,除尚书令、录尚书事,复本官悉得如故。

世祖时,恒令士开与太后握槊,又出入卧内无复期限,遂与太后为乱。及世祖崩后,弥自放恣,琅耶王俨恶之,与领军库狄伏连、侍中冯子琮、御史王子宜、武卫高舍洛等谋诛之。伏连发京畿军士,帖神武、千秋门外,并私约束,不听士开入殿。其年七月二十五日旦,士开依式早参,伏连前把士开手曰:"今有一大好事。"王子宜便授函,云:"有敕令王向台。"遣兵士防送,禁于治事厅事,俨遣部督冯永洛就台斩之,时年四十八,簿录其家口。后诛俨等。上哀悼,不视事数日,追忆不已。诏起复其子道盛为常侍,又敕其弟士伋入内省参典机密,诏赠士开假黄钺、十州诸军事、左丞相、太宰如故。

士开禀性庸鄙,不阅书传,发言吐论,惟以谄媚自资。河清、天统以后威权转盛,富商大贾朝夕填门,朝士不知廉耻者多相附会,甚者为其假子,与市道小人同在昆季行列。又有一人曾参士开,值疾。医人云:"王伤寒极重,进药无效,应服黄龙汤。"士开有难色。是人云:"此物甚易与,王不须疑惑,请为王先尝之。"一举便尽。士开深感此心,为之强服,遂得汗病愈。其倾朝廷也如此。虽以左道事之者,不问贤愚无不进擢;而以正理干忤者,亦颇能舍之。士开见人将加刑戮,多所营救,既得免罪,即命讽喻,责其珍宝,谓之赎命物。虽有全济,皆非直道云。

穆提婆,本姓骆,汉阳人也。父超,以谋叛伏诛。提婆母陆令萱尝配入掖庭,后主襁褓之中,令其鞠养,谓之乾阿奶,遂大为胡后所昵爱。令萱奸巧多机辩,取媚百端,宫掖之中,独擅威福。天统初,奏引提婆入侍后主,朝夕左右,大被亲狎,嬉戏丑亵,无所不为。宠遇弥隆,官爵不知纪极,遂至录尚书事,封城阳王。令萱又佞媚,穆昭仪养之为母,是以提婆改姓穆氏。及穆后立,令萱号曰太姬,此即齐朝皇后母氏之位号也。视第一品,班在长公主之上。自武平之后,令萱母子势倾内外矣。庸劣之徒皆重迹屏气焉。自外杀生予夺不可尽言。晋州军败,后主还邺,提婆奔投周军,令萱自杀,子孙大小皆弃市,籍没其家。

高阿那肱,善无人也。其父市贵,从高祖起义。那肱为库典,从征讨,以功勤擢为武卫将军。肱妙于骑射,便僻善事人,每宴射之次,大为世祖所爱重。又谄悦和士开,尤相亵狎,士开每为之言,弥见亲待。后主即位,累迁并省尚书左仆射,封淮阴王,又除并省尚书令。

肱才伎庸劣,不涉文史,识用尤在士开之上,而奸巧计数亦不逮士开。既为世祖所幸,多令在东宫侍后主,所以大被宠遇。士开死后,后主谓其识度足继士开,遂致位宰辅。武平四年,令其录尚书事,又总知外兵及内省机密。尚书郎中源师尝谘肱云:"龙见,当雩。"问师云："何处龙见？作何物颜色？"师云："此是龙星见，须雩祭，非是真龙见。"肱云："汉儿强知星宿！"其墙面如此。又为右丞相，余如故。

周师逼平阳，后主于天池校猎，晋州频遣驰奏，从旦至午，驿马三至，肱云："大家正作乐，何急奏闻。"至暮，使更至，云："平阳城已陷，贼方至。"乃奏知。明早旦，即欲引军，淑妃又请更合一围。及军赴晋州，令肱率前军先进，仍总节度诸军。后主谓肱曰："战是耶，不战是耶？"肱："勿战，却守高梁桥。"安吐根曰："一把子贼，马上刺取郎者汾河中。"帝意未决。诸内参曰："彼亦天子，我亦天子，彼尚能远来，我何为守堑示弱？"帝曰："此言是也。"于是渐进。提婆观战，东偏颇有退者，提婆去曰："大家去！大家去！"帝以淑妃奔高梁应。闲府奚谏长曰："半进半退，战之常体，今兵众全整，未有伤败，陛下舍此安之？御马一动，人情惊乱，且速还安慰之。"武卫张常山自后至，亦曰："军寻收回，甚整顿，围城兵亦不动，至尊宜回，不信臣言，乞将内参往视。"帝将从之。提婆引帝肘曰："此言难信。"帝遂北驰。有军士告称那肱遣臣招引西军，今故闻奏。后主令侍中斛律孝卿检校，孝卿云："此人妄语。"还至晋，那肱心腹告肱谋反，又以为妄，斩之。乃颠沛还邺，侍卫逃散，唯那肱及内官数十骑从行。

后主走渡太行后，那肱以数千人投济州关，仍遣觇候。每奏："周军未至，且在青州集兵，未须南行。"及周将军尉迟迥至关，肱遂降。时人皆云肱表款周武，必仰生致齐主，故不速报兵至，使后主被擒。肱至长安，授大将军，封公，为隆州刺史，诛。初天保中，显祖自晋阳还邺，阳愚僧阿秃帅于路中大叫，呼显祖姓名云："阿那瓌终破你国。"是时茹茹主阿那瓌在塞北强盛，显祖尤忌之，所以每岁讨击，后亡齐者遂属阿那肱云。虽作"肱"字，世人皆称为瓌音，斯固"亡秦者胡"，盖悬定于窈冥也。

韩凤，字长鸾，昌黎人也。父永兴，青州刺史。凤少而聪察，有膂力，善骑射。稍迁都督，后主居东宫，年幼稚，世祖简都督二十人送令侍卫,凤在其数。后主亲就众中牵凤手曰:"都督看儿来。"因此被识,数唤共戏。

后主即位,累迁侍中、领军,总知内省机密。祖珽曾与凤于后主前论事。珽语凤云:"强弓长矛无容相谢,军国谋算,何由得争。"凤答云:"各出意见,岂在文武优劣。"封昌黎郡王。男宝仁尚公主,在晋阳赐第一区,其公主生男昌满月,驾幸凤宅,宴会尽日。军国要密,无不经手,与高阿那肱、穆提婆共处衡轴,号曰三贵,损国害政,日月滋甚。寿阳陷没,凤与穆提婆闻告败,握槊不辍,曰:"他家物,从他去。"后帝使于黎阳临河筑城戍,曰:"急时且守此作龟兹国子,更可怜。"君臣应和若此。其弟万岁,及二子宝行、宝信并开府仪同。宝信尚公主,驾复幸其宅,亲戚咸蒙官赏。

凤母鲜于,段孝言之从母子姊也,为此偏相参附,奏遣监造晋阳宫。陈德信驰驿检行,见孝言役官夫匠自营宅,即语云:"仆射为至尊起台殿未讫,何容先自营造?"凤及穆提婆亦遣孝言分工匠为己造宅,德信还具奏闻。及幸晋阳,又以官马与他人乘骑。上因此发忿,与提婆并除名,亦不露其罪。仍毁其宅,公主离婚。复被遣向邺吏部门参。及后主晋阳走还,被敕入内,寻诏复爵。从后主走度河,到青州,并为周军所获。

凤于权要之中,尤嫉人士,崔季舒等冤酷,皆凤所为。每朝士谘事,莫敢仰视,动致呵叱,辄詈云:"狗大不可耐,唯须杀却。"若见武职,虽厮养末品亦容下之。仕隋,位终于陇州刺史。

韩宝业、卢勒义、齐绍,并高祖旧左右,唯门阁驱使,不被恩遇。历天保、皇建之朝,亦不至宠幸,但渐有职任。宝业至长秋卿,勒义等或为中常侍。侍世祖时有曹文标,邓长颙辈,亦有至仪同食干者,唯长颙武平中任参宰相,干预朝权。后宝业、勒义、齐绍、子徵并封王,不过侵暴。于后主之朝,有陈德信等数十人,并肆其奸佞,败政虐人,古今未有。多授开府,罕止仪同,亦有加光禄大夫,金章紫绶者。多带侍中、中常侍,此二职乃数十人,又皆封王、开府。恒出入门禁,往来园苑,趋侍左右,通宵累日,承候颜色,竞进谄谀,莫不发言动意,多会深旨。一戏之赏,动逾巨万,丘山之积,贪肴无厌。犹以波斯狗为仪同、郡君,分其干禄。神兽门外有朝贵憩息之所,时人号为解御厅。诸阉或在内多日,暂放归休,所乘之马牵至神兽门阶,然后升骑,飞鞭竞走,数十为群,马尘必坌。诸朝贵爰至唐、赵、韩、骆皆隐听趋避,不敢为言。

高祖时有苍头陈山堤、盖书乐、刘桃枝等数十人,俱驱驰便僻,颇蒙恩遇。天保、大宁之朝,渐以贵盛,至武平时皆以开府、封王,其不及武平者则追赠王爵。

又有何海及子洪珍皆为王,尤为亲要。洪海弄权势,鬻狱卖官。又有魏多之徒胡小儿等数十,咸能舞工歌,亦至仪同开府、封王。诸宦者犹以宫掖驱驰,便烦左右,渐因昵狎,以至大官。苍头始自家人,情寄深密,及于后主,则是先朝旧人,以勤旧之劳,致此叨窃。至于胡小儿等眼鼻深险,一无可用,非理爱好,排突朝贵,尤为人士之所疾恶。其以音乐至大官者:沈过儿官至开府仪同,王长通年十四五,便假节通州刺史。

时又有开府薛荣宗,常自云能使鬼。及周兵之逼,言于后主曰:“臣已发遣斛律明月将大兵在前去。”帝信之。经古冢,荣宗谓舍人元行恭是谁冢,行恭戏之曰:“林宗冢。”复问林宗是谁,行恭曰:“郭元贞父。”荣宗前奏曰:“臣向见郭林宗从冢出,着大帽,吉莫靴,插马鞭,问臣:‘我阿贞来不。’”是时群妄多皆类此。

赞曰:危亡之祚,昏乱之朝,小人道长,君子道消。